2016’中国–东盟研究蓝皮书

“一带一路”倡议下中国与东盟贸易研究

广东海洋大学东盟研究院◎著

CHINA-

ASEAN

中国经济出版社
CHINA ECONOMIC PUBLISHING HOUSE
北 京

图书在版编目（CIP）数据

2016'中国—东盟研究蓝皮书："一带一路"倡议下中国与东盟贸易研究/广东海洋大学东盟研究院著．—北京：中国经济出版社，2018.5

ISBN 978-7-5136-1412-2

Ⅰ.①2… Ⅱ.①广… Ⅲ.①"一带一路"—关系—自由贸易区—国际合作—研究报告—中国、东南亚国家联盟—2016 Ⅳ.①F125 ②F752.733

中国版本图书馆 CIP 数据核字（2018）第 001470 号

责任编辑　叶亲忠
责任印制　马小宾
封面设计　华子图文

出版发行　中国经济出版社
印 刷 者　北京九州迅驰传媒文化有限公司
经 销 者　各地新华书店
开　　本　710mm×1000mm　1/16
印　　张　18.5
字　　数　330 千字
版　　次　2018 年 5 月第 1 版
印　　次　2018 年 5 月第 1 次
定　　价　68.00 元
广告经营许可证　京西工商广字第 8179 号

中国经济出版社网址 www.economyph.com **社址** 北京市西城区百万庄北街 3 号**邮编** 100037
本版图书如存在印装质量问题，请与本社发行中心联系调换（联系电话：010-68330607）

前　言

中国经济进入新常态后，不仅要继续全面提升开放型经济水平，创建新的竞争优势，而且还要积极参与全球经济治理，用“开放红利”稳固“全球化红利”，以互利共赢、多元平衡、安全高效的开放型经济体系在激烈的国际经贸格局变化中争取主动。“一带一路”战略尤其是21世纪“海上丝绸之路”战略正是适应新常态的国家发展战略。

东盟国家不但是中国的友好邻邦，也是“海上丝绸之路”的重要枢纽。早在1991年，中国就与东盟开启了对话进程，25年来贸易额增加近56倍；截至2016年年底，中国和东盟累计双向投资额达到1779亿美元。目前，中国政府与东盟国家正致力于推动和落实建设更为紧密的中国—东盟命运共同体、21世纪海上丝绸之路、中国—东盟“2+7合作框架”等倡议，不断提升中国—东盟关系水平。因此，加强这一领域的研究，具有十分重要的理论和现实意义。

宁凌主持的《2016’中国—东盟研究蓝皮书——“一带一路”倡议下中国与东盟贸易研究》于2016年11月立项，按专题成立研究小组，各专题的撰稿人分别是：专题Ⅰ，李飞星；专题Ⅱ和专题Ⅲ，罗帅；专题Ⅳ，乔俊果；专题Ⅴ和专题Ⅵ，鄢波；专题Ⅶ和专题Ⅷ，杜军；专题Ⅸ和专题Ⅹ，杨新华。初稿完成后，宁凌、杜军进行了全书的统稿和修改，并最终完成了全部书稿。最后由宁凌定稿。

《2016’中国—东盟研究蓝皮书——“一带一路”倡议下中国与东盟贸易研究》主要围绕“政策沟通、道路联通、贸易畅通、货币流通、民心相通”等五通中的“贸易畅通”开展深入研究，具体内容包括以下十个方面的专题。

专题Ⅰ：中国与越南贸易研究。该专题旨在围绕“一带一路”战略背景下中越贸易、投资与相关政策展开研究，并在此基础上提出相应的政策建议。

专题Ⅱ：中国与马来西亚贸易研究。该专题旨在就中国与马来西亚两国贸易往来的发展历程与特征展开研究，并分析两国贸易过程中的竞争性与互补性。

专题Ⅲ：中国与缅甸贸易研究。该专题旨在就中国与缅甸贸易和投资便利化问题进行探讨，以消除贸易壁垒，降低贸易和投资成本，提高区域经济循环速度和质量，实现互利共赢。

专题Ⅳ：中国和菲律宾贸易研究。该专题旨在分析中菲贸易的结构特征、中菲贸易的规模和趋势，寻找中菲贸易的影响因素，结合实证研究分析中菲贸易产生的经济效益，并提出政策建议。

专题Ⅴ：中国与泰国贸易研究。该专题旨在就中国与泰国贸易和投资便利化问题进行探讨，从两国自贸区协约（FTA）的概念和相关理论分析出发，结合农产品贸易相关指标、贸易引力模型研究了农产品贸易现状并预测了FTA给两国农产品贸易带来的经济效应。

专题Ⅵ：中国与柬埔寨贸易研究。该专题旨在就中国与柬埔寨贸易和投资便利化问题进行探讨，从两国自贸区协约（FTA）的概念和相关理论分析出发，结合农产品贸易相关指标、贸易引力模型研究了农产品贸易现状并预测了FTA给两国农产品贸易带来的经济效应。

专题Ⅶ：中国与新加坡贸易研究。该专题旨在使用引力模型的基础上，分析中国与新加坡双方之间的贸易现状、贸易互补性和贸易潜力，为优化中国与新加坡的贸易政策与实践提供经验证据。

专题Ⅷ：中国与老挝贸易研究。该专题旨在使用引力模型的基础上，分析中国与老挝双方之间的贸易现状、贸易互补性和贸易潜力。为优化中国与老挝的贸易政策与实践提供经验证据。

专题Ⅸ：中国与文莱贸易研究。该专题旨在全面深入地分析中国与文莱双边贸易结构的变动趋势，并对中国与文莱双边贸易的影响因素分析，在此基础上提出改善中国与文莱双边贸易发展的对策。

专题Ⅹ：中国与印度尼西亚贸易研究。该专题旨在全面深入地分析中国与印度尼西亚之间双边贸易结构的变化情况及其发展的趋势，并对影响中国与印度尼西亚双边贸易快速健康发展的各种因素进行分析，在此基础上提出改善中国与印度尼西亚双边贸易健康发展的政策建议。

该书是广东海洋大学东盟研究院编写的第二本蓝皮书，由于研究人员专业水平及研究经验有限，加之成果积淀及资料积累也需要假以时日，因此，书中难免存在纰漏与不足，恳请专家学者及广大读者不吝赐教。

广东海洋大学东盟研究院

2017 年 12 月 30 日

目　录

专题 I

中国与越南贸易研究

一、引言

中国国家主席习近平于2013年提出建设“新丝绸之路经济带”和“21世纪海上丝绸之路”的倡议迅速得到国际社会的高度关注和众多国家的响应，越南作为“一带一路”战略合作的参与国家，与中国的联系和合作不断通过其节点地位得到加强。从历史渊源来看，越南的部分地区属于中国秦汉时期的交趾郡，越南曾经是中国“海上丝绸之路”上的一部分，民间和官方与中国的经贸联系从未中断过，在21世纪的今天，越南依然是建设“21世纪海上丝绸之路”经贸联系的重要一环，是“新丝绸之路经济带”的战略性区位节点。从历史联系、地理位置、民间交往等各个角度上来看，中越深化经贸合作、共建“一带一路”具有互利性、必要性、紧迫性。

二、越南宏观经济概况

越南位于中南半岛，地形狭长，三面环海，海洋资源丰富，海岸线长达3260公里，港湾和港口众多，海洋运输便利，地理位置十分优越。自然环境良好，自然资源丰富，其中矿产资源、森林资源、农业资源、渔业资源丰裕度高，煤炭、铁矿、铝土矿、铜矿、稀土等储量更是名冠全球，越南煤炭探明的总储量和资源量至2015年年底共约488.8亿吨，越南森林面积约1000万公顷，橡胶、椰子、大米、玉米、胡椒、腰果、咖啡等农产品产量高、出口量大。沿海有1200种鱼、70种虾，仅北部湾就有900种鱼，盛产红鱼、鲐鱼、鳘鱼等多种鱼类。目前，越南全国人口9190.39万，适龄劳动人口6433万，在越华人约90万，胡志明市第五郡（堤岸）是华人相对集中的地方。

（一）越南经济增长率较高

根据越南国家统计总局数据，2015年越南经济保持平稳增长，2015年国内生产总值（GDP）约为1906亿美元，GDP增幅达6.68%，其中农林渔业产值390亿美元，人均GDP为4570万越南盾（约合2109美元），约为中国人均GDP的1/4。2015年，越南进出口总额3277.5亿美元，其中出口额达1621.1亿美元，进口额达1656.5亿美元，相较2014年分别增长8%和12%。越南宏观数据见表1－1。

表1－1　2011—2015年越南宏观经济数据

年份	GDP（亿美元）	GDP增长率（%）	人均GDP（美元）
2011	1355	5.89	1543
2012	1558	5.25	1755.3
2013	1712	5.42	1908.6
2014	1840	5.98	2028
2015	1906	6.68	2109

资料来源：2011—2014年GDP、人均GDP数据来自世界银行；2015年数据以及2011—2015年GDP增长率数据来自越南统计局（www.gso.gov.vn）。

（二）越南产业结构趋于协调

与发达国家的产业结构不同，越南属于农业国家，第一产业一直支撑着越南的国民经济，所占比重很高，第二产业和第三产业与发达国家相较所占比重偏小，其中第二产业又以轻工业为主，重工业化程度不高。随着越南对外开放水平的提升，经济总量不断扩大，其三大产业的比重趋于协调，产业结构趋于合理，高度化特征明显。越南三大产业结构发生较大变化的时间跨度为1995年至2014年，历时20年。1995年，越南产业结构中的第一产业所占比重为27.18%，第二产业所占比重为28.76%，第三产业所占比重为44.06%。而根据《越南统计年鉴2015》显示，2014年越南三大产业结构调整为第一产业占比17.5%，第二产业占比37.25%，第三产业占比44.8%。数据显示，第一产业比重持续下降，降幅达9.23%；第二产业比重显著上升，增幅达8.49%；第三产业比重维持在40%左右。产业结构演化特征与变化趋势见表1－2。

表1－2　1995—2014年越南三大产业结构变动

年份	第一产业		第二产业		第三产业	
	千亿盾	占比（%）	千亿盾	占比（%）	千亿盾	占比（%）
1995	622.19	27.18	658.2	28.76	1008.53	44.06
1996	755.14	27.76	808.76	29.73	1156.46	42.51

续表

年份	第一产业		第二产业		第三产业	
	千亿盾	占比（%）	千亿盾	占比（%）	千亿盾	占比（%）
1997	808.26	25.77	1005.95	32.08	1322.02	42.15
1998	930.73	25.78	1172.99	32.49	1506.45	41.73
1999	1017.23	25.43	1379.59	34.5	1602.6	40.07
2000	1083.56	24.53	1622.2	36.73	1710.7	38.74
2001	1118.58	23.24	1835.15	38.13	1859.22	38.63
2002	1233.83	23.03	2061.97	38.49	2061.82	38.48
2003	1382.85	22.54	2421.26	39.47	2330.32	37.99
2004	1559.92	21.81	2876.16	40.21	2716.99	37.98
2005	1764.02	19.3	3485.19	38.13	3890.8	42.57
2006	1987.97	18.73	4096.02	38.58	4531.66	42.69
2007	2325.86	18.66	4801.51	38.51	5340.32	42.83
2008	3298.86	20.41	5991.93	37.08	6869.68	42.51
2009	3467.86	19.17	6764.08	37.39	7859.55	43.44
2010	4076.47	18.89	8249.04	38.23	9252.77	42.88
2011	5581.85	20.08	10535.46	37.90	11681.49	42.02
2012	6383.68	19.67	12535.72	38.63	13534.79	41.70
2013	6587.79	18.38	13730	38.31	15524.83	43.31
2014	6969.69	17.95	15058.02	37.25	17350.06	44.80

资料来源：《越南统计年鉴2015》。

（三）越南贸易、投资环境宽松

越南贸易、投资环境总体表现宽松，体现在：一是工业区、经济区较多。截至2015年5月底，全国共设立工业区295个，设立经济区41个（沿海经济区15个，口岸经济区26个），其中广宁省芒街口岸经济区位于中国广西边境，有效地促进了中国与越南的边境贸易。越南重视口岸经济区的建设，由越南计划投资部牵头，每年中央财政将下拨项目资金的70%用于口岸经济区的基础设施建设。

越南贸易、投资环境较优体现之二是法律较为健全。越南主要贸易法律法规见表1-3，此外《特别消费税法》对进口奢侈商品，如烟、酒、汽车等征收特别消费税，《增值税法》则对进口商品做出了增值税率为5%～10%的规定。总体上刚性的法律较多，法律制定全面，法律执行力较强，明晰的法律为外资企业和外贸商人指明了方向和限制范围，利于合理合法经商、投资和贸易。

表 1－3　越南规范贸易与投资的相关法律

年份	法律名称	规范内容	备注
2004	《进出口税法》《反倾销法》	税务、双反	
2005	《贸易法》《反补贴法》《电子交易法》	贸易、双反	
2006	《越南新投资法》	投资	
2014	《投资法》《海关法》	投资、贸易	外商合资、独资、合作经营另有相应规定

资料来源：中国商务部、越南财政部，2017 年。

越南在许多行业或领域对外资开放，并且为吸引外商投资，提供相应优惠政策，越南鼓励投资的重点领域和方向见表 1－4。这些方向可引导中国企业的投资精准性，减少不必要的政策风险和市场风险。

表 1－4　越南吸收外资的重点领域和方向

重点领域	具体方向	机会	备注
新材料	太阳能、生物科技、通信、环保，其他高技术	我国的太阳能、生物科技均为国际领先	
消费	日用品、农林水产品加工	我国在相关行业有较强优势	
基础设施	港口、公路建设	我国有较强优势	
文化	教育、医疗、体育	民间发展较快	
工业园区	加工区、高技术区	越南需求较大，政策优惠较大	主要需求集中在越南的落后地区

资料来源：根据中国商务部和越南财政部相关资料整理，2017 年。

三是越南劳动力具有明显优势，越南人口呈现年轻化、低成本化的特征，而且人口素质较高。截至 2016 年 1 月 1 日，越南从事经济的 15 岁以上劳动人口约 5290 万，接受培训的劳动人口占比约 21.9%，目前，越南劳动者人均月收入 422 万越南盾（约合 202 美元）。

四是越南作为 TPP 成员和东盟成员，在区内产品贸易享受关税优惠，而对非东盟成员国也有一定程度的优惠税率。2016 年越南部分商品进口税率，非中国—东盟自贸区优惠税率见表 1－5。

表 1－5　2016 年越南部分商品进口税率

单位:%

商品名称	关税税率	商品名称	关税税率
香烟原料	30	棉花	0
棉质织布	12	成衣	5～20
皮革制品	0～28	鞋	5～32
木材原料	0～5	玻璃	0～40
面粉	15	钢材	0～32
煤炭	0～3	内燃机	3～25
纸张	5～25	汽车（5 座）	70

资料来源：越南财政部，2017 年。

越南宽松的投资贸易环境、劳动力优势使其成为东盟国家吸收外来投资较多的国家之一。据越南国家统计局统计，2015 年越南吸引外资总额达 228 亿美元，相较 2014 年增长 12.5%，其中外商投资实际到位资金约 145 亿美元，同比增长 17.4%，成为越南吸收外资最多的年份。2016 年《世界投资报告》显示，截至 2015 年年底，越南吸收外资存量为 1027.91 亿美元。

2015 年共有 62 个国家和地区在越投资。越南吸收外资主要来源地依次为：韩国（合同金额 67.2 亿美元，占外资总额 29.6%）、马来西亚（合同金额 24.7 亿美元，占外资总额 10.9%）、日本（合同金额 18.4 亿美元，占外资总额 8.1%）、中国台湾地区（合同金额 13.9 亿美元，占总投资额 6.1%）。2015 年中国企业对越南投资合同金额为 7.3 亿美元，在越外资来源国中排名第十，中国对越南的投资以加工制造业、房地产和建设行业为主，而在高新技术产业、配套工业、基础设施等越南政府鼓励的领域投资比重不大。

总体而言，由于中国成本要素价格普遍上升、人口红利逐步减弱、土地资源和环境要素日益趋紧等原因，中国国内大量劳动密集型产业向东南亚国家转移，具有地缘优势、人口红利和自然资源的越南成为中国企业的主要投资对象。

三、越南对外贸易发展情况

（一）越南进出口贸易保持高速增长

自 1986 年实行改革开放以来，越南经济增长速度一直保持着较高水平（1995—2015 年国内生产总值年均增长率为 6.7%），商品贸易和外商直接投资的开放成为其经济结构改革的重要组成部分，并对提高竞争力和出口导向型增长做出了巨大贡献。2015 年，越南进出口总额达 3277.6 亿美元，同比增长10%。在全球经济不断下行的背景下，越南贸易进出口增速仍然保持在10%以上（见表1-6）。

表1-6　越南2011—2015年对外贸易的增长率　单位:%

指标＼年份	2011	2012	2013	2014	2015
实际GDP增长率	6.24	5.25	5.42	5.98	6.68
货物贸易出口增长率	34.2	18.2	15.3	13.8	7.9
货物贸易进口增长率	25.8	6.6	16.0	12.0	12.0

资料来源：越南统计局（www.gso.gov.vn）、UNCOMTRADE（www.comtrade.un.org）。

（二）越南进出口结构较为单一

受制于越南的低工业化水平和低科技发展水平，越南出口到中国的产品以低附加值的初级产品为主，集中在初级农产品、初级工业制成品和矿产品等品类上，高附加值产品的出口比例非常低。越南出口到中国的贸易商品呈现明显的结构单一、层次偏低、品类偏少、附加值不高的特点。

中国对越南出口的产品也同样呈现结构单一和层次偏低的特征，以工业制成品为主，虽技术含量明显提高，但高科技产品占比仍然偏低。目前中国出口越南的主要产品集中在机械设备、钢铁及贱金属类制品、纺织原料及纺织制品、化工产品等多个领域。其中机械设备、钢铁及贱金属类制品、纺织原料及纺织制品所占比例较大，基本上占到中国对越出口的70%以上。而中国对越南产品的进口，则主要是以机械设备、植物产品和纺织原料及纺织制品为主，占全部进口额的60%以上，矿产品、天然橡胶等产品的进口量也相对较大，具体情况见表1-7。从中越双方的贸易产品来看，中国与越南之间的双边贸易呈现“单一”和“双低”的特征，即产品结构单一、产品为“低技术、低附加值”产品，这也是双方贸易中存在的较大问题，同时说明中越贸易潜力巨大，双方需要积极挖掘和培育新的经贸往来增长点。

表1-7　2015年中国、越南主要进出口商品结构　单位：亿美元,%

排名	越南对中国出口			越南从中国进口		
	商品大类	贸易额	占比	商品大类	贸易额	占比
1	机械设备	44.22	26.7	机械设备	222.20	44.9
2	植物产品	32.23	19.5	钢铁及贱金属类制品	77.80	15.7
3	纺织原料及纺织制品	21.49	13.0	纺织原料及纺织制品	67.73	13.7
4	矿产品	11.33	6.8	化工产品	30.59	6.2

续表

排名	越南对中国出口			越南从中国进口		
	商品大类	贸易额	占比	商品大类	贸易额	占比
5	塑料橡胶及其制品	11.04	6.7	塑料橡胶制品	20.82	4.2
6	木及木制品	8.34	5.0	交通工具及零部件	18.77	3.8
7	鞋靴类制品	7.93	4.8	矿产品	15.55	3.1
8	光学、医疗仪器及零部件	7.58	4.6	光学、医疗仪器及零部件	6.05	1.2
9	农产品	5.08	3.1	建筑装修材料制品	5.60	1.1
10	食品饮料、酒、醋；烟草制品	4.88	2.9	木浆类及纸制品	4.92	1.0

资料来源：UNCOMTRADE（www.comtrade.un.org，2017年7月数据）。

（三）越南主要进出口市场高度集中

越南进出口数据显示其进出口商品市场偏向集中，据2016年越南海关统计数据，越南最大的三个出口市场分别是美国（21.78%）、欧盟（19.2%）和中国（12.4%）。从区域角度来看，由于亚洲各国具有商品流通的地缘比较优势和经贸往来的心理优势，且东盟自贸区内贸易高度自由化，中日韩与东盟也签订了不同程度的自由贸易协定，因而亚洲成为越南主要的出口地，占比达到了48.3%。另外，以美国为首的美洲地区是越南第二大出口地，占比为26.8%。第三位的是欧盟28国，占越南出口总额的21.4%。美欧等发达经济体对越南商品的需求主要为劳动密集型产品，其中农产品、服装、鞋靴和纺织品又位居出口需求前列。

同样地，基于较短地理距离和心理距离的贸易，越南进口市场仍主要集中在亚洲地区。2016年，越南自亚洲地区进口商品总额达1407.6亿美元，占进口总额的80.8%。其中，越南从中国进口达499.3亿美元，占进口总额的28.7%；从韩国和日本进口分别达320.3亿美元和150.3亿美元，占进口总额的18.4%和8.6%。由于同处亚洲的地缘优势，结合不断优化的投资环境，近年来越南吸引了大量来自亚洲地区的外商直接投资，其中，中、日、韩三国是越南主要FDI的来源地，主要从事来料加工贸易，来料进口往往依靠投资母国的市场从而导致进口市场集中于亚洲。另外，亚洲经济一体化进程也促进了越南对邻近国家的进口贸易增长，进出口比重不断提高。

综上所述，越南的进出口市场结构呈现非常集中的特征。一方面说明越南与以上国家具有紧密的经贸合作关系；另一方面增加了对外贸易的风险，不利于分散国际市场变化的压力和危机。

四、中国与越南两国贸易现状、特点及趋势

（一）中越双边贸易地位依时稳步提升

中国与越南的双边贸易关系和地位随着时间的推移而不断深化。据中国海关统计数据显示，中越双边贸易总额2000年还只有25亿美元（占中国贸易总额的0.5%，占越南贸易总额的8%左右），但自此以后，双边贸易额度不断增加，速度不断加快，日益奠定中越双边贸易地位。2005年中越两国总贸易额达82亿美元，与2000年相比增长3倍，2010年则超过300亿美元，2013年达654.78亿美元，2011年至2013年，每年以100亿美元的增幅加速度发展。2013年对于中越双方来说均是具有历史意义的时间节点，与2000年相比，双边贸易总额增长近27倍，所占比例增长近3倍，由占越南进出口总额比例的8%提高至24.79%。从2005年至2013年的10年间，中国均是越南最大贸易伙伴，2015年越南跃升为中国在东盟的第二大贸易伙伴，中国对于越南的经济持续增长贡献巨大，中越贸易关系稳步前进。在近年全球贸易持续低迷的情况下，中越双边贸易额在寒冬中依然不断增长，2015年中越双边贸易总额高达958.19亿美元，2015年中国从越南进口298.45亿美元，对越南出口661.34亿美元，分别同比增长为49.9%和3.9%。2016年以982亿美元的巨额纪录刷新了双方的贸易历史，2016年越南首次超过马来西亚成为中国在东盟的最大贸易伙伴，预计2017年中国和越南货物贸易额将达到1000亿美元，具体情况见表1-8。而据IMF数据显示，2016年全球贸易增速仅为2.2%，降至2010年以来最低点，相比之下，中越双边贸易的逆势增长弥足珍贵。10余年来，中越双边贸易总额年均增长速度超过25%，最高增幅达到33%，双方的经贸关系日益密切，随着民间交往的不断推进，双方经贸合作关系将持续深化。

表1-8　2005—2016年中国、越南双边贸易发展情况 单位：亿美元,%

年份	总额	进出口增长率	占越南进出口比例	占中国进出口比例
2005	81.96	21.6	11.86	0.58
2006	99.51	21.4	11.84	0.57
2007	151.15	51.9	13.57	0.69
2008	194.6	28.8	13.58	0.76
2009	210.48	8.1	16.58	0.95

续表

年份	总额	进出口增长率	占越南进出口比例	占中国进出口比例
2010	300.94	43	19.16	1.01
2011	401.85	33.5	19.73	1.1
2012	504.5	25.5	22.1	1.3
2013	654.78	29.8	24.79	1.57
2014	836.96	27.7	17.8	2.7
2015	958.19	14.6	23.1	3.8
2016	982			

资料来源：海关信息网（www.haiguan.info）、WTO统计数据库（www.stat.wto.org）。

（二）中越商品贸易结构同质化严重

中国与越南贸易的产品形式主要是基于其自身的资源优势及技术特点展开的。具体来说，越南出口的产品主要以自然资源、能源和未加工产品为主，如石油、水果、农产品、铜矿、原木以及橡胶等；进口的产品则主要是工业制成品或者半成品，如机电一体化产品、石化制成品、农业机械、成品油及冷轧钢等。越南的出口产品主要集中在农水产品和资源类，其中成品油所占比重最大，2007年以来占比均为总进口的30%左右，其次是天然橡胶，占比达8%左右，煤炭、原油和天然橡胶等资源密集型产品是越南出口中国的主打产品，服务产品和深加工产品对中国出口总体上偏少，交易产品单一且层次较低。中国对越南的出口品种同样单一，但中国出口到越南的产品以工业制成品为主，拥有相对较高的技术含量，如农业机械装备、甘蔗制糖设备、小水电发电机组、小型纺织机械、制药设备、成品油和钢铁制成品如冷轧钢、工业建材、小型便捷运输车、农药等。

从表1－7数据显示的商品构成来看，两国贸易的商品结构具有同质化的特征，商品贸易的结构过于单一，产品同质、商品的科技含量较低会直接影响双方贸易的深度发展，不利于两国的产业结构升级。如机械设备的进出口属于两国产业内贸易的主要商品，2015年越南向中国出口了44.22亿美元机械设备，同时中国也向越南出口了222.20亿美元机械设备。近年来，随着FDI占越南经济比重不断上升，外资中的机电企业对相关原材料和零部件有巨大需求。但越南第二产业仍以附加值较低的轻工业为主，无法满足本国需求，只能依赖于中国进口，这也是导致中国对越贸易顺差日益扩大的主要因素，说明中国与越南在产业结构和产业梯度方面存在差异。另外，来自越南的进口产品如水果、蔬菜、铜及铁矿石、原木及制成品等在中国市场的份额也越来越大，大大缓解了中国市场的部分资源压力，并为轻工业生产提供了丰富的原材料。中越双方在高科技领域的合作比较少，高附加值和高技术型商品所占份额偏小，可能成为制约双方未来贸易进一步发展的“瓶颈”，需要培育新的增长点，开拓新的贸易商品。

造成中越贸易商品结构趋同、相互竞争性强的根本原因是中国和越南双方整体产业发展仍然处于初级阶段，产品附加值低。虽然中国整体发展水平比越南高，但工业化水平还是处于较低阶段，因此出口越南的产品多数附加值偏低。其次是中国—东盟自贸区区内还存在一定的关税和非关税壁垒，双方企业对原产地规则以及显性贸易标准的利用率偏低，大部分企业只利用了初级产品的优惠政策便利，其中原材料和零部件贸易占很大比例，从而使贸易产品结构趋同，双方存在明显的竞争关系。这种具有竞争性特征的贸易结构既反映双方的产业演化级别，也反映双方在国际分工中的较低地位。当双方的区域内贸易量高速增长的同时，竞争性不能体现各自的优势，甚至可能抵消双边贸易带来的贸易便利，如何进行更好地国际分工，通过贸易获得各自的产业红利成为双边贸易需要考虑的问题。

（三）中越双边贸易关系发展不平衡

近年来，中越双边贸易总量和增长速度持续上升，但越南受基础设施建设滞后、全要素生产率低下、产业发展落后的经济条件制约，总体来说，越南发展水平弱于中国，越南对中国制成品和高技术产品的需求非常旺盛，中国对越南的原材料需求旺盛，需求差异和产品价值分化使中国和越南在双边贸易中处于明显的不平衡状态，中国较长时期处于顺差地位，直至“一带一路”倡议实施后，中国对越南的贸易顺差才有所回落。中国与越南的贸易情况和发展状态如图 1 – 1 所示，可以明显看出，随着中越双方经贸关系的发展，贸易总量急剧上升，越南对中国的贸易逆差自 2000 年的 6. 08 亿美元开始，缺口不断增大，自 2004 年越南对中国的贸易逆差更是直线上升，于 2008 年一举突破 100 亿美元大关，而至 2011 年中国顺差额更是达到 212. 87 亿美元，2014 年达到 445. 2 亿美元，增幅巨大。到 2015 年，因为越南出口到中国的农副产品量有较大幅度的增长，才使中国的顺差额降至 360 亿美元左右，同比下降近 17%。近年来，随着中越商品贸易总量的稳步提升，两国的商品贸易结构也发生了明显的变化，逐渐呈现产品多样、层次提升、价值增大的特征。以往，中国对越南的出口主要是一些资源和劳动密集型产品，如钢铁产品、纺织产品以及矿物和石化类燃料，近年伴随着越南经济转型和产业升级速度的加快，对高技术含量产品的需求增强，越南从世界各国进口的高技术产品明显增加，中国对越南农业机械、高功率电机、电气自动化等技术密集型产品的出口出现了大幅增加，“双高”产品贸易可能成为未来中越两国新的商品贸易增长点。

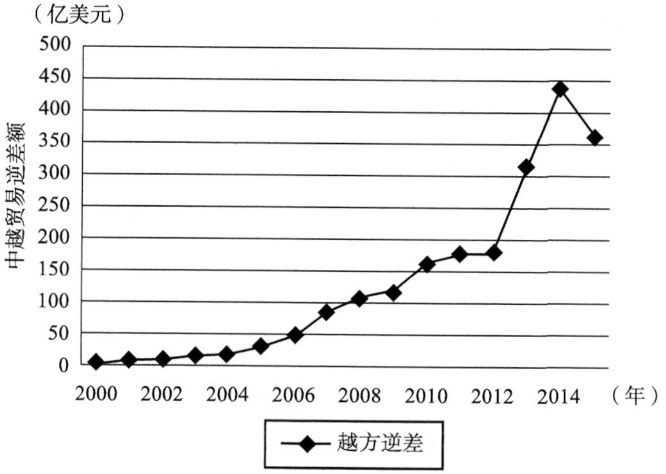

图 1－1　2000—2015 年中越贸易逆差情况

资料来源：海关统计资讯网（www. chinacustomsstat. com）。

中越贸易主要始于 20 世纪 90 年代，总体分为四个阶段：第一阶段，时间跨度为 1991—2000 年，双方以边境互市贸易为主，越南与中国广西边境贸易量大，其他区域量小，贸易呈现明显的量小、价低、类少特点，双方地位以越南贸易逆差状态为主。第二阶段，时间跨度为 2000—2004 年，2000 年开始双方贸易出现量的跃升，贸易规模不断增长，2003 年中国成为越南的第二大商品贸易伙伴，2004 年中越贸易开始加速，中国与越南当年的进出口贸易总额约 67 亿美元，相较 2003 年提升 45. 5%。中越双边贸易总额占到越南进出口贸易总额的 11. 6%，中国超过日本从而成为越南的最大贸易伙伴。第三阶段，时间跨度为 2005—2007 年，2007 年中越双方完成进出口贸易总额 151 亿美元，年均增长率达 52%，提前 3 年实现中越两国领导人于 2005 年提出“力争到 2010 年双边贸易总额实现 150 亿美元”的目标，从此，中越贸易不断刷新纪录。第四阶段，时间跨度为 2008—2016 年，受全球金融危机的影响，2008 年和 2009 年东南亚经济整体出现大幅下降，中越双边产品贸易的增长率也出现下降，2009 年双方贸易仅维持在 8. 1% 的增长率，成为双方贸易增长率的低点。到 2010 年，中越双边贸易重新快速增长，2010 年进出口总额顺利达 300. 94 亿美元，2011 年突破 400 亿美元，增长率分别为 43% 和 33. 5%，2013 年更是突破 600 亿美元，2014 年中越贸易达到顶峰，2015 年有所回落，2016 年双边贸易又大幅增长，显示双边贸易强劲势头。

（四）"一带一路"倡议实施后双方出现新的贸易增长点

2013 年"21 世纪海上丝绸之路"倡议的提出，2015 年中国—东盟自由贸易区升级谈判的完成，以及区域全面经济伙伴关系协定谈判的规划，为中国与越南的热带水果贸易提供了政策便利，中越两国的农产品贸易得到长足发展。据越南谅山省海关的统计数据显示，2015 年，越南单从谅山省新清口岸出口到中国的农产品总额就高达 4.9 亿美元，其中贸易额度高居榜首的农产品类为火龙果、荔枝干、西瓜、鲜荔枝，分别以 3.545 亿美元、1.049 亿美元、1950 万美元、1080 万美元的额度为越南做出经济贡献。2015 年火龙果、西瓜和荔枝三种水果对中国出口总额近 3.8 亿美元，相较于 2014 年的 1.676 亿美元，增长幅度巨大。除农产品贸易政策红利释放外，轻工产品贸易也增长迅猛，2015 年越南鞋类、箱包和雨伞出口额近 150 亿美元，对中国市场的出口额度增长近 50%。越南依靠加工贸易，通过从中国采购纺织、服装、鞋类原材料，再加工成商品后出口到欧美国家的方式，极大地刺激了越南服饰、鞋类、箱包的对外贸易发展，而且为越南居民提供了轻工产品行业及其相关行业的就业岗位。

（五）中越两国跨境电商贸易得到长足发展

跨境电商贸易，是指不同国别或地区间的交易双方以互联网为工具，通过能够提供相关信息的平台实现交易，以运输物流完成进出口商品对接的电子商务应用模式。跨境电商的交易主体受限于国别或国境，远程交易依靠互联网联结的信息平台，具体实现方式是在信息、单据确认后通过跨境物流实现的商品运输，是一种国际贸易的新型商业活动形式。

中国海关总署数据显示，2016 年中国对外贸易进出口总值 24.33 万亿元人民币，相较于 2015 年下降 0.9%。而中国电子商务研究中心数据显示，2016 年全国跨境电商交易规模达 6.7 万亿元人民币，相较于 2015 年增长 24%。中国电子商务研究中心发布的《2016 年度中国网络零售市场数据监测报告》显示，2016 年，中国进口跨境电商交易规模达到 1.2 万亿元人民币，同比增长 33.3%，预计 2017 年将达至 1.85 万亿元人民币。这些数据清楚表明，虽然全球贸易增速放缓，跨境电商却依然逆势增长，并已成为取代传统贸易的新型国际贸易方式，是传统对外贸易突破"瓶颈"的方向，预示着贸易增长潜力和方向。另外，据越南工贸部调查数据显示，2016 年越南电商收入高达 50 亿美元，随着互联网的不断渗透，越南电商的发展空间也越来越大（如图 1-2 所示）。

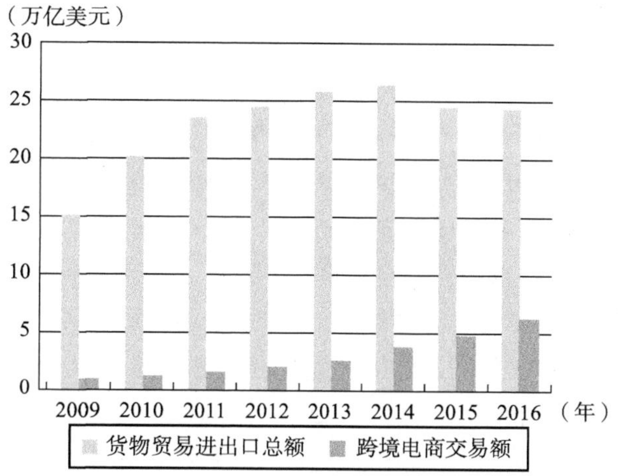

图 1－2　中国货物贸易进出口总额、跨境电商交易额变化情况

资料来源：海关总署、商务部、阿里研究院（www. aliresearch. com）。

五、中越合作成就

（一）中国对越南直接投资规模日趋扩大，双边经济合作表现活跃

中国和越南两国经济结构不断优化，经济快速发展，越南的基础设施不断建设，投资情况得到好转，中国包括香港特区企业更加倾向于将资金投放在越南进行建设和发展。目前，越南政府大力发展高新技术领域，在新材料、新能源、生物先进科技、现代通信技术、生态环保等领域大力吸收他国投资，取得相应成效。此外在日常用品，特别是农林水产品的生产，工业园区、港口等交通设施网络的建设方面鼓励吸收投资，在人力资源、体育、教育、卫生领域也对外资有所吸纳。而中国主要将资金投入在电力、矿产开发、工业园区建设等对技术和资金有较高要求的领域。伴随着中国和越南两国经济的不断往前发展和越南基础投资环境的进一步改善，中国包括香港特区企业在越南的投资活动越来越频繁。而中国对越南投资主要集中在矿产、电力、饲料加工、能源、汽车零部件、工业园区建设等方面。近十年来，中国对越南直接投资在数量上和质量上都逐年增加，广度和深度都在逐年延伸。据中国商务部统计，中国对越南直接投资额度由 2005 年的 0. 21 亿美元上升至 2015 年的 3. 33 亿美元，年均增速达 31. 83%。截至 2015 年年末，中国对越南直接投资流量达 5. 60 亿美元。据越方统计，截至 2015 年年底，中国对越南直接投资存量近 100 亿美元，投资项目数量累计 1284 个，涉及越南 54 个省市。其中，2015 年中国对越南新增投资 7. 34 亿美元，同比增长 3. 06 亿美元，在所

有对越南投资来源地的116个国家中排名第十。鉴于目前越南的国家工业体系较差、土地使用成本低，而且劳动力成本较低的原因，中国对越南的直接投资领域几乎集中在制造业、建筑业和基础设施三大行业，有过度集中的倾向。相比之下，越南对中国的投资呈现增长缓慢和额度偏小的特点，截至2015年年底，越南对中国累计投资总额还不到1.24亿美元，投资领域主要为农林、水产及矿产开采等基础行业。近年来，中越两国在经济合作方面取得了相应成就，2015年中国投资企业在越南新签合同价值34.6亿美元，实际完成营业额则为35.2亿美元，涉及领域涵盖电力、能源、水泥、金属矿产等行业，具体项目有河内—老街、河内—海防的高速公路建设、老街钢铁厂建设等。中国在越南的基础投资中占据相当重要的地位，在越南已经建设和完成的24个水泥加工厂项目中23个由中方承建和管理，占比高达95.83%。截至2016年3月底，中国在越南有效投资项目1354个，投资总额达104.3亿美元，据不完全统计，中国有逾10万人在越南从事商务和旅游等活动，仅越南芒街市就有超过1000家中国各类贸易企业。近年来，越南经济增长速度加快和综合国力逐步提高，越南本土企业开始寻求对外发展，越南资本开始对包括中国在内的东南亚一些国家进行投资和建厂，越南对中国的投资呈现明显的区域特征和行业特征。区域特征显示越南对中国的投资主要集中在与越南素有边贸往来、距离邻近的广西与云南一带，越南在中国其他地区进行投资则集中在交通便利的东部沿海地区。越南对中国的投资行业倾向于制造业，且投资的项目近年迅速增加。根据中国海关2015年年底统计，越南在中国直接投资项目总数超过400多个，合同总金额超过4亿美元，实际投入近1亿美元，其中有14个项目总金额超过100万美元。

（二）中越跨境经济合作区建设成效明显

2012年来中越跨境经济合作区建设取得很大成效，从而成为推动中越合作、促进两国经贸发展的有效模式。中越两国已经建立的跨境经济合作区包括东兴—芒街、河口—老街、凭祥—同登、龙邦—茶岭四个，双方在基础设施建设、产业合作和政策互利等方面取得了长足的进步。根据中国国家商务部和越南工贸部签署的《关于建设跨境经济合作区的谅解备忘录》，中越双方在合作区创新性地采用“一区两国、境内关外、自由贸易、封关运作”的合作贸易模式。同时，双方将重点精力集中在国家制造业、跨境旅游以及金融经济服务等支柱及优势产业，目标是打造区域性国际商品中心，跨境经济合作区成为双方深度合作的平台和经济驱动力。东南亚地区一直以来都是国际市场最具商业活力和贸易潜力的重点区域之一，而越南是东盟的重要国家，在东南亚地区间贸易和区域市场份额上均占有一席地位。近年来，越南经济的发展速度在亚洲国家中排名靠前，越南正在成为东南亚经济发展中的重要支撑成员，经济贡献力量正在增大。越南成为中国进入东盟市场的先行市场，可以为中国产品进入东南亚市场带来示范效应，加快挺进整个东盟市场的速度。越南与中国合作具有天然的地理优势和文化优势。从地理上看，越南与中国地理相连，两国拥有最长的陆地边界线，拥有最短距离的海上交通运输线，天然的地理优势使越南成为连接中国与东南亚国家交通运输、经济贸易的中转站和集散区域。从文化层面来看，越南由于历史原因拥有为数众多的华人、华侨，构成社会联结的网络群体和文化基石，推动了中越两国的经贸往来。尤其是东盟与中国“10+1”互惠贸易协议的正式生效和运行，以及“东盟自由贸易区”的正式确立更是为中国产品进入东盟市场提供了契机和保护伞，给中国企业带来了无限的新商机。而对于中越双边经济贸易的发展历程，双方以边境贸易发展为主，从最初的边民互市贸易与小额贸易逐步发展到与国际贸易全方位接轨的国际进出口贸易。其中，中国广西壮族自治区是中国对越经济贸易的最重要地区。2000年以来的10余年间，广西对越南边境小额贸易的贸易额均有不同程度的不断增加，发展势头较为迅猛。双方通商贸易具有良好的发展历史，双方又拥有1000多公里的陆地边境线，因此，越南一直以来都是广西最主要的贸易伙伴。自2009年以来，广西与越南进出口贸易额达40亿美元以来，越南连续10年成为广西在东盟国家中最大的贸易国。

（三）两国合作机制走向纵深

自2007年以来，中国和越南签订了20多项双边合作文件和协议，注重加强贸易、经济合作、海运、航空、铁路、高新技术、商品质量认证等方面的合作。尤为重要的是，在2008年，中国和越南两国最高领导人就两国全面开展战略合作展开对话，提出合作的目标及框架，使两国的经济贸易朝着这一方向前行。同时，中越双边积极谋求在食品卫生认证、强制性产品中国认证、农产品越南认证等领域的合作，双方谋求在农产品产品认证、双边贸易通关等领域的合作，加强协议等文件的签署，明确双方合作的内容。中越双方在海关执法及领导人会议和沟通机制等方面展开深层对话。会后，中越双方共同签署了《中华人民共和国海关部署与越南社会主义共和国海关总局会议纪要》。中越双方领导人大力扶持、有关关联部门全力配合，中越企业在各自优势产品方面纷纷加强了进口与合作，促使两国的贸易、进口数量持续攀升新节点，贸易逐渐向大规模方向发展。李克强总理在2014年倡导建立的澜沧江—湄公河合作机制已成为中越开展合作交流的指导性文件。同时，双方通过中国—东盟、大湄公河次区域经济合作（GMS）等多边合作组织广泛开展合作与对话。综上所述，以上述多层次、多国家、多领域的合作机制为契机，中越两国正通过双边贸易与合作扩大区域的影响力和话语权。

（四）“一带一路”背景下中越跨境经济合作持续深化

在互联网经济高速发展的背景下，中国和越南共同探求跨境电商合作，延伸产业链。作为中越双方合作的领头省份，广西在推动跨境电子商务方面迈出了新的步伐。目前，广西正在推进中越电商产业基础设施的配套建设，以期在通信光纤互联网方面与越南合作。加强跨境电商平台建设，促进中越产品通过电商平台达到更好地销售，将中国和越南产品的聚集区设置在“中国电子商务百强县”的东兴，使网上销售成为产品销售的主渠道，进而取代传统渠道，促进中越商贸的全通道发展。广西已经建成一系列基础设施来支撑与越南的电子商务平台，建成高速铁路 1067 公里，开通到越南的货运直通车，在口岸通行方面实行“一次申报，一次查验，一次放行”的模式。

越南为推动中越跨境经济合作也做出诸多努力，越南将在国际口岸通关方面提供一系列便利措施，树立建设成为东南亚地区发展的典范——越中（芒街—东兴）跨境经济合作区，加快建设中越北仑河公路二桥，提供基础设施保障，加强双方在电子商务硬件设施和技术方面的交流学习，促进广宁和广西的务实深入合作。

2017 年 5 月，越南国家主席陈大光出席“一带一路”国际合作高峰论坛为中越的深入合作指明了方向，中越共同发布联合公报，明确指出将加快商务对接“一带一路”倡议和“两廊一圈”框架合作备忘录，推动两国区域经济合作蓬勃发展。

六、中越贸易政策现状

（一）中越边境贸易政策构成的对比

中国与越南的贸易红利主要来自《东盟自由贸易区共同有效优惠关税方案协议》约定的 0 ~ 5% 的关税水平，国际性纲领包括《巴厘第一协定》（1976）、《东盟特惠贸易协定》（PTAs）（1977）、《东盟工业合资计划》（AI-JV）（1983）、《共同有效关税协定》（CEPT）（1992）、《共同有效优惠关税协定》（CEPT）（1993）、《东盟服务贸易框架协定》（1995）、《东盟的知识产权合作的框架协定》(1995)、《东盟展望2020》(1997)、《东盟投资区框架协议》(1998)、《电子东盟框架协议》(2000)、《中国与东盟全面经济合作框架协议》(2002)、《巴厘第二协定》(2003)、《中国与东盟货物贸易协议》(2004)、《万象行动纲领》(2004)、《东盟宪章》(2007)、《东盟共同体2009—2015年路线图宣言》(2009)、《巴厘宣言》(2011),政策支持和约定内容涵盖投资、服务、贸易领域,具体到各种原材料和中间品的进出口,电子商务和信息发展,列出了相应的例外清单,这均是东盟各国成员要共同遵守的协定,中越贸易基本上在东盟自由贸易区所能享受的范围内进行,相应企业得到相关政策便利和关税优惠。除享受政策便利外,中越边境贸易受到双方的法律、法规约束,规制体系涵盖中越双方的法律、法规,二者均由国家层次的政策法规和地方层次的政策法规构成,构成一个相对完整的制约体系,约束着中越双边贸易的空间范围和具体行为(见表1-9和表1-10)。

表1-9　中国对越南的贸易规制体系

层次	标准	内容	规制对象	备注
国家	基本法	《中华人民共和国对外贸易法》	对外贸易(含边境贸易)	
	具体法规	商务部等各部委颁布的法规,商检、海关的管理措施	进出口贸易	
	民族政策或区域发展的支持政策	西部大开发政策包括对边境贸易实施优惠的政策	政策支持对象	
地方	边境省市制定	广西、云南的地方性政策等	政策支持对象	因具体商品不同而不同

表1-10　越南对中国的贸易规制体系

层次	标准	内容	规制对象	备注
国家	通用政策	《进出口税法》《海关法》《商检法规》《外汇管理条例》《新投资法》	贸易、金融、服务、投资	
	边境口岸经济区政策	《关于工业区、出口加工区、经济区规定的决定》《关于边境口岸经济区的政策》	经济区、工业区	
	边贸管理政策	《越南边境地区外汇管理规定》《关于越中边境市场的组织和管理制度》《关于陆地边境口岸规定的决定》	市场、口岸	

续表

层次	标准	内容	规制对象	备注
国家	双边贸易协定	《经济合作协定》《关于处理两国边境事务的临时协定》《越南和中国政府关于边境地区商品贸易的协定》《边境合作协定》《边境贸易协定》《北部湾渔业合作协定》《中越经贸合作五年发展规划重点合作项目清单》《银行结算机制协定》	贸易	
地方	边境省市制定	如老街省政府于2002年底颁布的关于设立4个重点经济区的优惠政策	经济区	边远地区的优惠政策

资料来源：根据中国商务部、越南财政部资料整理，2017年。

除了两国各自颁布的有关双边贸易的规定外，中越两国政府还不断补充相关协定为中越两国经济贸易合作保驾护航。2012年，中国和越南签订了《中国政府和越南政府关于修改中越两国政府汽车运输协定的议定书》。该协定已于2012年2月17日正式生效。其作用主要是为了两国之间货物、旅客出入境的安全及方便提供保障。2012年，中国和越南政府的交通运输部门签订《关于建立国际汽车运输行车许可证制度的协议》。

（二）中越对边境贸易优惠政策的对比

中国对边境贸易的优惠政策主要是专项关税政策优惠、普惠式税收优惠和非关税支持。第一，专项关税政策优惠：对边境小额贸易减半征收进口税，以专项资金、税收优惠、专项补助的方式支持边境贸易发展，支持边境口岸建设，扶持边境小额贸易企业成长。第二，普惠式税收优惠：对所涉及的一般贸易、边境市民或互市贸易一定额度内免征进口关税和进口环节税，免征额度历次调整，不断增加。第三，非关税支持：对国家级边境经济合作区，以项目贷款、财政贴息的方式支持经济合作区建设，对跨境经济合作区内企业给予出口退税优惠。

越南在贸易中的优惠政策主要涉及财政投资和信用政策、税收优惠、出入境管理等方面，越南尤其重视通过支持口岸经济区建设的优惠政策来促进双边贸易。越南最新政策规定：第一，在口岸基础设施建设方面，政府资助重要的技术性项目、重大的基础设施项目；鼓励发行债券、项目贷款、政府援助、社会垫资等方式支持规模大的基础设施项目建设。第二，对口岸经济区内企业实行税收优惠，区内企业在4年内免收企业所得税，在15年内按低税率标准10%征收，在海关监管区内生产、销售及进出口的货物免增值税等，并对相应企业给予特别消费税、土地租金、土地使用税等一系列优惠和税收便利。

（三）越南口岸经济区共同的地方性政策依据

中国与越南的口岸经济区主要位于广西和云南，中国对广西适用西部开发政策。广西区政府于2001年发布《关于印发贯彻实施国务院西部大开发政策措施若干规定的通知》。国务院颁布《广西北部湾经济区发展规划》（2008年2月）。而在2009年国务院又颁布《关于进一步促进广西经济社会发展的若干意见》。随后，为了进一步促进边境贸易的发展，广西壮族自治区人民政府于2010年颁布了《关于加快边贸市场建设促进边境贸易发展的意见》。紧接着在2012年，广西壮族自治区人民政府审议通过了《桂西资源富集区发展规划》，对原有的政策文件形成了有益的补充。

（四）中国与越南外资准入制度标准

越南十分重视对于外商投资的立法，对于外商投资颁布了一系列法律，于1987年制定并颁布了《外国在越南投资法》，这是外商投资的基本法律，也是外商在越南生存必须遵守和达到的要求。越南的外国投资法律规范体系在2015年基本建立并逐年完善，对于外资准入制度及规定达成比较统一的共识。越南政府于2015年2月签署了《关于按照公私伙伴形式投资的议定》（15/2015/ND－CP号），允许PPP在建筑、改造、运营、经营、基础设施工程管理、公共设备或服务等项目方面进行投资建设。而中国与越南相反，对于外国投资法律的制定没有达成共识，而是对于各行各业的外资企业实行单行法律和专门法律，由此形成完整的外资法体系，各类外资法律、规章多达200余项，这些相互独立，互不统一的外资立法，造成中国外资准入的法律法规不仅在量上繁多，而且在种类上杂乱。目前中国外资准入制度及规范的法律主要有《中华人民共和国中外合资经营企业法》《中华人民共和国外资企业法》《中华人民共和国中外合作经营企业法》。与越南相比，我国缺少一个外商投资基本法来规定外资的基本事项，从而使外商投资很多事项的界限和规定不清，而最大的问题不是关于外资的法律数量较多，是这些法律种类多，体系混乱，甚至相互矛盾和抵触。法律数量的繁杂以及种类的杂乱又会造成外资企业审批程序过多，审批时间过长，阻碍了外资企业的发展。

（五）中国与越南国家外资准入制度的完善

外资可以进入没有风险的领域，中国政府已逐步放宽对于资本的限制，中国通过对《外商投资产业指导目录》的修改来降低行业准入的门槛，使公共设施服务、房地产、教育、广播电视、保险金融等领域可以放宽对外国资本的准入限制。外资企业在遵循中国法律规定后，经过相关部门审批、登记等就可以进入具体的行业领域。在外资申请准入的过程中，中国制定了相关的法律法规，外资管理的机构依照程序审查。与之对应的是，越南国家政府和部门对于外资投资项目的准入审查与中国存在较大差异：半个月内有关部门可以决定投资许可证颁发与否；而审定颁发投资许可证 A 类投资项目申请程序则要相对烦琐，需要申报的部门包括计划投资部、政府总理等。这样可以确保 45 天内外国企业在所需申报的文件资料齐全的情况下，完成审批。在中国，外资独资企业、中外合作企业以及合作经营企业的申请设立都交由国务院对外经济贸易主管部门或者国务院授权的机关完成，但审批期限因企业性质的不同而有所改变，具体是 90 日内审批申请设立外资企业，3 个月内审批设立合营企业审批，45 日内审批申请设立合作企业审批期限。

（六）越南电子商务市场规划与规制

在电子商务市场发展中，越南发展势头排在东盟国家前列，在东盟国家互联网普及率居第二位，其电子商务不仅普及率高且认同度高。作为出口导向型经济国家，越南已经感受到电子商务所能带来的经济利益。越南于 2006 年发布《2006—2010 年阶段电子商务发展总体计划》成为越南的电子商务发展的指导性条款，以后越南政府相继出台了《电子交易法》《贸易法（修改）》和《电子商务议定》，为其电子商务提供了坚实的政策保障。2009 年 2 月，越南开发新的技术，实施新的银联电子支付系统，试图通过促进企业的电子支付服务发展来扩大越南电子商务的发展规模，并且取得一定成效。《2015 年越南电子商务报告》显示，2015 年越南电子商务营业总额达 40. 7 亿美元，同比增长 37%，占全国零售总额的 2. 8%。越南最大电商平台 Lazada 成立 4 年来，入驻越南商家超过 3000 家，在线交易商品超过 5 万种，每日访问量超过 150 万次，在线交易的商品 80% 来自中国。2016 年，越南政府发布《2016—2020 年电子商务发展总体规划》，明确了电子商务在基础设施、市场规模、企业和政府应用程度 4 个方面的发展目标，期望到 2020 年，越南网上购物人数能实现占总人口 30%，人均消费金额 350 美元，电子商务交易额达 100 亿美元，跨境电子商务交易额占进出口总额的 30%。

七、制约中越贸易纵深发展的因素

（一）双方贸易口岸与互市点基础设施不完善

目前，中国和越南有一部分经贸口岸基础交通设施仍然不足，通关及运输能力发展较低。甚至有相当一部分口岸尚未建设，验货场、储存仓库无法跟上实际生产、生活的需求。总体来说，中国和越南交通运输基础设施建设时间较早，设施比较破旧，尤其是越南。越南境内的公路建设质量较差，公路运输能力低，甚至有部分越南经贸市场还没有联通公路，严重制约其运输发展。铁路轨道标准在两个国家也存在差异，两国都有各自的标准，且无法实现跨境货物的直达运输，运输过程中需要换乘火车，导致双方商品贸易的运转周期加长，交通不方便阻碍了两国人员的出国旅游。

而越南的配套工业较落后、外汇管制严格、政府部门的行政效率低下等问题也会对双方贸易、投资造成影响。世界银行发布《2016 年营商环境报告》显示，越南经营商业的环境世界排名居中，在全球 189 个经济体中排名第 90 位。世界经济论坛《2015—2016 年全球竞争力报告》指出，越南的竞争力在 140 个国家和地区中排第 56 位。

总体而言，越南在硬件和软件方面还需要加强才能进一步促进越南与中国的贸易深化发展，而中国相比之下在基础设施方面投入较多。

（二）南海问题对中越双边经贸合作的影响

改革开放后，中越双方的经贸合作越来越紧密，特别是签订《中国—东盟全面经济合作框架协议》后以及中国—东盟自由贸易区的全面启动，双方的经贸合作迅速发展。新的框架下，贸易、投资、工程承包等实体经济及劳务合作的深度和广度进一步扩展。近年来，因为南海问题，双方的经贸合作以及“一带一路”构想的实践发生了一定的曲折。世界经济论坛《全球风险报告》（2015）指出，人民普遍认为“地缘政治风险”（其中包括影响地区关系的国家间冲突）是影响经济合作的最大风险因素。随着经济全球化的发展，南海问题对中越双边经贸合作的宽度和深度的影响越来越大，国家和相关中资企业层面上，发展存在一定的挑战。如 2014 年的中越南海“中建南事件”，后来恶化为越南国内的暴力排华事件，使中国同越南的贸易和投资蒙上了一层阴影。

（三）中越跨境电商发展存在现实壁垒

近些年，随着越南在东盟的经济地位不断提高，东盟与其他国家所签订的各项自由贸易协议的开放，包括东盟自由贸易协议、东盟经济共同体“10 + 3”或“10 + 6”的优惠等，有可能吸引越南贸易重心转向其他市场。

1. 语言沟通障碍

中越两国在文化语言上存在极大的差异，能否精准翻译对应关键词和商品特性，事关跨境电商能否成功。根据中国国际贸易促进委员会专家描述，现在实际存在的跨境电商网站，60%的关键字翻译都存在歧义问题，无法准确翻译商品特性，语言障碍造成商品信息的失实以及信息扭曲、不对称对贸易的影响层出不穷。在中越跨境电商发展中，如果跨文化、跨语言的多语种贸易平台配套设施建设跟不上需求，不仅中国与越南企业之间贸易往来将不断缺失商机，甚至会产生贸易纠纷，不利于双方的交流和贸易往来。

2. 跨币种电子支付体系不健全

目前，中越间跨币种的电子支付体系、设施建设不配套、不健全，会使跨境支付存在较大安全风险，中小企业在发展跨境电商方面有很大的顾虑。另外，货币汇率变化时常随市场波动，会影响跨境电商业务在企业和个人方面的开展。如果电子商务服务器中无法配套货币自动兑换软件，那么发展区域性的电子商务服务，构建第三方支付系统，实现跨国电子支付和货币的区域合作就是纸上谈兵，无法落到实处，那么实现跨境电商便利化服务和商业利益的共享更无从谈起。

3. 物流配送成本高

对于企业来说，跨境电子商务金额小、批次多、频率高，物流主要通过国际快递来进行运输，这些对企业来说都是赢利点。跨境物流不仅要考虑成本、速度等因素，还要考虑物流的安全性以及消费者的感受，服务质量和成本之间存在较大矛盾，两者无法兼顾。如果仅考虑成本因素，物流速度则会较慢，从而导致供货时间和周期较长，顾客体验的切身感受和消费的满意度会大大下降从而使客户流失；如果仅从服务质量方面来考虑，会导致成本急剧上升，企业盈利空间压缩，甚至企业会出现大量亏损。即使有部分企业选择在海外建立仓库，或者将仓库聚集在一起实行规模化运输，但是这些措施适用范围小，只适用于规模较大的企业，无法应用于规模不大、分散的中小企业。此外，物流缺乏国际标准，中国有自己的物流标准，越南也有自己的物流标准，两者有较大差异，重复性的工作需要大量的劳动力，增加了企业的成本，跨境电商的效率无法提高。

此外，中越双方进一步发展受到贸易结构的影响。从进出口结构来看，中越双方并没有在对方的国内市场之间展开竞争，而是在两者之外的第三方市场竞争，美国、欧洲和日本等发达国家和地区是中越两国主要的出口市场，目标市场的重合必然会加剧两国在这些地区的市场竞争。此外，产业结构方面的相似性会给中越双方合作深度带来消极影响，两者均在农业、资源密集型和劳动密集型产业方面有较大优势，产业结构缺乏互补性和互利性，影响两者贸易额的双边增长。

八、中越贸易发展展望及路径研究

（一）中越贸易发展展望

在统计数据方面，中越双边贸易额逐年增长；从政策背景上来看，双边经贸有政策保驾护航；从实际投资来看，越南已经成为中国企业投资的重点国家，拉动双边贸易的增长，中越未来仍将是重要贸易伙伴。2017 年 5 月中越双方发布联合公报，明确指出将加快“一带一路”倡议的实施，促进商务合作，达成“两廊一圈”框架合作备忘录，推动两国经济的区域化发展。

近年来，国际贸易发展朝着经济全球化、区域经济一体化方向延伸。“一带一路”倡议、跨太平洋伙伴关系协议（TPP）签署、区域全面经济伙伴关系协议（RCEP）谈判等将对亚洲大多数国家的未来产生重大影响，主要体现在国际贸易方面，各国之间合作协议无论是在深度上还是在广度上都极速延伸，深度上从贸易领域延伸到基础设施建设，广度上从产能、投资领域延伸到金融、物流、教育领域等。这些协议的达成，不仅将广阔的发展机会提供给各个协议国，同时也带来诸多挑战。因此，在经济全球化背景下，各国都需要对其贸易政策进行相应调整。

基于当前国际与区域发展趋势，中越应加强双方制造加工领域的深度合作，中方的投资应直接投资在项目上，减少中间投资环节，越方可以在中国建设厂房等设施，直接利用当地的原材料而不必依赖于从中国进口。越南的经济发展很大程度上依赖于中国资本的投资，特别是依靠投资增加了就业机会，提高了越南的就业率，延长了越南的产业链，在工业上的投资促进了越南工业化的发展。

随着海洋运输条件的不断改善，互联网走向世界各地，跨境电商作为新型贸易手段将改变中越贸易现状，跨境电商的迅速发展将为中越双方带来巨大的利益，双方一定会走向互惠互利的合作局面。

（二）中越贸易发展路径研究

1. 不断优化中越贸易结构，平衡中越贸易逆差

从目前的双边贸易来看，两国出口商品的结构不同。在资源密集型和劳动密集型产品方面，主要是越南向中国出口，中国处于贸易逆差，在低技术附加值产品方面中国处于贸易顺差的地位，由中国向越南出口，中国商品的附加值高于越南，而这样的差异会导致中越两国贸易结构缺乏平衡性，极不

稳定。两国的贸易逆差长期存在，使中越贸易无法良性发展。

改革开放30多年来，中国科技发展进步震惊世界，在自主创新能力方面发展迅速，已形成一批成熟的产业技术。越南经济改革时间距今较短，产业缺乏深度发展，相对落后，与中国存在一定的差距。中国可以考虑在技术型、资本密集型产业加强同越南的合作，既可以开拓越南市场，还可以转型和升级贸易结构，这样就可以促使商品结构单一的贸易问题得到改进，实现互利共赢。具体而言，中国在机电设备、机械、化工产品等技术方面较越南有很大的优势，而"一带一路"倡议、"两廊一圈"经济计划的实施需要建设大量的基础设施，越南技术较低，工业发展缓慢，无法跟上本国发展的需要，需要依靠国外资本和技术的帮助。中国可以向越南出口机械设备、建材等技术含量较高的商品，加大对越南的资本投资，在矿产、水电、农业、医药等需要极高技术水平的产业方面给予越南帮助，并且中国的云南、广西与越南接壤，可以发展区域经济，在两国都有的产业方面开展技术交流、学习与合作。

2. 完善边贸基础设施建设，实现海陆联运便利化

中越贸易往来主要是在两国相连的边境地区展开，广西、云南、广东、山东、浙江、江苏等省主要向越南出口商品，尤其是两国接壤的广西、云南两省，在开展中越经贸合作方面的地缘优势明显，发展前景较好。为了促进两国的贸易往来，需要科学规划设计两国的产业合作以及产业结构的升级，以增加两国合作的深度和广度，加强双方口岸的基础设施建设，便利两国的海陆联合运输。中越自2006年以来就推动实施"两廊一圈"战略规划，取得了重大成果。2014年9月21日，越南首条连接越中边境的高速公路（河内—老街）建成通车，该项目作为实施中国昆明—越南海防经济走廊的重点项目，促进昆明与越南的经贸合作；2015年12月5日，河内—海防高速公路全线通车，极大地促进了"两廊一圈"战略框架中基础设施的建设，促进越南北部交通运输网的完善。目前，中越双方正在将"两廊一圈"规划与"一带一路"倡议连接结合，这将进一步促使越南边境城市与中国边境各港口及城市加强业务往来，不仅促进贸易数量的提升，更促进了贸易质量的提高。另外，还应进一步建设泛亚铁路网，拓展交通运输网络，增强铁路运输能力。中国应充分利用自身在资源、技术、设备、资金、运营经验方面的优势，协助越南建设和更新交通基础设施，解除越南经济发展的限制，同时也扩大中越双方经贸合作。

3. 利用跨境电商拓展新贸易增长点

随着互联网经济高速发展，中国和越南需要探索跨境电商等新型贸易方式来延伸跨境经济的发展。作为“两廊一圈”当中的一圈，环北部湾经济圈的跨境电子商务发展具有得天独厚的优势。环北部湾经济圈涵盖了中国广西沿海地区、广东雷州半岛和海南省的西部以及越南的北部沿海地区，还可延伸至新加坡、马来西亚、菲律宾等6个东盟国家，是与越南等东盟国家海上距离最近的经济圈。从海路运输来看，该地区是重要的海上交通枢纽，拥有十余个港口，仅湛江港2016年的吞吐量就达到2.55亿吨。从陆路运输来看，中越陆地边界线长1347公里，拥有级别高的陆地边境口岸，且两国政府都对其给予了大力支持。环北部湾经济圈的天然区域优势助推物流发展，实现海陆联运便利化，有利于两国跨境电子商务的进步。

作为中越开放合作最重要的广西，在与越南合作方面几乎均是先行一步，如建立跨境贸易电商综合服务平台和中国—东盟（南宁）跨境电子商务产业园，吸引中越企业入驻，“中国电子商务百强县”东兴打造两国产品聚集区，形成了网销的主渠道，在很大程度上促进两国贸易发展。与越南临近的广东湛江港开通了和越南、马来西亚、新加坡等东南亚国家五大港口的航线，打通了环北部湾区和粤港澳大湾区的海上航线，有利于降低跨境物流成本，加强深圳蛇口、广州南沙两大自贸区与越南的贸易往来。越南方面积极回应了两国关于跨境贸易的合作，完善相关交通设施建设，加大两国跨境电商的深入合作。

中越跨境电商发展具有一定的战略意义，对此提出了以下几点措施：

（1）携手建立专业的跨境电商网站

中越两国语言文化差异大，因为语言障碍造成贸易问题的案例不断增多，如何解决因语言造成的贸易问题已成为两国发展跨境电商的关键。对此，应加快共建专业跨境电商网站，注重解读不同文化和习俗，迎合两国商业需求，推进跨境电商在国际化与本土化的发展。这不仅需要了解两国的语言文化，而且还要了解其商业文化，以降低交流成本，化解语言障碍。

（2）积极发展跨境电子支付平台

跨境电子商务的发展离不开跨境银行、跨境平台结算的跨境网上现金流解决方案。对此，首先，中越两国应加大对跨境电子支付平台的建设，大力发展第三方支付体系，提高离岸人民币通过电子渠道支付的频率。其次，第三方支付平台的开发企业要制作出更多创新性的产品，为跨境支付减少成本，降低风险。再次，可通过建立电子认证机构牌照制度，由各省电子商务管理部门核准签发认证机构牌照，以提高认证机构准入门槛，对认证机构进行规范管理。由持牌照的电子认证机构来签发、核证和确定电子签名的证据效力，保证企业和消费者的权益。最后，应加快建立跨境电子商务行业规范及监督组织，承担起维护市场秩序的责任。

（3）构建中越物流标准体系

在中国现有的物流标准体系基础上，结合越南现有的物流标准，共同形成适合中越双方共同发展的跨境物流标准体系。在对接“一带一路”倡议和“两廊一圈”框架合作备忘录时，以中国国家标准化管理委员会为中方主体，与越方物流标准相关部门商讨建立两国共用物流标准，实现物流合作的无缝链接，有效提高物流的运转速度，减少重复劳动的发生，降低物流的运输成本。从商品供应链的角度来分析，可考虑通过供应链前端引入中（越）优质商品，通过中越海陆联运与自贸区保税仓，提高进出口贸易供应链效率。

（4）协调中越贸易、投资政策

开展中越跨境电商的目标是深化中越经贸合作，提高两国贸易福利，避免恶性竞争。因此，有必要完善中越跨境贸易的合作机制，均衡各方利益。目前首要任务是利用两国经济贸易结构的互补性，加快与产业深化合作相配套的国际贸易和投资政策的制定与实施，优化产业结构，提高产业效率，在保证必要竞争的前提下尽可能地减少内耗，逐渐降低对发达国家的贸易依赖程度，实现共赢。

（5）重视跨境电商过渡升级

通过传统价差维持利润的盈利模式已过时，未来跨境电商的发展趋势是价格到服务的过渡。跨境电商的发展正处于向产品多样化和服务升级阶段转换，以买家为导向的时代即将到来。

作为新兴市场国家，中越两国的共同特点是：人口众多，产品各具特色，且处于经济转型发展的重要阶段，是世界各国发展对外贸易，获得经济支持的重要市场。在未来很长一段时间内，新兴国家还将继续保持旺盛的产品需求，跨境电商的出现促进更多的远程国家介入经济合作，并利用巨大的市场契机发展各自的贸易、投资等。“一带一路”倡议的全面实施，将会推动中越两国经济进入快速发展阶段。我国具有先进的互联网技术和巨大的网络群体，借助“互联网+”的翅膀，充分发展跨境电商等新型国际贸易方式，助推两国经贸合作向更大规模、更宽领域、更深层次发展，实现互利共赢的目标。

参考文献

［1］中国商务部．对外投资合作国别（地区）指南（越南2016版）［R］．

［2］南博网．2015年越南进出口总额达3277.6亿美元［EB/OL］．http：//www.caexpo.com/news/info/import/2016/01/25/3657315.html，2016－01－25．

［3］越南共产党电子报．2016年越南最大的三个出口市场［EB/OL］．http：//cn.dangcongsan.vn/news/2016年越南最大的三个出口市场－424943.html，2017－01－25．

［4］商务部网站．2016年越南贸易顺差创11年新高［EB/OL］．http：//www.mofcom.gov.cn/article/i/jyjl/j/201702/20170202510968.shtml，2017－02－07．

［5］张洪胜．越南2015年对中国出口热带水果猛增［J］．烟台果树，2016（2）：49．

［6］南博网．2015年越南鞋类对中国市场的出口业绩非常好［EB/OL］．http：//www.caexpo.com/news/info/export/2016/03/22/3659264.html，2016－03－22．

［7］张夏恒，马天山．中国跨境电商物流困境及对策建议［J］．当代经济管理，2015（5）：51－54．

［8］商务部网站．国别贸易投资环境信息半月刊，2017－07－05．

［9］李碧华．越南"两廊一圈"的政策规划建设与中越共建"一带一路"［J］．东南亚纵横，2016（5）：37－40．

［10］海运网．中国大陆港口货物吞吐量排名30强出炉［EB/OL］．http：//www.sohu.com/a/149322840_151241，2017－06－16．

［11］郑磊，梁爱琼．湛江联手八大港开启东南亚新航线［J］．珠江水运，2015（15）：47．

专题 Ⅱ

中国与马来西亚贸易研究

一、引言

中国与马来西亚贸易关系对两国经济社会发展均起到重要作用。由于地理位置邻近且关系密切，中国与马来西亚贸易往来历史悠久。早在公元前 2 世纪，便有中国商人前往马来半岛进行通商贸易。随着近年来东盟经济共同体与区域全面经济伙伴关系的发展，中马贸易关系更是得到快速发展。2016 年中国成为马来西亚第一大贸易伙伴国、第一大进口来源地、第二大出口目的国，马来西亚成为中国在东盟地区的第一大贸易伙伴、全球第六大贸易伙伴国。

中国与马来西亚贸易关系同样影响中国区域经济合作的开展。马来西亚作为东盟创始国，也是环印度洋区域合作联盟、亚洲太平洋经济合作组织、英联邦、不结盟运动和伊斯兰会议组织的成员国，其政治影响力与经济实力在东盟国家处于领导者地位。在此背景下，中马贸易关系的健康稳定发展，不仅深刻影响到中国对外贸易产业发展，同时直接关系到中国与东盟地区的合作关系开展。

二、马来西亚的对外贸易情况

（一）马来西亚的基本情况

1. 马来西亚的地理位置

马来西亚地理位置优越，地处北纬 1°~7°，东经 97°~120°，位于太平洋和印度洋之间，海岸线长 4192 公里，国土总面积 33 万平方公里。

马来西亚被南中国海分为东马来西亚和西马来西亚两部分，由马来半岛南部的马来亚和位于加里曼丹岛北部的沙捞越、沙巴组成。其中西马 13.2 万平方公里，东马19.8万平方公里。西马位于马来半岛南部，北与泰国接壤，南与新加坡隔柔佛海峡相望，东临南中国海，西濒马六甲海峡；东马位于加里曼丹岛北部，与印度尼西亚、菲律宾、文莱相邻；西马和东马最近处相距600海里。

马来西亚的区划构成包括13个州和3个联邦直辖区。13个州包括西马的柔佛、吉打、吉兰丹、马六甲、森美兰、彭亨、槟城、霹雳、玻璃市、雪兰莪、登嘉楼和东马的沙捞越、沙巴；3个联邦直辖区为首都吉隆坡、联邦政府行政中心——布特拉加亚和东马的纳闽。

2. 马来西亚的资源情况

受到地理位置与气候因素影响，马来西亚自然资源丰富。马来西亚既是世界上最大的天然橡胶、棕榈油及锡的出产国，也是优质热带硬木、石油及天然气的重要出产国，盛产可可、胡椒、椰子等热带经济作物，渔业资源丰富。该国主要农产品有棕榈油、橡胶、可可、木材和胡椒等，是世界第二大棕榈油及相关制品的生产国和出口国、世界第三大天然橡胶出口国。

马来西亚同时具有丰富的矿产资源。该国石油和天然气储量丰富，铁、金、钨、煤、铝土、锰等矿产储量较多。一方面，从石油资源来看，2014年马来西亚已探明石油储量5.48亿吨，在亚太地区仅次于中国、印度、越南，排名第4，世界排名第31。2013年马来西亚石油产量2758万吨，是东南亚仅次于印度尼西亚的第二大石油生产国。另一方面，从天然气资源来看，2014年马来西亚已探明天然气储量2.8万亿立方米，在亚太地区排名第3，是东南亚第二大天然气生产国，也是全球第二大液化天然气出口国。近10年天然气产量基本保持在约600亿立方米水平。

3. 马来西亚政治社会情况

一方面，从国际政治关系来看，马来西亚既是东盟核心成员，也是“77国集团”和不结盟组织的创始成员国，奉行独立自主、中立、不结盟的外交政策，视东盟为外交政策基石，积极推进东亚合作，重视发展中国家和伊斯兰世界的团结与合作。马来西亚同131个国家建交，在83个国家设有105个使领馆。马来西亚是英联邦成员国，与英国关系密切，与其他成员国交往较多。

另一方面，从国内社会情况来看，马来西亚是多种族国家，共有32个民族。2015年马来西亚总人口约3099.57万，其中男性约有1599万人，女性约有1500万人。城市人口占比74.3%，农村人口占比25.7%。2015年全国人口中，马来人约占61.8%，华人约占21.4%，印度人约占6.4%，其他种族约占0.9%，非马来西亚公民约占9.6%（见表2－1）。

表2－1　2015年马来西亚的民族人口分布情况　　单位：万人，%

民族	人口数量	占总人口比例
马来人	1915.09	61.8
华人	662.03	21.4
印度人	198.86	6.4
其他	27.07	0.9
非马来西亚公民	296.53	9.6

资料来源：马来西亚统计局。

（二）马来西亚的经济发展状况

1. 宏观经济情况

（1）经济发展历程

马来西亚经济发展出现阶段化变化。20世纪70年代以前，马来西亚经济以农业为主，依赖初级产品出口；70年代以后不断调整产业结构，大力推行出口导向型经济，电子业、制造业、建筑业和服务业发展迅速；1987年起经济连续10年保持8%以上的高速增长；1998年受亚洲金融危机冲击，经济出现负增长。通过稳定汇率、重组银行企业债务、扩大内需和出口等政策，经济基本恢复并保持中速增长；自2008年下半年以来，受国际金融危机影响，国内经济增长放缓，出口下降，政府为应对危机相继推出70亿马币和600亿马币刺激经济措施；2009年纳吉布总理执政后，采取了多项刺激经济和内需增长的措施，经济逐步摆脱金融危机影响，企稳回升势头明显；2010年公布以“经济繁荣与社会公平”为主题的第十个五年计划，出台“新经济模式”，推进经济转型。

（2）经济发展现状

近期马来西亚经济发展稳定。2015年马来西亚国内生产总值为10628.04亿马币，同比增长5.0%，人均收入34064.23马币。从产业结构来看，农业、采矿业、制造业、建筑业和服务业在GDP中所占比例分别是8.9%、9.0%、23.0%、4.4%和53.5%。2015年全国投资总额为3700亿马币；消费总额2563亿马币；出口总额为7799.5亿马币。外汇储备953亿美元；外债规模8337亿马币（约合1943亿美元），其中短期外债3519亿马币，中长期外债4819亿马币（见表2－2）。

表2-2 2011—2015年马来西亚宏观经济情况

年份	GDP（亿马币）	GDP增长率（%）	人均GDP（马币）
2011	8649.20	5.3	29722.34
2012	9122.61	5.5	30924.10
2013	9550.80	4.7	31942.47
2014	10125.06	6.0	33088.43
2015	10628.04	5.0	34064.23

资料来源：马来西亚国家银行。

2. 主要产业情况

（1）农业

马来西亚农产品以经济作物为主，主要有棕榈油、橡胶、可可、稻米、胡椒、烟草、菠萝、茶叶等。2015年马来西亚农业产值为951.4亿马币，同比增长1.2%，占GDP的8.9%。2015年马来西亚油棕种植面积为539万公顷，同比增长3.1；原棕油产量为1967万吨，同比增长2.3%。2014年年底棕油储量为201万吨，同比增长1.3%。马来西亚棕油产量和出口量都仅次于印度尼西亚，为世界第二大生产国和出口国。2014年天然橡胶产量为66.9万吨，进口量为90.5万吨，其中48.7%来自泰国；出口72.2万吨，其中45.9%出口到中国。

（2）采矿业

马来西亚以锡、石油和天然气开采为主。2015年马来西亚采矿业产值951.3亿马币，同比增长4.7%，占GDP的9.0%。马来西亚采矿业以开采石油、天然气为主。2013年马来西亚日产原油58万桶，出口额316.4亿马币；天然气开采量2.7万亿标准立方英尺，出口2525.2万吨，主要出口到日本、韩国和中国台湾。马来西亚石油和天然气行业主要掌握在马来西亚国家石油公司手中。

（3）制造业

制造业是马来西亚最大的生产部门，也是国民经济发展的动力之一。近30年来，马来西亚制造业发展迅速，主要产业部门包括电子、石油、机械、钢铁、化工及汽车制造等行业。2015年马来西亚制造业产值为2442.1亿马币，同比增长4.9%，占GDP的23.0%。在制造业各行业中，精炼石油产品、化工产品、电子元件和电路板制造及动植物油脂制造（主要指棕油制品）是主要贡献行业。

（4）服务业

服务业是马来西亚最大的产业部门，吸收就业人数占马来西亚雇佣员工总数的60.3%。2015年服务业产值为5688.9亿马币，同比增长5.1%，占GDP的53.5%。旅游业既是马来西亚服务业的重要部门，同时也是国家第三大经济支柱与第二大外汇收入来源。2015年马来西亚吸引游客2572万人次，主要来自新加坡（1293万人次）、印度尼西亚（278万人次）、中国（168万人次）、泰国（134万人次）、文莱（113万人次）、印度（72万人次）、菲律宾（55万人次）、澳大利亚（49万人次）、日本（48万人次）和英国（40万人次）。

（三）马来西亚的对外贸易状况

1. 对外贸易情况

（1）对外贸易规模

2016年马来西亚的对外贸易总额达3584亿美元，与2015年相比下降4.7%。其中出口1897亿美元，进口1687亿美元，分别比2015年下降4.8%和4.2%（见表2-3）。

表2-3 2004—2016年马来西亚对外贸易情况 单位：百万美元，%

年份	总额	同比	出口	同比	进口	同比	差额	同比
2004	231154	28.3	125857	25.7	105297	31.5	20560	2.7
2005	255606	10.6	140979	12	114626	8.9	26353	28.2
2006	292068	14.3	160845	14.1	131223	14.5	29622	12.4
2007	323376	10.7	176311	9.6	147065	12.1	29245	-1.3
2008	356844	10.3	199759	13.3	157086	6.8	42673	45.9
2009	281434	-21.1	157527	-21.1	123907	-21.1	33621	-21.2
2010	363788	29.3	198941	26.3	164847	33	34094	1.4
2011	415020	14.1	227192	14.3	187828	14	39364	15.5
2012	424431	2.3	227617	0.3	196814	4.9	30803	-17.3
2013	434514	2.4	228395	-8.3	206119	4.9	22276	-27.7
2014	443215	2	234251	2.6	208964	1.4	25287	13.5
2015	375937	-15.2	199959	-14.6	175978	-15.8	23981	6.4
2016	358427	-4.7	189743	-4.8	168684	-4.2	21059	-12.2

资料来源：马来西亚国家银行。

（2）主要贸易伙伴

2015年马来西亚出口市场前五名分别是新加坡、中国、日本、美国和泰国。从变化趋势来看，较之2014年，马来西亚对中国的贸易出口额从923.5亿马币增加到1015.3亿马币，马来西亚对新加坡的出口额则从2014年的1088.4亿马币下降到1084.7亿马币（见表2-4）。

表 2－4　马来西亚主要出口市场　　单位：亿马币

市场	2015 年	2014 年
总额	7799.5	7661.3
新加坡	1084.7	1088.4
中国	1015.3	923.5
日本	738.1	827.1
美国	736.7	644.1
泰国	444.2	402.7
中国香港特区	368.5	370.2
印度	316.7	319
印度尼西亚	291	317.6
澳大利亚	280.8	329.7
韩国	252.3	280.6

资料来源：马来西亚国际贸易与工业部。

2015 年马来西亚进口来源地前五名分别是中国、新加坡、日本、美国和泰国。其中中国为马来西亚最大贸易进口国，其额度则从 2014 年的 1155 亿马币增加到 1293.6 亿马币。新加坡在 2014 年与 2015 年均居于进口国第二名，但是其总额则从 856.8 亿马币下降到 821 亿马币。同时从地区情况来看，2015 年马来西亚从东盟其他国家进口产品 1821.2 亿马币，占马来西亚总进口额的 26.6%（见表 2－5）。

表 2－5　马来西亚主要进口市场　　单位：亿马币

市场	2015 年	2014 年
总额	6856.5	6830.2
中国	1293.6	1155
新加坡	821	856.8
美国	553.3	523.3
日本	535.9	547.5
泰国	417.5	396.5
中国台湾地区	365.1	343.6
印度尼西亚	310.6	277.2
韩国	310.5	317
德国	233.9	231.6
越南	188.5	152.6

资料来源：马来西亚国际贸易与工业部。

（3）贸易结构

2015年马来西亚出口前五大类产品分别是电子电器、化学化工、石油、液化天然气和棕榈油；进口产品前五大类产品分别是电子电器、化学及化工、石油、机械器具及零件和金属制品（见表2-6）。

表2-6　马来西亚主要进口产品　　单位：亿马币

产品	2015年	2014年
总额	6856.5	6830.2
电子电器产品	2013.3	1907.6
化学与化工产品	650.1	621.4
石油产品	634.7	800.4
机械器具及零件	593.6	571
金属制品	440.9	417.3
交通设备	363.7	377.6
钢铁产品	217.5	2530
光学及科学设备	216.5	249.9
加工食品	177.8	209.6
纺织、成衣及鞋类	159.8	93.4

资料来源：马来西亚国际贸易与工业部。

2. 贸易辐射情况

（1）总体情况

马来西亚于1957年加入《关税和贸易总协定》，是世界贸易组织（WTO）的创始成员国。马来西亚同时还是东南亚国家联盟的创始成员国，2002年起东盟国家开始启动自由贸易区建设，在区域内部实现贸易零关税。2012年11月，东盟10国及其6个自由贸易区伙伴（澳大利亚、中国、印度、日本、韩国和新西兰）签署东南亚区域全面经济伙伴协定（RCEP）并且宣布谈判开始。

（2）地理辐射

马来西亚位于东南亚的中心位置，其主要辐射的市场范围是东盟其他国家、中东伊斯兰国家，以及主要的贸易伙伴美国、日本、中国、欧盟、韩国、澳大利亚和印度等。同时，马来西亚石油、天然气、棕油、橡胶等资源丰富，电子电器行业比较发达，对上述资源和产品需求较大的市场也在其辐射范围之内。

（3）双边自贸协定

马来西亚在东盟项下及双边项下签署多项自贸协定。2015 年马来西亚与双边自贸协定伙伴的贸易总额达到 9276.6 亿马币，同比增长 2.3%，其中马来西亚向自贸伙伴出口 4924.1 亿马币，占马来西亚对外出口总量的 63.1%。截至 2013 年，马来西亚已与澳大利亚、日本、新西兰、印度、智利、巴基斯坦及土耳其签署双边自由贸易协定（FTA），为推动马来西亚商品和服务走向国际市场发挥了重要作用。目前，马来西亚正积极同欧盟商谈自由贸易协定，并与伊斯兰会议组织（OIC）及发展中 8 国（D－8）开展贸易优惠安排磋商。

3. 吸收外资情况

2015 年马来西亚吸收外资流量为 111.21 亿美元；截至 2015 年年底，马来西亚吸收外资存量为 1176.44 亿美元。① 马来西亚 2015 年总投资额 1867 亿马币，比 2014 年的 2359 亿马币减少 20.8%。其中，外国直接投资（FDI）361 亿马币（占比 19.3%），比 2014 年的 646 亿马币（占比 27.4%）减少 44.1%。②

从制造业领域来看，马来西亚 2015 年吸引投资 747 亿马币，较 2014 年的 719 亿马币增长 3.9%。其中，外国直接投资 219 亿马币（占比 29.3%），较 2014 年的 396 亿马币（占比 55.1%）减少 44.7%。马来西亚政府鼓励外商在制造业领域的投资，目前外商投资已成为推动马来西亚经济发展的重要因素。2015 年外商在马来西亚制造业领域的投资主要集中在石油产品、天然气、电子电器、交通设备、非金属矿产制品等行业。2015 年马来西亚批准的制造业外国投资来源地主要是美国、日本、中国大陆、中国香港特区、新加坡、韩国和中国台湾地区（见表 2－7）。

表 2－7　马来西亚批准的制造业外国投资来源地情况

国家或地区	2015 年		2014 年	
	亿马币	亿美元	亿马币	亿美元
美国	41.50	9.67	13.50	3.86
日本	40.09	9.35	108.70	31.06
中国大陆	18.72	4.36	47.52	13.58
中国香港特区	31.81	7.41	0.70	0.20

① 资料源于联合国贸发会议发布的 2016 年《世界投资报告》。

② 资料源于马来西亚投资发展局（MIDA）公布数据。

续表

	2015 年		2014 年	
国家或地区	亿马币	亿美元	亿马币	亿美元
新加坡	13.95	3.25	78.22	22.35
韩国	13.53	3.15	15.49	4.43
中国台湾地区	12.75	2.97	6.92	1.98

资料来源：马来西亚投资发展局。

三、中国—马来西亚贸易的发展历程与现状

（一）中马贸易的发展历程

1. 1974 年之前的中马贸易情况

（1）中华人民共和国成立之前的情况

中国和马来西亚有着悠久的友好关系和贸易往来历史。中马两国交往历史源远流长，地理位置邻近，产品丰富多样，且经济都保持强劲增长，是理想贸易伙伴。据汉书记载，远在公元前 2 世纪，就有中国商人去马来半岛通商。明朝著名航海家郑和七次下西洋，五次在现今的马六甲驻节。当时中国商人以绸缎、布匹、陶瓷等换取当地的犀角、象牙、燕窝、香料。

（2）中华人民共和国成立以后、建交之前的情况

从中华人民共和国成立之后的情况来看，由于 1949 年中华人民共和国成立到 1973 年之前，中马两国之间尚未建立正式外交关系，由此导致中马贸易虽有所发展，但进展较曲折。国家之间的经济贸易往来尚未正式出现，贸易规模较小。

2. 1974—1990 年的中马贸易情况

（1）总体贸易特征

1974 年中国和马来西亚正式建交之后，两国经贸关系出现阶段性持续发展。从该阶段中马贸易发展特征来看，双方政府签署大量贸易协定，贸易规模有所增长。总体来看，20 世纪 90 年代以前双方的贸易额虽有增长，但增速缓慢，维持在 10 亿美元以下，中国保持顺差地位。

（2）贸易合作与贸易协定

该阶段中马政府之间签署大量贸易协定，为其后贸易活动开展奠定良好基础。1985 年马来西亚首相马哈蒂尔访华，两国签订《中华人民共和国政府和马来西亚政府关于对所得避免双重征税和防止偷漏税的协定》，成为中马两

国签订的首个政府间协定。1988 年 4 月中马政府共同签署《中华人民共和国政府和马来西亚政府贸易协定》，成为两国签署的首个贸易协定。1988 年 11 月中马政府先后签署《中华人民共和国政府和马来西亚政府关于鼓励和相互保护投资协定》《中华人民共和国政府和马来西亚政府关于成立经济贸易联合委员会协定》。

3. 1991—1999 年的中马贸易情况

（1）总体贸易特征

该阶段中马贸易规模出现大规模增长。20 世纪 90 年代后，双方贸易开始加速增长，突破 10 亿美元，但保持在 100 亿美元以下，中国对马来西亚的贸易开始由贸易顺差转向贸易逆差，并呈现不断扩大之势。90 年代后，除受金融危机影响的 1998 年中马进出口贸易出现负增长外，中马之间的贸易额均以两位数的速度增长，其中中国从马来西亚的进口一直保持增长势头，只是增速不同而已。

（2）贸易合作与贸易协定

该阶段中马政府之间出现深入合作，签署大量协议并进行深层次合作。1991 年、1992 年、1994 年中马政府先后共同主持召开中马第一届、第二届和第三届经贸联委会并签署会议纪要。1993 年 6 月，马来西亚总理马哈蒂尔访华，陪同马哈蒂尔访华的马来西亚工商企业界代表与中国有关企业签署 30 多份价值 5.86 亿美元的投资与贸易协议。1994 年 8 月，马来西亚副总理安瓦尔访华。朱镕基副总理与安瓦尔会谈并签订了中国银行在马来西亚复行、中马合作生产汽车零部件以及中国进口马来西亚棕油等 13 个合作协议和谅解备忘录。1997 年 12 月，江泽民主席赴马来西亚出席东盟与中、日、韩首脑非正式会晤。与会领导人就发展、合作问题达成共识。1998 年 11 月，江泽民主席赴吉隆坡出席第六届 APEC 领导人非正式会议，重点讨论了亚洲金融危机并通过领导人吉隆坡宣言。1999 年 5 月 31 日，中国外交部部长唐家璇和马来西亚外交部部长赛义德·哈米德·阿尔巴在北京共同签署了《中华人民共和国与马来西亚政府关于未来双边合作联合声明》。

4. 进入 21 世纪之后的中马贸易情况

（1）总体贸易特征

21 世纪之后中马贸易出现跳跃式增长，贸易规模不断扩大，贸易重要性不断提升，贸易联系得到进一步加强。在此期间，中国发展成为马来西亚第一大贸易伙伴国、第一大进口来源地和第二大出口目的国地位；马来西亚成为中国在东盟第一大贸易伙伴，在全球第六大贸易伙伴国。

从该阶段中马贸易规模发展情况来看，2002年双方贸易首次突破百亿美元大关，达142.71亿美元；2003年突破200亿美元，达201.27亿美元；2005年12月，中马双边贸易突破300亿美元，同比增长了16.9%；2006年，中马双边贸易额371亿美元，同比增长20.9%；2007年中马双边贸易突破400亿美元，达464亿美元，同比增长了25%。其中，中国出口177亿美元，进口287亿美元；2008年增至53469亿美元，提前两年实现预计2010年实现的500亿美元目标。2015年中国与马来西亚双边贸易额达973.6亿美元，其中中国对马来西亚出口440.6亿美元，自马来西亚进口533亿美元。

（2）贸易合作与贸易协定

从该阶段中马贸易合作情况来看，2000年4月12日，中国外经贸部部长石广生和马来西亚贸工部部长拉菲达·阿齐兹在吉隆坡共同签署了《中国与马来西亚关于中国加入WTO的双边市场准入协议》。2002年10月，中马双方在北京签署双边互换货币协议。2002年11月，中国与包括马来西亚在内的东盟10国签署了《中国—东盟全面经济合作框架协议》，确定了2010年建成中国—东盟自由贸易区的目标，正式启动自贸区建设进程。2004年5月，中马签署《中华人民共和国政府与马来西亚政府关于在世界贸易组织技术性贸易壁垒协定领域合作谅解备忘录》。2004年11月，中马签署《货物贸易协议》，其中第14条承认中国市场经济地位。2007年1月，中马双方签署《服务贸易协议》。2011年4月，温家宝总理访马，中马双方共签署了包括《中华人民共和国政府和马来西亚政府关于扩大和深化经济贸易合作的协定》在内的8项经贸、教育等领域合作协议，双边政治、经贸关系进入新时期。2013年10月，习近平主席访马，中马双方共同签署了包括《中华人民共和国政府和马来西亚政府经贸合作五年规划》在内的6项经贸、文化、金融等领域合作协议。2015年11月，中国总理李克强对马来西亚进行正式访问，两国就增进高层交往、共建“一带一路”、推进产能合作、加强区域互联互通达成一系列共识，为深化合作带来多重利好，掀开了中马关系发展的新篇章。

（3）金融货币合作

从金融货币合作情况来看，2000年中国银行和马来西亚银行分别在吉隆坡和上海互设分行。2009年2月，马来西亚与中国达成双边互换协议。协议规模为800亿元人民币或400亿马币，为期3年；2012年两国续签该协议。协议签署后，马来西亚国家银行将被批准在北京设立代表处，使两国可以人民币和马币作为双边商贸结算，同时也使以本币作为融资的过程更为顺畅。2010年4月，中国工商银行马来西亚分行在吉隆坡开业。2010年7月，中国银行在马设立的第三家分行中国银行巴生分行开业。2015 年 4 月，马来西亚国家银行发表公告称，中国人民银行行长周小川与马来西亚国家银行行长洁蒂于4 月 17 日在华盛顿续签货币互换协议，维持1800 亿元人民币或900 亿马币的互换额度，有效期为3 年。① 2015 年 11 月，李克强总理访问马来西亚期间宣布，中马两国欢迎在日益增长的跨境贸易、投资和资金流动中扩大两国本币使用，密切金融合作，包括货币互换和跨境抵押安排、人民币和马币间直接交易、在吉隆坡指定人民币清算行以及向马方提供500 亿元人民币合格境外机构投资者（RQFII）额度等，以促进两国间日益紧密的经济联系（见表 2 -8）。

表 2 -8　中国与马来西亚签署的主要贸易合作协议

时间	文件
1985 年 11 月	《中华人民共和国政府和马来西亚政府关于对所得避免双重征税和防止偷漏税的协定》
1988 年 4 月	《中华人民共和国政府和马来西亚政府贸易协定》
1988 年 11 月	《中华人民共和国政府和马来西亚政府关于鼓励和相互保护投资协定》
1988 年 11 月	《中华人民共和国政府和马来西亚政府关于成立经济贸易联合委员会协定》
1999 年 5 月	《中华人民共和国与马来西亚政府关于未来双边合作联合声明》
1999 年 11 月	《中国人民银行与马来西亚中央银行关于在对方领土设立银行的谅解备忘录》
2000 年 4 月	《中国与马来西亚关于中国加入 WTO 的双边市场准入协议》
2002 年 11 月	《中国—东盟全面经济合作框架协议》
2003 年 9 月	《中华人民共和国政府与马来西亚政府关于双边劳务合作谅解备忘录》
2004 年 5 月	《中华人民共和国政府与马来西亚政府关于在世界贸易组织技术性贸易壁垒协定领域合作谅解备忘录》
2004 年 11 月	《货物贸易协议》
2007 年 1 月	《服务贸易协议》

（二）中马贸易的发展现状

1. 总体贸易规模

2016 年中国发展成为马来西亚第一大贸易伙伴国、第一大进口来源地和第二大出口目的国地位；马来西亚成为中国在东盟第一大贸易伙伴，在全球

① 资料来源：中国驻马来西亚经济商务参贸处网站数据，http：//my. mofcom. gov. cn/article/jjdy/201507/20150701051735. shtml。

第六大贸易伙伴国。2016年马来西亚对中国双边货物贸易额为581.1亿美元，下降1.8%。其中马来西亚对中国出口237.6亿美元，下降8.6%，占马来西亚出口总额的12.5%，下降0.5个百分点；马来西亚自中国进口343.5亿美元，增长3.1%，占马来西亚进口总额的20.4%，增长1.6个百分点。马方贸易逆差105.9亿美元，增长47.7%。①

2. 主要贸易产品构成

（1）马来西亚对中国出口情况

2016年马来西亚对中国出口量最大的商品有机电产品、矿物燃料、机械设备、动植物油、矿砂；上述五大类商品的出口额依次为87.4亿美元、26.6亿美元、23.4亿美元、14.6亿美元和11.7亿美元，合占马来西亚对中国出口总额的68.9%，其他对华出口商品还有塑料及制品、有机化学品、橡胶及制品、光学仪器制品、锡及制品、铜及制品、木材及制品等（见表2－9）。

表2－9　2016年马来西亚对中国出口主要商品构成

单位：百万美元，%

HS编码	商品类别	2016年	上年同期	同比	占比
章	总值	23760	25988	－8.6	100
85	电机、电气、音像设备及其零附件	8737	9404	－7.1	36.8
27	矿物燃料、矿物油及其产品；沥青等	2661	3744	－28.9	11.2
84	核反应堆、锅炉、机械器具及零件	2340	2373	－1.4	9.9
15	动植物油、脂、蜡；精制食用油脂	1463	1616	－9.5	6.2
26	矿砂、矿渣及矿灰	1165	1301	－10.4	4.9
40	橡胶及其制品	1148	1345	－14.7	4.8
39	塑料及其制品	1134	1227	－7.5	4.8
29	有机化学品	969	825	17.5	4.1
90	光学、照相、医疗等设备及零附件	731	630	16.1	3.1
38	杂项化学产品	529	466	13.7	2.2
74	铜及其制品	389	525	－25.9	1.6
75	镍及其制品	266	383	－30.5	1.1
28	无机化学品；贵金属等的化合物	207	177	17	0.9
87	车辆及其零附件，但铁道车辆除外	194	211	－8.4	0.8

① 资料来源：国家商务部网站公布的国别贸易报告，http：//countryreport.mofcom.gov.cn/record/view110209.asp？news_ id＝53286

续表

HS 编码	商品类别	2016 年	上年同期	同比	占比
76	铝及其制品	184	98	88.2	0.8
44	木及木制品；木炭	175	194	-9.8	0.7
21	杂项食品	132	140	-5.9	0.6
19	谷物粉、淀粉等或乳的制品；糕饼	100	94	5.7	0.4
18	可可及可可制品	95	109	-12.8	0.4
70	玻璃及其制品	94	99	-4.5	0.4
52	棉花	85	75	13.4	0.4
34	洗涤剂、润滑剂、人造蜡、塑型膏等	70	63	10.2	0.3
88	航空器、航天器及其零件	64	38	71.3	0.3
94	家具；寝具等；灯具；活动房	57	43	34.1	0.2
23	食品工业的残渣及废料；配制的饲料	49	34	43.2	0.2
32	鞣料；着色料；涂料；油灰；墨水等	49	43	12.8	0.2
73	钢铁制品	48	49	-1.2	0.2
3	鱼及其他水生无脊椎动物	44	39	12.2	0.2
98	特殊产品	42	48	-12.3	0.2
22	饮料、酒及醋	42	25	67.3	0.2
	合计	23263	25418	-8.5	97.9

（2）马来西亚对中国进口情况

马来西亚自中国进口的商品品类繁多，主要有机电产品、机械设备、钢铁、塑料制品、矿物燃料。2016 年，马来西亚进口的上述五类商品合计 201.8 亿美元，合占马来西亚自中国进口总额的 58.8%。除上述产品外，马来西亚自中国进口的主要商品还有铜类制品、钢材、运输工具、无机化学品、铝及制品、新鲜蔬菜、纸张、家具和船舶等（见表 2-10）。

表 2-10　2016 年马来西亚自中国进口主要商品构成

单位：百万美元，%

HS 编码	商品类别	2016 年	上年同期	同比	占比
章	总值	34351	33136	3.7	100
85	电机、电气、音像设备及其零附件	10481	10693	-2	30.5
84	核反应堆、锅炉、机械器具及零件	5669	5496	3.1	16.5
72	钢铁	1502	1647	-8.8	4.4
39	塑料及其制品	1278	1098	16.5	3.7

续表

HS 编码	商品类别	2016 年	上年同期	同比	占比
27	矿物燃料、矿物油及其产品；沥青等	1254	608	106.2	3.7
73	钢铁制品	1057	937	12.9	3.1
76	铝及其制品	859	1，005	-14.5	2.5
90	光学、照相、医疗等设备及零附件	857	970	-11.7	2.5
87	车辆及其零附件，但铁道车辆除外	678	684	-0.9	2
38	杂项化学产品	659	388	69.9	1.9
61	针织或钩编的服装及衣着附件	618	580	6.6	1.8
94	家具；寝具等；灯具；活动房	614	501	22.6	1.8
29	有机化学品	551	555	-0.7	1.6
7	食用蔬菜、根及块茎	546	470	16.1	1.6
48	纸及纸板；纸浆、纸或纸板制品	469	349	34.4	1.4
62	非针织或非钩编的服装及衣着附件	422	397	6.5	1.2
28	无机化学品；贵金属等的化合物	407	440	-7.4	1.2
74	铜及其制品	403	431	-6.3	1.2
70	玻璃及其制品	346	273	26.7	1
64	鞋靴、护腿和类似品及其零件	330	280	18	1
42	皮革制品；旅行箱包；动物肠线制品	284	259	9.6	0.8
83	贱金属杂项制品	252	196	28.4	0.7
54	化学纤维长丝	246	193	27.8	0.7
69	陶瓷产品	246	211	16.9	0.7
95	玩具、游戏或运动用品及其零附件	231	218	5.9	0.7
31	肥料	217	252	-14	0.6
63	其他纺织制品；成套物品；旧纺织品	187	157	19.4	0.6
3	鱼及其他水生无脊椎动物	183	188	-2.5	0.5
86	铁道车辆；轨道装置；信号设备	182	289	-37.1	0.5
40	橡胶及其制品	180	184	-2.6	0.5
	合计	31209	29948	4.2	90.9

3. 双向投资情况

(1) 中国对马来西亚投资

中国对马来西亚的投资起步较晚，在早期其投资规模小于马来西亚对中国的投资，但也呈现逐年增长的势头。2015 年当年中国对马来西亚直接投资流量 4.89 亿美元。截至 2015 年年末，中国对马来西亚直接投资存量 22.31 亿美元。根据马来西亚投资发展局（MIDA）公布的数据，2015 年批准的中国企业在马来西亚制造业投资总额是 18.72 亿马币（约合 4.36 亿美元）。

中国在马来西亚投资的重点项目和企业主要有马中关丹产业园、广西北部湾国际港务集团关丹港项目、中铁工马来西亚城项目、中广核电站项目、中国银行马来西亚分行、中国工商银行马来西亚分行、华为技术有限公司、中兴通讯马来西亚有限公司、山东岱银纺织马来西亚有限公司、山东恒源集团、中车轨道交通装备东盟制造中心项目、晶科太阳能、晶澳太阳能、旗滨玻璃、信义玻璃、广垦橡胶种植培育项目等。

（2）马来西亚对华投资

马来西亚对华投资始于 1984 年。1984—1992 年马来西亚对中国累计实际投资额 4797 万美元。1992 年随着马来西亚政府放宽对华投资的限制，马来西亚对中国投资开始逐年增加。1993—1995 年，马来西亚对中国投资出现较大增长，1995 年升至 2.59 亿美元。1996 年达到历史最高水平，当年实际投入资金 4.6 亿美元。近年来，马来西亚对华投资年均约 3 亿美元。据中国商务部统计，截至 2015 年年底，马来西亚累计在华投资企业 5791 家，实际使用外资金额 79.2 亿美元。

马来西亚对中国的投资涉及的行业较广，由原来的机械制造、电力开发、橡胶、食品加工、家具及饲料等行业扩大到电子器件、能源、金融、保险及商业零售等领域。投资地域也由沿海地区逐步扩展至内地。比较著名的项目有马来西亚金狮集团在中国投资开办的百盛百货商店、马来西亚郭兄弟集团在中国投资开办的香格里拉酒店等。

四、中国—马来西亚贸易的竞争性与互补性

（一）中马贸易的竞争性分析

1. 中马贸易的比较优势分析

（1）比较优势分析的方法

本研究利用显性比较优势指数来分析中马贸易比较优势。显性比较优势指数 RCA 是分析国家或地区产品比较优势的常用测度指标。1965 年经济学家巴拉萨首先提出比较优势指数 RCA 概念，其后该指标在国际贸易研究中得到广泛应用。

RCA 指数是一个国家某种出口产品在该国出口总量的比重与该类产品在全世界该类产品出口总量的比重之比。其计算公式如式（1）所示，即某种出

口商品占其出口总值的比重与该类商品占世界出口总值的比重的比率。

$$RCA_{ic} = \frac{X_{ic}/X_{iw}}{X_{cw}/X_{w}} \qquad (1)$$

如公式（1）所示，RCA_{ic}是 i 国在 c 产品上的显性比较优势指数；X_{ic}是 i 国在 c 产品上的出口额；X_{iw}是 i 国的总出口额；X_{cw}是 c 产品的世界出口额；X_{w} 是所有产品的世界总出口额。当 RCA_{ic}大于 1 时，即 i 国在 c 产品上的出口比重大于全世界在 c 产品上的出口比重，意味着 i 国在 c 产品上有比较优势；反之，当 RCA_{ic}小于 1 时，i 国在 c 产品上有比较劣势。

（2）比较优势分析的数据

本研究在 RCA 指数计算过程中，采用 1995—2016 年中国和马来西亚进出口贸易的数据，并按照加工程度对研究对象进行产业分类；按照国际贸易商品分类标准（SITC）中的第三版本（SITC－3）中的二位数编码，计算细化分类的 1995—2016 年各类产品的 RCA 指数，经过计算得出表 2－11。根据产业分类标准对表 2－11 中的计算结果进行汇总，得到中马两国各自具有比较优势的产品种类。

（3）中马贸易的比较优势测算

结合上述计算方法，本研究分别测算中马两国商品贸易的 RCA 指数如下。从表 2－11 和表 2－12 的数据显示来看，在 SITC－0 类商品（食品和活动物）上，两国都不具备比较优势。中国此类商品的比较优势不断削弱，RCA 指数从 1995 年的 0.6693 下降到 2016 年的 0.4330；马来西亚此类商品的比较优势在缓慢增强，从 1995 年的 0.3939 增加到 2016 年的 0.5503。在 SITC－1 类商品（软料及烟草）上，两国没有比较优势，但马来西亚此类商品的比较优势在增强。SITC－2 类商品（非食用原料）上，两国都不具优势并且在逐步下降。SITC－3 类商品（矿物燃料、润滑油及有关原料）上，中国此类商品不具比较优势，马来西亚此类商品具有一定的比较优势。SITC－4 类商品（动植物油、脂和蜡）上，中国此类商品不具优势；相反，马来西亚此类商品具有极强的比较优势，其显性比较优势指数从 1995 年到 2016 年（除 2000 年、2006 年外）基本超过 10。SITC－5 类商品（未列明的化学产品和有关产品）上，中国和马来西亚在此类商品上不具优势，其显性优势指数基本处于同一水平。SITC－6 类商品（按原料分类的制成品）上，中国此类商品具有一定的比较优势，1995 年到 2016 年基本超过 1；马来西亚此类商品不具优势。SITC－7 类商品（机械及运输设备）上，中马此类商品都具有一定的比较优势并处于同一优势水平，其中中国自 2003 年以来比较优势指数均超过 1。

SITC－8 类商品（杂项制品）上，中国具有较强的比较优势，但上述优势处于不断下降的情况，RCA 指数从 1995 年的 3.3885 下降到 2016 年的 1.8782；马来西亚在此类商品中则不具优势。

表 2－11　1995—2016 年中国各类出口产品 RCA 指数

年份	SITC－0	SITC－1	SITC－2	SITC－3	SITC－4	SITC－5	SITC－6	SITC－7	SITC－8
1995	0.6693	0.5811	0.9536	0.3642	0.2281	0.6379	1.0850	0.6370	3.3885
1996	0.6711	0.3878	0.9107	0.3271	0.2551	0.6468	1.0386	0.6457	3.5689
1997	0.6765	0.3655	0.8788	0.3172	0.3449	0.6181	1.0546	0.6903	3.4288
1998	0.6332	0.2973	0.8332	0.3182	0.1680	0.5997	0.9800	0.7214	3.3674
1999	0.6543	0.2611	0.8534	0.2100	0.0918	0.5785	1.0197	0.7672	3.3075
2000	0.6873	0.2759	0.8388	0.2015	0.1061	0.5695	1.0611	0.8403	3.0711
2001	0.6158	0.2787	0.7964	0.2186	0.0873	0.5452	1.0543	0.8794	2.9416
2002	0.5838	0.2462	0.7732	0.1928	0.0638	0.5007	1.0073	0.9715	2.7715
2003	0.5428	0.2220	0.7503	0.1835	0.0548	0.4812	0.9860	1.0510	2.6433
2004	0.4718	0.1952	0.7312	0.1673	0.0521	0.4696	1.0252	1.1485	2.4904
2005	0.4627	0.1744	0.7084	0.1278	0.0762	0.4942	1.0418	1.2108	2.5120
2006	0.4503	0.1842	0.6760	0.0959	0.1065	0.4979	1.0875	1.2599	2.4568
2007	0.4230	0.1396	0.6116	0.0886	0.0693	0.5126	1.0927	1.3056	2.4384
2008	0.3675	0.1271	0.6115	0.0889	0.0715	0.5809	1.1470	1.3733	2.6114
2009	0.3513	0.1469	0.5909	0.0770	0.0538	0.5002	0.9989	1.4029	2.4590
2010	0.3612	0.1526	0.5426	0.0729	0.0440	0.5290	0.9972	1.4738	2.4302
2011	0.3707	0.1507	0.5729	0.0608	0.0540	0.5871	1.0409	1.5490	2.4264
2012	0.3665	0.1583	0.5887	0.0495	0.0510	0.5888	1.0698	1.5802	2.2946
2013	0.3458	0.1477	0.5780	0.0549	0.0476	0.5883	1.0856	1.5434	2.2603
2014	0.3254	0.1507	0.5933	0.0617	0.0488	0.5937	1.1521	1.4837	2.0849
2015	0.3892	0.1599	0.6848	0.1154	0.0532	0.5744	1.1719	1.2547	1.9187
2016	0.4330	0.1743	0.6784	0.1659	0.0491	0.5794	1.0806	1.2088	1.8782

按照联合国 SITC 类标准，通常将 0－9 的十大类商品分成 3 类：SITC－0 到 SITC－4 类商品归为初级商品或资源密集型商品；SITC－5 和 SITC－7 类归为资本或技术密集型制成品；SITC－6 和 SITC－8 类归为劳动密集型制成品。通过对比两国不同类商品的显性比较优势可以看到，马来西亚在初级产品上的比较优势强于中国，中国在劳动密集型产品上的比较优势强于马来西亚，而中国和马来西亚在资本或技术密集型产品上比较优势处于同一水平，产业

内贸易比重不断提高。

表 2-12　1995—2016 年马来西亚各类出口产品 RCA 指数

年份	SITC-0	SITC-1	SITC-2	SITC-3	SITC-4	SITC-5	SITC-6	SITC-7	SITC-8
1995	0.3939	0.1960	1.7140	1.2337	12.2016	0.3420	0.3538	1.2726	0.6414
1996	0.3851	0.2544	1.6327	1.0988	12.7060	0.3876	0.4096	1.2830	0.6216
1997	0.3559	0.2641	1.4788	1.0263	10.9198	0.3825	0.4116	1.3381	0.6657
1998	0.3402	0.2565	1.2950	1.1068	12.6475	0.3730	0.4315	1.3198	0.6677
1999	0.3284	0.2978	1.3019	0.9358	11.8080	0.3684	0.4433	1.3608	0.6599
2000	0.3106	0.3431	1.1658	0.8593	9.9501	0.4240	0.3641	1.4481	0.6191
2001	0.3123	0.3645	1.0649	0.9641	10.1267	0.4266	0.3654	1.4629	0.6056
2002	0.3255	0.3283	1.1269	0.8753	10.9291	0.4386	0.3868	1.4556	0.6075
2003	0.3063	0.3274	1.0298	0.8692	10.8741	0.4266	0.3598	1.5038	0.5262
2004	0.3168	0.3106	0.8654	0.8577	10.4155	0.4516	0.4220	1.5148	0.5360
2005	0.3201	0.2883	0.8959	0.8273	10.0710	0.4620	0.4213	1.5430	0.5449
2006	0.3349	0.2975	0.9251	0.8337	9.9045	0.4688	0.4174	1.5318	0.5541
2007	0.3787	0.3337	0.9911	1.0321	12.0559	0.5016	0.4581	1.3966	0.6074
2008	0.4215	0.3575	1.0910	1.0763	13.9763	0.5548	0.5243	1.2290	0.6367
2009	0.3780	0.3522	1.0831	1.0802	12.6875	0.4806	0.5517	1.3472	0.5559
2010	0.4119	0.3989	1.0508	1.0876	12.8974	0.5093	0.5173	1.3002	0.6000
2011	0.4219	0.4727	1.1061	1.0770	13.6291	0.5319	0.5340	1.2289	0.6089
2012	0.4359	0.5538	1.0059	1.2120	12.8975	0.5559	0.5154	1.1797	0.6720
2013	0.4242	0.4492	1.0384	1.2853	11.1286	0.5453	0.4690	1.2346	0.6022
2014	0.4226	0.4284	0.9612	1.3581	10.6105	0.5268	0.4726	1.2502	0.6078
2015	0.5175	0.6498	1.2795	1.5541	12.1855	0.6207	0.5355	1.1171	0.5930
2016	0.5503	0.6402	1.1983	1.8159	12.3125	0.6261	0.5290	1.1033	0.6227

2. 中马贸易的出口产品相似度分析

（1）出口产品相似度的计算方法

由于不同国家出口产品结构存在差异，本研究还采用出口相似度来衡量中马两国在对外贸易中的竞争性。具体来看，利用出口相似度 ESI 指数衡量中国与马来西亚在国际贸易市场的竞争程度。该指数由 Finger 和 Kreinin 提出，用以衡量任意两国在世界市场或第三方市场上出口产品的相似程度，其计算公式如下：

$$ESI(i,j_n) = \left[\sum_K \mathrm{Min}\left(\frac{X_{i_n}^K}{X_{i_n}}, \frac{X_{j_n}^K}{X_{j_n}}\right) \right] \times 100 \quad (2)$$

如公式（2）所示，ESI（i，j_n）表示 i 国和 j 国出口到 n 市场的产品相似指数，其中，$\frac{X_{i_n}^K}{X_{i_n}}$表示 i 国出口到 n 市场中第 k 种商品所占的份额，$\frac{X_{j_n}^K}{X_{j_n}}$表示 j 国出口到 n 市场中第 k 种商品所占的份额。该指数的变动范围为 0 ~ 100。如果 i 国和 j 国出口到 n 市场的商品分布完全相同，则该指数为 100，即对于每一种商品，$\frac{X_{j_n}^K}{X_{j_n}} = \frac{X_{i_n}^K}{X_{i_n}} > 0$。若完全不相似，则该指数为 0。即对于每一种商品 k 都满足：若$\frac{X_{i_n}^K}{X_{i_n}} > 0$，则必有$\frac{X_{j_n}^K}{X_{j_n}} = 0$；或者$\frac{X_{j_n}^K}{X_{j_n}} > 0$，则必有$\frac{X_{i_n}^K}{X_{i_n}} = 0$。需要指出的是，如果该指数随着时间的推移上升，则表明两国的出口结构趋于收敛，同时也意味着这两个国家在世界市场上的竞争会更加激烈；相反，如果该指数随着时间的推移而下降，则意味着两国在第三方市场上的专业分工程度正在上升，两个国家的贸易关系是互补的。

（2）中马出口产品相似度的测算

从表 2 - 13 可知，中国和马来西亚的出口相似度指数随着时间的推移呈不断上升的趋势，表明两国的贸易商品在世界市场上的竞争不断加剧，产业结构存在较大的类似性。从具体数据情况来看，中国与马来西亚的 ESI 值从 1995 年的 58.61 上升到 2016 年的 75.16。上述指标表明，2016 年中国与马来西亚在国际贸易市场中的产品有 75% 左右属于相似产品。

从中马两国的 ESI 值情况来看，呈现“倒 U 形”的发展状态。从不同时间段情况来看，1995 年到 2007 年，ESI 值处于不断上升阶段，两国贸易商品在世界市场中的相似性不断提升；2008 年到 2012 年，上述指数出现了一段时间的下降；从 2013 年开始，中马两国的 ESI 值再次出现上升的情况。

表 2 - 13　1995—2016 年中国与马来西亚出口产品的 ESI 指数

年份	中马出口产品 ESI 指数
1995	58.61284256
1996	59.40430832
1997	61.37429047
1998	62.99798965
1999	63.74652481
2000	64.81668091

续表

年份	中马出口产品 ESI 指数
2001	65.95250702
2002	68.93975067
2003	69.63187408
2004	72.89094543
2005	73.57159424
2006	74.45072174
2007	75.75569916
2008	71.02058411
2009	74.79843903
2010	72.49785614
2011	68.66486359
2012	66.83614349
2013	68.69379425
2014	71.17099762
2015	73.30406189
2016	75.16062164

（二）中马贸易的互补性分析

（1）中马贸易的互补性指数计算方法

中马两国在贸易过程中不仅存在竞争性关系，同时出现互补性特征。在此情况下，本研究利用相应指数来探讨两国贸易的互补性。

理论界通常采用的有贸易结合度指数、显性比较优势指数、综合贸易互补性指数、产业内贸易指数、贸易结构相关性系数、贸易专业化指数等。本书采用综合贸易互补性指数对中马贸易互补性进行分析。其计算公式如下：

$$TCI_i^j = \sum kRCA_{xi}^k \times RCA_{mj}^k \times \frac{X_w^k}{X_w} \tag{3}$$

具体来看，TCI_i^j 表示 i、j 两国的综合贸易互补性指数，k 表示产品类别，RCA_{xi}^k 表示 i 国 k 类产品的出口比较优势，计算方法上文已经介绍。RCA_{mj}^k 表示 j 国的 k 类产品的进口比较劣势，RCA_{mj}^k 值越大，表示 j 国进口 k 类产品的比例越大，j 国在 k 类产品的生产上越处于劣势，X_w^k 表示 k 类产品的世界出（进）口额，X_w 表示世界出（进）口总额。

从指数计算来看，如果 i、j 两国的贸易互补性指数 $TCI_i^j>1$，说明两国的贸易互补性较强，TCI_i^j 越大，两国的贸易互补性越强；如果 $TCI_i^j=1$，说明两国的各类产品比较优势相同；$TCI_i^j<1$，则两国贸易互补性较低。

（2）中马贸易的互补性指数测算

基于前文的计算方式，本研究对中国与马来西亚的贸易互补性指数 TCI 进行测算。同时在测算过程中首先对不同类型产品指数进行计算，其次从国家总体层面进行指数计算。具体见表 2－14，前 9 列分别计算 SITC－0 到 SITC－8 等 9 类产品的互补性指数，第 10 列则为国家总体层面的 TCI 指数。

一方面，从总体 TCI 指数来看，中国与马来西亚存在贸易互补性，但整体上互补性不强，TCI 指数基本没有超过 1.1。从周期性变化规律来看，1995—2016 年，中马两国整体综合贸易互补性呈现“倒 U 形”变化趋势，出现互补性较弱—互补性较强—互补性较弱的变化。其中，1995—2003 年，两国贸易互补性较弱，TCI 指数小于 1，但呈现不断增加的趋势；2004—2013 年，两国贸易互补性较强，TCI 指数小于 1，同时在 2009 年达到最大值 1.0685，其后出现下降趋势；2014—2016 年，两国贸易互补性再次减弱，TCI 指数小于 1，同时出现下降趋势。

另一方面，从不同产品类别 TCI 指数来看，从中马两国 SITC－0 到 SITC－8 等 9 类产品的互补性指数，不同类型产品出现不同的情况。第一，SITC－6、SITC－7、SITC－8 产品具有较强的互补性，其 TCI 指数自 1995 年以来一直高于 1，或者接近 1。其中，SITC－7 类产品互补性一直较强，2010 年、2011 年其 TCI 指数接近 2。第二，SITC－0、SITC－2、SITC－5 类产品互补性较低，其 TCI 指数均小于 1。其中，2016 年 SITC－2 类产品的互补性指数为 0.7，为三类产品中最高。第三，SITC－1、SITC－3、SITC－4 类产品互补性非常低，其 TCI 指数仅为 0.1 左右。同时，从产品分类情况来看，可以按照国际惯例将0～4 类产品归到初级产品类别，5～8 类归到工业制成品类别。由此可以发现，中马两国在工业类制成品方面存在较强的互补性，初级产品方面则互补性较低。

表 2－14 1995—2016 年中国与马来西亚的 TCI 指数

年份	SITC－0	SITC－1	SITC－2	SITC－3	SITC－4	SITC－5	SITC－6	SITC－7	SITC－8	TCI
1995	0.4748	0.2197	0.7359	0.1648	0.1338	0.4894	1.3950	0.8772	1.2390	0.8367
1996	0.5233	0.1351	0.7818	0.1408	0.1143	0.4938	1.3791	0.8748	1.2974	0.8338
1997	0.5128	0.1464	0.6879	0.1318	0.2239	0.4565	1.1436	0.9904	1.4054	0.8509
1998	0.5024	0.1171	0.7087	0.2006	0.2991	0.4516	0.8274	0.9989	1.4311	0.8412
1999	0.5312	0.0985	0.7522	0.1063	0.1171	0.4702	1.1630	1.0032	1.4052	0.8731

续表

年份	SITC-0	SITC-1	SITC-2	SITC-3	SITC-4	SITC-5	SITC-6	SITC-7	SITC-8	TCI
2000	0.5064	0.0967	0.6434	0.1054	0.0851	0.4392	0.9248	1.2011	1.3976	0.9075
2001	0.4876	0.1154	0.6061	0.1296	0.0862	0.3959	0.9765	1.2403	1.3418	0.9169
2002	0.4507	0.1028	0.5851	0.1094	0.0808	0.3509	0.9070	1.3995	1.2361	0.9482
2003	0.4350	0.0842	0.5448	0.1135	0.0655	0.3288	0.8671	1.5157	1.2390	0.9784
2004	0.3893	0.0784	0.5796	0.1001	0.0841	0.3453	0.9206	1.6283	1.1793	1.0091
2005	0.3885	0.0779	0.5496	0.0813	0.1041	0.3552	0.9857	1.7250	1.2063	1.0285
2006	0.4094	0.0777	0.5800	0.0643	0.1531	0.3651	0.9509	1.7655	1.3061	1.0408
2007	0.4368	0.0621	0.5916	0.0664	0.1152	0.4012	1.0891	1.6807	1.2984	1.0167
2008	0.3998	0.0680	0.6423	0.0601	0.1400	0.4456	1.2504	1.7157	1.8648	1.0521
2009	0.3474	0.0754	0.5969	0.0482	0.1053	0.3491	1.0504	1.8797	1.5993	1.0685
2010	0.3637	0.0799	0.5383	0.0531	0.1119	0.3852	0.9878	1.8962	1.6942	1.0606
2011	0.3993	0.0926	0.5900	0.0436	0.1627	0.4453	1.0702	1.9498	1.6668	1.0566
2012	0.3868	0.1079	0.6564	0.0422	0.1303	0.4439	1.0505	1.9338	1.3704	1.0238
2013	0.3515	0.0966	0.7074	0.0508	0.0699	0.4523	1.0342	1.8375	1.3671	1.0073
2014	0.3199	0.0944	0.6436	0.0640	0.0786	0.4645	1.0954	1.7363	1.2001	0.9889
2015	0.4121	0.1212	0.7565	0.1239	0.1132	0.4593	1.0489	1.4321	1.1636	0.9628
2016	0.4569	0.1209	0.7004	0.1742	0.0905	0.4744	0.9807	1.4009	1.1510	0.9740

五、推动中国—马来西亚贸易发展的政策建议

（一）加强中马政府往来合作

第一，加强中马政府高层联席往来。中国与马来西亚的贸易往来发展，在很大程度上取决于政府之间的合作。在此情况下，在继续维持中马正常政府之间交往的同时，应该加强政府高层之间的联系与交流。具体来看，中马政府应该继续加强两国高层领导会晤，通过部长级会议召开、政府官员相互访问等方式，加强两国之间的政治合作，并由此推动两国双边贸易发展。

第二，加强"海上丝绸之路"战略落实。"海上丝绸之路"战略是未来一段时期内中国经济与社会发展的重要任务。马来西亚则属于"海上丝绸之路"沿线地区的重要国家。在此情况下，中马双方应该以海上丝绸之路建设为契机，推动两国贸易良好发展。具体来看，中马双方应该就分工合作机制、合作定位、合作原则等问题进行有效协商，由此提供良好合作的前提。同时，

中马双方还应该就战略实施的产业合作项目、基础设施合作项目、资金投放模式、沟通交流渠道等具体问题进行沟通。通过“海上丝绸之路”建设来带动两国货物与资金方面的合作。

第三，加强关税协调机制建设。加强中马税收合作是推动贸易发展的重要手段。近年来，随着中国与东盟地区合作加强，已经在税收合作方面取得部分突出成果。但从总体实施进度来看，由于政治制度差异、税收制度差别、经济发展水平差别等因素影响，中马税收合作机制还有待深入。具体来看，在未来发展过程中应该深入分析不同国家之间的税收制度差别，在协商一致的前提下加强合作，由此推动两国贸易发展。

（二）推进中马产业内贸易

从中国与马来西亚的贸易发展特征来看，处于从传统基于资源禀赋差异的产业间贸易向规模经济、产品异质性为基础的产业内贸易的转变过程。在此情况下，为了有效地推进中马贸易的有序发展，中国应该发展双边贸易产品差异化，同时调整双边产业内结构。

一方面，推动贸易产品差异化。为了保障中马贸易有效开展，同时减少中国在中马双边贸易中的逆差，应该采用差异化的产品生产与产品贸易。在此过程中，应该在合理分析中马双方产业结构特征、产品生产特征与市场需求特征的基础上，以国家产业调控政策为主导，有意识地强化与马来西亚贸易产品之间的差异性，由此产生更加合理的贸易结构。

另一方面，加强产业内部结构调整。在加强产品差异化的同时，还应该考虑到中国诸多产业与马来西亚产业之间的互补性，应该加强产业内部结构调整，加强产业内部合作。具体来看，中国的诸多劳动密集型产业应该要扩大发展同一层次产业的横向互补关系，通过同一产业上延长产业链并进行产业高级化发展，向同一产品多元化、多层次、不同质量的方向发展。

（三）创新中马资金融通合作

第一，中国与马来西亚在资金融通方面存在强烈需求。从中马贸易发展历程来看，加强资金融通与货币合作是两国贸易开展的重要保障。随着近年来中马贸易的不断加强，双方进出口货物的种类、数量与价值呈现大规模的上升，由此加强资金方面的合作将有利于促进贸易发展，降低贸易成本。实际上随着中马贸易的发展，人民币结算的应用和推广得到显著增强。同时加强资金融通合作还有利于抵御金融系统风险。在以往亚洲金融危机的发展过程中，中马两国携手合作共同抵御金融危机影响，并催生两国在贸易投资活动中使用本币结算业务的展开。由此可见，加强货币结算合作将对于推动贸易发展、稳定地区经济形势、抵御系统性金融风险具有积极意义。

第二，中国与马来西亚在资金融通方面存在合作基础。中国与马来西亚在金融融通合作方面存在坚实基础。从以往的合作情况来看，2009 年中国人民银行和马来西亚国民银行宣布签署双边货币互换协议，希望以此促进两国贸易发展与经济增长。马来西亚在与中国贸易往来过程中，对于人民币的认可与接受承担较高。马来西亚央行不仅是首家与中国签订本币互换协议的央行，同时也是首家成为 QFII 投资者的亚洲央行，马来西亚马币则是第一种与人民币直接交易的新兴国家货币。同时中马双方还就资金融通中的诸多制度进行合作。2013 年中马两国央行签订跨境担保协议。同时从中马贸易实践情况来看，马来西亚诸多金融机构已经使用人民币作为贸易结算货币。

第三，中国与马来西亚在资金融通方面的发展要求。中国与马来西亚应该在以往工作的基础上，进一步加强在资金融通方面的合作。具体来看，应该加强对跨境贸易人民币结算业务的推广，应该在未来贸易合作过程中加强对于人民币的使用领域与广度，增加人民币在贸易结算中的比重，尽量降低在双边贸易过程中对美元等其他货币的依赖；加强以中央银行为代表的金融机构之间的合作，中马双方均应该加强在对方境内设立银行分行，由此进一步推进货币合作力度；加强对于人民币结算工具的创新，推出更丰富的以人民币计价的金融产品，鼓励中国企业赴马来西亚上市和发行债券。

（四）加强中马合作区域对接

中国与马来西亚贸易开展过程中，还应该细化地区任务，利用国内部分地区的区位优势，进行有针对性的区域贸易合作对接。具体来看，加强中马贸易区域合作应该加强广西地区、宁夏与新疆地区、福建与广东地区的合作。

第一，加强广西地区的合作对接。广西地区在与马来西亚合作过程中具有良好的区位优势和合作基础。具体来看，马中关丹产业园是马来西亚政府重点扶持的第一个国家级特区，同时也是中国在“海上丝绸之路”沿线国家设立的第一个产业园区，被列入国家“一带一路”倡议重大项目和跨境国际产能合作示范基地。在此情况下，应该重点发挥广西地区合作对接马来西亚的重要责任，通过加强关丹港升级改造、推进“两国一检”通关模式、深入园区贸易合作等方式，推动广西与马来西亚在贸易往来、资本融通、基础设施等方面的合作。

第二，加强宁夏与新疆地区的合作对接。宁夏与新疆地区在合作对接马来西亚过程中应该依托巴生港自由贸易区的重要作用，加强以清真产业为主的产业合作。具体来看，应该发挥巴生港在国际航运与国际贸易中的重要作用，以此为重点来推进地区合作；同时还应该加强宁夏、新疆地区与马来西亚在清真产业方面的合作，利用马来西亚在清真食品开发、清真产品认证方面的优势，借助其在伊斯兰国家的巨大影响力，重点加强在该行业与相关产品中的合作。

第三，加强福建与广东地区的合作对接。福建与广东在合作对接东盟地区的过程中承担着重要任务，同样应该加强与马来西亚的贸易合作与往来。福建与广东在对接马来西亚过程中应该发挥其优越的地理优势，发挥该地区在对外贸易合作过程中的传统优势。同时从合作对接的重点来看，应该加强与依斯干达经济特区的合作。在未来合作中，应该推动福建与广东地区自由贸易试验区与该经济特区的对接，由此推动中马贸易投资便利化。同时加强引导福建、广东地区的对外贸易企业向该特区进行投资，并依托当前“海上丝绸之路”建设的良好机遇，加强国内产业与企业向外走的步伐。

（五）调整中马合作投资重点

第一，承接马来西亚基础设施建设项目。加强对马来西亚国内基础建设项目的承接是中国企业对马来西亚投资的重要方向。从马来西亚国内经济发展情况来看，近年来该国政府开始实施第十个五年计划，其国内发展的重要任务是加强各种大型基础设施与民生工程项目建设，由此存在较大的吸引外资需求。同时从中国对外贸易发展趋势来看，随着“一带一路”倡议的实施，中国产业对外扩张与企业对外投资将成为未来发展重点。在此情况下，中国企业应该加强对于马来西亚国内基础设施建设项目的投资。从具体项目情况来看，可以加强在道路基础社会建设、信息化通信产业、电子设备制造等方面的投资。

第二，加强两国产业合作园区建设。产业合作园区建设同样是推动两国贸易发展的重要方式。中马两国在以往合作过程中曾经发展中马钦州产业园区（2012）、马中关丹产业园区（2013）等合作项目。上述“两国双园”模式产生了良好的经济效益，推动了两国贸易的有效发展。在未来发展过程中，应该在两国境内更多地区发展产业合作园区建设；同时加强合作园区功能升级，重点加强园区产业链协作、资源开发、市场开拓、港口互通、海关特殊监管等方面的深入合作。

第三，加强两国互补性产业合作。中马两国在诸多产业方面存在很强互补性，由此可以考虑加强该类产业的合作。具体来看，中国在纺织品、服装、鞋、食品、谷物、建筑材料、机电等产业方面具有较强的优势，马来西亚则在农副产品、橡胶、天然气、石油等产业方面具有较强优势。中国可以加强对于自身优势产业的输出，同时大力吸收承接马来西亚优势产业的转移，以此推动两国产业的合理发展。此外，中国与马来西亚部分产业同样存在较强的合作需求，如汽车制造行业、通信电子行业、绿色能源行业、清真商品产业等，中马两国可以就各种优势资源与技术进行深入合作，增强双方产品结构互补，增强产业内贸易的可能性。

（六）发挥马来西亚华商社会影响

中国与马来西亚的贸易发展还应该发挥马来西亚华人的作用。从目前马来西亚的人口构成来看，华人占其全国人口的1/3以上。马来西亚华裔人口数量众多，分布在全国各大行业之中，是马来西亚经济与社会发展的重要基础。

一方面，以马来西亚华人为依托推动中国企业对外投资。考虑到华裔在马来西亚国内的重要影响，国内外贸管理机构与外贸企业应该加强与其联系。通过组织各种联系机构与组织，开展各种联谊活动，利用华商在马来西亚国内的经济实力和华商人脉关系网络，为国内企业与国内产品进入马来西亚奠定良好基础。

另一方面，吸引马来西亚华商在国内投资。在加强与马来西亚华商合作的过程中，还应该加大对于其资本和技术的吸引力度。通过有效宣传与优惠政策，积极吸引有资本、有技术、有渠道的马来西亚华商来国内投资。同时可以产生相应示范效应，推进马来西亚其他商家来华投资。

参考文献

[1] 陈慧．中国与马来西亚经济关系探析［J］．东南亚纵横，2014（7）：32－35.

[2] 聂德宁．金融危机下中国与马来西亚贸易的挑战与机遇［J］．东南亚纵横，2009（12）：41－45.

[3] 黎鹏，杨宏昌，王勇．中国与东盟国家经济增长的网络关系与溢出效应［J］．财贸研究，2017（9）：67－74.

[4] 林梅，闫森．中国与马来西亚的经贸关系：竞争性与互补性分析［J］．南洋问题研究，2011（1）：25－35.

[5] 范祚军，陆晓琴．人民币汇率变动对中国—东盟的贸易效应的实证

检验［J］. 国际贸易问题，2013（9）：164－176.

［6］于津平．中国与东亚主要国家和地区间的比较优势与贸易互补性［J］. 世界经济，2003（5）：33－40，80.

［7］许培源，陈乘风．马来西亚在“海上丝绸之路”建设中的角色［J］. 亚太经济，2016（5）：70－74.

［8］郭晓合，王芙蓉．长三角都市圈与马来西亚贸易研究［J］. 经济纵横，2010（1）：62－64.

［9］赵静，于豪谅．“一带一路”背景下中国—东盟贸易畅通情况研究［J］. 经济问题探索，2017（7）：116－123.

［10］廖萌．福建与东盟贸易现状及潜力研究——基于贸易引力模型的分析［J］. 亚太经济，2016（4）：60－65.

［11］黄黎洪．后马哈蒂尔时代马来西亚对华规避战略［J］. 世界经济与政治论坛，2012（6）：126－137.

［12］刘东旭．亚太自由贸易区实现路径选择——基于亚太地区各经济体的贸易互补性和竞争性分析［J］. 世界经济研究，2016（6）：122－133.

［13］周丽，黄原．中国与东盟五国产业内贸易实证研究［J］. 经济问题探索，2010（3）：143－148.

［14］张蕾．基于经济冲击对称性分析的中国—东盟货币合作新思考［J］. 上海金融，2010（3）：12－16，33.

［15］吴碧波，阿布都瓦力．广西与马来西亚经贸合作研究［J］. 东南亚纵横，2013（12）：53－56.

［16］魏方．中国对东盟的出口产品品质与区域贸易结构升级［J］. 现代财经（天津财经大学学报），2015，35（3）：89－98.

［17］葛飞秀．汇率波动对东亚地区贸易流量的影响——基于动态面板数据的分析［J］. 现代管理科学，2011（11）：82－85.

［18］夏飞，袁洁．中国—东盟自由贸易区交通运输发展的区位熵分析［J］. 管理世界，2012（1）：180－181.

［19］闫森．贸易自由化下东盟国家关税政策的新进展［J］. 国际贸易问题，2005（7）：47－51.

［20］张明亮．广东“东盟战略”及其与新马的经贸合作［J］. 东南亚研究，2009（2）：19－25.

［21］张雨佳，张晓平，龚则周．中国与“一带一路”沿线国家贸易依赖度分析［J］. 经济地理，2017，37（4）：21－31.

［22］曾刚军，梁运文．广西与东盟国家产业合作基础及协调发展战略选择［J］．东南亚纵横，2009（2）：60－63.

［23］Finger J. M. , Kreinin M. E. . A Measure of Export Similarity and Its Possible Uses［J］. The Economic Journal, 1979, 89（356）：905－912.

专题Ⅲ

中国与缅甸贸易研究

一、引言

中缅贸易关系对两国经济与社会发展起到重要影响。缅甸地理位置起到重要作用，不仅是连接中国西南地区过往东南亚通向世界，也是连接南亚次大陆、亚洲大陆以及中南半岛的重要途径。自 2011 年民选政府执政后，缅甸政府大力推进政治转型、经济改革和对外开放，吸引越来越多的外国投资者，市场竞争日益激烈。缅甸是东盟国家的重要成员，中缅经贸合作发展影响着中国与东盟的发展。经过双方多年努力，中缅经贸合作取得了长足的发展。2015 年中缅双边进出口贸易额达 152.8 亿美元。中国保持缅甸第一大贸易伙伴和第一大外资来源地的地位。在此背景下，分析中缅经贸合作发展趋势具有重要意义。

二、缅甸的对外贸易情况

（一）缅甸的基本情况

1. 缅甸的地理位置

第一，缅甸的地理位置情况。缅甸位于亚洲东南部、中南半岛西部，东北与中国毗邻，西北与印度、孟加拉国相接，东南与老挝、泰国交界，西南濒临孟加拉湾和安达曼海。地势北高南低。北、西、东为山脉环绕。北部为高山区，西部有那加丘陵和若开山脉，东部为掸邦高原。

第二，缅甸的国土面积情况。缅甸国土面积约 67.85 万平方公里，海岸线长 3200 公里，缅甸北部和东北部同中国西藏和云南接界，中缅国境线长约 2185 公里，其中滇缅段为 1997 公里；东部与老挝和泰国毗邻，缅泰、缅老国境线长分别为 1799 公里和 238 公里；缅甸西部与印度、孟加拉国接壤。缅甸从南到北长约2090公里，东西最宽处约925公里。缅甸大部分地区都在北回归线以南，属热带。

第三，缅甸地区区划情况。缅甸全国分7个省、7个邦和两个中央直辖市。7个省为仰光、曼德勒、勃固、马圭、实皆、伊洛瓦底、德林达依；7个邦为掸邦、克钦邦、克耶邦、孟邦、克伦邦、钦邦、若开邦；两个直辖市为内比都和仰光。

2. 缅甸的资源情况

第一，矿产资源情况。缅甸矿产资源丰富，拥有石油、宝石、钨、锡、金、银、铜、锌、铅、锑、煤等地下矿藏。缅甸是世界上著名宝石和玉石产地，盛产红宝石、蓝宝石。缅甸的石油与天然气资源主要分布在中部和沿海地区，石油开采有百余年历史。

第二，森林资源情况。缅甸素有“森林之国”的美称，森林覆盖面积占国土面积的57%。全国树木品种达2300种之多，竹类、藤木、鸡翅、檀木、酸枝木、铁力及花梨木等丰富，占据世界60%的柚木储量和国际市场上75%的柚木。缅甸还盛产檀木、灌木、鸡翅、铁力、酸枝木、花梨木等各种硬木和名贵硬木。

第三，水产资源情况。缅甸水力资源充裕，国内河流密布，主要有伊洛瓦底江、媚公河、萨尔温江及钦敦江等。渔业资源种类繁多，约105种具备经济价值的水产品，如石斑鱼、龙虾、黄鱼、鳖鱼、带鱼、琵琶虾以及虎虾等。拥有淡水鱼塘18.24万英亩，虾塘20.5万英亩，其海产品主要出口中国、新加坡、泰国、韩国及孟加拉国等。

3. 缅甸的政治社会情况

一方面，从政治体制情况来看。根据2008年宪法，缅甸是总统制的联邦制国家，实行多党民主制度。总统既是国家元首，也是政府首脑。缅甸联邦议会实行两院制，由人民院和民族院组成。议会选举制度是当前缅甸政治的基本特征。2010年11月7日，缅甸举行大选。2011年1月缅甸联邦议会召开首次会议，正式将国名改为“缅甸联邦共和国”，并启用新的国旗和国徽，选举瑞曼为人民院议长，钦昂敏为民族院议长；3月吴登盛总统及两位副总统正式宣誓就职。2011年4月1日，军政府同民选政府顺利进行权力交接。2011年10月18日，总统颁布选举法修正案，昂山素季获得参选议员资格。2015年11月8日，缅甸再次举行全国多党制大选，民盟以压倒性优势胜出。2016年2月1日，缅甸新一届议会召开首次会议，选举吴温敏为人民院议长，吴温凯丹为民族院议长。2016年3月30日，吴廷觉总统及两位副总统宣誓就职。

另一方面，从人口社会情况来看。缅甸人口约5149万人，共有135个民族。缅甸人口最多的前5位城市是仰光、曼德勒、毛淡棉、勃固和勃生。缅甸与中国山水相连，缅甸华侨华人及其后裔的总人数约为250万人。

（二）缅甸的经济发展状况

1. 宏观经济情况

第一，缅甸的总体经济规模情况。2012—2013财政年度缅甸国内生产总值（GDP）为517.0亿美元，增长率为7.6%；2013—2014财政年度缅甸GDP为559.7亿美元，增长率为8.3%；2014—2015财政年度缅甸GDP为607.2亿美元，增长率为8.5%。2015—2016财政年度缅甸GDP为648.7亿美元，增长率为7.0%（见表3-1）。

第二，缅甸的GDP构成。2015年缅甸GDP构成，农业占27.4%、工业占26.5%、服务业占46%。2014年缅甸GDP构成，消费占GDP的66%，投资占GDP的36.4%，净出口占GDP的-2.4%。

第三，缅甸的外债余额。截至2015年年末，缅甸外债余额为68.4亿美元，占GDP比重的11.8%，其中短期外债1.5亿美元，占债务总额的2.1%，中长期外债63.6亿美元，占债务总额的92.9%。从三大债务指标来看，2015年缅甸负债率为11.6%，债务率45%，偿债率0.4%，债务负担相对较小。

表3-1 2010—2015年缅甸主要经济数据

年份	GDP（百万美元）	GDP增长率（%）	人均GDP（美元）
2010	49628	5.3	811
2011	56170	13.2	900
2012	51700	7.6	1205
2013	55965	8.3	1304
2014	60722	8.5	1415
2015	64866	7.0	1203.5

资料来源：缅甸国家计划与经济发展部统计数据；世界银行数据库。

2. 产业结构

缅甸产业结构不够合理，第一产业和第三产业比重比较大，第二产业所占比重最小。第一产业中有水稻、玉米、芝麻、豆类、甘蔗和黄麻等主要产业；第二产业中有石油和天然气开采、采矿业、小型机械制造、木材加工、纺织、制糖、制药和化肥等；第三产业以旅游业为主。

第一，工业情况。2015年缅甸工业生产总值约占国内生产总值的26.5%。主要工业有石油和天然气开采、小型机械制造、纺织、印染、碾米、木材加工、制糖、造纸、化肥和制药等。

第二，农业情况。农业为国民经济基础，农业生产总值占国内生产总值的27.4%。主要农作物有水稻、小麦、玉米、花生、芝麻、棉花、豆类、甘蔗、油棕、烟草和黄麻等。2014—2015财政年度，缅甸共出口大米1182.28万吨，同比增长52.9%，出口额6.52亿美元，同比增长41.7%；缅甸出口各种豆类共计135.62万吨，同比增长45.3%，出口金额3.93亿美元，同比增长37.4%。

第三，能源业情况。截至2015年，外国企业在缅甸石油和天然气领域投资152个项目，投资额达196.43亿美元，占外商在缅甸投资的34.16%。据统计，2013—2014财政年度缅甸共招标36个陆地及近海油气区块，目前大部分区块已经签约。

第四，采矿业情况。缅甸矿产资源丰富，现已探明的主要矿藏有铜、铅、锌、红蓝宝石、玉石等。2013—2014财政年度，缅甸开采锡精矿681吨，钨锡白钨矿620吨，煤炭38万吨，玉石1.5万吨，红宝石44.3万克拉，蓝宝石114.2万克拉，尖晶石44.6万克拉，橄榄石38.4万克拉。2014—2015财政年度，缅甸玉石出口额达10.7亿美元，同比增长11.7%，占缅甸出口总额的9.7%，为缅甸第二大出口产品。

第五，加工制造业情况。2015—2016财政年度缅甸在制造业领域的国内投资为712个项目，金额达17亿美元，在制造业、酒店和旅游业、房地产业三个领域中排名第一。

第六，旅游业情况。缅甸风景优美，名胜古迹多。主要景点有世界闻名的仰光大金塔、文化古都曼德勒、万塔之城蒲甘、茵莱湖水上村庄以及额布里海滩等。政府大力支持发展旅游业，积极吸引外资，建设旅游设施。2014—2015财政年度赴缅游客达308万人次，其中游客来源国排名前5位的为泰国、中国、日本、韩国和马来西亚。①

（三）缅甸的对外贸易状况

1. 对外贸易发展历程

第一，1988年之前的贸易发展情况。在进出口贸易方面，奈温时期军政

① 根据缅甸酒店和旅游部、缅甸投资与公司管理局等机构数据统计。

府走“缅甸式社会主义道路”，要依靠本国努力，凭借自身资源来建设缅甸式社会主义，在外交上实行闭关自守的外交政策，进出口总体水平较低，进出口贸易总额在1981—1983年为最高，但仍不足20亿美元。1986年之后，缅甸国内战乱频发，对外经贸关系达到最低，进出口贸易总额急剧下降，1988年进出口总额只有5.7亿美元。

第二，1988—2010年的贸易发展情况。1988年军政府上台后执行对外开放政策，苏貌执政期间（1988—1992年），虽然为减轻西方国家对缅甸经济制裁的影响，缅甸努力发展和中国的友好关系，但进出口总额总体水平仍然比较低。后期丹瑞执政后，军政府政权逐渐稳定后，缅甸军政府开始采取大国平衡外交政策，在维持中缅关系的同时努力发展与其他国家特别是东盟及西方大国的关系，进出口贸易额迅速增长，其中2007年和2008年缅甸进出口总额接近200亿美元。

第三，2011年之后的贸易发展情况。2011年民选政府上台，民选政府更加重视人民的生活质量，更加重视民生，更加重视经济发展，在国内大力实施经济改革，缅甸国内种种政策的转变使缅甸慢慢地得到了西方国家的肯定。2012年之后，西方国家渐渐放宽了对缅甸的经济制裁，大力发展与缅甸的外贸关系，缅甸对外贸易关系也逐渐改善，进出口水平呈现上升趋势。

2. 对外贸易规模

第一，贸易总体规模情况。近年来缅甸加强对外开放政策，西方国家放宽对缅甸的经济制裁，缅甸对外贸易关系逐渐改善，其规模水平得到不断提升（见表3－2）。1995—2016年，缅甸对外贸易总额从33.1亿美元增加到271.6亿美元，增长幅度将近10倍，其中出口额从11.3亿美元增加到115.3亿美元，进口额从21.8亿美元增加到156.3亿美元。

第二，贸易逆差情况。在贸易发展过程中，缅甸对外贸易逆差在不断增加，从1995年的10.3亿美元增加到41亿美元。从近期发展情况来看，缅甸对外贸易逆差在2014年达到高点，为91.1亿美元，其后该逆差出现下降。

第三，边境贸易情况。在2014—2015财政年度，缅甸边境贸易总额为61.4亿美元。缅甸通过15个边境贸易点，主要与中国、泰国、印度和孟加拉国等邻国开展边境贸易。坐落在中缅边境的木姐口岸是缅甸最大的边境贸易点。

表 3-2　1995—2016 年缅甸对外贸易情况　　单位：千美元

年份	出口额	进口额	贸易总额	贸易逆差
1995	1137782	2176115	3313897	1038333
1996	1080894	2400465	3481359	1319571
1997	1011046	2480631	3491677	1469585
1998	944612	2012919	2957531	1068307
1999	1125889	1983916	3109805	858027
2000	1522171	2482635	4004806	960464
2001	2362650	3017956	5380606	655306
2002	2313258	2311596	4624854	-1662
2003	2244954	2657110	4902064	412156
2004	2521803	2931583	5453386	409780
2005	2967561	2949073	5916634	-18488
2006	3712373	3337568	7049941	-374805
2007	4303399	4790214	9093613	486815
2008	5748533	5974669	11723202	226136
2009	5349081	6097335	11446416	748254
2010	6587863	9025595	15613458	2437732
2011	6921401	12091860	19013261	5170459
2012	7516509	14238466	21754975	6721957
2013	9506472	17819664	27326136	8313192
2014	11870426	20981554	32851980	9111128
2015	11583291	16558624	28141915	4975333
2016	11530218	15633718	27163936	4103500

3. 主要贸易伙伴

亚洲国家为缅甸主要贸易伙伴，缅甸外贸总额的 90% 都是来自与邻国的贸易。根据缅甸中央统计局最新数据显示，中国为缅甸第一大贸易伙伴。位居前 5 位的贸易伙伴依次为中国、泰国、新加坡、日本和印度（见表 3-3）。

表 3-3　缅甸的主要贸易伙伴　　单位：百万美元

	年份	进口额	出口额	进出口总额
中国	2012	2719.47	2238.07	4957.54
	2013	4105.49	2910.75	7016.24
	2014	5019.97	4673.87	9693.84

续表

	年份	进口额	出口额	进出口总额
泰国	2012	696.81	4000.57	4697.38
	2013	1376.99	4306.28	5683.27
	2014	1678.96	4028.69	5707.65
新加坡	2012	2535.43	291.35	2826.78
	2013	2910.22	694.03	3604.25
	2014	4137.37	758.5	4896.17
日本	2012	1091.73	406.49	1498.22
	2013	1296.24	513.25	1809.49
	2014	1749.38	556.23	2305.61
印度	2012	1018.62	301.7	1320.32
	2013	493.51	1143.59	1637.09
	2014	594.96	745.80	1340.76

资料来源：中国驻缅甸大使馆经商参处。

4. 贸易商品结构

一方面，从出口情况来看。缅甸对外贸易主要出口商品有天然气、大米、玉米、各种豆类、橡胶、矿产品、木材、珍珠、宝石和水产品等（见表3-4）。在商品种类方面，按照国际贸易商品分类标准，2016年缅甸出口产品中排名前3位的依次为SITC-0（食品和活畜）、SITC-3（矿物燃料、润滑油及有关原料）、SITC-8（杂项制品），其中，出口额分别为39.8亿美元、32.9亿美元、18.5亿美元。同时从具体产品来看，2015—2016财政年度，缅甸出口天然气40亿美元，服装6.75亿美元，玉石5.7亿美元，黑豆4.33亿美元，大米3.96亿美元，矿产2.79亿美元，绿豆2.77亿美元，玉米2.72亿美元，渔产2.39亿美元和鹰嘴豆1.74亿美元。

表3-4　1995—2016年缅甸贸易出口情况　　单位：千美元

年份	SITC-0	SITC-1	SITC-2	SITC-3	SITC-4	SITC-5	SITC-6	SITC-7	SITC-8	合计
1995	454747	619	537305	1898	401	11490	3822	8955	118544	1137782
1996	464020	855	414935	2206	1007	4531	6857	10742	175741	1080894
1997	405542	5549	335484	1933	1011	2702	12778	18788	227259	1011046
1998	331753	600	294005	473	728	1721	15465	16635	283231	944612
1999	246604	1031	423992	1920	268	1368	14340	20309	416057	1125889
2000	330838	1994	185673	107204	36	3862	25349	28538	838678	1522171

续表

年份	SITC－0	SITC－1	SITC－2	SITC－3	SITC－4	SITC－5	SITC－6	SITC－7	SITC－8	合计
2001	524281	10386	209663	632722	268	1804	23803	27391	932333	2362650
2002	602329	12650	163029	709653	2483	2805	25580	35678	759052	2313258
2003	505570	7221	252435	662560	1014	4695	31559	20177	759723	2244954
2004	542121	7778	250003	996801	154	3585	64440	17032	639890	2521803
2005	618773	7039	420708	1437007	43	4366	43084	22451	414089	2967561
2006	868275	11886	326112	1924148	14	4720	69966	26392	480860	3712373
2007	927705	3192	814473	1955147	207	5074	47406	42117	508078	4303399
2008	1155349	1841	1012119	2937758	9	6317	32321	43751	559067	5748533
2009	1416109	337	948356	2349234	657	3651	22516	31715	576507	5349081
2010	1655372	970	1466567	2596099	25	8090	46315	19662	794763	6587863
2011	1394531	1486	1580615	2808829	1964	21960	71003	32006	1009007	6921401
2012	1340604	9113	1639511	3113392	2487	20119	230882	45147	1115253	7516509
2013	1445175	2449	1998643	3652482	808	13449	998990	58407	1336068	9506472
2014	1820463	4589	2074256	4583517	1593	32658	1590752	92280	1670319	11870426
2015	3343259	21747	937515	4999334	1098	18967	922370	97396	1241601	11583291
2016	3980863	25711	1021735	3287312	1269	39205	618741	705575	1849804	11530218

另一方面，从进口产品来看。缅甸主要进口商品有石油与汽油、工业原料、商用机械设备、汽车零配件、五金产品和消费品等（见表3－5）。按照国际贸易商品分类标准，2016年缅甸进口产品中排名前3位的依次为SITC－7（机械及运输设备）、SITC－6（以材料分类的制成品）、SITC－0（食品和活畜），其中，进口额分别为52.2亿美元、24.0亿美元、22.6亿美元。从具体商品情况来看，2015年缅甸进口的主要商品为车辆及配件16.8亿美元，石油16亿美元，机械设备及配件15亿美元，船舶及配件11亿美元，钢铁建材7.49亿美元，钢铁材料7.39亿美元，通信设备材料5.78亿美元，塑料4.56亿美元，摩托车3.19亿美元。

表3－5　1995—2016年缅甸贸易进口情况　　单位：千美元

年份	SITC－0	SITC－1	SITC－2	SITC－3	SITC－4	SITC－5	SITC－6	SITC－7	SITC－8	合计
1995	115417	208617	225328	96317	209269	223530	326851	649507	121278	2176115
1996	122590	195190	263131	147743	138659	229764	428466	796488	78435	2400465
1997	116650	134026	265883	218275	167682	232336	504600	756073	85107	2480631
1998	85128	46604	194067	188256	155488	194237	374938	695166	79033	2012919

续表

年份	SITC－0	SITC－1	SITC－2	SITC－3	SITC－4	SITC－5	SITC－6	SITC－7	SITC－8	合计
1999	111380	57173	206719	271909	111112	234269	360625	540234	90495	1983916
2000	138277	64244	233014	376562	88903	284981	478793	682014	135846	2482635
2001	135947	65753	352083	415104	92389	315204	617278	891437	132761	3017956
2002	114830	67137	188164	357250	89680	270085	414258	687658	122533	2311596
2003	119934	60433	234368	292548	128304	311764	452629	934436	122695	2657110
2004	184609	72585	260963	373762	163170	379567	496886	873977	126065	2931583
2005	204126	82538	282267	360042	157111	442459	551760	711804	156966	2949073
2006	240282	87957	361429	347054	171280	484572	647137	839725	158131	3337568
2007	263998	92619	439511	569961	296761	631990	945810	1365036	184527	4790214
2008	354308	122414	464453	1072191	339121	723721	998604	1669344	230513	5974669
2009	417415	138459	605026	714621	205400	718935	1125835	1921561	250085	6097335
2010	658368	192519	894517	1195769	356410	980785	1612913	2753062	381253	9025595
2011	816030	306257	1068477	928189	517791	1183379	2406988	4296195	568556	12091860
2012	860270	386830	1225368	1121344	558353	1232497	3182183	4969785	701836	14238466
2013	1057789	416424	1579358	1688328	549633	1580180	3244129	6540824	1163001	17819664
2014	1274943	496414	1739604	2015330	572621	1820655	4064808	7947529	1049651	20981554
2015	1184591	111963	1171873	2024231	585447	1350256	2546414	7173720	410130	16558624
2016	2264969	132951	1354360	1771612	553880	1494974	2398280	5220155	442535	15633718

5. 贸易辐射地区

一方面，缅甸贸易的主要辐射市场为东盟国家。其中，缅甸与中国、泰国、新加坡、马来西亚、印度尼西亚、越南等国经贸合作稳步发展，与韩国、日本、印度在投资贸易领域逐步扩大。2015 年缅甸前 5 大出口国为中国、泰国、印度、新加坡和日本，前 5 大进口国为中国、新加坡、泰国、日本和印度。

另一方面，从缅甸与欧美国家的贸易情况来看。2012 年开始欧洲国家如英国、德国等也陆续进入缅甸市场，寻求合作机会。同时缅甸通过美国的普惠制（GSP）审查，重新获得美国的普惠制待遇，缅甸有 5000 多种产品可以免税进入美国市场。缅甸还是欧盟提供关税优惠的受惠国。根据 2012 年 11 月欧盟委员会公布的新普惠制方案，新增缅甸为普惠制第一类国家。自 2014 年 1 月 1 日至 2023 年 12 月 31 日，对缅甸等 49 个最不发达国家的进口产品实行免关税政策。欧盟给予缅甸的关税普惠制待遇从 2013 年 7 月 19 日起开始生效。除武器外，缅甸其他商品可向欧盟国家出口，并享受普惠制待遇。

三、中国—缅甸贸易的发展历程与现状

（一）中缅贸易的发展历程

自 1950 年中缅两国正式建立外交关系以来，两国在政治经济方面展开密切合作。由于缅甸政治环境与对外贸易政策变化，两国经贸关系呈现阶段化发展态势。为此对中缅两国贸易发展的阶段特征进行探讨。

1. 1950—1991 年的中缅贸易情况

该阶段为中缅贸易发展的起步阶段。1950 年中缅两国正式建立外交关系，之后中缅两国在政治经济方面进行一系列合作，尤其是中缅经贸关系，自 20 世纪 50 年代开始，中缅两国就开始一系列的经贸合作，但由于政治经济条件的限制，合作规模较小。1988 年缅甸军政府上台后实行"对外开放"政策，中缅贸易额才有所增长，1990 年和 1991 年由于苏貌政府将主要注意力放在维护政权稳定上，忽视经济发展，对外贸易额有所减少。

2. 1992—1995 年的中缅贸易情况

该阶段中缅贸易在国际政治形势的影响下，贸易合作出现飞速发展。1992 年后由于受到以美国为首的西方国家的经济制裁，为减轻经济制裁对本国经济的影响，缅甸开始转向中国发展对外关系，中缅两国的贸易额在这一段时间连年增长，有了长足发展。1992 年中缅贸易额 5.9 亿美元，比上年同比增长 33.3%，其中进口额 3.9 亿美元，出口额 2 亿美元，贸易逆差额 1.9 亿美元。自 1994 年开始，中缅双方就双方经济合作方面签署多个合作协议以促进中缅经贸合作，到 1995 年中缅贸易额达到 10.9 亿美元，同比增速达到 46.7%，进口额增长率达到 64%。这主要是因为缅甸政府为促进经济发展大力实施经济改革，为本国发展的需要增加了对生活必需品的进口，西方国家对缅甸的制裁使缅甸只能加大对中国的进口力度。

3. 1996—2007 年的中缅贸易情况

该阶段中缅贸易出现波动式发展。1996—1999 年由于军政府与民盟的矛盾升级导致国内政局紊乱，经济低迷，中缅贸易额出现波动式增长；2000—2007 年，中缅贸易额出现持续增长，其中 2003 年最高增速达到 49%，中缅贸易总额 25.6 亿美元，其中进口额 21.6 亿美元，出口额 4 亿美元，贸易逆差额 17.6 亿美元。

4. 2008—2009 年的中缅贸易情况

该阶段中缅贸易受到金融危机影响，导致贸易规模出现下滑。2008 年和 2009 年受亚洲金融危机的影响，缅甸自中国进口额下降，导致中缅贸易额小幅下降。

5. 2010 年之后的中缅贸易情况

该阶段中缅贸易在两国经济发展与政治环境变化的影响，出现规模增长的趋势。从 2010 年开始，中缅贸易额恢复增长，2011 年中缅两国建立全面战略合作伙伴关系，中缅两国经贸关系上升出现新高度，特别是 2013 年中缅油气管道的建成，油气的转口贸易迅速增加，大大提升了中缅贸易额。据统计数据显示，2013 年中缅贸易额 102 亿美元，同比增速达到 53. 6%，其中进口额 73. 4 亿美元，同比增速 35. 8%，出口额 28. 6 亿美元，同比增速 131. 1%，贸易逆差额 44. 8 亿美元。值得注意的是，缅甸在中缅贸易中始终处于逆差地位，并且逆差额呈扩大趋势，虽然 2013 年由于油气转口贸易的增加导致缅甸对中国的出口额直线增长，但是缅甸贸易逆差额仍然达到了最大值 44. 8 亿美元。2015 年中缅双边进出口贸易额达 152. 8 亿美元。中国保持缅甸第一大贸易伙伴和第一大外资来源地的地位（见表 3 –6）。

表 3 –6 1995—2016 年中国对缅甸的贸易发展情况 单位：千美元

年份	出口额	进口额
1995	511669	93011
1996	456282	87034
1997	403409	43461
1998	351821	49720
1999	357954	67739
2000	469718	42793
2001	566503	43574
2002	656445	36274
2003	871606	50786
2004	929255	60555
2005	888148	74021
2006	1183544	94200
2007	1676323	297010
2008	1927114	605857
2009	2227701	509460

续表

年份	出口额	进口额
2010	3174886	802164
2011	4796001	826847
2012	5303679	1082541
2013	7079045	2461276
2014	8803799	4245095
2015	9380053	4915732
2016	7877935	3361152

（二）中缅贸易的发展现状

1. 贸易规模与构成

第一，从贸易规模来看。2015 年中国为缅甸第一大贸易伙伴、第一大出口市场和第一大进口来源地。同年中缅双边贸易额达 152.8 亿美元，同比下降 38.81%，其中中国对缅甸出口 96.5 亿美元，同比增长 3.05%；从缅甸进口 56.2 亿美元，同比下降 63.95%。[①] 缅甸对中国贸易逆差为 40.3 亿美元，中国已成为其贸易逆差第一大来源国。

第二，从贸易结构来看。缅甸对中国出口以初级产品、自然资源类商品为主，而自中国进口则以制造业产品为主，如成套设备和机电产品、纺织品、摩托车配件和化工产品等。双边贸易主要体现为产业间贸易合作，其主要源于两国经济差异和缅甸经济状况。目前缅甸第二产业发展滞后，制造业产品种类较少且缺乏竞争力，出口能力极其有限，而国内丰富的资源自然成为其扩大出口贸易的主要商品（见表 3-7）。2016 年中国对缅甸出口总额为 78.8 亿美元，主要出口货物为 SITC-6（以材料分类的制成品）、SITC-7（机械及运输设备），两类产品的出口额分别为 22.2 亿美元、35.5 亿美元，占总出口额的比重为 28%、45%。

表 3-7 1995—2016 年中国对缅甸出口的产品构成 单位：千美元

年份	SITC-0	SITC-1	SITC-2	SITC-3	SITC-4	SITC-5	SITC-6	SITC-7	SITC-8	合计
1995	8785	75035	102462	17912	-	47385	83465	167914	8711	511669
1996	6915	52388	112615	12565	21	38267	66103	158658	8749	456282

① 中国商务部相关统计数据整理。

续表

年份	SITC－0	SITC－1	SITC－2	SITC－3	SITC－4	SITC－5	SITC－6	SITC－7	SITC－8	合计
1997	6286	30359	102000	10358	2024	36776	60696	142493	12418	403409
1998	9272	2215	65473	16103	24	33177	90187	112343	23027	351821
1999	15286	2216	80072	17061	6	33066	74435	111460	24352	357954
2000	19986	7964	101133	24529	120	37881	94856	161070	22178	469718
2001	23844	22979	93622	28025	91	39044	91679	241256	25962	566503
2002	25178	29849	82239	35214	138	57880	99263	300480	26203	656445
2003	22543	22974	119815	45206	66	60801	162178	397949	40075	871606
2004	24678	22415	139312	56643	71	65067	194627	386904	39538	929255
2005	27085	11091	157351	82183	29	90749	217392	259352	42917	888148
2006	56871	11492	193453	109417	75	100533	308846	361649	41207	1183544
2007	39151	24072	247900	94913	364	153631	420841	633375	62076	1676323
2008	35155	22143	246316	74105	350	156994	424334	887609	80110	1927114
2009	29871	25408	305076	76894	60	163503	460167	1077787	88935	2227701
2010	41021	32832	419957	136953	537	206165	717785	1484761	134876	3174886
2011	58564	46008	571121	146663	22	255751	1203645	2266829	247396	4796001
2012	63632	50899	650186	187821	161	273046	1374971	2328546	374417	5303679
2013	121649	57567	770272	213697	143	354073	2019376	3143157	399111	7079045
2014	201391	56586	875430	273749	118	463526	2794834	3713463	424701	8803799
2015	237570	53065	738767	194016	157	449505	2682628	4706440	317907	9380053
2016	278390	51005	841193	132044	562	482450	2226039	3550823	315429	7877935

另外，中国从缅甸主要进口原木、锯材、农产品和矿产品等（见表3－8）。2016年中国对缅甸进口总额为33.6亿美元，其中主要进口货物为SITC－2（非食用原料，燃料除外）、SITC－3（矿物燃料，润滑油及有关原料），两类产品的进口额分别为14.8亿美元、13.7亿美元，占总进口额的比重为44%、41%。

表3－8 1995—2016年中国对缅甸的贸易进口情况 单位：千美元

年份	SITC－0	SITC－1	SITC－2	SITC－3	SITC－4	SITC－5	SITC－6	SITC－7	SITC－8	合计
1995	12257	42	79447	2	236	429	34	543	21	93011
1996	8847		77621		18	475	21	4	48	87034
1997	3519		39671		135	36	97		2	43461
1998	4896	6	40072	3		10	3952	671	109	49720

续表

年份	SITC－0	SITC－1	SITC－2	SITC－3	SITC－4	SITC－5	SITC－6	SITC－7	SITC－8	合计
1999	4923	7	59602			186	8	2811	202	67739
2000	18028		13899			73	8372	2200	221	42793
2001	16601		19347			265	3828	3213	319	43574
2002	11644		21333	8	2	251	1621	1093	323	36274
2003	14721		30749	20		816	4250	12	216	50786
2004	10353		42839	40		988	5695	10	631	60555
2005	15169		50790	72		2819	2362	328	2480	74021
2006	17678		61754	10	11	3008	7867	1889	1982	94200
2007	43187		222083	2	57	3356	9647	9900	8778	297010
2008	130005		443427			3764	9156	10961	8545	605857
2009	106992		354640	16794	6	1377	11783	6103	11766	509460
2010	213083	31	543259	23		2874	25003	2268	15623	802164
2011	118426	4	624167	25		2172	48403	845	32805	826847
2012	126127	353	684856	39	118	6613	201370	6203	56863	1082541
2013	108230	342	1220341	128244	450	5434	923237	21875	53123	2461276
2014	106511	84	1381780	1204113	293	9281	1469261	25901	47869	4245095
2015	105378	61	865977	1638940		10045	2206117	27150	62065	4915732
2016	120529	396	1475667	1370601		7442	281100	31523	73896	3361152

第三，从中缅边境贸易情况来看。2016—2017 财政年度缅甸与中国的边贸总额为62.48 亿美元。其中从木姐口岸出口37.03 亿美元、进口16.57 亿美元，贸易总额为53.61 亿美元；从雷基口岸出口1.86 亿美元、进口0.15 亿美元，贸易总额为2.02 亿美元；从清水河口岸出口5.15 亿美元、进口0.57 亿美元，贸易总额为5.73 亿美元；从甘拜地口岸出口0.64 亿美元、进口0.42 亿美元，贸易总额1.06 亿美元；从景栋口岸出口0.02 亿美元、进口0.02 亿美元，贸易总额为0.04 亿美元。

2. 投资规模与构成

一方面，从投资规模情况来看。中国对缅甸投资规模在近期出现飞速增长。20 世纪90 年代以前，中国在缅甸几乎没有任何投资活动。90 年代中期，中国企业才陆续进入缅甸市场开展投资活动，但投资项目数量较少，合同金额较低，没有形成规模。1988—2001 年，中国对缅甸投资金额累计只有0.67 亿美元，所占比例仅为0.94%，在缅甸吸引外资中排名第13 位。近年来，中国对缅甸投资迅猛增长、持续飙升。1988—2012 年，中国大陆成为缅甸吸引外资第一大来源地，投资项目数为 41 个，投资金额为 141.679 亿美元，所占比例达 34.15%，远高于排名第 2 位的泰国。[①] 2016 年中国对缅甸非金融类境外投资流量为 30864 万美元，同比增长 49.8%，12 月底存量达到 45.67 亿美元，增幅在东盟十国中位居第 4，表明中国企业对缅甸投资信心的提升。同时缅甸对华投资有所增长。截至 2016 年 12 月，缅甸对华投资企业由上年的 5 个增加到 34 个，实际投资额 11549 万美元，项目数达到 284 个。

另一方面，从投资结构情况来看。目前中资企业在缅甸投资主要注册独资或合资公司，投资领域主要集中在油气资源勘探开发、油气管道、水电资源开发、矿业资源开发及加工制造业等领域，到缅甸考察加工制造业并投资建厂的中资企业逐渐增多。投资项目主要采用 BOT 或产品分成合同（PSC）的方式运营。[②] 中缅投资合作代表性项目有：中缅油气管道（25.4 亿美元）、莱比塘铜矿（10.65 亿美元）和密松水电站项目（36 亿美元）等。

（三）政治政策因素对中缅贸易发展的影响

1. 中缅经贸合作的政策文件

1950 年中国与缅甸建交以来，两国围绕政治合作、贸易合作、贸易往来签署大量政策文件。上述文件成为保障中缅双方贸易发展的重要基础。具体来看，中缅经贸合作的政策文件主要包括如下两个方面。

一方面，2011 年前的政策文件。1971 年中缅签署贸易协定，双方给予最惠国待遇。1988 年缅甸军政府上台后，对中国奉行友好政策。考虑到同期西方国家对于缅甸进行政治经济方面的制裁，中缅贸易合作关系得到深入发展。1994 年 8 月中缅签署《关于边境贸易的谅解备忘录》。1996 年 2 月双方宣布成立“中缅经济促进会”，用以推动双方贸易开展。1995 年 6 月签署《中华人民共和国政府和缅甸联邦政府关于农业合作的协定》。1997 年 5 月签署《中华人民共和国政府和缅甸联邦政府关于成立经济贸易和技术合作联合工作委员会的协定》。2000 年 6 月签署《中缅关于未来双边关系合作框架文件的联合声明》。2001 年 7 月签署《中缅两国关于开展地质矿产合作的谅解备忘录》。2001 年 12 月签署《中华人民共和国政府和缅甸联邦政府渔业合作协定》。2001 年 12 月中国国家主席江泽民主席访问缅甸，双方签署《关于鼓励促进和保护投资协定》和《中缅经济技术合作协议》等五个文件。2004 年 3

① 根据缅甸投资委员会（MIC）统计数据整理。

② 中国商务部相关统计数据整理。

月双方签署《中缅两国政府关于促进贸易、投资和经济合作备忘录》。2004年7月签署《关于信息通讯领域合作的谅解备忘录》。2006年2月双方签署《中缅航空运输协议》等。

另一方面，2011年后的政策文件。2011年之后缅甸加强对外开放力度，与中国贸易合作关系得到深层次发展。2011年5月缅甸总统吴登盛访问中国，双方宣布建立"全面战略合作伙伴关系"。基于上述政策，中国成为缅甸第一个全面战略合作伙伴，同时两国贸易往来关系得到更深层次的发展。从双方产业领域合作来看，2013年中缅原油管道与中缅天然气管道投入使用，为推进双方能源领域合作打下良好基础。

2. 政策因素对中缅贸易合作的影响

第一，1950—1987年政治政策因素影响。1950年中缅建立外交关系之后，两国经贸关系得到不断发展。从同期缅甸政府情况来看，在吴努时期和奈温时期，缅甸执行中立外交政策，与中国关系相对良好。但是该阶段缅甸经济仍然处于较为落后状态，由此导致中缅贸易规模较小。

第二，1988—2010年政治政策因素影响。随着1988年缅甸军政府上台，该国在对外开放政策方面进行调整，加强与国际市场的交流。在此政策背景下，中国因与缅甸的地理优势，成为缅甸第一大进出口贸易国。在缅甸军政府施政后期，受到西方国家在政治与经济方面的制裁。缅甸为获取相应贸易产品与货物，更加重视与中国贸易往来，由此推动中缅贸易迅速增长。2011年中缅贸易总额达到60亿美元，其中缅甸自中国进口额超过40亿美元。

第三，2011年之后的政治政策因素影响。2011年缅甸总统吴登盛上台后，新政府同样进行对外政策方面的改革。由于缅甸改革政策得到西方国家认可，因而各种政治经济制裁政策先后取消。在此背景下，缅甸与其他国家贸易往来迅速扩大，贸易产品总额和种类大幅度提升。与此同时，由于受到其他国家竞争影响，中国与缅甸贸易的增长速度出现下滑。当然在缅甸新型外交政策的影响下，中缅贸易发展呈现诸多新特征，贸易合作层次有所提升。如2013年中缅油气管道建成，缅甸对中国的出口额由于油气转口贸易的增长而迅速上升。

3. 政策因素对中缅投资合作的影响

第一，1950—1987年政治政策因素影响。1988年军政府上台之前，缅甸国内投资环境欠佳，相关法律法规制度不完善，外商投资得不到保障，由此严重影响缅甸国内投资环境，同时也导致缅甸投资额度降低。

第二，1988—2010年政治政策因素影响。该时期缅甸政府加强对外开放，较为重视吸引外资。1988 年缅甸颁布第一部《外国投资法》，从法律制度层面来提升投资环境。同期中国对缅甸的投资情况也伴随着两国政治关系得到提升。2000 年之后中国对缅甸的投资额迅速提升，其中 2004—2010 年中国对缅甸投资流量逐年上升，2010 年中国对缅甸的投资流量超过 10 亿美元。

第三，2010 年之后的政治政策因素影响。2010 年之后中缅投资合作情况出现反复变化。其中，2011 年中国对缅甸投资较之 2010 年出现大幅度的下滑，其原因在于同时期缅甸国内政局变化，外商投资环境恶化。2012 年中国对缅甸投资情况再次出现上升，其原因同样在于缅甸国内政治环境的问题。2013 年中国对缅甸投资再次出现下降，其原因同样在于政治环境的问题。同时期缅甸政府对待中国政府态度有所调整，开始在部分投资领域限制中国企业发展。如中国企业投资的莱比塘铜矿项目与密松水电站建设项目，由于地方政府和社会民众干预而被迫终止。上述案例对于中国投资企业产生严重负面影响，由此制约了中国对缅甸的投资发展。在此之后，随着中国与缅甸政府关系的缓和，中国对缅甸投资情况呈现比较平稳的发展态势。

四、中国—缅甸贸易的竞争性与互补性

（一）中缅贸易的竞争性分析

1. 中缅贸易的比较优势分析

（1）比较优势分析的方法

本研究利用显性比较优势指数来分析中缅贸易比较优势。具体方法详见前文介绍。

（2）比较优势分析的数据

本研究在 RCA 指数计算过程中，采用 1995—2016 年中国和缅甸进出口贸易的数据，并按照加工程度对研究对象进行产业分类；按照国际贸易商品分类标准（SITC）中的第三版本（SITC－3）中的二位数编码，计算细化分类的 1995—2016 年各类产品的 RCA 指数，经过计算得出表 3－9。根据产业分类标准对表 3－9 的计算结果进行汇总，得到中缅两国各自具有比较优势的产品种类。

（3）中缅贸易的比较优势测算

结合上述计算方法，本研究测算中缅两国商品贸易的 RCA 指数如下（见表 3－9）。

在 SITC－0 类商品（食品和活动物）上，中国此类产品不具备比较优势，

同时 RCA 指数从 1995 年的 0.6693 下降到 2016 年的 0.4330，呈现不断下降的趋势；缅甸在此类商品中的比较优势则比较明显，其 RCA 指数处于较高水平，2016 年 RCA 指数为 5.1454。

在 SITC－1 类商品（软料及烟草）上，两国没有比较优势，RCA 指数均低于 1，相对而言缅甸在产品中优势要微强于中国。

在 SITC－2 类商品（非食用原料）上，缅甸具有较强的比较优势，1995—2016 年其 RCA 指数一直保持在 1 以上，当然该指数从最初的 5.1433 下降到 1.3989；中国在该类产品中则不具备比较优势。

在 SITC－3 类商品（矿物燃料、润滑油及有关原料）上，中国此类商品不具比较优势；缅甸在此类商品中则具有较强的比较优势，其 RCA 指数从 1995 年的 0.0245 上升到 2016 年 3.6845，显示该国在该类产品中比较大的发展优势。

在 SITC－4 类商品（动植物油、脂和蜡）上，中国此类商品不具优势；缅甸在该类产品中同样缺乏比较优势，其 RCA 指数持续保持在 0.1 以下。

在 SITC－5 类商品（未列明的化学产品和有关产品）上，中国和缅甸在此类商品上不具优势，缅甸的 RCA 指数更是持续保持在 0.1 以下。

在 SITC－6 类商品（按原料分类的制成品）上，中国此类商品具有一定的比较优势，1995—2016 年基本超过 1；缅甸在此类商品中不具优势，其 RCA 指数在 1 以下，但呈现出不断增长的趋势。

在 SITC－7 类商品（机械及运输设备）上，中国在此类商品中具有一定的比较优势，自 2003 年以来比较优势指数均超过 1；缅甸在此类产品中缺乏优势，其 RCA 指数在 2016 年以前持续保持在 0.1 以下，虽然在 2016 年得到一定增长，但比较优势指数也仅为 0.1527。

在 SITC－8 类商品（杂项制品）上，中国具有较强的比较优势，但上述优势处于不断下降的情况，RCA 指数从 1995 年的 3.3885 下降到 2016 年的 1.8782；缅甸在此类商品中同样具备一定的显性比较优势，其 RCA 指数基本保持在 1 以上（1995 年、2015 年接近 1）。

表 3－9　1995—2016 年中国各类出口产品 RCA 指数

年份	SITC－0	SITC－1	SITC－2	SITC－3	SITC－4	SITC－5	SITC－6	SITC－7	SITC－8
1995	0.6693	0.5811	0.9536	0.3642	0.2281	0.6379	1.0850	0.6370	3.3885
1996	0.6711	0.3878	0.9107	0.3271	0.2551	0.6468	1.0386	0.6457	3.5689
1997	0.6765	0.3655	0.8788	0.3172	0.3449	0.6181	1.0546	0.6903	3.4288
1998	0.6332	0.2973	0.8332	0.3182	0.1680	0.5997	0.9800	0.7214	3.3674

续表

年份	SITC－0	SITC－1	SITC－2	SITC－3	SITC－4	SITC－5	SITC－6	SITC－7	SITC－8
1999	0. 6543	0. 2611	0. 8534	0. 2100	0. 0918	0. 5785	1. 0197	0. 7672	3. 3075
2000	0. 6873	0. 2759	0. 8388	0. 2015	0. 1061	0. 5695	1. 0611	0. 8403	3. 0711
2001	0. 6158	0. 2787	0. 7964	0. 2186	0. 0873	0. 5452	1. 0543	0. 8794	2. 9416
2002	0. 5838	0. 2462	0. 7732	0. 1928	0. 0638	0. 5007	1. 0073	0. 9715	2. 7715
2003	0. 5428	0. 2220	0. 7503	0. 1835	0. 0548	0. 4812	0. 9860	1. 0510	2. 6433
2004	0. 4718	0. 1952	0. 7312	0. 1673	0. 0521	0. 4696	1. 0252	1. 1485	2. 4904
2005	0. 4627	0. 1744	0. 7084	0. 1278	0. 0762	0. 4942	1. 0418	1. 2108	2. 5120
2006	0. 4503	0. 1842	0. 6760	0. 0959	0. 1065	0. 4979	1. 0875	1. 2599	2. 4568
2007	0. 4230	0. 1396	0. 6116	0. 0886	0. 0693	0. 5126	1. 0927	1. 3056	2. 4384
2008	0. 3675	0. 1271	0. 6115	0. 0889	0. 0715	0. 5809	1. 1470	1. 3733	2. 6114
2009	0. 3513	0. 1469	0. 5909	0. 0770	0. 0538	0. 5002	0. 9989	1. 4029	2. 4590
2010	0. 3612	0. 1526	0. 5426	0. 0729	0. 0440	0. 5290	0. 9972	1. 4738	2. 4302
2011	0. 3707	0. 1507	0. 5729	0. 0608	0. 0540	0. 5871	1. 0409	1. 5490	2. 4264
2012	0. 3665	0. 1583	0. 5887	0. 0495	0. 0510	0. 5888	1. 0698	1. 5802	2. 2946
2013	0. 3458	0. 1477	0. 5780	0. 0549	0. 0476	0. 5883	1. 0856	1. 5434	2. 2603
2014	0. 3254	0. 1507	0. 5933	0. 0617	0. 0488	0. 5937	1. 1521	1. 4837	2. 0849
2015	0. 3892	0. 1599	0. 6848	0. 1154	0. 0532	0. 5744	1. 1719	1. 2547	1. 9187
2016	0. 4330	0. 1743	0. 6784	0. 1659	0. 0491	0. 5794	1. 0806	1. 2088	1. 8782

按照联合国 SITC 类标准，通常将 SITC－0 到 SITC－9 的十大类商品分成 3 类：SITC－0 到 SITC－4 类商品归为初级商品或资源密集型商品；SITC－5 和 SITC－7 类归为资本或技术密集型制成品；SITC－6 和 SITC－8 类归为劳动密集型制成品。通过对比两国不同类商品的显性比较优势可以看到，缅甸在初级产品上的比较优势强于中国，中国在资本或技术密集型产品上的比较优势强于缅甸，同样中国在劳动密集型产品中比较优势强于缅甸（见表 3－10）。

表 3－10　1995—2016 年缅甸各类出口产品 RCA 指数

年份	SITC－0	SITC－1	SITC－2	SITC－3	SITC－4	SITC－5	SITC－6	SITC－7	SITC－8
1995	5. 0289	0. 0446	5. 1433	0. 0245	0. 0552	0. 0899	0. 0245	0. 0203	0. 9826
1996	5. 4606	0. 0653	4. 5041	0. 0246	0. 1599	0. 0385	0. 0489	0. 0255	1. 5306
1997	5. 4601	0. 4574	4. 0324	0. 0233	0. 1707	0. 0244	0. 0988	0. 0465	2. 1006
1998	4. 8604	0. 0542	4. 0379	0. 0084	0. 1208	0. 0161	0. 1253	0. 0419	2. 7467
1999	3. 2360	0. 0805	5. 1840	0. 0228	0. 0443	0. 0107	0. 1066	0. 0423	3. 3943

续表

年份	SITC－0	SITC－1	SITC－2	SITC－3	SITC－4	SITC－5	SITC－6	SITC－7	SITC－8
2000	3. 8421	0. 1415	1. 8178	0. 7017	0. 0061	0. 0239	0. 1401	0. 0437	5. 0550
2001	3. 6649	0. 4393	1. 3320	2. 8516	0. 0292	0. 0067	0. 0858	0. 0275	3. 5282
2002	4. 2783	0. 5386	1. 0975	3. 3025	0. 2369	0. 0101	0. 0932	0. 0370	2. 9412
2003	3. 7432	0. 3286	1. 7496	3. 0272	0. 0912	0. 0172	0. 1176	0. 0218	3. 1043
2004	3. 8345	0. 3423	1. 5232	3. 5058	0. 0127	0. 0118	0. 2080	0. 0166	2. 4657
2005	3. 8541	0. 2753	2. 1970	3. 5932	0. 0033	0. 0123	0. 1185	0. 0193	1. 4143
2006	4. 5203	0. 3888	1. 3024	3. 5790	0. 0008	0. 0109	0. 1525	0. 0183	1. 3626
2007	3. 9790	0. 0862	2. 6335	3. 2029	0. 0094	0. 0099	0. 0814	0. 0263	1. 2839
2008	3. 6000	0. 0395	2. 5513	2. 8373	0. 0003	0. 0096	0. 0422	0. 0219	1. 1368
2009	4. 0350	0. 0066	2. 6698	2. 9759	0. 0201	0. 0053	0. 0344	0. 0167	1. 1110
2010	4. 1964	0. 0175	3. 0083	2. 4184	0. 0006	0. 0099	0. 0573	0. 0085	1. 3499
2011	3. 3584	0. 0260	2. 9613	2. 1987	0. 0406	0. 0264	0. 0811	0. 0139	1. 7416
2012	2. 9623	0. 1435	3. 0153	2. 1854	0. 0488	0. 0226	0. 2385	0. 0182	1. 7519
2013	2. 4658	0. 0299	2. 9469	2. 1157	0. 0138	0. 0119	0. 8307	0. 0182	1. 6111
2014	2. 3852	0. 0448	2. 4844	2. 3869	0. 0220	0. 0224	1. 0694	0. 0222	1. 5564
2015	4. 4192	0. 2040	1. 2603	4. 0581	0. 0159	0. 0134	0. 5853	0. 0220	0. 9961
2016	5. 1454	0. 2272	1. 3989	3. 6845	0. 0176	0. 0267	0. 3853	0. 1527	1. 4738

2. 中缅贸易的出口产品相似度分析

（1）出口产品相似度的计算方法

由于不同国家出口产品结构存在差异，本研究还采用出口相似度来衡量中缅两国在对外贸易中的竞争性。具体方法详见前文。

（2）中缅出口产品相似度的测算

从表3－11可知，中国和缅甸的出口相似度指数随着时间的推移呈不断变化的趋势，表明两国的贸易商品在世界市场上的竞争总体出现加剧的现象，但产业结构的相似性程度并不高。从数据情况来看，中国与缅甸的ESI值从1995年的27.96上升到2016年的39.88。上述指标表明，2016年中国与缅甸在国际贸易市场中的产品有40%左右属于相似产品。

从中缅两国的ESI值情况来看，随着时间发展出现不同方向的变化态势。从不同时间段情况来看，1995—1999年，ESI值处于不断上升趋势，两国贸易商品在世界市场中的相似性不断提升；2000—2008年，上述指数出现了一段时间的下降；从2009年开始，中缅两国的ESI值再次出现上升的情况。

表 3-11 1995—2016 年中国与缅甸出口产品的 ESI 指数

年份	中缅出口产品的 ESI 指数
1995	27.96290779
1996	33.21762848
1997	39.61294937
1998	42.66720581
1999	44.34999466
2000	42.89542007
2001	39.70845795
2002	36.80913162
2003	34.97093201
2004	34.3211937
2005	31.5597477
2006	29.49359703
2007	25.79508972
2008	22.89936066
2009	23.13525391
2010	24.67709351
2011	26.93443871
2012	29.14492226
2013	31.75216675
2014	32.40227127
2015	34.52174377
2016	39.8811264

（二）中缅贸易的互补性分析

（1）中缅贸易的互补性指数计算方法

中缅两国在贸易过程中不仅存在竞争性关系，同时出现互补性特征。在此情况下，本研究利用相应指数来探讨两国贸易的互补性。

（2）中缅贸易的互补性指数测算

基于前文计算方式，本研究对中国与缅甸的贸易互补性指数 TCI 进行测算。同时在测算过程中首先对不同类型产品指数进行计算，其次从国家总体层面进行指数计算。具体见表 3-12，前 9 列分别计算 SITC-0 到 SITC-8 等 9 类产品的互补性指数，第 9 列则为国家总体层面的 TCI 指数。

一方面，从总体 TCI 指数来看。中国与缅甸的贸易互补性较低，TCI 指数基本低于 1，仅在 2011—2014 年超过 1。从周期性变化规律来看，1995—2010 年，两国贸易互补性较弱，TCI 指数基本上保持在 0.8 左右；2011—2014 年，两国贸易互补性较强，TCI 指数大于 1；2015—2016 年，两国贸易互补性再次减弱，TCI 指数小于 1，同时呈现下降趋势，2016 年下滑至 0.8393。

另一方面，从不同产品类别 TCI 指数来看。从中缅两国 SITC－0 到 SITC－8 等 9 类产品的互补性指数，不同类型产品出现不同的情况。第一，SITC－6、SITC－8、产品具有较强的互补性，其 TCI 指数自 1995 年以来一直高于 1。第二，SITC－0、SITC－2 类产品互补性较低，但 TCI 指数接近 1。其中，SITC－0 类产品的互补性指数在 2016 年呈现大幅度上升，由 2015 年的 0.4379 上升到 2016 年的 0.9731，SITC－2 类产品的互补性指数则保持在 1 左右（2007—2015 年出现一定幅度下滑）。第三，SITC－1、SITC－3、SITC－4、SITC－5 类产品互补性非常低，其 TCI 指数较低。同时，从产品分类情况来看，可以按照国际惯例将 SITC－0 到 SITC－4 类产品归到初级产品类别，SITC－5 到 SITC－8 类产品归到工业制成品类别。由此可见，中缅两国在工业类制成品方面存在一定的互补性，初级产品方面则互补性较低。

表 3－12　1995—2016 年中国与缅甸的 TCI 指数

年份	SITC－0	SITC－1	SITC－2	SITC－3	SITC－4	SITC－5	SITC－6	SITC－7	SITC－8	TCI
1995	0.4467	4.5671	1.0755	0.2371	3.4350	0.5831	1.1905	0.4915	1.7810	0.8355
1996	0.4360	2.6025	1.1713	0.2426	2.5281	0.5686	1.4293	0.5487	1.0978	0.7786
1997	0.4330	1.6455	1.1447	0.3403	3.9814	0.5283	1.6771	0.5261	1.0993	0.7974
1998	0.3706	0.5870	1.0421	0.4993	2.0337	0.5121	1.3972	0.5930	1.2112	0.7785
1999	0.5427	0.6617	1.2241	0.3847	0.9574	0.6001	1.5515	0.4905	1.3858	0.7806
2000	0.6767	0.7709	1.1732	0.3045	0.9921	0.6151	1.7218	0.5384	1.5418	0.8274
2001	0.4581	0.6068	1.3947	0.3201	0.6901	0.5013	1.8368	0.6153	1.1570	0.8212
2002	0.4765	0.7044	0.9801	0.3207	0.5465	0.4884	1.5210	0.6925	1.3168	0.8063
2003	0.4072	0.5159	1.0297	0.2073	0.5342	0.4644	1.4050	0.8945	1.1196	0.8347
2004	0.5300	0.5364	1.0001	0.1891	0.6039	0.5043	1.4147	0.8434	1.0406	0.8079
2005	0.5919	0.5666	1.0507	0.1158	0.9261	0.6199	1.5912	0.7439	1.3551	0.8194
2006	0.6265	0.5893	1.0853	0.0689	1.2474	0.6216	1.7057	0.8162	1.2245	0.8425
2007	0.4303	0.3135	0.7809	0.0743	0.8387	0.5688	1.5938	0.9998	1.0214	0.8463
2008	0.3903	0.3209	0.6889	0.0885	0.6319	0.6160	1.4376	1.1046	1.1777	0.8385
2009	0.3666	0.3465	0.8830	0.0612	0.2965	0.4550	1.5087	1.2427	1.0396	0.8833

续表

年份	SITC－0	SITC－1	SITC－2	SITC－3	SITC－4	SITC－5	SITC－6	SITC－7	SITC－8	TCI
2010	0. 4401	0. 3867	0. 7266	0. 0593	0. 2865	0. 4633	1. 4533	1. 2749	1. 1486	0. 8827
2011	0. 4170	0. 4627	0. 6564	0. 0253	0. 3306	0. 4783	1. 6387	1. 6536	1. 3630	1. 0155
2012	0. 3677	0. 5089	0. 7004	0. 0206	0. 2952	0. 4295	1. 8562	1. 6688	1. 3354	1. 0377
2013	0. 3329	0. 4001	0. 7180	0. 0286	0. 2379	0. 4381	1. 5623	1. 6771	1. 6911	1. 0457
2014	0. 3075	0. 4134	0. 6994	0. 0366	0. 2177	0. 4202	1. 7813	1. 6033	1. 1537	1. 0208
2015	0. 4379	0. 1209	0. 7059	0. 1221	0. 3193	0. 3714	1. 3889	1. 4221	0. 4787	0. 9202
2016	0. 9731	0. 1551	0. 9006	0. 1906	0. 2893	0. 4320	1. 2763	1. 0237	0. 5129	0. 8393

通过中缅经贸关系竞争性与互补性分析可以发现，中缅双边贸易具有较强的互补性，而竞争性很微弱。缅甸在初级产品出口方面与中国进口具有较强的互补性，而中国的工业制成品出口与缅甸进口具有较强的互补性，这主要是自然资源禀赋差异和产业结构层次差异造成的，缅甸具有丰富的自然资源，具有丰富的油气资源，森林覆盖率高，矿产、玉石丰富，而中国具有更加低成本的劳动力，并且中国工业化程度更高，工业体系更加完善，科技水平较高，这样中缅两国在贸易过程中能够各取所需，获得各国经济发展所需要的商品，这种“互利共赢”的合作模式有利于两国经贸关系的可持续发展。

五、推动中国—缅甸贸易发展的政策建议

（一）加强中缅之间的政治文化交流

1. 保持中缅政治局势稳定

一方面，树立良好的政治关系。中国与缅甸在合作开展过程中应该注意双方的和平共处。近期中国对外合作中出现诸多新型变化，如加强“一带一路”战略实施，加强对于该地区沿线国家的影响。在此背景下，中国在往来过程中应该加强安全观念改变，积极宣传中国的和平发展理念，阐明自身区域合作的方针与思路，避免其他国家产生误解。在与缅甸合作过程中，同样应该注意上述问题。中国不仅要避免干涉缅甸内政，同时也要注意处理与缅甸周边国家的政治关系。

另一方面，提高风险防范意识。中国在与缅甸往来过程中同样需要关注缅甸政局变化，了解其政府新型政策的出台，避免在贸易往来过程中可能出现的各种政治与政策风险，并加强政治风险评估与预防，准备相应的应对方案。此外中缅合作过程中还应预防可能出现的地区系统风险，防范各种贸易

保护主义，避免贸易壁垒问题，加强经济安全方面的交流。

2. 加强中缅文化交流活动

中缅在贸易合作过程中应该加强中缅文化交流。文化交流合作不仅能够促进两国密切关系，同时也可以降低贸易摩擦，由此推动经贸合作深入发展。从以往发展历史来看，中国与缅甸在经贸合作的部分领域出现摩擦与矛盾，其根源便在于文化差异大、沟通交流不畅。在此情况下，未来中缅合作应该加强文化交流。

一方面，建设文化交流合作机制。在以往交流过程中，中缅双方采取系列措施来推动文化交流。如2005年中国—东盟签订《文化合作旅游谅解备忘录》相互文化合作协定，自2006年开始每年举办中国与东盟文化产业论坛等；中缅双方教育机构合作、加强中缅相关领域专家培训、设立中缅名誉奖学金、两国学者相互访问等。上述机制为实现中缅合作交流提供良好基础，未来工作中还应该继续加强上述措施的实施力度。

另一方面，加强文化交流及宣传力度。为避免文化偏差的不良影响，中缅双方还应该加强对于彼此文化的宣传。通过在国内进行大幅度的文化宣传，让国民对于彼此文化传统有所了解，由此加强相互文化认同。

3. 加强信息沟通与投资宣传

加强投资宣传同样是贸易合作过程中的重要保障。以往中国企业在缅甸投资贸易的过程中，存在诸多沟通交流方面的不足。例如，中国企业在缅甸投资的产业结构高度集中于资源开发，在缅中资企业未能更好融入当地，对投资地各阶层利益的忽视。在此背景下，导致部分重大项目缺乏与当地居民、非政府组织的沟通，导致大规模的群体性劳工罢工事件，使中国企业在蒙受经济损失的同时，也严重影响其他中国企业在缅甸投资的形象。

基于上述背景，在投资活动开展过程中应该确保信息公开透明，让缅甸民众知晓投资益处。第一，中国企业要与当地民众加强沟通交流。考虑到中国企业投资项目的可能影响，应该对项目实施地区政府、企业与公众进行宣传与沟通，以使其具体了解项目实际情况。第二，中国企业应该加强积极正面的宣传。通过加强对项目实施的积极影响、项目开展过程中对于环境生态保护等内容的宣传，使地方民众能够切实了解中国企业投资的意义。第三，加强项目相关信息的公开与传递。对于项目实施中涉及地方经济发展、生态安全、环境保护等方面信息，应该及时准确地进行公开，以降低民众的反感情绪。

（二）推动中缅之间的产业合作调整

1. 拓展前景产业领域

第一，农业方面。缅甸农业发展较为落后，农业生产技术与生产效率低下。在此情况下，中国应该加强与缅甸在农业方面的合作，加强对于自身先进技术与先进产品的输出。具体来看，一是中国企业应该加强自身农业生产技术的输出。中国在农业生产过程中的部分先进技术，包括种子培育、生产培管、粮食加工等，可以向缅甸国内输入。二是中国企业可以加强对于农业相关产品的输出。中国国内的优质种苗、农业机械设备、粮食加工设备等，可以出口到缅甸。三是中国企业可以选择将产业向缅甸转移。中国企业可以依靠缅甸的廉价劳动力与土地优势，将部分种植基地、生产基地向缅甸转移，由此延伸农业生产产业链条。

第二，通信行业方面。缅甸在电子通信行业方面发展较为落后。随着缅甸对外开放的不断深入，该国互联网行业与通信行业将出现巨大的发展前景。在此情况下，中国电子通信行业相应企业应该抓住上述发展机遇，加强对缅甸的产品技术输入，同时加强与缅甸相应企业的合作。具体来看，中国通信行业产品与技术水平在国际市场具有较强竞争力，其中华为、中兴、大唐等企业更是市场影响力巨大，由此上述企业和产品应该重点关注未来缅甸通信市场。

第三，旅游业方面。缅甸受制于交通与通信方面的不足，国内旅游业发展相对缓慢。但值得注意的是，由于缅甸自身文化传统、生态环境等方面的优势，该国旅游业仍然具有较大的发展潜力。在此情况下，中国旅游行业应该加强对于该地区的拓展，从旅游开发、旅游产品设计、旅游机构建设等方面，积极参与缅甸旅游产业开发。

2. 参与国家重点产业领域合作

中国在发展与缅甸贸易往来的过程中还应该参与对方国家的重点产业领域的合作，包括矿产、电力、能源、水利、公路以及铁路交通等基础产业。

第一，矿产资源方面。缅甸矿产资源丰富，拥有石油、宝石、钨、锡、金、银、铜、锌、铅、锑、煤等矿藏。中国企业应该加强对于上述产业的投资，在获得经济利益同时，也可以推动国内相应产业的产业链延伸。缅甸企业在部分矿产开采与矿石加工方面具有技术优势，中国企业同样可以加强对于先进技术的借鉴和引进。当然在矿石产品投资过程中，中国企业应该尽量避免可能出现的政治风险与地方矛盾。

第二，能源方面。中国企业在缅甸投资过程中应该加强对于能源产业的参与。对于中国经济与社会总体发展而言，能源供应不仅具有重要的经济价值，同样也具备重要的政治价值。中国加强与缅甸的能源产业合作，能够降低能源储备风险，降低能源交易成本，因而具备重大意义。具体来看，中国企业应该在缅甸加强对于石油勘探与开发、煤矿勘探与开发等方面的投入，同时加强包括能源管道建设等方面的基础设施项目建设。

第三，水力资源方面。缅甸在社会基础设施建设方面较为落后，由此导致国内水利设施建设不足。在此情况下，中国企业应该利用自身的资本优势与技术优势，积极参与缅甸国内的水利设施项目建设。

（三）完善中缅之间的经贸合作政策制度

1. 加强自贸区建设

中国与缅甸贸易合作开展过程中，应该依托中国—东盟自由贸易区来促进合作关系。随着“一带一路”倡议的深入落实，中国与东盟的合作关系将得到深化，自贸区在贸易发展过程中作用将得到凸显。在此情况下，中国应该加强中国—东盟自由贸易区建设，通过完善中国与东盟的合作交流机制，建设贸易合作机制、税收优惠政策、沟通协调机制、资金通融政策等，加强中国与东盟的战略伙伴关系与贸易合作关系。同时，中缅贸易合作同样应该依托上述制度建设，加强中国和缅甸的产业协作，优化双边生产要素，促进产业和经济的相互融合，提升中缅产业结构和国际竞争力。

2. 合理利用区位优势

考虑到中国与缅甸地理位置优势，未来合作应该加强经济合作区建设、增强双边贸易发展。一方面，在加强经济合作区建设过程中，应该在现有建设基础上进行有效完善。通过深化瑞丽边境经济合作区与耿马边境经济合作区的合作力度，在贸易优惠政策、税收优惠政策、通关手续与费用、沟通交流机制等方面进行完善，由此提升双方合作层次。另一方面，中缅双方应该加强双边贸易发展。充分依托两国边界交接范围，在中国云南等省重点推进双边贸易发展。

3. 完善产业贸易政策

第一，加强产业聚合力量。在中缅贸易发展过程中，中国应该适当引导产业发展与产业调整，形成产业聚合和引导能力。在充分分析双方贸易产业与产品特征的基础上，挑选其中优势产业、潜力产业与重点产业进行扶持与引导。通过相应产业鼓励与优惠政策，引导上述产业的企业发展与产品出口，从而完善中国对缅甸产品出口结构，同时完成对产业经济结构的有效调整。

第二，调整对外贸易政策。在以往贸易发展过程中，出现缅甸出口商品在中国国内的歧视性政策问题。在未来发展过程中，中国应该对其部分产品贸易政策进行调整，避免可能出现的贸易歧视现象。

第三，加强产品竞争能力。中国对缅甸产品出口过程中还应该加强产品竞争能力。随着缅甸对外开放政策的不断深入，未来缅甸国内市场将面临更多竞争。在此情况下，中国企业应该加强自身产品竞争能力，以防范未来可能出现的激烈竞争情况。具体来看，中国产品在出口过程中应该加强质量监管与质量控制，提升产品品质；出口产品在设计与生产过程中应该加强创新能力，提高产品技术含量，加强市场竞争能力。

参考文献

［1］郑国富. 中缅双边经贸合作发展的历史、现状与挑战［J］. 对外经贸实务，2014（1）：24－27.

［2］路艳丽. 变动中的缅甸与中国对缅安全战略［J］. 学术探索，2017（3）：28－33.

［3］杜兰. "一带一路"建设背景下中国与缅甸的经贸合作［J］. 东南亚纵横，2017（1）：29－35.

［4］刘再起，谢润德. 中国对东盟 OFDI 的国别贸易效应实证分析［J］. 世界经济研究，2014（6）：80－86.

［5］熊彬，严海霞. 云南省与缅甸贸易竞争性与互补性分析［J］. 东南亚纵横，2011（4）：52－56.

［6］李晨阳，杨祥章. 近代云南与缅甸的贸易往来及其影响［J］. 中国边疆史地研究，2013，23（1）：75－85.

［7］宋涛. 中国对缅甸直接投资的发展特征及趋势研究［J］. 世界地理研究，2016，25（4）：40－47.

［8］易嘉. 试论明代的中缅贸易［J］. 学术探索，2012（4）：83－87.

［9］李艳芳. 推进孟中印缅经济走廊贸易投资的战略意义与可行性分析［J］. 太平洋学报，2016，24（5）：61－70.

［10］李好，南添，黎冬凌. 中国与新兴湄公河国家贸易便利化水平测度研究［J］. 会计与经济研究，2017，31（1）：117－127.

［11］赵静，于豪谅. "一带一路"背景下中国—东盟贸易畅通情况研究［J］. 经济问题探索，2017（7）：116－123.

[12] 罗圣荣，徐秀良．缅甸的外资政策改革及其效果评析［J］．和平与发展，2016（6）：98－112.

[13] 李美莲，李红．2015—2016年中国—东盟货物贸易数量分析与预测［J］．东南亚纵横，2016（2）：3－7.

[14] 吴兆礼．缅甸政治改革以来印度与缅甸关系的进展与趋势［J］．南亚研究季刊，2014（2）：21－26.

[15] 韦海鸣．我国西南地区与东盟对外贸易的发展与挑战［J］．国际贸易问题，2008（2）：52－58.

[16] 吉香伊．缅甸新政府面临的挑战与政策趋向分析［J］．亚太经济，2016（2）：80－84.

[17] 邵允振，范宏伟．中缅建交前后两国经贸关系述论［J］．南洋问题研究，2005（4）：77－84.

[18] 王赞信，魏巍，吴鹏．中国西南边疆地区跨境经济合作的产业选择研究［J］．华东经济管理，2017，31（2）：72－77.

[19] 蒋峻松，卢漪，马静秋，张鸣鸾，肖俊．中国—东盟会计区域协调机制研究——基于中缅收入会计准则的比较［J］．东南亚纵横，2009（1）：38－41.

[20] 杨荣海，李亚波．边界效应会制约中国跨境经济合作区建设吗——以中越、中老和中缅的数据为例［J］．国际经贸探索，2014，30（3）：73－84.

[21] 宋志辉，蒋真明，张齐美晨．南方丝绸之路经济带建设及其与“一带一路”的关系［J］．南亚研究季刊，2016（4）：86－92.

[22] Finger J. M.，Kreinin M. E.．A Measure of Export Similarity and Its Possible Uses［J］．The Economic Journal，1979，89（356）：905－912.

专题Ⅳ

中国与菲律宾贸易研究

一、前言

（一）选题背景和意义

1. 选题背景

近年来，中国和东盟在过去的二十年里对外贸易发展都很快。中国和东盟各自的货物贸易额的年均增长率分别为16.8%和9.2%，高于世界同期8.0%的年均增长水平。2012年中国的货物贸易额为3.72万亿美元，超过美国成为全球最大的货物贸易国。东盟排在中国、美国和德国之后居世界第四大贸易体。

菲律宾是东盟重要的成员国之一，中国是菲律宾第一大进口国和第三大出口国，中菲两国友好合作关系有了显著的发展。回顾中菲贸易发展历程，总体看来，主流是好的，发展是顺利的，给两国的经济发展带来好处。但是，由于南沙问题的干扰，两国关系出现了一些波折，中菲两国的经贸合作不同程度地受到干扰。中菲关系发展的机遇与挑战并存，在中菲两国共同努力下，建立政治互信，尊重主权。有充足的理由相信，在未来中菲两国必将克服困难，向着友好合作的轨道往前发展。

2. 研究意义

世界形势复杂多变，国际格局加速调整，经济全球化是当今世界发展的大趋向。即使它在发展的过程中有曲折，也没人反对，但是势头不可阻挡。世界市场化的规模和速度大大提高，中国改革开放以后，市场化经济大步发展；发达资本主义国家对资本市场的控制也大为松动。整个世界的开放度、市场的自由度前所未有。信息产业的迅猛发展，突破了地域时空的限制，跨国公司的扩张力量不可阻挡，成为经济全球化的主要载体。中菲两国在世界经济发展中有着举足轻重的作用。在全球化趋势加剧下，中菲两国要在经济文化领域加强经济合作，带动两国经济的发展。

经济全球化伴随着区域合作组织的出现，现如今区域经济集团化已经成为经济全球化发展的重要趋势。各种合作组织分布在全球各地，欧洲联盟是比较早的，接着就是以美国为首的北美自由贸易区和中国—东盟自由贸易区，对世界经济产生了不可忽视的影响。中国和菲律宾同属于发展中国家，2010年中国—东盟自由贸易区的全面启动，为中菲两国贸易翻开了新的一页，中国已经成为菲律宾最重要的合作伙伴，进入新的经济发展时期，中菲贸易合作不断深入，急需我们充分了解现状，发现问题，并寻求新的贸易合作方式，共同提升中菲贸易合作水平，在经济全球化的大潮中博得更大的合作利益。

（二）文献综述

1. 国内研究综述

菲律宾是东盟的重要成员国，长期以来，中菲两国贸易的研究未能得到足够的学术研究，中菲两国贸易学术研究相对滞后，中菲两国贸易文章相对较少。

（1）中国与东南亚各国的贸易现状。李迎旭（2016）回顾了中国与南亚的经济合作现状，经过分析测算得出，由于中国目前正处于经济发展方式的转变和产业结构升级时期，贸易结构、市场准入等因素使南亚对中国贸易逆差扩大，但中国在南亚贸易总额中所占的比重依然呈增长态势。杜秀红（2016）在研究时总结了"一带一路"周边地区的格局。她发现，中国—东盟自贸区的建立，能有效加强中国与该区域的联系，且"一带一路"周边国家和区域都依靠自己的优势产业，与我国存在良好的产业优势互补。高国珍、王海龙（2015）回顾近几年中国与亚洲其他几个国家的贸易现状，发现在1992—2000年，中国与这几个国家的贸易额虽有起伏但总体呈上升趋势，2001—2013年，随着上海的经济合作组织不断壮大，双方贸易总额呈几何式增长。在贸易结构上，中国的出口贸易产品主要以劳动密集型和资金技术密集型为主，而进口多为能源与资源相关。

（2）中国与菲律宾贸易现状。沈红芳（2003）回顾了中菲经济合作的四个发展：稳步发展—萎缩停滞—恢复加快期—迅速扩张期，认为中菲双边贸易存在发展缓慢，贸易规模小，进出口商品种类比较单调，根据两国贸易数据统计来看，中菲两国贸易差距较大，同时分析了中国加入WTO，对菲律宾经济关系的影响。方拥华（2005）梳理了中菲关系的发展过程，并从两国的政治关系、经贸关系阐述了两国关系的发展现状，并展望中菲经贸关系的发展。原晶晶（2010）分析两国商品的互补性，以中菲经济发展现状为例，讨论中菲两国贸易的现状、存在的问题，提出了相应的对策。刘春香、闫国庆（2003）基于1992—2001年中菲的贸易统计数据，分析中菲产业内贸易及贸易强度，从而得出在中菲贸易中，工业制成品产业内贸易占主导地位，中菲双边贸易强度指数不高，其合作前景还很大，并对中菲经贸合作提出建议。郑国富（2013）分析了中菲贸易合作的现状，讨论中菲贸易合作的问题，提出了要优化商品结构，亟须提升合作层次，实现中菲两个共同发展。

（3）综上所述，可以发现大多数学者的研究视角局限于两国要素禀赋差异和互补的基础上展开，虽然大多数学者在针对中菲经贸关系存在的各种具体问题给予了细致的研究，但中菲贸易研究基本上遵循着“现状描述—问题分析—解决对策—展望未来”的模式，缺乏进一步深入、科学系统的分析，关于中菲未来贸易发展对策多是针对具体问题或领域提出的相应对策，缺乏立足完整的贸易发展战略；在研究方法上，中菲的贸易研究以定性分析为主，实证研究相对较少。

2. 国外研究综述

Viner（1950）最先开始对自贸区与区域经济一体化理论进行研究。他认为，关税同盟成立后，会产生两种经济效应，即贸易创造与贸易转移两种效应。Hoekman（1995）采用计算RCA指数的方法分析了不同国家服务贸易的特点，结果表明发达国家大多是资本密集型服务贸易，其他国家多是劳动密集型贸易；Yanrui Wu（2006）等采用同样的计算方法对比了中国与印度的贸易竞争性，结果表明，中印两国存在明显竞争性的企业主要是加工制造业。国外很多学者通过建立一些模型来说明两个贸易的一些影响因素。

国外的学者还指出，贸易引力模型本身存在一些缺陷。该模型对研究中所添加的变量非常敏感，调整某一个原有的变量就可能使模型拟合出的结果产生很大变化，甚至会改变原有结果的意义。因此模型得出的结果不是数据反映的真实信息，而是由研究者事先未确知的假设，具有很强的主观性。Yanrui Wu（2006）等采用同样的计算方法对比了中国与菲律宾的贸易竞争性，结果表明，中菲两国存在明显竞争性的企业主要是加工制造业。

3. 文献述评

关于两国贸易方面的研究，国外学者研究相对较早，综合国内外学者的研究成果，为我国对外贸易发展提供了宝贵经验和指导。总体而言，外文文献在贸易相关问题的实证分析较多。国内学者们在贸易往来现状、研究方法以及对策方面的研究都十分完整，但大多是研究中国与已签订自由贸易协定的伙伴国之间的贸易，对于中国与菲律宾两国贸易的文献相对欠缺。本研究通过中菲贸易的分析，中菲贸易带来的经济效应，对促进双边经济贸易关系，挖掘我国尚未充分开发的市场具有重要意义。

（三）理论基础

1. 大市场理论

大市场理论（Theory of Big Market）的代表人物西托夫斯基认为，各国推行的贸易保护政策，只是为满足本国利益的需求，影响了市场本来的一些特征，不能实现大批量生产和贸易效应。该理论的核心观点是：为了实现技术利益，扩大市场，创造良好的竞争环境，通过扩大市场范围，从而实现经济利益。可以建立共同的市场，扩大市场规模，集中生产，这样可以充分利用资源和劳动力，降低商品的成本，提高商品的竞争能力，降低商品的销售价格，扩大消费者的购买能力，从而提高生活水平。优胜劣汰，淘汰了一些小企业。

大市场理论还存在着缺陷，大市场理论无法用于一些大的国家和一些经济贸易区，如像中国—东盟贸易自由区这样设计多个国家之间的贸易。

2. 综合发展战略理论

综合发展战略的代表人物是鲍里斯·塞泽尔基。综合发展战略认为，要保护好欠发达国家的经济发展，发展中国家应该把经济一体化设为一种发展的战略目标，这需要强有力的保护机制。发展中国家对全球经济的影响不可忽视，有效的政府干预对发展中国家来说比较重要。由于各国政治经济文化差异的影响，通过协商来协调各个国家利用外资的政策。

综合发展理论认为，区域经济区域内各国经济相互依赖，区域内各国受到多方面因素的影响，发展程度不同。经济一体化是发展中国家发展经济的一种手段，同时伴随着两极分化的出现。为避免两极分化的出现，可以通过建立一些机构和制定一些政策，某种程度上的政府干预对于发展中国家的经济一体化的发展极为重要。

同时，该理论任务影响发展中国家经济一体化的经济因素包括：区域内经济发展水平和各国经济发展水平的差异；各国在经济及其他方面的相互依赖的程度；一体化组织内有关资源和生产要素的互补性及其整体发展潜力；外国经济实体在一体化组织中成员国经济中的地位等。

3. 关税同盟理论

关税同盟理论是指两个或者多个国家缔结协定，建立统一的关境，缔约国互相减免或者取消关税，对从关境外的国家和地区的商铺进口实行共同的关税税率和外贸政策。关税同盟的效果可以分为静态效果和动态效果。

静态效果主要有贸易创造效应、贸易转移效应、贸易扩大效应、建立关税同盟可以减少行政开支、建立关税同盟可以减少走私等。贸易创造效应主要是指建立关税同盟之后，同盟国的产品被同盟国内其他更低生产成本的产品所代替，提高了资源的使用效率。贸易转移效应主要是指关税同盟内部的自由贸易和共同的对外关税使该国该商品在同盟成员国内的税后价格高于同盟某成员国相同商品在关税同盟内的免税价格。

动态效应主要包括资源配置更加优化、更有利于获得专业与规模经济利益、有利于投资扩大、有利于技术进步等多个方面。关税同盟的建立意味着市场的扩大、促进投资环境的改善，使投资逐步走向透明化和便利化，有利于整个区域内进行资源配置。

4. 贸易效应理论

对自贸区贸易效应的研究是由静态效应开始的。1950 年，美国经济学家在其所做的《关税同盟问题》中首次提出贸易创造效应和贸易转移效应这两个重要概念。前者是指同盟内关税豁免后，同盟区域内某国由区外购进高成本商品转为从同盟区域内成员国购进低成本的相同商品，这种转变所带来的福利增加即为贸易创造效应；贸易转移效应是关税同盟建立后，区内某国原本自区外低成本的消费转而变为对同盟内成员国相同产品的高成本消费，这种转变带来的福利损失即为贸易转移效应，以上两个概念的提出是对传统观点的一种挑战。

在《关税同盟问题》发表之前，经济学界普遍认为，自由贸易区能够促使稀缺资源发挥其最大的效用，将其用在经济一体化进程中最需要的地方，从而实现全球经济帕累托改进。这本书中指出，区域经济一体化条件下，整体福利的净增加并不是正常的现象，区内贸易存在着贸易创造、贸易转移两种效应，这两个效应哪一种发挥的作用明显，能够决定各成员国最终能否取得福利以及取得的效果。当贸易创造效应大于贸易转移效应我们就说协议伙伴国的福利得到提升，当贸易转移多于贸易创造效应，则被认为是同盟国的福利恶化。此后贸易效应的概念和理论更加全面，但这两种效应始终是研究静态效应所带来的福利问题的核心。

（四）研究方法和技术路线

1. 研究方法

（1）文献分析法。本研究采用了文献研究方法，围绕中菲贸易结构这一课题，收集、鉴别、整理文献，并通过对文献的研究，全面正确了解中菲贸易的现状以及出现的问题。通过了解中菲贸易领域的相关文献，形成关于中菲贸易的一般印象，得到了现实资料的比较，了解了中菲贸易结构的全貌。

（2）统计分析法。本研究还采用了统计分析的研究方法，通过统计中菲两国历年的贸易数据来分析中菲两国的贸易结构，观察中菲两国历年经济发展，分析中菲两国贸易结构的问题，以及产生这一问题的根源所在，寻求解决这一问题的方法，对中菲贸易未来的发展提出可行性建议。还采用了数据与图表分析。在探讨中菲贸易结构的报告中，运用了大量的数据和图表对中国和菲律宾两个贸易做出精准的比较和直观的分析。

（3）数据采集法。数据采集法是根据研究需要和研究目的收集有关数据。本研究通过政府政策文件、期刊、报纸、网络报道、主流媒体等渠道收集相关中英文参考资料，然后运用归纳法将上述渠道获得的大量资料、信息和数据加以整理和分析，通过分析中菲两国贸易历年的数据，综观中菲历年来的经济发展，结合两国的政治文化，分析影响中菲两国贸易的因素和问题，以及影响中菲贸易的主要因素，并着重探讨中菲两国贸易结构的问题所在，对此提出可行性建议，对中菲两国贸易合作未来发展前景做出展望。

2. 技术路线

本研究报告的技术路线遵循理论基础—问题分析—提出对策和展望的过程。技术路线如图 4 –1 所示。

二、中菲贸易概况

（一）中菲贸易结构特征

中国和菲律宾都同属于发展中国家，随着中菲贸易的不断深入，中国成为菲律宾继美国、日本之后的第三大贸易国，中菲双边贸易额逐年增加，增长速度也有所提高。中国和菲律宾两国的贸易主要集中在农产品、初级产品、劳动密集型产品。两国贸易产品也比较单一，主要集中在以劳动密集型产品为主的电子设备，还有机械运输设备。

1. 菲律宾进口中国商品结构

菲律宾从中国进口商品结构统计数据图（2012—2016 年）显示（如图

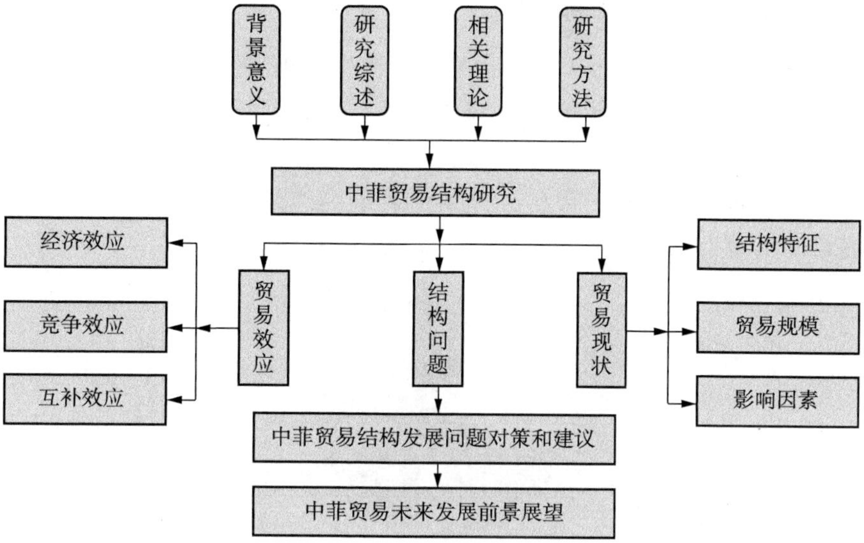

图 4－1 技术路线

4－2 所示），菲律宾从中国进口的商品主要有电器设备、核能热能源、铁矿石、矿物燃料等，这几项占菲律宾出口中国商品的一半以上。其中机械和电子设备比重比较大，而且逐年增长。2012 年和 2013 年电器设备在 15 亿美元，2014 年为 20 亿美元，相比 2013 年增长了 33.3%，2014 年电器设备进口额突破 30 亿美元。核能热能源是第二大进口商品，2016 年突破 20 亿美元，接近 210 亿美元。相比电器设备和工业燃料，民生类的生活用品进口就比较少。

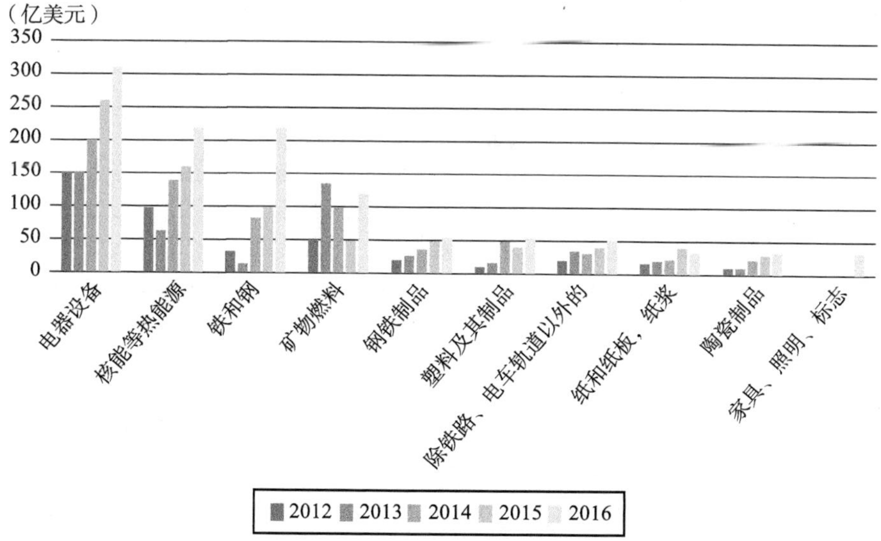

图 4－2 2012—2016 年菲律宾从中国进口的产品

菲律宾从中国进口商品结构的统计数据显示（如图 4－3 所示），2015 年菲律宾从中国进口贸易额为 115 亿美元。其中电子电器设备进口贸易额 26 亿美元，占比达到 22.6%；机械进口 13.9%，贸易额 16 亿美元；菲律宾从中国进口铁和钢材料进口比例为 8.6%，进口额为 10 亿美元。三类产品的进口额接近总进口额的一半。菲律宾只有少数部分民生产品和生活必需品从中国进口，但是占比较小，有机化学等的占比都超过了民生产品和生活必需品。

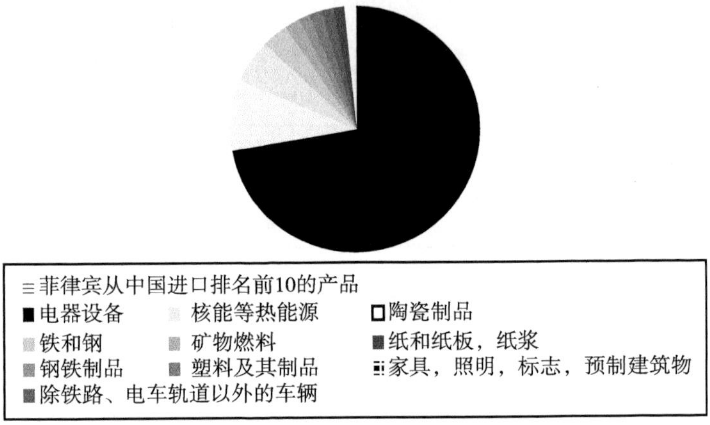

图 4－3　2015 年菲律宾从中国进口商品结构

2. 菲律宾出口中国商品结构

菲律宾出口中国的产品与进口中国的产品类似，也是主要集中在机电设备等方面（如图 4－4 所示）。机械和电子设备的占比达到菲律宾出口中国商品的一半以上，但是其他的民生生活必需品占比较小，这一结构不合理。

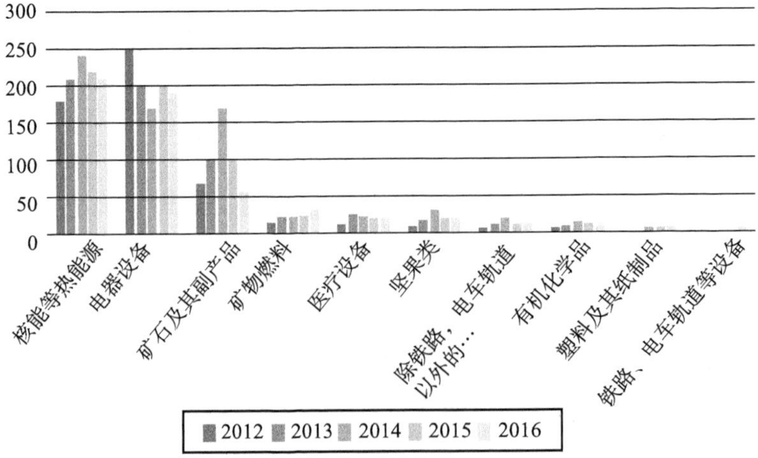

图 4－4　2012—2016 年菲律宾出口中国的产品

菲律宾出口中国商品的结构统计数据显示（如图4－5所示），2015年，菲律宾出口中国贸易额为64亿美元。其中，电子电器设备达到32.8%，贸易额21亿美元；机械出口32.8%，贸易额21亿美元；矿石材料出口13.1%，出口额8.4亿美元。这三类产品的出口额和比例超过总出口额的一半。

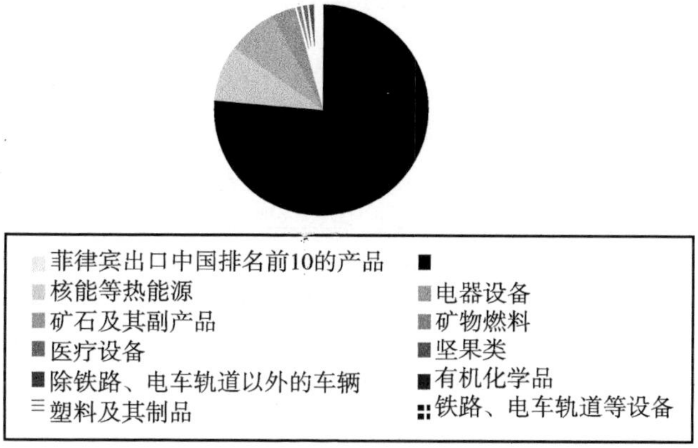

图4－5　2015年菲律宾出口中国商品结构

3. 贸易商品结构特征

从历年中菲两国的贸易结构数据组可以看出，机械、电子设备、原材料等初级产品和劳动密集型产品的占比都比较大，增长速度也比较快。这一结构的原因所在受到两国政治、经济、文化的影响，中菲两国都是属于发展中国家。

总体而言，劳动密集型产品和资源密集型产品比重较大，且增长速度惊人。中菲两国都属于发展中国家，工业水平都比较低，机械和电子设备的比重都比较大，这些初级的工业产品在很大程度上吸纳就业。相对于高价值的机电产品出口其比重低，尽管比重不大，但是总量在扩大。以农产品为例，产品是属于劳动密集型产品，能够大量地吸纳劳动力，菲律宾出口到中国的主要是香蕉和菠萝，这些都给菲律宾提供了大量的就业机会。菲律宾近一半以上的水果和蔬菜是从中国进口的，中国是菲律宾第一大水果和蔬菜进口国，接下来就是美国和加拿大。

（二）中菲贸易现状

1. 贸易总量

据联合国商品贸易数据（UN Comtrade data）显示：1996—2016年，中菲双边贸易总体排除中间受到2008年和2009年美国金融危机的影响，两国贸易受挫，一直沿直线式保持较快增长（如图4－6所示）。1992年，中菲贸易总额为3.65亿美元，其中，菲律宾出口中国1.55亿美元，菲律宾进口中国的为2.1亿美元。1993—2002年这十年间，埃斯特拉执政，坚持“一个中国”原则，大力发展同中国的贸易合作关系，两国领导人对于加强各领域的全面合作达成共识，中菲两国政府和人民的努力，签订了一系列的合作互惠政策，中菲两国贸易保持平稳增长。

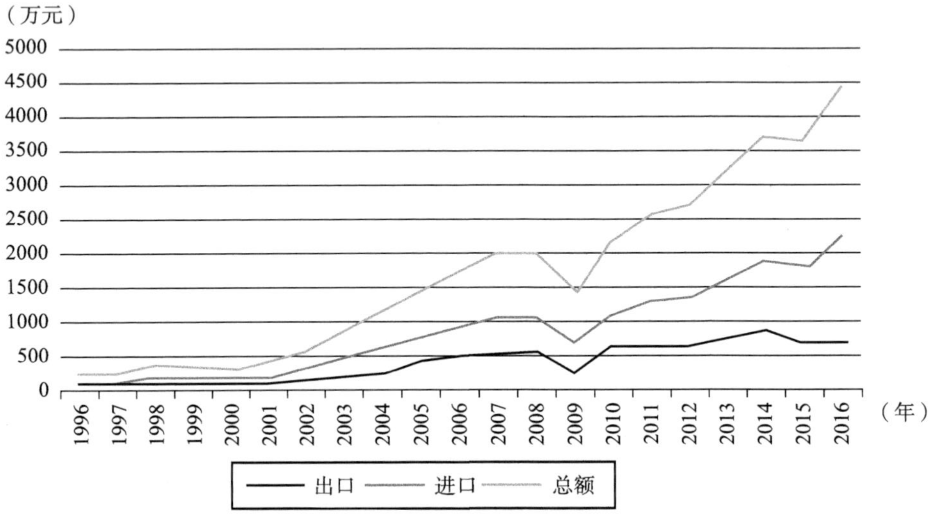

图4－6　1996—2016年菲律宾出口中国商品贸易走势

2002—2007年，中菲两国贸易增长幅度加快。2005年，中菲两国关系达到一个黄金时期，中菲建立了和平与发展的战略性合作关系。2006年，在中菲共同努力之下，两国签署了《关于建立中菲经济合作伙伴关系的谅解备忘录》，2007年双方签署了《关于扩大和深化双边经济贸易合作的框架协议》，2007年中菲贸易总额突破了30亿美元。2008年和2009年由于经济危机的影响，两国贸易受挫。2009年双方签署了《战略性合作共同行动计划》。

2010年，两国的贸易又开始恢复增长，2010年1月1日，中国—东盟贸易区如期建成，中菲双边贸易合作发展进入了一个新时期。中国—东盟贸易区“零关税”政策的实施，还有区域贸易合作不断深入，中菲双边贸易出现了大幅度增长。2011年，阿基诺访华，中菲两国签署《中菲贸易合作六年规划（2012—2016）》。到2014年，两国贸易额为183亿美元，2016年中菲两国贸易额达到221亿美元，此时中菲贸易逆差加大。在中菲贸易合作的过程中，中国一直处于顺差地位，菲律宾处于逆差地位，2016年，中菲贸易逆差为

97 亿美元。中国是菲律宾第四大贸易国家。

近年来，中菲两国友好合作关系有了显著的发展，给两国的经济发展带来了好处。中国—东盟自由贸易区的成立，将给中菲两国之间的贸易提供更好的平台，中菲关系发展的机遇与挑战并存。加强两国贸易合作，提高两国贸易水平。中菲两国都已采取有力的措施促进贸易产品多元化，争取在 2020 年把双边贸易额提高至 600 亿美元。

2. 贸易地位

在 20 世纪，菲律宾的贸易一直以美国为首的发达国家为主。20 世纪 70 年代，中菲两国贸易地位极其微弱。中国和菲律宾的贸易往来较少。21 世纪之后，随着中国加入 WTO 和东盟自由贸易区的成立，中菲两国贸易地位有了显著的提高，中菲两国政府和人民的交流日益密切。根据 2015 年的数据显示，菲律宾进口中国的产品占到了总进口的 16%，美国占 11%，日本接近 10%。中国成为菲律宾第一大进口国（如图 4－7、图 4－8 所示）。

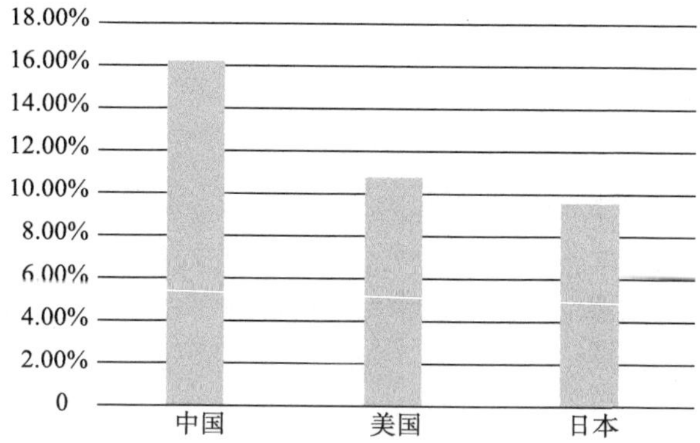

图 4－7　菲律宾进口市场比例分布

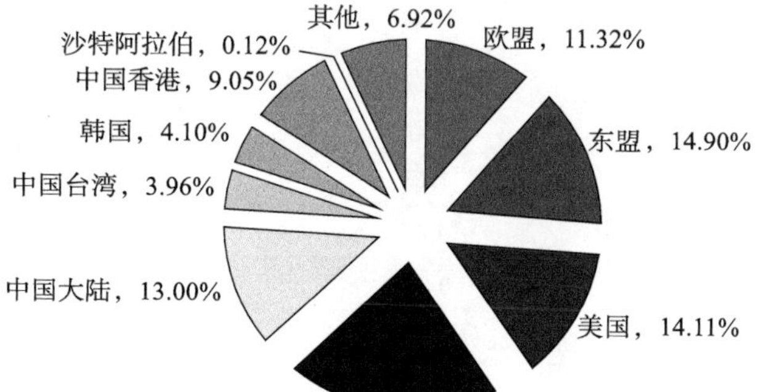

图 4－8　2014 年菲律宾出口市场结构分布

2014 年，除东盟之外，中国是菲律宾最大的进口来源国，自 2009 年以来，菲律宾从日本和美国进口市场份额明显下降，而从中国和欧盟进口的市场份额明显上升，2010—2014 年，菲律宾从中国进口市场份额从 8.44% 上升到 14.94%，超过了日本和美国，从菲律宾第三大进口来源国跃居为第一大进口来源国，表明菲律宾对我国市场依赖度越来越高。电子产品、矿物燃料和润滑油是菲律宾从中国进口的主要商品。

3. 贸易结合度

贸易结合度（TCD）由经济学家布朗提出，它用于衡量两个国家贸易相互依存的关系，是一个综合性的指标。TCD_{ab}表示 a 国对 b 国的贸易结合度，X_{ab}表示 a 国对 b 国的出口额，X_a 表示 a 国出口总额；M_b 表示 b 国进口总额；M_W 表示世界进口总额。如果 $TCD_{ab}>1$，表明 a、b 两国在贸易方面的联系紧密，如果 $TCD_{ab}<1$，表明 a、b 两国在贸易方面的联系松散。

结合中菲两国的贸易来说，贸易结合度主要是指，菲律宾对中国出口占菲律宾出口总额的比重，与中国进口额度占世界进口总额之比。TCD 越大，表示中菲两国贸易关系越密切；反之，则越为疏远。公式如下：

$$TCD_{ab}=\frac{X_{ab}/X_a}{M_b/M_w} \tag{1}$$

在这里我们就详细探讨中菲两国贸易的结合度，首先设 a 代表菲律宾，b 代表中国，TCD_{ab}表示菲律宾对中国贸易结合度，X_{ab} 表示菲律宾对中国出口额，X_a 代表菲律宾的出口总额，M_b 表示中国的进口额，M_w 表示世界进口贸易总额。

据联合国商品贸易数据库提供的数据，对中菲贸易结合度指数进行测算，测算结果见表 4-1

表 4-1　中国与菲律宾贸易结合度指数（TCD 指数）

年份	中国对菲律宾 TCD	菲律宾对中国 TCD
1996	0.81	0.64
1997	0.79	0.39
1998	1.28	0.47
1999	1.03	0.59
2000	0.64	0.52
2001	0.08	0.66
2002	0.08	0.91
2003	0.71	1.11
2004	0.84	1.16

续表

年份	中国对菲律宾 TCD	菲律宾对中国 TCD
2005	0. 98	1. 64
2006	0. 89	1. 53
2007	0. 93	1. 69
2008	0. 85	1. 64
2009	0. 88	0. 96
2010	0. 95	1. 23
2011	0. 84	1. 35
2012	0. 99	1. 23
2013	0. 99	1. 20
2014	1. 13	1. 26
2015	1. 24	1. 30
2016	1. 44	1. 52

测算显示：2010 年以前中国对菲律宾贸易依存度均值在 0. 83 左右，低于 1，此时中国对菲律宾贸易联系较为低；自 2010 年东盟自由贸易区全面启动，多数产品零关税以来，菲律宾的产品开始涌入中国，依存度大幅度提高。菲律宾对中国的贸易联系度自从 2002 年以来比较高，中国加入世贸组织，对外开放程度高，促进了中国的产品走向世界。中国对菲律宾主要出口的都是机电类产品、核能原料、矿物料等。中国从菲律宾进口的主要是核能热能源、电器设备、矿石等。

（三）影响中菲贸易的主要因素

1. 价格因素

中菲两国贸易商品的价格，在很大程度上影响中菲两国贸易商品的需求变化。当进出口商品的市场发生了改变，如假设需求量一定的情况下，一种商品的供应商减少，这样会产生垄断的可能，此时这种商品的贸易价格将会升高，在很大程度上将会影响该商品进口和出口的条件要求。

中菲两国贸易价格受到多种因素的影响。第一，商品的成本，直接成本和间接成本。其中，直接成本又包括商品的生产成本，即商品生产所需要的原材料和劳动力。间接成本包含商品的运输成本等其他成本。贸易商品的成本是影响价格的主要因素。第二，供求关系。供求关系的变化对价格的影响。当供不应求时，价格上涨。物以稀为贵。当供过于求时，价格下降。垄断因素会通过影响供求关系，从而影响贸易商品的价格。第三，市场条件。地理位置的远近，商品质量、包装装潢，付款条件，各个市场的消费习惯不同也会影响价格。除此之外，菲律宾的贸易保护主义和政策措施，两国的市场会通过竞争机制来影响价格。

2. 汇率因素

中菲两国贸易同时还受到汇率变动的影响。汇率波动率的变化对外贸既可能产生促进作用，也可能产生阻碍作用，汇率变动可以通过以下几种渠道影响中菲贸易收支。

（1）对贸易商品价格的影响。汇率变动可以通过影响贸易商品价格来对两国贸易交易额产生影响。汇率变动可通过引起中国和菲律宾两国贸易商品的相对价格的变化来影响中菲贸易收支。如果一国人民币贬值，可以降低这个国家出口商品的价格，在某种程度上进口商品的价格将上涨，提高该商品的相对竞争力，有利于这个国家的出口，限制了进口。从菲律宾比索对人民币汇率走势图可以看出（如图 4－9 所示），2013—2017 年，菲律宾比索兑换人民币呈现下降趋势，这有利于菲律宾出口，提高菲律宾出口中国商品的竞争性，在一定程度上限制了中国对菲律宾的出口。中菲两国贸易的汇率变动还要受到美元变动的影响。

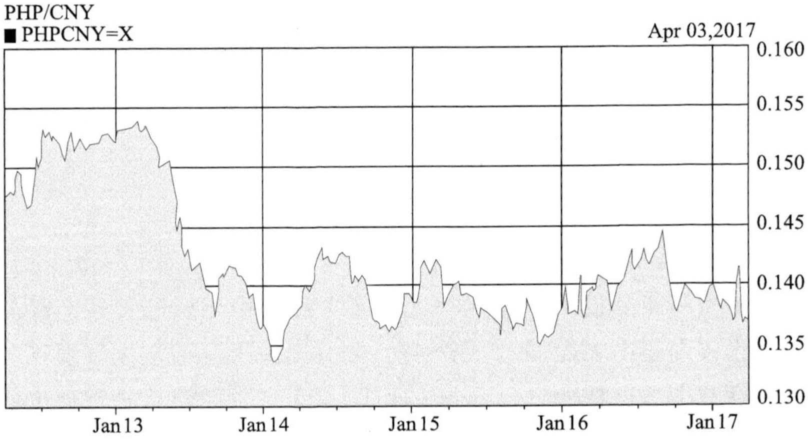

图 4－9　菲律宾比索对人民币汇率走势

（2）对贸易收支的影响。汇率变动可以影响到国民的收入从而影响两国贸易收支，贬值可以刺激国内外居民对本国产品的需要，贬值可以带来国民收入的提高，在消费水平不变的情况下，消费者只能购买较少的商品。同时，贬值也导致了中菲两国实际收入的下降，导致了贬值支出的降低，相反，升值可以改善贸易收支。

（3）汇率变动会带来收支贸易逆差。菲律宾比索兑换中国人民币的汇率逐年走低，这将有助于缓解中菲贸易逆差问题。历年来，菲律宾同中国的贸易中，中国处于顺差地位，菲律宾处于逆差的地位，汇率的变动，将促进两国贸易收支的改善。

3. 政策因素

经济环境的变化，特别是中菲贸易政策的变化，如贸易保护措施的出台，会严重影响中菲贸易合作的进程。采取不同的贸易政策，对贸易的发展产生了不可估量的影响。在不同的经济发展阶段，为保护本国贸易商品，贸易两国将采取不同的措施，主要取决于本国经济发展水平的高低，以及国内经济状况和经济政策，执政政府和领导人的决策等都会影响两国贸易。

1999 年初，由于菲律宾经济环境自危机以来发生较大的变化加之原本存在的问题（如电费比邻国高 1/3，劳工成本较高，生产周期较长等）致使菲律宾制造业一直处于衰退之中。因此菲律宾业界对菲律宾政府施加了很大的压力。菲律宾采取了一系列新的贸易保护措施，首先提高 7 种原材料或半成品的关税。同时还加大对进口商品的反倾销力度，简化申请和裁定倾销的程序。以上贸易保护措施的实施使菲律宾的贸易环境与上一年相比更为复杂。

同时，国际贸易规则发生变化。中国—东盟自由贸易区的成立是发展中国家自由贸易的典范，打破了发展中国家贸易壁垒。TPP 与 TTIP 涵盖范围非常广泛，典型的特征是加入了贸易和生产环节价值观的判断（TPP 区域贸易协定，旨在促进亚太地区贸易自由化），以高度自由化名义构建新型贸易壁垒。TPP 应用比原来的自贸原则更严苛，零关税的产品从原材料到加工阶段，都必须在 TPP 国家范围之内进行，这对我国现有原材料出口和劳动密集型产业将形成一定程度上的冲击。同时，TPP 要求在劳工待遇和环境保护等方面实施与发达国家的标准相近，这当然是产业转型的追求方向，但就现实而言，我国目前还处于产业转型期，无疑将对劳动密集型产业形成冲击，弱化中菲两国贸易的竞争力，对中菲两国之间的贸易也将会产生一定程度上的冲击。

三、中菲贸易效应

（一）经济效应

1. 静态效应

静态效应包括贸易创造效应、贸易转移效应、贸易扩大效应等多个方面。

（1）贸易创造效应。自中国—东盟贸易区建立以来，同盟国之间取消了关税，降低了成员国贸易商品的价格。从原来的高消费成本转向低成本、低价格的产品，减少了成员国国内消费者的开支，降低了东盟成员国的生产成本，提高了成员国的生产效率。中菲两国在主要的劳动密集型和资源密集型产业上，如在电子机械产品、原材料矿产品上，存在互补和竞争优势，中菲两国贸易创造效益较大。

（2）贸易转移效应。中国和菲律宾的减免关税的一系列措施，会降低中菲两国贸易产品的成本，会使其他某些产品从区域外转移到区域内，当其他国家某种商品的生产效率高于中菲两国，使中菲两国对此种产品的进口由生产成本低的国家转移到生产成本高的国家。这一过程，贸易转移效应就会发生，但由于世界经济全球一体化的影响，中菲两国贸易转移效应空间不大。

（3）贸易扩大效应。自 2010 年东盟自贸区成立以来，中国和菲律宾贸易增长较快，中国成为菲律宾继美国和日本之后的第三大贸易国家。在关税同盟下，进出口商品的价格都普遍降低。价格降低将扩大需求，增加贸易商品的进出口额，这一过程就产生了贸易扩大效应。

2. 动态效应

（1）2010 年，东盟自贸区的建立，中菲两国贸易投资也发生了变化，但是两国贸易投资规模和数量都比较小，中国对菲律宾的贸易投资在中国对外贸易总投资的比重比较小，菲律宾对中国的投资也没有出现过明显的增长趋势。这在一定程度上说明，中国与菲律宾之间不是重要的贸易合作伙伴，今后还有很大的发展和上升潜力。

（2）从三个角度探讨中国与菲律宾不是重要投资伙伴的原因。第一，东盟贸易自由化的发展，使中菲两国对投资发生了替代作用。原来双方企业相互投资，可能是为了绕开关税和非关税壁垒，但随着自由贸易区的建立，关税的逐渐降低和非关税壁垒的消除，使企业只需通过扩大出口而无须直接投资办厂。第二，投资制度和环境还有待完善。第三，虽然中国和菲律宾都是发展中国家，但是中国的经济增长速度较快，经济形式较好。菲律宾受西方国家的影响，如美国的制约限制，国内经济发展速度较慢，中菲两国还没有达到大量对外直接投资的阶段，仍然以资本输入为主。

（3）东盟自由贸易区建立后，中菲两国随着关税壁垒和贸易保护政策的逐渐减少，两国市场向统一的大市场转换，两国的贸易联系更加紧密，促进两国生产要素的自由流动、促进两国根据各自的比较优势专业化生产贸易产品，从而扩大中菲两国贸易生产规模，提高贸易生产效率和生产成本，提高中菲两国贸易产品的出口竞争力。大市场的形成为中菲两国拓展了经济发展空间，面对市场扩大这一有利时机，扩大生产规模，从而满足中菲两国贸易更大规模的需求。

3. 其他经济效应

中菲两国贸易还有利于两国出口市场多元化，从前面的分析可以看出，中菲两国贸易从2001年到2015年一直呈上升趋势，并保持了较快的增长速度，这有利于分散我国对美国、欧盟和日本三大出口市场的出口并缓解对这三大传统出口市场的依赖，推动中菲两国市场多元化战略的实施，同时也推动了我国人民币区域化和市场化。

（二）竞争效应

1. 降低垄断程度

关税壁垒和贸易保护政策，在很大程度上影响中菲两国贸易竞争的公平性和公正性。中国—东盟自由贸易区的成立，实现了中菲贸易自由化，一定程度上打击了垄断和贸易保护，垄断程度降低，增加了竞争，使商品竞争变得更加激烈。

2. 规模经济得到发挥

规模经济带来经济效益的提高，大规模可降低生产成本，但是也可能带来一些负面的影响，如大规模的生产可能产生信息传递的不及时，甚至有可能失真。当生产达到某个盈亏平衡点的时候，企业的利润等于成本。企业的单位固定成本不变，变动总成本随规模而增加。中菲贸易自由化，扩大了贸易规模，加大了贸易生产，使贸易产品平均成本下降。

3. 全要素生产率提高

随着中菲贸易自由化竞争不断深入，贸易垄断程度降低，为了提高竞争力，需要提高企业的创新能力，企业也必须采取先进的生产技术和生产设备，才能降低单位生产成本，实现利润最大化，促进中菲两国贸易的增长，贸易自由度增加将会进一步提升。随着中菲两国商贸结构自由的不断扩大，对于扩大垄断厂商产品生产产量有着十分重要的促进作用，充分发挥出经济贸易效应，降低垄断厂商的垄断地位。实行贸易自由化，面对激烈的国际贸易竞争，要求企业只能够通过价格弹性来提升其竞争力，企业实施的定价行为更加表现出明显的竞争特性。

（三）互补效应

中菲两国都属于发展中国家，经济结构不完善，两国的劳动密集型和资源密集型产业的比重都比较大，两国出口的产品结构都比较集中。在对外贸易中，出口的产品存在着竞争。中菲两国资源丰富，中国在农业技术方面比较有优势，形成互补效应。中菲两国毗邻，交通便利，加强两国的经贸合作，降低经济合作的成本。在基础设施和工业等多个领域，中菲两国存在较强的互补性。这些都成为中菲两国经济贸易合作的基础。中菲两国互补效应体现在多个方面。

1. 自然资源禀赋各有所长

在自然资源方面，中国的自然资源丰富多样、潜力巨大，自然资源种类繁多、数量丰富。中国向来有地大物博的美称，是世界上矿产和能源能够自给的少数国家，如原油、铁矿石等资源储量丰富。农业产品位居世界前列，粮食、谷类、水果、蔬菜等品种多。菲律宾位于亚洲的东南部，与中国台湾遥遥对望，属于热带雨林气候，水果是菲律宾出口最多的产品，如香蕉和菠萝。菲律宾曾经是最大的铁矿石生产加工国之一。中菲两国在自然资源方面的互补带动双方贸易的增长。在中菲贸易结构中，矿产品的比重较大，而且增长速度较快。2015 年，菲律宾进口中国的石油、矿产品的贸易额，占菲律宾进口中国总进口额的 30%。

2. 农业、渔业优势互补

在农业方面，中国是一个农业大国。在农业资源、农业技术方面较领先，中国农业科技的发展促进了中国农业的发展，如袁隆平的杂交水稻，大大提高了粮食的产量。中国的农业科技水平已经达到了国际水平的标准，为消除贫困做出了巨大的贡献。菲律宾可耕种的面积为 1400 万公顷，接近菲律宾土地面积的一半，但是菲律宾的农业生产效率不高，菲律宾的农业还处于自然经济的状态，管理粗放，经营较为分散，菲律宾政府对农业的投入也比较少，直接导致了农业生产效率低下。菲律宾近年的水稻平均产量仅为我国产量的三分之一。菲律宾是中国最大的粮食出口国。在农业方面，中国与菲律宾有着明显的互补性。

在渔业方面，菲律宾海域面积是陆地面积的七倍，海岸线 18533 公里，岛屿 7107 个。菲律宾的渔业资源丰富，但是菲律宾的渔业技术和设备比较落后，在陆地设备和冷却系统上比较缺少，缺乏优良的渔港，缺乏统一的安全标准。菲律宾亟须提高生产设备的装备水平。在中国，渔业养殖技术和设备都有着明显的优势，中菲两国存在着明显的优势互补，可以通过在联合捕鱼、海水养殖等方面进行深入的合作。

3. 工业发展优势互补

中国和菲律宾都是发展中国家，急需大力发展两国的经济水平，工业化是提升经济发展的重要手段。经过改革开放30多年的发展，中国的产业结构平衡发展，已经进入工业化阶段。从21世纪开始，中国逐步形成了重工业发展为主导的工业化体系。然而，菲律宾工业生产能力和科学技术水平在世界上处于落后地位，缺乏国际竞争力。菲律宾的重工业很少，工业主要集中在轻工业。通过与中国的合作，很大程度上可以带动菲律宾重工业的发展。中国与菲律宾在工业发展优势互补上主要体现在制造业和矿业两大产业上。

在制造业领域，电子产品是中国进口菲律宾比重较大的产品，菲律宾的工业产品较为单一，主要集中在电子产品中，电子产品的产值高、技术含量高，对技术人员的要求也高。但相对于中国，已经形成了完整的工业体系，中国的工业产品种类齐全。中菲两国优势互补突出。

在矿业方面，中国和菲律宾都有着丰富的矿产资源，但是菲律宾的矿产没有得到发展，矿产技术相对落后。中国目前资源有限，菲律宾丰富的资源储备是中国合作开采矿产资源的理想伙伴，同菲律宾合作开发不仅能解决中国资源供应短缺的问题，而且可带动中国电子产品和工业技术出口，为两国之间的经济合作提供支持保障。

4. 在基础设施方面互补

在基础设施方面，中国每年在公路、铁路、机场等交通运输上的投资巨大。2016年上半年，中国公路建设投资6962亿美元，铁路建设投资3040亿美元，民航建设投资335亿美元，增长保持在5%～9%。然而菲律宾在交通运输上的投资是最少的，菲律宾的马路较为狭窄，而且质量差。经过改革开放近40年的发展，中国的工业发展取得巨大成就，特别是在基础设施领域，在交通运输、水利水电、电信等方面有丰富的经验，在国际领域有着很强的优势。同时，中国政府积极鼓励出口，在政策和经济上给予强大的支持。目前菲律宾国家的基础设施继续改善。2006年，菲律宾总统阿罗约在中菲合作论坛中发表演讲时，希望中方在道路、港口和高速公路等现代基础设施的建设方面给予更多投资。中国是菲律宾最好的合作伙伴，菲律宾主动的姿态无疑为中菲基础设施建设合作提供了巨大的空间。

四、中菲贸易结构的问题

（一）互贸商品总规模有限

自1975年以来，中菲两国贸易一直保持着强劲的发展势头，贸易合作取得了令人瞩目的成效，但是受到两国政治关系的影响，双边贸易总规模还是相对有限。自进入21世纪以来，中菲两国之间的贸易一直保持着40%的增长速度，中国已经成为菲律宾继美国和日本之后的第三大贸易国。但是中菲贸易金额有限，而且贸易逆差比较大，大幅度逆差增加了菲律宾的民众对我国贸易合作产生了极大的不满，加剧了外汇失衡，对贸易互惠合作产生不良影响。2012年，菲律宾出口到中国的产品是62亿美元，进口中国的产品为71亿美元，两国贸易逆差为9.77亿美元。2014年，菲律宾出口到中国的产品是80亿美元，进口中国的产品为103亿美元，两国贸易逆差为23亿美元。2016年，菲律宾出口到中国的产品是62亿美元，进口中国的产品为159亿美元，两国贸易逆差为97亿美元。逆差金额越来越大，这些都大幅度地增加了两国群众的不满。中菲贸易长期失衡，主要源于中菲两国的产品出口的商品主要集中在初级产品、矿产品、劳动密集型产品等，附加值能力有限。

自从2010年东盟自由贸易区建立以来，中国同东盟各国的贸易往来得到加强，贸易总额也有大幅的增长，但是中菲两国的贸易总额仍然偏小。菲律宾成为东盟十国与中国贸易增长速度最快的国家，增长速度达到了1倍以上，两国贸易增长较快，但是规模较小。2016年，中菲两国贸易额为221亿美元，中菲两国与东盟的贸易总额只占15%，仅仅相当于中国同新加坡和马来西亚的60%左右。

（二）互贸商品种类较单一

中国和菲律宾同属于发展中国家，两国的贸易品种较为单一。中菲两国之间的贸易一直以劳动密集型和资源密集型产业为主，如在农产品、矿产品等初级产品的比例较大，科技和技术型产品的比重却相对比较小。以2016年为例，菲律宾从中国进出口前十类产品中，核反应、机械设备、矿产资源、石油、有机化学等比重较大。2016年菲律宾出口中国的电子设备为19亿美元，进口中国的电子设备为31亿美元，占2016年中菲两国贸易总额的25%。

中菲贸易的商品结构单一，近年来虽有一定的改善，但并未出现质变。以中菲贸易最大的三种商品来说，菲律宾从中国进口的商品，依次排列为粮食，1998年进口额为36亿美元，比1997年增长69%；初加工的电子零部件和生产电子产品的原材料 22 亿美元，增长 68%，纺织纱线 2250 万美元，增长 14%。由此可以看出，菲律宾从中国进口的商品中超亿美元的只有两种，粮食进口大增是气候异常造成巨大损失带来的超常需求；电子产品从中国进口大增部分原因是由于东南亚各国受危机的冲击，电子产品生产大幅滑坡，跨国公司调整地区战略转移部分在别国的企业到菲律宾，或减少给东南亚其他国家，特别是印度尼西亚、泰国等电子产品订单增加在菲的生产量，从而导致菲律宾加大从中国进口生产电子产品的原材料和零部件。这些电子产品的加工程度和附加值均不高，可以说这种商品结构使中菲贸易后劲乏力。除去非正常因素，中菲之间贸易的产品较为单一，商品结构都有待调整。

（三）互贸商品竞争差距大

根据中菲两国的贸易结构可以看出，菲律宾从中国进口的商品主要是电器设备、核能热能源、铁矿石、矿物燃料等，这几项占菲律宾进口中国商品的一半以上。其中机械和电子设备比重比较大，而且逐年增长。相比电器设备和工业燃料，民生类的生活用品进口就比较少。菲律宾进口中国的产品同出口中国的产品类似，也是主要集中在机电设备等方面（机械和电子设备的占比达到了菲律宾出口中国商品的一半以上，但是其他的民生生活必需品占比都很小，这一结构不合理）。中国和菲律宾两国的贸易主要以农产品、初级产品、劳动密集型产品为主。

五、中菲贸易结构发展问题的对策和建议

（一）挖掘贸易增长潜力

中菲两国国情不同、社会经济发展不同、地理位置上也存在差异，使两国产品各具特色，中菲两国双边贸易潜力巨大。在东盟自由贸易区的引领下，中菲两国要扩大贸易规模、优化贸易结构、提高贸易商品的竞争力，可以加强海关、电子商务、资格认证等方面的合作。中菲两国可以通过东盟博览会、广交会等展会，提高两国产品的交流与合作。中菲两国的发展蕴藏巨大潜力，是一片未开发的蓝海，可以释放出难以估量的增长动力，为两国经济发展助力。中菲两国应积极拓展合作领域。中国和菲律宾同属于发展中国家，当前都面临着改革转型和经济增长的任务。两国都应抓住机遇，转变经济发展方式。

中菲两国除了在电子产品、工业产品以及农产品等领域的合作，还应在旅游、劳务等服务领域挖掘增长潜力。中国每年出境旅游的人口保持 100 万

人的增长，仅2016年就有1.22亿人中国公民选择出国旅游，中国有着巨大的旅游市场，菲律宾的旅游业发展十分需要开辟中国市场。旅游市场带来的消费能够拉动经济的增长，同时也能带来就业岗位的增加，以改变目前菲律宾的经济困境。旅游业是菲律宾的第一大产业，占菲律宾GDP的10%以上。旅游带来的消费和就业岗位的增加，促进了菲律宾经济的发展。世界旅游业理事会（WTTC）数据显示，2015年菲律宾旅游业产值达1.43万亿比索（约2007亿元人民币，按10月20日汇率，下同），占该国GDP的10.6%，旅游业投资高达760亿比索（约107亿元人民币），为菲律宾提供了130万个就业岗位。

改善中国与菲律宾的贸易结构。具体而言，一是要加强地缘经济区互补性资源的开发利用，如菲律宾地处热带和亚热带，农产品种类丰富且品质较好，但其加工能力有限，中国企业可以到菲律宾投资建厂，产品在东道国或美、日、欧市场销售；菲律宾出口到中国的资源主要以密集型初级产品为主，中国出口到菲律宾的主要产品以劳动密集型初级产品为主。双边进出口有较强的资源互补性特点，可以进行贸易与投资合作。二是加大改革开放的力度，鼓励各类经营主体开展对菲律宾的投资经营活动。政府要加大政策支持体系的建设，不断完善配套政策。重点鼓励有实力、具备较强竞争能力的企业到菲律宾创设贸易公司、与所在国企业开展研发、生产及销售等各类经营活动。

（二）扩大产能投资合作

扩大产能合作，要降低中菲两国企业在产能合作上的门槛，刺激中菲两国企业加快技术和商业创新，为产能合作投资提供便利，构建协调发展，加大产能合作的力度，输出两国的优势产能，促进两国加快发展，扩大两国就业。落实完成财税金融服务政策，设立相关合作基金等举措。在“一带一路”的建设中，抓住机遇，发展两国企业的投资。

菲律宾主要产业集中在旅游和农产品。中国拥有完整的工业制造体系、高性价比的装备产能、强大的工程建设能力，对菲律宾加强基础设施建设，完善工业体系有着很好借鉴。在产能合作方面，中菲两国应在互相尊重的基础上展开多方面的合作，实现多赢。建立合作框架、刺激两国企业技术和产品创新、提高两国贸易层次、扩大贸易规模。

扩大产能合作，要加强矿产资源及能源合作与开发。菲律宾的矿产、石油和天然气比较丰富，中国可以利用自身的优势，积极争取参与勘探、开发和冶炼这类资源产品。除此之外，还要通过不断改善规模经济效益和比较优势，以产品差异化战略的实施为基础，从产品质量、销售价格及营销手段等方面进行持续性改进，来贯彻实施持之以恒的品牌战略，以提高企业核心竞争能力。在保护知识产权的前提下，大力推动技术创新和产品创新。

（三）加强基础设施合作

如今制约中国与周边国家贸易往来的一个重要因素，就是基础设施互联互通的建设还比较薄弱，目前基础设施还不能够满足对外贸易往来的需要，没有达到“贸易畅通”的要求。交通基础设施建设是双方人员往来和开展货物贸易的基础。中菲两国需要在基础设施领域加强合作，包括铁路、公路、机场、港口、桥梁等基础设施领域。中菲两国需要通过多个领域，利用好贷款、金融等融资渠道，在“一带一路”框架下，大力开展中菲两国基础设施建设合作，更好地为社会生产和居民生活提供服务，保证国家和社会经济的正常发展。中菲两国可以考虑在亚洲基础设施投资银行框架下，开展基础设施融资合作，多渠道筹资，大力支持两国基础设施建设合作。

基础设施的建设不仅对中国国内意义重大，对中国与其他国家的经贸发展也同样重要。加强中国同“一带一路”沿线国家的互联互通，关系着中国与沿线国家经济走廊的设立成功与否，对此应保持高度重视。对于如何确保双方互联互通，需要做好以下几点：一是要畅通“瓶颈”路段，提高道路畅通水平；二是要增加航班和航班班次，促进空中物流发展；三是加强中国与菲律宾的通信往来设施建设，这是增强双方人员网络交流、新阶段服务贸易发展和电子商务沟通的基础。具体来说，首先建设双方通信光缆主干线网络等，其次完善双方空中信息通道的合作。还应加强能源基础设施建设，确保能源运输通道安全、可靠。

另外，推进中国与菲律宾地区物流体系建设，提高双边贸易便利化水平也是比较有效的方案。一方面中国应加快推进与两国贸易便利化谈判进程，尽快形成覆盖中菲双边物流全过程的标准体系，建立完善的综合运输网络；另一方面中国需增加与经济合作国家的劳动交流和学习，促进双边在货物运输上更加便利、物流服务上更加完善，并在海关监管方面的沟通更顺畅。中国可以借助“丝绸之路核心区域建设”“一带一路”战略等契机积极推进与菲律宾的互联互通，建设全面、完善的自贸区格局，建立开放的多边贸易往来体系，从而推进中国农产品贸易的发展。

（四）拓展民生领域合作

中菲两国愿意在农业、渔业、住房、扶贫减灾等民生领域方面加强合作。中国愿意与菲律宾在农业上加强合作，如在杂交水稻、农产品加工、渔业养殖等方面，增加菲律宾农民和渔民的收入，从而改善他们的生活。中菲双方在农业合作方面已经取得了进展，中国对菲律宾农业现代化所提供的援助，对菲律宾扶贫有着重大的帮助。在医疗、保健、科研、教育、产业、文化等方面加强合作交流。在扶贫减灾方面相互合作，菲律宾和中国都是受到台风灾害比较严重的国家，中菲两国需要在减灾防灾，灾后重建方面加强合作。

中国可以在农业、渔业等方面给予菲律宾援助，提高菲律宾的粮食产量。在农业、渔业领域不断深化交流，完善该领域的合作机制，不断加强人才和技术合作，扎实推进农业和渔业领域的技术交流与合作，如在渔业养殖捕捞、渔产品加工、储运和出口等方面的合作。提高菲律宾农业和渔业的利润率，进而提高居民的收入，改善菲律宾居民的生活水平。

菲律宾的海岸线有18533公里，多天然良港，水产资源丰富，鱼类品种达2400多种，海产品丰富。菲律宾的海洋渔业发展历史悠久，由于菲律宾目前的技术设备较为落后，在一定程度上制约了海洋渔业的发展。同时，由于菲律宾水产品的品质不稳定、传统产品缺少统一的安全标准、缺乏改造工厂的资金、缺少储存产品的设备等。多年以来，我国在渔业投入了大量财力和人力，目前，我国在渔业方面研究比较深入，技术和设备相对比较完善。为此，中菲两国可以在渔业方面加强合作，中国可以在菲律宾开展高值海产动物的养殖和生产，建立水产饲料加工，积极参与推进菲律宾海水养殖项目的建设，改善目前菲律宾渔业发展困境，促进菲律宾渔业经济的发展。

（五）深化人文交流合作

为了优化贸易结构，中菲两国需要深化人文交流。例如，在文化、旅游、教育、科技、卫生、体育等多领域开展交流合作。

在文化合作方面，中菲两国人民互相学习，了解双方文化，增进两国人民友谊。通过中国—东盟民族文化论坛，中国同同盟各国发起倡议，建立中国—东盟民族文化研究会，共同推动“一带一路”沿线文化保护与开发。中菲文化产业合作方兴未艾，通过表演、电视广播、书籍为代表，加强文化贸易合作，促进文化贸易多元化发展。

在教育合作方面，中国与菲律宾在青年教育合作方面有很大的合作空间，青年一代在不同的领域正发挥着作用。加大双方人才交流，有助于培养全球视野和具有包容精神领袖，夯实中菲两国的关系。中菲两国可以互派留学生，互相交流和开发教育资源，进行交流与合作。2010年在中国学习的菲律宾留学生接近3000人，与在菲律宾学习的中国留学生基本持平。加快中国与菲律宾之间的教育交流与合作，教育合作还有很大的发展空间。进一步加强对高校学历学位的互认制度，特别是双方高校及教育机构之间的交流合作机制的建立，能够极大地推动双边教育交流与合作的制度化和有序化；此外，为深化双边经贸及人文交流活动，可根据需要开展形式多样的短期专业培训，中国政府可以提供资助培训和设立必要的交流项目。

在卫生领域，加强防疫检验合作。两国可以在电子医疗、老人健康、医学研究、食品安全、卫生体制改革等领域开展多层次、全方位合作。通过专题研讨、人员培训、机构间合作等方式，加强卫生领域合作，加强科技创新、提高创新能力。

在旅游方面的合作，中国和菲律宾都有着丰富的旅游资源，要充分利用和发展好旅游资源。在整合旅游资源的基础上创新经营模式，开发有地方传统文化内涵的特色旅游产品；加大旅游产业相互投资规模，不断完善旅游基础设施，提高旅游服务质量。

六、中菲双边贸易合作未来发展前景展望

（一）增信释疑，求同存异

中国与菲律宾之间的政治互信程度，直接决定着两国之间的经贸合作水平和质量。中国政府要在现有政治互信的基础上，持续不断地推进两国之间在经济社会发展方面的合作，以发展促进政治互信水平的不断提高。目前，中菲两国交流的平台较少，特别是中国对于菲律宾市场需求和消费者的喜好特征等了解甚少，中国的企业无法给菲律宾的消费者一个准确的定位，往往导致出口的商品无法适应当地市场的需要。中菲两国迫切需要建立一个相互了解的平台，可以加强两国政府和人民的交流和往来，建立互信合作机制，充分利用好市场和民间力量，建立多种合作平台。要不断推进中国与东盟之间的政治互信，持续不断地增进与东盟各国对话和了解，创建区域性政治协商机制，加强区域政治安全合作。

未来，中菲两国还需要增加合作方式、拓宽交流合作的渠道，让更多的中国企业走出去、菲律宾的企业走进来，让菲律宾的人民能够了解中国的文化，中国的发展不会给任何一个国家带来危害，中国期待与大家共同发展，共同进步。同时，增加两国相互了解，增进互信，未来还需要两国政府和人民共同努力。中菲两国都属于发展中国家，迫切需要在经济发展方面做出努力，大力发展两国经济，改善两国人民的生活水平，实现合作共赢是两国政府和人民的共同愿望。

东盟自由贸易区的建立，为中菲两国贸易开辟了新的途径，以实现双赢互惠。中国和菲律宾开展经贸合作具有良好的基础和独特的优势：双方地理位置毗邻，地缘优势得天独厚；双方悠久的民间交往以及多年来形成的政治互信，为双方发展经贸合作奠定了坚实的基础；双方在资源构成、产业结构、工农产品等方面各具特色，互补性强，开展经贸合作潜力巨大。亚洲金融危机后，东盟经济的复苏、东盟内部经济一体化进程的加速、中国经济的持续发展以及中国—东盟自由贸易区的建立，都为双方开展深层次合作注入了新的动力。尽管我国与菲律宾在产品出口市场、外资引入等问题上存在利益竞争，但是中国与菲律宾的经贸合作利大于弊。如何在这把“双刃剑”中，实现互利共赢最大化，需要双边国家加强政治互信，在充分交流、沟通、协调与配合的基础上，采取积极主动的态度，解决自贸区建设进程中面临的一系列问题，消除疑虑，增进双边政治互信，不断开拓合作新领域。

（二）顺势而为，加强合作

2013 年 9 月 3 日，李克强总理在“第十届中国—东盟博览会”上提出，将开启中国—东盟自由贸易区未来经贸合作发展的新时期，给中菲两国贸易的发展带来了新的机遇和挑战。随着经济全球化和东盟自由贸易区的深化，由于投资贸易的自由化，中菲双边贸易取得了新的发展。中菲建交 40 年，双方在政治、经济、文化、教育等多个领域开展了合作与交流，双方顺应时代发展的要求，从深度和广度两个方面加强两国的合作。在两国政府和人民的大力支持下，基于两国贸易商品的互补性，中菲两国有巨大的发展潜力，因此要抓住机遇，加强中菲两国的合作。

随着经济全球化的不断深入，世界经济的市场化逐步凸显。经济全球化是一把“双刃剑”，我们要辩证地看待这一问题。经济全球化的发展是曲折的，但前景是光明的。中菲两国要充分用好全球化这一资源，大力发展经贸合作。世界经济市场化的规模和速度大大提高，中国自 1978 年改革开放以来，市场经济大步推进。世界政治经济出现了多极化，市场化规模的程度有所加强，信息技术的进步发展，互联网、跨国公司的出现，为经济全球化带来了新的机遇。中菲两国要充分利用这一资源，加强双边贸易合作，顺势而为。

同时，要积极开展次区域经济合作。次区域合作是中国—东盟区域经济一体化的发展过程中不可忽略的重要力量，中菲两国要充分利用好这一合作。目前开展的次区域经济合作主要有“泛北部湾经济合作”“两廊一圈”次区域经济合作以及“大湄公河”次区域经济合作。泛北部湾经济合作区经过双方的共同努力，取得了丰富的成果，应继续大力推进。同时积极推动南宁—新加坡经济走廊建设，构筑中国—东盟合作的核心示范区。与此同时，要密切中国境内的“泛珠三角经济圈”“西南六省区市经济圈”“南贵昆经济圈”与上述各次区域经济合作圈的衔接，使之形成投资、金融、技术、产业、人力资源开发、服务、劳务、工程建设和经济政策等层次丰富的分工网络。要充分运用中国与东盟之间的各种次区域经济合作平台，产生双方满意的经济效益。

（三）拓宽领域，扩大规模

2016 年 10 月 18—21 日，菲律宾总统杜特尔特访问中国，中菲两国承诺遵守《关于加强双边贸易、投资和经济合作的谅解备忘录》，拓宽中菲两国经济领域的合作，加强两国的经济关系，不断发展两国经济、贸易的合作水平，提高两国人民的生活水平。尊重两国的主权完整，维护主权平等，不干涉人权和内政。

首先，在基础设施投资、建设、工业、产能等多个领域，中菲两国以招标程序的透明化和国际相关法律法规为基础，共同进行基础设施投资建设。双方要加强金融合作，如在开发证券、贷款、投资、信贷等方面，从而促进工业、产能等多个领域的发展。

其次，扩大中菲双边贸易和投资本位币的结算，大力推进金融领域合作。中菲两国愿意在农业和卫生领域加强合作。例如，在农业贸易领域、农业基础灌溉、减缓和适应气候变化方面，还有在动物检验检疫方面，要加强合作。推进两国在进出口方面的发展。中国将在进口菲律宾香蕉和菠萝等方面提出许可。中国在粮食生产和农业技术培训、渔业发展能力建设方面给予菲律宾援助。

最后，在安全领域方面，如加大禁毒合作，建立中菲两国联合行动机制。加强两国海警合作，应对南海海域海上人员生命和财产安全等问题。加强减灾和维和领域合作，增进互信。设立旅游合作目标，增加服务领域，开设新的航空路线。鼓励两国在教育领域开展实质性的交流，加强学术领域的交流与合作。

（四）深化发展，贸易共赢

当今世界，全球经济正发生着巨大的变革。随着经济全球化进一步的发展，深化区域协作是趋势和潮流。深化经济协调发展，不仅是全球经济一体化的要求，也是发挥各地的区域优势、发展中菲两国经济的现实需要，是维护两国人民生活的基本保证，是发展东盟各国经济的生动体现。

中国在与菲律宾的相互贸易中，中国对菲律宾的出口面临压力，而从菲律宾进口则表现出依赖加强的趋势。中国和菲律宾的出口商品结构较相似，但产业贸易指数存在差异，部分行业的贸易不够充分，需要双方在一定程度上进一步加强合作。总体上来说，中国与菲律宾双边贸易依赖性在逐渐加强，需要我们审时度势、积极应对，加强双边贸易交流与合作，实现互利共赢。

中菲两国之间在实现贸易共赢上还存在着广阔的发展前景，这将带动中菲贸易合作的进一步发展。自从2010年东盟成立以来，中菲两国贸易有了快速增长，东盟各国经济也有了不同程度的发展，从而带动了全球经济的发展。目前，全球经济正面临转型关键期，大多数国家的政府开始认识到，要转变经济发展的方式，要注重发展模式的改进，大力发展新兴产业和现代化产业，寻求经济多元化的发展。如果中菲两国能够抓住机遇，进一步深化发展，就能造福两国人民，优化中菲两国的贸易结构，实现中菲贸易共赢。

参考文献

[1] 李迎旭．“一带一路”战略下中国与南亚贸易的合作基础、推进机会与实现机制［J］．甘肃社会科学，2016（2）：128－133.

[2] 杜秀红．中国与“一带一路”沿线国家的贸易关系及政策建议［J］．现代管理科学，2016（5）：85－87.

[3] 高国珍，王海龙．中国与中亚国家双边经贸合作潜力分析［J］．国际经济合作，2015（8）：72－77.

[4] 沈红芳．中国与菲律宾的经济合作：回顾与前瞻［J］．东南亚，2003（2）：32－37.

[5] 原晶晶．从经济互补性看中国与菲律宾的经济合作［J］．东南亚纵横，2010（5）：65－70.

[6] 刘春香，闫国庆．中菲产业内贸易及贸易强度分析［J］．经济问题，2004（1）：74－76.

[7] 郑国富．中国与菲律宾双边贸易发展的实证研究（1975—2013）［J］．广西财经学院学报，2015（2）：73－79.

[8] Viner，J.，The customs union issue，Carnegie Endowment for International Peace［J］．NewYork，1950.

[9] B. Hoekman. An Assessment of the General Agreement on Trade in Services［M］．The UruguayRound and the Developing Economies，The World Ban，

Cambridge University Press，Cambridge，UK，1995.

[10] Yanrui Wu，Zhangyue Zhou. Changing Bilateral Trade between China and India [J]. Journal of Asian Economics，2006 (85)：509 - 518.

[11] 张萌．中国—东盟自由贸易区的经济效应分析 [D]．首都经济贸易大学，2010.

[12] 谢迪琼，陈小雪，周梅芳，王怀豫，胡瑞法．菲中贸易对菲律宾经济的影响评估 [J]．东南亚纵横，2013 (5)：24 - 29.

[13] 刘重力，刘德江．中国对外贸易比较优势变化实证分析 [J]．南开经济研究，2003 (2)：48 - 51.

[14] 何智娟．2004—2013 年中印货物贸易发展浅析 [J]．南亚研究季刊，2014 (3)：69 - 73.

[15] 孙多友．浅谈马克思经济学与当代西方经济学价值理论比较 [J]．现代经济信息，2009 (20)：20.

[16] 郑征．人民币升值对中国进出口的影响——基于 2007. 9—2010. 7 中国月度数据的实证分析 [J]．中国市场，2010 (40)：69 - 70

[17] 文德．人民币汇率变动对我国出口影响研究 [D]．苏州大学，2009.

[18] 李明，田海霞．中国贸易自由化带来的竞争效应及福利影响 [J]．中国商论，2016 (7)：132 - 134.

[19] 廖泽芳，宁凌．21 世纪海上丝绸之路之中国与东盟贸易畅通——基于引力模型的实证考察 [J]．经济问题，2015 (12)：1 - 7.

[20] 谭秀杰，周茂荣．21 世纪“海上丝绸之路”贸易潜力及其影响因素——基于随机前沿引力模型的实证研究 [J]．国际贸易问题，2015 (2)：3 - 12.

[21] 何静，闵琼．中菲贸易让人欢喜让人忧 [J]．世界机电经贸信息，1999 (11)．

[22] 刘东．中菲经济关系与政治安全关系的差异性分析 [D]．暨南大学，2013.

[23] 李婷．现行汇率对国际贸易的影响分析与对策 [J]．商业会计，2002 (3)．

[24] 杨立卓，刘雪娇等．“一带一路”背景下我国与中南亚国家贸易互补性研究 [J]．上海经济研究，2015 (11)．

专题Ⅴ

中国与泰国贸易研究

一、绪论

（一）选题背景与研究意义

1. 选题背景

对大部分国家来说，农业对于经济的发展至关重要。近年来，各国对农产品贸易的关注度逐渐提高，在中国与泰国的经济合作中，农产品贸易更是占据重要位置。随着全球性商贸谈判难度的逐渐提升，为了更积极地开拓贸易市场、发展经济，很多区域位置相对靠近的国家，通过签署两国自贸区协定（FTA）来使关税有所下降，开拓更大的市场。20 世纪 90 年代，欧洲和北美区域两大自贸区的创立，给各自成员国带来巨大的成长动力，这一表现使建立 FTA 在世界上更大领域内得到推广。东盟地区作为发展潜力最大的区域之一，其发展速度之快有目共睹，FTA 建设方面成果累累。1998 年，韩国向日本提出双边建立 FTA；2001 年 11 月，中国与东盟决定在 10 年内签订 FTA；2004 年，中国与东盟为了推进农作物商品之间的贸易，根据“早期收获计划”的相关条令，双方在农作物商品方面逐渐降低关税，这一举动大大促进了双方的农产品商贸，2004 年，双方商品交易额为 58. 34 亿美元，到 2014 年增长为 259. 72 亿美元，增长幅度高达 406. 89%。然而随着商品交易额度的大幅增长，中国与东盟的农作物商品交易逆差也随之增大，同时，降税对于中国也没有有益影响。因此，深入分析中国与周边国家的农作物商品交易十分有必要。

2. 研究意义

近年来，农作物商品交易问题的关注度逐渐提高，仅依靠过去的比较优势理论进行国家间农作物商品交易的研究已经越来越不可行，农作物需要利用其自身的竞争力才能实现更好更快地发展。在中国与泰国的经济合作中，农作物商品交易依然占有重要位置。只有认识到双边产品品类或区位方面的优势，才能有效推进农产品贸易的发展，使中国的农产品贸易获得进一步提升。因此，构建贸易引力模型，深入分析中国与泰国的农产品贸易水平十分有必要，这为更好地实施“一带一路”，推进中泰双边农作物商品交易的发展具有重要意义。

本项目着重研究“一带一路”背景下，FTA的建立对中国与泰国的农产品贸易的影响，具有较强的理论和现实意义。本项目在前人研究基础上，收集了近几年中国与泰国的农产品贸易数据，从FTA的概念和相关理论分析出发，结合农产品贸易相关指标、贸易引力模型研究了农产品贸易现状并预测了FTA给中泰两国农产品贸易带来的经济效应，使得出的结论更具有科学性，也对中国扩大农作物商品交易额具有一定的参考价值。同时，中国与泰国FTA的建立也是当前双方经济贸易关系的重要一环，因此本项目分析不仅对双边挖掘尚未开发或还未完全发展的市场有重要现实意义，还对世界其他国家的农作物商品交易有参考借鉴价值，研究成果更具有现实借鉴性。

（二）国内外研究现状

1. 国外研究综述

（1）关于贸易引力模型的研究。Viner（1950）最先对自贸区与区域经济一体化进行分析，提到关税同盟成立后，会发生贸易创造与贸易转移两种贸易效应。引力模型是对自贸区贸易效应测算中最常见的分析工具。Tinbergen（1965）最开始将引力模型用以各国商业贸易分析中，把两国的经济规模和距离设为模型的变量。Baier、Bergstrand（2007）结合引力模型以跨国的面板数据为基础，分析自贸区建立对于贸易流的影响，研究表明自贸区建立10年会使两国贸易增加近1倍。Linnemann（1966）首次把商品交易政策及人口规模作为内生变量引入模型中，驱动贸易引力模型不仅能解释贸易潜力，而且更全面地解释了在实际的两国商品交易中各因素对其影响。还有学者选择其他的变量来研究贸易效应，如Leamer（1974）选择关税水平和资源禀赋程度作为影响因素来进行研究。

（2）在引力模型中引入虚拟变量考察贸易效应。将虚拟变量或虚拟变量组合加入传统引力模型，也是考察贸易效应最常用的方法之一，研究者通常在模型中添加虚拟变量，类似两国是否拥有共同边境、语言是否相同以及是否有殖民地等变量，来研究影响贸易流的因素。例如，Frankel（1998）为研究区域经济一体化对成员国家贸易流的影响，引入模拟变量来拟合成员国内部贸易，若该变量的系数为正，证明是贸易创造型的。做了相似研究的还有 Hassan（2001），他在引力模型中引入了两个虚拟变量，分别是代表盟内成员的贸易和盟外成员的贸易，同样，若前者的系数为正，则是贸易创造型的，后者的系数为负，表示出现了贸易转移。Jason、Dayton（2005）基于引力模型，通过 1985—2002 年的贸易数据，论证分析了区域贸易机构对农产品贸易的影响。从结果来看，大多数的区域经济机构会促进两国农作物商品交易的发展，能有效推进农作物商品交易的自由化。

（3）对引力模型的固有缺陷进行修改。国外的学者还发现，贸易引力模型存在一些固有的缺陷，该模型对包含的变量特别敏感，模型反映的不是数据包括的真实信息，所以选择的变量差异会对估量成效有些影响，而且研究者之前的设想，缺乏客观性（Ghosh、Yamarik，2004）。

DePrabir（2010）运用修改后的引力模型预测印度的商业能力，用增大变量、开拓的引力模型来明确商贸补救方法的重要性。也有一些学者运用了统计指数来权衡国家间的商业潜力，如 Zolin、Callaghan（2013）采用标准贸易差、输出增长率和输出覆盖率等统计指标，研究了韩国—欧盟自由商业区给两国农业和农产物商品带来的有利影响。Hoekman（1995）采用 RCA 指数研究了各国服务商贸的特点，结果表明，发达国家会集于资本密集型服务贸易，而发展中国家会集于劳动密集型服务贸易；Yanrui Wu 等（2006）利用 RCA 指数比较了中国与印度两国之间商业的竞争性，结论显示，中国与印度双边在制造业方面具有较强竞争性。

2. 国内研究综述

（1）关于中国与周边国家的贸易现状

高国珍、王海龙（2015）回顾近几年中国与中亚国家的贸易发展现状发现，在 1992—2000 年，中国与中亚国家的商贸总额虽有起伏但总体呈增长态势；2001—2013 年，随着上海合作机构的壮大，双方的贸易总额呈几何式增长。在贸易商品结构上，中国输出主要以劳动密集型和资本技术密集型商品为主，而进口商品多为能源与资源相关的产品。孙致陆、李先德（2015）研究了 1995—2014 年中国粮食进口的贸易现状，数据表明，中国的小麦、玉米、大豆等进口量均维持在较高水平，中国当前在这几种主要粮食上已变为世界的主要进口国。李迎旭（2016）在研究时，回顾了中国与南亚的贸易合作现状，他通过分析得出，由于中国目前正处于经济发展方式的转变和产业结构升级时期，贸易结构、市场准入等因素使南亚对中国贸易逆差扩大，但中国在南亚商业交易总数中的比例仍然呈增长态势。李慧玲、马海霞等（2016）也总结了中国与南亚贸易伙伴的贸易现状：中国与印度、巴基斯坦的贸易量呈增长趋势，尤其在中巴两国 FTA 正式实施以后，双边贸易增长更加明显。余振、沈铭辉（2014）提到，自由贸易协定（FTA）是世界各国都十分重视的经济合作方式，截至 2013 年年末，中国已经和东盟、新加坡等国家和组织签署了 FTA，并正与韩国、日本等国家开展 FTA 谈判，最终得出中国和印度 FTA 的建立会带来双方贸易增长的结论。

对于中国与“一带一路”沿线国家的贸易现状，简爱、樊明方（2015）分析了中国和俄罗斯共同构建“丝绸之路经济带”的现实基础，除了稳定的政治关系和文化交流外，不断上升的双边贸易总额和多样的双边贸易商品，也为“丝绸之路经济带”的构建提供了条件。杜秀红（2016）在研究时先分析了“一带一路”沿线国家的商贸格局。她发现，中国—东盟自贸区的成立，能有效加强中国与该地区的往来，且“一带一路”沿线地区和国家都依靠自己的优势产业，与我国存在良好的产业优势互补。

（2）关于中国与周边国家贸易竞争性与互补性研究

段小梅、张宗益（2011）采用产业内贸易指数、显性比较优势指数等相关计量方法，对中国和中国台湾地区的水果贸易竞争力进行了评估，得出两岸水果商贸严重不相等的结论，大陆鲜果很难进入台湾市场，双方的合作空间还很大。武敬云（2012）通过研究 2001—2009 年中国与金砖国家贸易关系的相关数据，计算了贸易结合度指数、显性比较优势指数等多种贸易指数，他发现，中国与南非的商贸互补度最强，南非和俄罗斯、南非和巴西之间有着很强的商贸竞争关系。杜秀红（2016）分析了一带一路沿线国家的贸易概况，根据对贸易互补指数和贸易竞争指数的计算来判断中国与贸易往来国家的贸易关系。他发现，“一带一路”相关国家中，大多数国家存在贸易互补关系，有 22.5% 的国家之间存在很强的互补关系。并且近十几年来，沿线国家的贸易竞争指数呈竞争增强的趋势。高新才、王一婕（2016）采用贸易结合度指数、贸易互补性指数，研究中国与中亚 5 个国家的贸易互补性，发现中国与吉尔吉斯斯坦、塔吉克斯坦之间的贸易结合度明显高于总体水平，而中国与土库曼斯坦、乌兹别克斯坦之间的贸易结合度则不高；贸易互补性方面，哈萨克斯坦、吉尔吉斯斯坦对中国的贸易互补性呈上升趋势，乌兹别克斯坦对中国的贸易互补性则是下降的趋势。龙海雯、施本植（2016）研究了中国与中东欧国家商品间的贸易竞争性与互补性，通过计算两地区不同种类商品的贸易紧密度，发现两地区贸易紧密度随时间推移呈现下降趋势，他们还通过引力模型得出，中国在波兰、捷克、立陶宛等国家的竞争力出现下降的情况，而在斯洛伐克、塞尔维亚等国家的竞争力上升。

汤碧（2012）利用贸易结合度指数、产品相似度指数等指标测算了中国与巴西、印度等国的农产品商业竞争性和互补性，研究发现，中国的鱼和其他水生无脊椎动物、食用蔬菜、蚕丝、棉花等农产品具有比较优势，俄罗斯具有比较优势的农产物主要是鱼及其他水生无脊椎动物和谷物，而巴西除了乳、蛋、蜂蜜和食用蔬菜等农产品外，其他大部分农产品都具有较强竞争力。谭晶荣、王丝丝（2016）对哈萨克斯坦等中亚 5 个国家主要农作物商品贸易潜力进行实证研究，使用 1995—2013 年的农作物商贸数据并运用引力模型进行估测，他们得出，在肉类与肉类制成品上，中国与中亚 5 国的潜力不足；果蔬类农作物商品中，中国与土库曼斯坦、塔吉克斯坦的贸易早已过度，而与哈萨克斯坦等国则贸易不频繁。从贸易潜力来看，双方在研究的主要几种农作物中的贸易仍缺乏，可挖掘的潜力很大。田园、董晨（2013）从不同角度研究中泰双边大米的国际竞争力，他们发现，中国大米的贸易竞争力低于泰国大米，表现出先增加、后降低的情形，同时，泰国大米的显性比较优势也明显强于中国大米产业。陈丽霜（2015）系统地研究了泰国大米的贸易格局，利用价格、国际市场占有率、贸易竞争指数等指标对泰国输出大米的比较优势进行研究得出相似的结论。邓敏、王娟（2013）运用输出占比、输出加速、比较优势指数等指标，考察了中国与泰国、印度尼西亚、马来西亚的农产品输出情况。他们得出，泰国的水稻、橡胶等几类主要农产品输出额正迅速上升，且泰国和印度尼西亚的出口竞争力不断增强，而中国农产品在世界市场的竞争力呈削弱趋势。罗洁、庄丽娟（2013）运用国际占有率指数、贸易竞争力指数等指标对中国与泰国荔枝、桂圆贸易的竞争力进行了研究，他们得出，中国的鲜荔枝、鲜桂圆等产品的贸易竞争力不及泰国，泰国在输出专业化和竞争力方面都占有绝对优势。廖东声、周媛（2014）研究中泰两国农产品贸易却得出不同的结论，他们认为，两国的农产品总的来说是互补性的，竞争性为辅，双边目前贸易发展态势较好。

周岩、陈淑梅（2016）从关税结构、比较优势等角度，运用 GTAP 模型测算了贸易自由化和便利化对“海上丝绸之路”沿线国家的影响，得出了中国在纺织服装业和机械机电等行业竞争优势均落后于沿线国家的结论，指明应当抓住贸易自由化契机的提议。陈戎杰、吕瑞杰（2015）选取了中国、泰国、越南等国家作为研究对象，采用市场占有率、比较优势指数等指标并使用双钻石模型，研究了木薯的贸易竞争力及其影响元素。他们发现，中国的木薯贸易竞争力不强，但在相关和支持性产业方面都处于优势地位，能够为木薯贸易竞争力的提升提供条件。

（3）关于中国与周边国家建立自贸区的经济效应研究

自贸区的影响，主要包括静态效应和动态效应两种，静态效应是指对贸易或经济产生的贸易创造效益、贸易转移效应和贸易扩大效应等；动态效应则指自贸区产生的范畴经济效应、竞争效应和斥资效应等。

周曙东（2006）采用 GTAP 模型，对贸易状况进行模拟，可以看出我国与东盟自由贸易区内，农产品关税的降低，对贸易区内进出口价格、农产品贸易量和产业链形成的长期影响，同时认为自贸区的创立形成了贸易创造效应，双边的农产品贸易数量增长较快。秦长城（2013）研究中国农业在中国—韩国自贸区的经济效应后得出，在静态效应方面，中国部分农产品未来在自贸区内将获得出口的增加等贸易创造效应，从而产生贸易创造效应；在动态经济效应方面，竞争使中国的农产品会依据韩国消费需求的变化而调整出口结构，提高产品质量，增强竞争力从而获得竞争效益，但是中国较低的规模化生产水平和机械化水平使中国农产品难以获得规模经济效益。同时，构建中韩自贸区不仅能增进两国的投资合作和产业结构升级，更有助于两国更好地适应国际市场变化，提升国际竞争力（高鹤、王岩，2014；沈铭辉、张中元，2015）。余振、沈铭辉等（2014）运用 SMART 模型，测算了中国与印度自贸区的建立给两国的贸易带来的影响，结果表明，中印自贸区的短期贸易效应小于长期效应，在进口关税降低的情况下，珍珠宝石的进口增长率最高，食品饮料、植物产品的进口量也有很大提高。林琳、李怀琪（2015）采用扩展的引力模型，分析了中国—新加坡自贸区的经济效应，结果表明，在贸易转移效应方面，中国的人均 GDP 和地理元素等会对中国的进口贸易产生作用，中国—新加坡自贸区的建立并没有明显的贸易转移效应，但其产生的贸易创造效应相对较大，对双边都有积极的促进作用。郑永娟（2015）研究了中国与东盟自贸区的贸易关系，并从贸易创造效应角度研究了该自贸区的经济效应。她发现，关税壁垒的降低使中国与新加坡、印度尼西亚、泰国等进口国家的贸易幅度增长，产生了贸易创造效应，且东盟各国在中国的进口产品也呈现了增长趋势，因此关税壁垒下降也出现了贸易转移效应。李涛（2015）也分析了中国与东盟自贸区的经济效应，他发现，该自贸区存在着贸易转移效应，中国对东盟国家出口值对中国的 GDP 有积极影响，而进口值却对 GDP 有反向影响。杜威剑、李梦洁（2015）采用局部平衡模型，在模拟不同关税政策的情况下，分析建立中日韩自贸区的经济效应，研究表明，自贸区的建立对中国的贸易状况和福利的改善均有积极作用，关税的降低对中国的制成工业品的促进效应最明显。在实施零关税时，日本和韩国的贸易创造效应和贸易转移效应均有增强。

（4）关于中国与周边国家贸易发展的对策研究

加速推进自贸区策略的实行，是我国优化外部环境、提升国际贸易竞争力的有力手段，目前我国的自贸区策略取得了一些效果。但是由于国际法治经济局势不稳定，结构错综复杂，使自贸区很难适应区域一体化的要求。于是，有学者从各方面视角对促进我国自贸区建立提出建议。

王瑞、王丽萍（2012）采用1992—2009年的数据，研究了我国农产品的概况和关键市场等，从而检验了我国农产品贸易流向的关键元素。他们通过采用引力模型进行实证检验，他们提出，中国不仅要重点关注与亚太各国的农产品贸易，还要积极倡导区域经济一体化，加大执法的强度、加强法令建设等。夏善晨（2013）通过研究中国自由贸易区的管理体制、发展目标及法律法规等，结合中国与瑞士、韩国等国家签订自由贸易协定的实际，提出了中国可以借鉴的几点建议，如树立全球视野、学会审时度势，坚持自贸区法制、体制的创新，以及树立互利共赢的信念等。刘松竹（2014）从贸易规模、投资金额的视角，研究了中国—东盟贸易合作的形势，总结出中国—东盟经贸合作面对的挑战，提出了扩大投资、共同建设产业园区、发展规模经济的对策，同时增强海上力量，保证海上商贸通道的安全通畅。最后，他从贸易服务体系方面提出建议，如加强信息沟通渠道、建立国际贸易摩擦的应对机制、规范经济秩序等。根据当前全球经济一体化的特点，中国自贸区战略有机遇又面临严峻挑战的现状，赵晋平（2015）认为，推进我国自贸区战略的对策，可以从提供政策保障、提高谈判自由化、增强谈判的针对性、重视“新议题”、制定原产地规则，以及灵活处理敏感产业这6个方面提出，以推进我国自贸区战略的发展。秦富、钟钰等人（2015）通过分析谷物、棉花、油料作物等农产品的贸易现状，针对谷物的高库存以及棉花和油料作物的过度储备情况，提出了几点建议：首先要努力坚持发展中国家成员临时征收附加性关税的保障机制，其次是农业投入和农业补贴方面要得到保障，最后借鉴国际经验提高自己的农产品产量。

3. 文献述评

对于农产品贸易的探究，国外学者分析相对较早，综合国内外关于农产品贸易的研究成果，为我国的农产品对外贸易的发展提供了宝贵的经验和指导。总体来说，外文文献在贸易相关问题的分析中，引力模型的利用率较高。

对于国内文献，学者们在贸易现状、研究方法以及对策方面的研究都十分完整，但大多是研究中国与已签订自由贸易协定的伙伴国之间的贸易，对于中国与泰国两国农产品贸易的文献相对欠缺，更鲜有模拟双边自贸区建立带来的经济效应问题的文献。基于以上研究现状，本研究通过贸易引力模型，模拟中泰 FTA 的建立给双边带来的经济效应、对促进双边经济贸易关系、挖掘我国尚未充分开发的市场具有重要作用。

二、概念界定与理论基础

（一）概念界定

1. 自由贸易区

自由贸易区（Free Trade Zone）是国家指定的、在贸易和投资等方面比世贸组织相关规定更加优惠的交易贸易区。在主权国家或者地区划定出的区域内，成员国之间的产品可以享受豁免关税的政策，使产品自由出入。因而自由港政策的关税隔离区的运用才是自由贸易区的实质。狭义的自贸区，指在区内供应输出原材料等产品的进口豁免关税的区域。广义的自贸区还包含转口贸易区和自由港。

整体来说，自由贸易区通常具有三个方面的特征：（1）在自由贸易区内实行原产地原则，该原则主要是将自由化贸易商品限定在该区域范围内生产的；（2）区域内成员国实施零关税或者其他贸易优惠政策；（3）自由贸易区内的各个成员国有权力对成员国以外的国家制定和征收自己的进口商品关税标准。

2. 自由贸易协定

自由贸易协定（简称 FTA），是指两个或两个以上的国家在 WTO 原则的规定下，为落实相互之间商贸自由化而展开的区域性贸易活动。传统的 FTA 主要是消除缔约国之间的贸易壁垒以及非关税壁垒，随着世界经济发展趋势的演变，FTA 的内容也变得更加丰富，除了实现缔约国之间的货物贸易自由化以外，还涉及服务贸易、相互投资、知识产权保护等多方面内容。

3. 贸易创造效应

所谓贸易创造效应，是指关税同盟签订后，在关税同盟优惠关税及贸易条件下，可促进签约国之间贸易增长。同时，生产成本相对低的产物被其他产出效率相对较高的成员国产物所替代。这种转变包括两个方面的内容：一是本国在减少生产的与非伙伴国生产成本相同的商品，换成为从其他伙伴国入口相对低生产成本的相同成品，这对于本国来说，相当于减少了生产成本，也就是产生了生产效应。二是这些低生产成本的产品取代了该国原本的高成本产品，该国的消费需求扩大，消费者剩余扩大，也就是产生了消费效应。在这种程度上说两种效应的结合已经形成了关税联盟商贸的创造效应。

这种效应的产生能提升成员国之间资源利用效率和生产技术水平，从而增加了关税同盟伙伴国内部的利益。此外，关税同盟建立以后，会进行专业化的分工，使一些成员国的某种商品消费支出得以减少，从而使资本能有效地利用到其他商品的消费支出上，这种情形在扩大该国社会需求的同时，还会促进同盟国之间贸易量的提升。

4. 贸易转移效应

在创立关税同盟之前，本国仅仅从其他国家进口某些商品，而不自己加工，并且该进口来源国的该商品在世界上成本最低、生产率最高。那么，所谓贸易转移效应，就是在关税同盟签订后，在关税同盟优惠关税及贸易条件下，在签约国区域内降低贸易障碍，对签约国区域外的范围则形成贸易障碍。因而，关税同盟签约国进口商品时会从生产成本低的原进口来源国，即其他非关税同盟国，转向生产成本高但在关税同盟内成本最低、生产率最高的关税同盟国，这种转变也包括两个方面的内容：一是原本从成员国外低成本的进口转变成在成员国内的高成本进口，即增加了成本。二是使消费者剩余减少的原因是，相同的商品由低成本的产品消费转变为高成本的消费，这两方面的综合就形成了关税同盟间的贸易转移效应。但是，这种情况可能导致达不到规模经济以及资源配置得不到优化的现象。

（二）理论基础

1. 贸易效应理论

从关税同盟的静态效应开始对自贸区贸易效应的研究。1950 年，美国经济学家在其著作《关税同盟问题》初次提出贸易创造效应和贸易转移效应这两个重要概念，即贸易创造效应是指关税同盟内部关税取消之后，同盟内一国的高生产成本的产品消费，转变为对成员国低生产成本的相同产品的消费所带来的福利增加；贸易转移效应是指关税同盟的成立，使同盟内的一国从同盟外部低成本的进口，转变为对同盟成员国的高成本的相同产品进口所带来的福利损失，这两个概念的提出对传统的观点提出了挑战。

在《关税同盟问题》发表之前，经济学界普遍认为，自由贸易区能够促使稀缺资源得到最有效的配置，从而实现全球经济福利的帕累托改进。这本书则认为，区域经济一体化条件下，世界福利的净增加并非常态，区内贸易自由化存在贸易创造和贸易转移两种效应，各成员国最终能否取得福利以及取得福利的效果，取决于贸易创造和贸易转移哪种效应居于主导。当贸易转移效应小于贸易创造效应的同盟国则被认为是福利的改善，而贸易转移多于贸易创造的同盟国则被认为是福利恶化。此后的贸易效应理论不断得到完善和发展，但贸易创造效应和贸易转移效应始终是自贸区静态福利效应测算的核心。

2. 关税同盟理论

关税同盟的概念最早是由维纳（1950）提出的。他在《关税同盟问题》中指出，两个或者更多的国家通过签署缔结协议的方式来建立统一的关境，缔约国之间会在该关境内实行贸易关税的相互取消或者减少，这就是所谓的关税同盟。同盟内的成员国对于境外其他国家实行统一的关税税率。

维纳还在该书中指出了关税同盟可能产生两种效果，分成静态效果和动态效果。其中，关税同盟的静态效果，一般是指建立同盟所产生的贸易扩大效应、转移效应以及创造效应等几个方面。另外，关税同盟的静态效果还能够起到节省开支、减少走私犯罪以及增强合作和集团谈判力度等作用。所谓动态效果是指关税同盟成立后长久的结构性影响，这些影响主要包括：实现经济规模利益、实现资源的合理配置和有效利用、促进投资扩大化以及提升生产技术水平等。

从进出口商品的角度来看，出口商品相似的国家之间是竞争关系，商品不相似的国家是互补关系，原本成员国之间如果是相互竞争的，结为同盟后效益高的国家会占领整个市场，导致资源的再分配。而米德（J. E. Meade）则认为，两国的经济互补性越高，关税同盟能增加的福利也就越多，反之竞争性越高，福利增加的就越少。

3. 区域一体化理论

信息时代的发展和科技的进步使国际联系更加频繁，全球经济一体化进程逐渐加快。经济一体化是指两个或更多的国家达成消除关税和非关税壁垒的协议，是成员国之间的人、财、物、服务等自由流通，最后成为一个经济贸易高度协调的整体状态，实质是一个降低成员国交易成本，生产要素自由流动的过程。经济学家理查德·利普塞（Richard Lipsey）根据生产元素的流动水平级别，把经济一体化分为六种级别递增的状况：特别关税区、自由贸易区、关税同盟、共同市场、经济同盟和完全经济一体化。

区域经济一体化，通常指在两个或两个以上地理位置相接近的国家，他们将成员体的共同利益作为目的和动力，通过缔结国际协议，达到体制上的融合和经济贸易的相互联合，其宗旨在于提高本区域的经济竞争能力，使区域内经济获得发展，实现比较利益和规模经济，进而推动经济全球化。由于制度安排和组织形式的不同，各成员国实行经济合作的程度和范围也不同。区域经济一体化是在经济上联系密切的国家为加强经济上的合作和政策上的协调管理而产生的，也是为了适应经济全球化的发展应运而生的。

区域经济一体化理论认为，区域经济一体化的成功施行必须满足几个条件，即一体化区域内的经济规模、经济距离、产品结构和贸易限制的大小和程度。区域经济一体化对于成员国有着动态效应和静态效应的影响。动态效应包括要素流动性提高效应、规模经济及技术进步效应与资本积累效应；而静态效应包括贸易创造效应和贸易转移效应。

三、中国与泰国贸易现状概况

（一）中泰两国贸易额分析

1. 进口贸易额分析

在中国—东盟自贸区的驱动下，中泰两国的贸易活动成长迅速，目前泰国已经成为中国农产品第九大进口来源地。自贸区的建立无疑为中泰贸易的发展投入了动力，更加改变了国际金融危机造成的经济低迷现状。2012—2013 年，中泰交易额虽增速略缓，但始终处于增长态势。2013 年，泰国从中国进口额为 268. 83 亿美元，中国成为泰国的全球第三大贸易逆差来源国，仅次于日本和阿拉伯联合酋长国。

2. 出口贸易额分析

自 2000 年以来，中泰双方贸易呈现上升趋势，但是贸易额在各年间的波动较明显。2003 年，中泰两国的贸易额初次达到 117. 74 亿美元，突破了百亿美元的大关。然而由于受到世界金融危机的影响，2009 年双边贸易同比降低了 8. 14%。2010 年中国—东盟自贸区建立，两国的农产品贸易额达到 36. 8 亿美元，比 10 年前增加了 4. 8 倍，泰国成为中国第十大出口市场。2013 年中泰贸易额再创新高，其中出口额达 376. 92 亿美元，增长率达到 1. 42%。

3. 两国贸易结合度、贸易紧密度分析

贸易结合度指数（Trade Intensity Index，TII），是体现两国双边贸易联系

紧密度的指标。本项目采用 A. J. Brown（1947）提出的贸易结合度指数计算公式

$$TII_{ij} = (X_{ij}/X_i)/(M_j/M_w) \quad (1)$$

式（1）中，TII_{ij}代表 i 国、j 国的贸易结合度，i、j、w 分别代表 i、j 两国和世界市场，X_{ij}/X_i代表 i 国对 j 国的出口额与 i 国出口总数之比，M_j/M_w表示 j 国进口总数与世界进口总数之比。若 $TII_{ij}>1$，则代表两国的贸易结合度高，贸易联系紧密；若 $TII_{ij}<1$，则标志两国商业交易关系较松散。具体测算结果见表 5－1。

表 5－1　中国与泰国贸易结合度指数（TII 指数）

年份	中国对泰国 TII	泰国对中国 TII
2006	0.99	1.45
2007	1.00	1.56
2008	1.01	1.33
2009	1.12	2.16
2010	1.06	1.22
2011	1.10	1.26
2012	1.30	1.21
2013	1.13	1.17
2014	1.35	0.17
2015	1.55	1.18

中国对泰国的贸易结合度指数均值在 1.16，指数值基本在 1～1.5 之间，这意味着中国对泰国的贸易联系较为紧密；而泰国对中国的贸易结合度均值为 1.27，2009 年指数值高达 2.16，表明泰国与中国的联系也很紧密。自中国—东盟自贸区全面启动多数产品零关税以来，中国的产品加快进入泰国市场，泰国从中国进口总值不断提高。从商品的品种来看，中国对泰国出口的主要是机电产品、高新技术产品、纺织品以及农产品等；中国从泰国进口的以高新科技产品、天然橡胶、农产品等为主。对于中国产品以跳跃式的增速进入泰国市场这一现状，还需要处理好中国廉价产品与泰国产品在本土市场的竞争问题。

贸易紧密度指数，是在区域贸易一体化条件下，研究一国对其商业贸易合作国的出口份额与预期份额之间的比，用来反映双方贸易的密切程度。本项目采取以下公式测算两国的贸易紧密度：

$$I_{ij}=\frac{X_{ij}/X_i}{M_j/(M_w-M_i)} \tag{2}$$

式（2）中，X_{ij}代表i国对j国出口的产品商业交易额，X_i代表i国产品的出口总额，M_j代表j国产品的输出总数，（M_w-M_i）代表世界除i国外产品的进口总数，这是因为一个国家不能向本国出口商品。若$I_{ij}>1$，则表示双边商业交易关联密切，且指数值越大表示关联越密切；若$I_{ij}<1$，则表示两国贸易联系松散。具体测算结果见表5-2：

表5-2　中国与泰国贸易紧密度指数

年份	中国与泰国贸易紧密度指数
2006	0.93
2007	0.94
2008	0.94
2009	1.03
2010	0.96
2011	0.99
2012	1.17
2013	1.01
2014	1.22
2015	1.41

由表5-2我们可以看出，中国与泰国的贸易紧密度指数值随时间呈现出增长的态势，即联系紧密度在增强。泰国是中国在贸易上很大的伙伴，紧密度指数值的平均值在1.1左右，表明中国与泰国的贸易联系较为紧密。

（二）“一带一路”背景下中国与泰国贸易增长因素

“一带一路”是我国构建全方位开放新格局，进一步融入世界经济体系的伟大战略措施。其中“一路”的主要方向，是从中国沿海到印度洋再到欧洲、中国沿海带南太平洋的战略合作经济带的建设。这条经济带将中国与东盟、南亚、北非、欧洲沿线的经济市场相连，这将大力推动我国与沿线周边国家的经贸合作，形成贸易渠道和经贸合作网络。“一带一路”提倡的“五通”中，商业贸易道路通畅是重点建设的方面。

（1）资源优势

中泰双方都利用资源禀赋的差异性，发挥自己的优势产业。中国是温带和亚热带为主的气候，在传统劳动密集型农产品上有较大优势，因此盛产温带水果和棉花作物等。泰国南部的雨热同期气候以及良好的环境使泰国适合种植业，其种植区域达到总体区域的50%左右，尤其是湄南河附近拥有种植大米的优质肥沃土壤。同时泰国还是世界上大米和木薯的出口国，玉米等农作物产品和热带鲜果都闻名于世界。泰国以农立国，土地资源十分丰富，泰国的气候属于热带季风气候，降雨量大，这都为其开展农业提供了足够的地理资源。泰国的主要农作物为稻谷，耕地区域是全部区域面积的80%，其次是分布于东部高原的玉米作物，泰国的粮食、橡胶等农产品产量、质量都曾位居世界前列。因此中泰两国能够形成紧密的贸易关系。

（2）政策鼓励

泰国的政府相当重视农业在国家中的基础地位，将农业视为国民经济健康发展的最主要部分，并加强农作物加工业的发展。其政策主要表现在：重视农业科研、应用与推广；开创出口导向型的农业发展模式等。我国的农业长期以来处于水深火热之中，资金、政策等很多难题约束农业经济的发展，使劳动密集型的农产品竞争力逐渐下降，特别是在走向工业化、城镇化、现代化的过程中。泰国在政策方面对农业持鼓励态度，在吸引外商投资农业产业上，政府对于种植面积大、养殖面积大的项目给予支持和优惠政策，主要采取一定时期内免征盈利税、亏损被允许免征税、政府只收取纯盈利税等措施。由于政策方面的鼓励，使中泰双方之间的贸易得以稳定增加。

（3）区域经济合作

为了方便国家和国家之间的贸易，世界上的国家和国家通过地域的远近形成区域联盟，区域联盟的国家之间形成区域经济合作。中国与泰国之间的地域经济关联，是中国与东盟自由贸易区在发挥作用。这个章程规划了中国与东盟一些国家在贸易合作时有一定的优势。比如，为了更好地加强中泰两国的贸易往来，而且未被加工的农作物出口时关税为零，因此中国应从泰国进口未经加工的天然农作物。泰国属于东盟成员国的4个新成员国之一，加之其农业在国家中的地位，以及农产品的优良品质，将来中国与泰国的农作物商业交易会更加得到提升。

四、中国与泰国农作物贸易竞争性研究

（一）相关指标测定

本项目选取国际贸易中最能代表竞争力强弱的显性比较优势指数（RCA）和国际市场占有率指数（MS）两个指标，分别研究中国和泰国农作物商业交

易的竞争性关系。

显性比较优势（Revealed Comparative Advantage，RCA）指数，是在1965年由美国经济学家巴萨（Balassa）提出的。显性比较优势指数，是指一个国家某类产品出口额数占该国出口总额的比与世界出口总额中此类产品的出口额的比值。用公式表示为

$$RCA_{ik}=\frac{X_{ik}/X_i}{X_{wk}/X_w} \tag{1}$$

式中，RCA_{ik}表示i国家k类商品的显性比较优势指数；X_{ik}表示i国家k类商品的出口额；X_i表示i国家所有产品出口总额；X_{wk}代表世界出口k类商品的出口总额；X_w表示世界总出口额。该指标可以体现一国某种商品在国际市场中的竞争地位。当RCA_{ik}指数值变大时，表明i国k类商品越有比较优势，即它的国际出口竞争力越强。

一般地，鉴定商品出口竞争力的标准如下：

如果$RCA \geqslant 2.5$，则标志i国在k类商品上有着很强的竞争优势；

如果$1.25 \leqslant RCA < 2.5$，则标志i国在k类商品上有着较强的竞争优势；

如果$0.8 \leqslant RCA < 1.25$，则标志i国在k类商品上有着中等竞争优势；

如果$RCA < 0.8$，则标志i国在k类商品上竞争力较弱。

本项目利用这一标准分别测算泰国、中国在世界市场上的农作物出口显性比较优势指数（RCA）。

国际市场占有率（MS）指数可以体现出某个国家整体的出口竞争力。它可以是一国某类指定商品或产业的出口总额与世界指定产品或产业的出口总额之比，还可以是一国出口数与世界出口数的比例，结合本项目的研究对象，本项目采用后者来体现一国某类特定商品的出口在世界市场上所占的比重。用公式表示为

$$MS_{ik}=\frac{X_{ik}}{X_{wk}}\times 100 \tag{2}$$

式中，MS_{ik}代表i国家k类商品的国际市场占有率指数；X_{ik}表示i国家k类商品的出口额；X_{wk}表示世界出口k类商品的出口额。随着国际市场占有率的指数值提高，此国k类商品在国际市场上的竞争力也会增强；指数值降低，此国k类商品的国际竞争力也变弱。

（二）中泰两国贸易竞争性研究

1. 显性比较优势分析

由图5-1可知，泰国农作物的显性比较优势指数值由2006年的1.86上

升到2015年的1.97，总体呈上升趋势，中国农产品的显性比较优势指数相比略有下降，但整体波动不明显。2015年，中国、泰国指数值分别为0.56、1.97，标志中国农作物的竞争力较弱，而泰国农作物具有较强竞争优势。

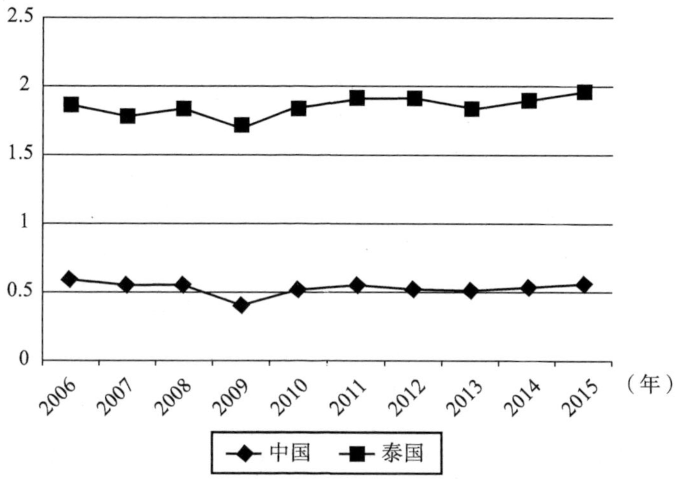

图5-1 2006—2015年中泰两国农产物显性比较优势指数

资料来源：根据UN comtrade数据库数据计算。

以下根据农作物的分类来分析中泰两国在哪些农作物上具有比较优势，在哪些农作物上有劣势。

表5-3给出了中国2006—2015年对世界的农作物出口比较优势，由表中的数据我们可以看出：

表5-3 2006—2015年中国出口到世界的RCA指数

HS \ 年份	2006	2007	2008	2009	2010	2011	2012	2013	2014	2015
01	0.29	0.28	0.33	0.14	0.24	0.27	0.24	0.22	0.23	0.24
02	0.14	0.11	0.09	0.05	0.10	0.09	0.08	0.07	0.08	0.07
03	0.96	0.82	0.83	0.49	1.06	1.13	1.10	1.06	1.16	1.20
04	0.08	0.09	0.10	0.03	0.06	0.06	0.06	0.05	0.05	0.06
05	2.34	2.10	2.13	0.95	1.85	2.00	1.97	1.82	1.93	1.60
06	0.08	0.09	0.09	0.06	0.11	0.11	0.11	0.11	0.17	0.13
07	1.23	1.06	0.99	0.52	1.29	1.39	1.09	1.04	1.14	1.14
08	0.31	0.32	0.35	0.17	0.34	0.36	0.39	0.37	0.39	0.44
09	0.50	0.47	0.47	0.49	0.44	0.39	0.38	0.44	0.46	0.52

续表

年份 HS	2006	2007	2008	2009	2010	2011	2012	2013	2014	2015
10	0. 26	0. 31	0. 07	0. 08	0. 06	0. 05	0. 03	0. 04	0. 03	0. 03
11	0. 32	0. 46	0. 37	0. 35	0. 37	0. 31	0. 29	0. 27	0. 28	0. 28
12	0. 52	0. 43	0. 36	0. 33	0. 29	0. 28	0. 25	0. 25	0. 28	0. 27
13	0. 52	0. 60	1. 02	1. 15	1. 11	1. 20	0. 70	1. 09	1. 44	1. 48
14	1. 31	1. 07	1. 17	0. 93	0. 70	0. 99	1. 15	0. 95	0. 80	1. 34
15	0. 11	0. 06	0. 08	0. 05	0. 04	0. 05	0. 05	0. 05	0. 06	0. 08
16	2. 37	2. 04	1. 76	1. 38	1. 52	1. 70	1. 70	1. 54	1. 61	1. 55
17	0. 20	0. 22	0. 24	0. 24	0. 23	0. 24	0. 22	0. 25	0. 30	0. 33
18	0. 07	0. 06	0. 07	0. 04	0. 05	0. 07	0. 07	0. 08	0. 09	0. 08
19	0. 33	0. 27	0. 24	0. 23	0. 23	0. 26	0. 23	0. 20	0. 21	0. 20
20	1. 31	1. 40	1. 32	1. 10	1. 13	1. 19	1. 20	1. 10	1. 13	1. 05
21	0. 34	0. 33	0. 31	0. 31	0. 32	0. 35	0. 35	0. 33	0. 37	0. 39
22	0. 20	0. 12	0. 11	0. 11	0. 11	0. 11	0. 12	0. 10	0. 13	0. 15
23	0. 20	0. 29	0. 35	0. 18	0. 34	0. 31	0. 36	0. 29	0. 35	0. 57
24	0. 26	0. 25	0. 25	0. 13	0. 28	0. 28	0. 26	0. 25	0. 26	0. 29

资料来源：根据 UN Comtrade 数据库数据计算。

在 24 种农作物中，比较优势指数于“$1.25 \leqslant RCA < 2.5$”区间，具有相对较强比较优势的农作物有：HS05（其他动物商品）、HS16（肉、鱼及其他水生动物制品）两种农作物。

具有适中竞争优势，比较优势指数在“$0.8 \leqslant RCA \leqslant 1.25$”区间的农产品有：HS03（鱼、甲壳、软体及其他水生无脊椎动物），HS14（编结用植物原料、其他植物作物），HS20（蔬菜、鲜果、坚果等其他植物成品），HS07（食用蔬菜、根及块茎）。

比较优势指数 $RCA < 0.8$，竞争优势相对弱的农作物有：HS01（活动物），HS02（肉及食用碎物），HS04（乳类、蛋类、蜂蜜及其他食用动物制品），HS06（活树、根及插花类），HS08（食用水果等），HS09（咖啡、茶等），HS10（谷物），HS11（制粉工业制品、麦芽等），HS12（油子仁及工业或药用植物、稻草等），HS15（动植物油、脂及其分解产品），HS17（糖及甜食），HS18（可可及可可制品），HS19（谷物粮食成品、点心），HS21（杂碎食品），HS22（饮料、酒等），HS23（食物工业废渣、配制的动物草料），HS24（烟草及烟草代用品）。

从表5-3来看，2006—2015年期间中国对世界出口的农产品比较优势指数均值保持在0.53左右，这说明，中国的农作物商品出口不具备比较优势。从细分的农作物商品种类来看，HS05（其他动物制品）、HS07（食用蔬菜、根及块茎）、HS16（肉及其他水生动物制品）、HS20（蔬菜、鲜果、坚果等）这几类农产品具备比较优势，其他的种类都不具备比较优势。

表5-4给出了泰国2006—2015年对世界的农产品出口比较优势，由表中的数据我们可以看出：

表5-4 2006—2015年泰国出口到世界的RCA指数

HS \ 年份	2006	2007	2008	2009	2010	2011	2012	2013	2014	2015
01	0.07	0.08	0.39	0.30	0.47	0.49	0.48	0.44	0.53	0.73
02	0.04	0.06	0.06	0.03	0.07	0.11	0.24	0.28	0.44	0.47
03	3.35	3.36	3.32	1.46	2.81	2.60	2.46	1.76	1.65	1.53
04	0.26	0.26	0.23	0.13	0.21	0.21	0.21	0.23	0.22	0.30
05	0.38	0.38	0.27	0.13	0.39	0.40	0.31	0.33	0.41	0.34
06	0.59	0.58	0.54	0.26	0.49	0.44	0.45	0.46	0.45	0.46
07	1.69	1.66	1.37	0.76	1.50	1.68	1.94	2.06	2.33	2.23
08	0.62	0.65	0.58	0.33	0.60	0.93	1.12	0.95	1.09	1.09
09	0.20	0.20	0.15	0.14	0.11	0.08	0.08	0.11	0.13	0.12
10	5.03	4.57	5.51	5.87	5.16	4.61	3.15	3.14	4.01	3.60
11	4.76	3.68	3.19	3.79	5.07	4.95	5.13	5.80	6.22	6.28
12	0.26	0.15	0.11	0.12	0.10	0.12	0.11	0.12	0.13	0.14
13	0.84	0.47	0.47	0.39	0.38	0.24	0.30	0.44	0.34	0.36
14	1.04	0.97	0.82	0.61	0.45	0.58	0.67	0.57	0.60	0.66
15	0.43	0.57	0.66	0.34	0.34	0.54	0.51	0.70	0.48	0.37
16	13.03	12.20	13.36	13.47	12.66	12.98	12.78	11.99	11.01	11.16
17	2.81	4.32	4.64	5.08	4.27	5.90	6.61	5.22	5.45	5.83
18	0.19	0.17	0.18	0.18	0.17	0.16	0.15	0.12	0.16	0.20
19	1.15	1.21	1.22	1.26	1.31	1.34	1.41	1.45	1.43	1.49
20	3.46	2.98	3.08	2.97	2.92	2.99	2.69	2.73	2.90	3.02
21	2.11	1.89	2.02	2.24	2.20	2.40	2.39	2.50	2.63	2.52
22	0.31	0.34	0.42	0.49	0.55	0.68	0.91	0.94	1.02	1.08
23	1.77	1.66	1.36	0.64	1.44	1.39	1.41	1.48	1.56	3.11
24	0.29	0.32	0.29	0.11	0.22	0.21	0.21	0.18	0.18	0.21

资料来源：根据UN Comtrade数据库数据计算。

在农作物的24种商品中，比较优势指数在"RCA≥2.5"区间，具有极强比较优势的农作物有：HS10（五谷）、HS11（制粉工业制品、麦芽等）、HS16（肉、鱼及其他水生动物产品）、HS17（糖及糖食）、HS20（蔬菜、鲜果、坚果等）。其中，HS16（鱼及其他水生动物产品）的指数值均高达11，最高值在2009年，达到13.47。

比较优势指数在"1.25≤RCA<2.5"区间，有较强的比较优势的农作物产品有：HS07（食用蔬菜等）、HS03（鱼、甲壳、软体等动物）、HS19（谷物粮食制品、点心）、HS21（杂类食物）、HS23（食品工业残渣等）。HS08（食用水果及坚果）的指数值均值为0.80，但在2006—2010年期间指数值均小于0.8，2011年之后开始上升；HS14（编结用植物原料等）均值为0.70，但在2006—2008年，其指数值均超过0.8，随后开始下降；HS22（饮料、酒及醋）的指数值均值为0.67，但2012年指数值达到0.91，直到2015年，指数值均超过0.8。这说明HS08（食用水果及坚果）、HS14（编结用植物原料等）、HS22（饮料、酒等）这几类农作物产品具有中等竞争优势。

在农产品的24种产品中，比较优势指数在"RCA<0.8"区间，竞争力较弱的农产品有：HS02（肉类等）、HS01（活动物）、HS06（活树、鳞茎、根等）、HS04（乳类、蛋类、蜂蜜等）、HS05（其他动物产品）、HS09（咖啡、茶等）、HS12（含油子仁及果实、工业或药用植物、稻草等）、HS18（可可及可可产品）、HS24（烟草代用品制品等）、HS15（动植物油、脂及其分解产物等）。

从表5-4来看，2006—2015年，泰国对世界出口的农产品比较优势指数均值保持在1.85左右，这说明，泰国对世界出口的农作物产品具有较强的比较优势。根据农作物产品的分类来看，泰国对世界出口的农作物中，HS10（谷物）、HS11（制粉工业制品、麦芽等）、HS16（鱼及其他水生动物产品）、HS17（糖等）、HS20（蔬菜、水果、坚果等）、HS07（食用蔬菜等）、HS03（鱼、甲壳、软体动物等）、HS19（谷物粮食制品、点心）、HS21（杂食）、HS23（食品工业残渣等）具有比较优势，其他农产品不具备比较优势。

2. 国际市场占有率分析

从图5-2中我们可以观察到，在2006—2015年，中国农作物商品的国际市场占有率一直高于泰国农作物商品国际市场占有率，整体趋势在不断上升，从2006年的4.76%增加至2015年的7.1%，除2009年为3.8%以外，其他年份均达到4%以上。相较之下，泰国的国际市场占有率均值大约在2%，具体来看，从2006年的1.97%上升至2015年的2.56%，整体上升趋势较缓，但

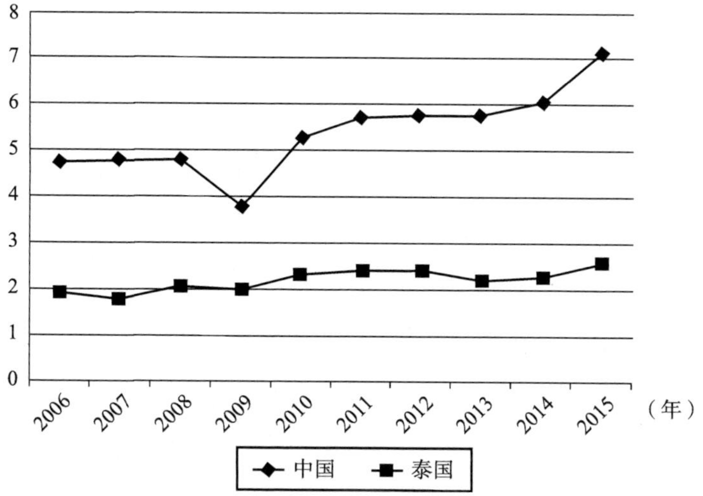

图 5－2 2006—2015 年中泰两国农作物国际市场占有率指数

资料来源：根据 UN Comtrade 数据库数据计算。

上升率远低于中国。

从表 5－5 中我们可以看到，中国 2006—2015 年农作物商贸国际市场占有率指数值：

表 5－5 2006—2015 年中国出口到世界的 MS 指数

HS \ 年份	2006	2007	2008	2009	2010	2011	2012	2013	2014	2015
01	2.32	2.40	2.89	1.31	2.51	2.78	2.71	2.64	2.53	3.04
02	1.10	0.93	0.81	0.44	1.03	0.92	0.84	0.80	0.90	0.93
03	7.71	7.16	7.32	4.68	10.97	11.69	12.25	12.48	13.02	15.23
04	0.64	0.75	0.86	0.29	0.58	0.60	0.66	0.58	0.60	0.81
05	18.75	18.34	18.93	9.10	19.14	20.80	22.08	21.35	21.65	20.21
06	0.68	0.76	0.79	0.54	1.14	1.09	1.27	1.25	1.89	1.61
07	9.86	9.25	8.77	5.01	13.33	14.38	12.22	12.22	12.78	14.43
08	2.45	2.75	3.06	1.66	3.55	3.71	4.32	4.35	4.33	5.52
09	4.03	4.14	4.15	4.70	4.56	4.09	4.21	5.19	5.19	6.60
10	2.08	2.72	0.65	0.80	0.64	0.52	0.37	0.42	0.37	0.32
11	2.60	4.05	3.31	3.37	3.87	3.26	3.28	3.19	3.14	3.52
12	4.16	3.78	3.20	3.15	3.02	2.87	2.81	2.93	3.14	3.36
13	4.16	5.27	9.05	11.04	11.47	12.46	7.88	12.78	16.09	18.70

续表

HS \ 年份	2006	2007	2008	2009	2010	2011	2012	2013	2014	2015
14	10.50	9.36	10.40	8.89	7.27	10.28	12.88	11.17	9.12	16.91
15	0.88	0.54	0.67	0.50	0.46	0.50	0.53	0.62	0.68	1.02
16	18.97	17.76	15.66	13.29	15.77	17.64	19.06	18.14	17.99	19.60
17	1.57	1.90	2.11	2.26	2.42	2.45	2.45	2.88	3.39	4.12
18	0.54	0.54	0.62	0.38	0.56	0.73	0.76	0.89	1.03	1.05
19	2.61	2.39	2.12	2.20	2.43	2.70	2.60	2.38	2.32	2.50
20	10.51	12.21	11.71	10.58	11.65	12.38	13.40	12.99	12.62	13.24
21	2.75	2.84	2.76	2.98	3.29	3.63	3.93	3.91	4.12	4.98
22	1.60	1.02	0.95	1.05	1.15	1.14	1.30	1.20	1.48	1.95
23	1.60	2.49	3.07	1.69	3.51	3.20	4.08	3.40	3.97	7.15
24	2.12	2.14	2.22	1.23	2.94	2.86	2.96	2.97	2.89	3.63

资料来源：根据 UN Comtrade 数据库数据计算。

在24类农作物商品中，HS03（鱼、软体、甲壳动物等）、HS05（其他动物产品）、HS07（食用蔬菜、根及块茎）、HS13（虫胶；树胶等其他植被液、汁）、HS14（编结用植物原料等）、HS16（鱼及其他水生动物产品）、HS20（蔬菜、鲜果、坚果等）的国际市场占有率指数值均超过10%。其中，HS03（鱼、甲壳、软体动物等）从2010年起达到10%，并在2015年上升至15%以上；HS05（其他动物商品）和HS16（鱼及其他水生动物产品）除2009年外指数值均超过15%，HS05（其他动物产品）最高年份达到22.08%；HS07（食用蔬菜等）在2010年后指数值达到10%；HS13（虫胶；树胶等其他植物液、汁）的国际市场占有率均值为10.9%，但数值不稳定；HS14（编结用植物原料等）的均值为10.68%，但在2007年、2009年、2010年和2014年指数值低于10%。以上数据表明，中国的这几种农作物商品在国际市场上有很强的竞争力和发展潜力。

HS01（活动物）、HS08（鲜果、坚果等）、HS09（咖啡、茶等）、HS12（含油子仁及果实、工业或药用植物等）、HS11（制粉工业制品等）、HS17（糖类等）、HS21（杂项食品）、HS19（五谷产品等）、HS22（饮料等）、HS23（食品工业废渣等）、HS24（烟草制品等）这几类农产品的国际市场占有率指数在1%~5%，表明以上农作物商品在国际市场上具有中等竞争力和发展潜力。

HS04（乳类、蛋类、蜂蜜等）、HS10（五谷）的国际市场占有率指数几乎接近0，说明这两类农产品在国际市场上不具备竞争力。

从表5-6中我们可以看出：泰国2006—2015年农作物贸易国际市场占有率的指数值：

表5-6 2006—2015年泰国出口到世界的MS指数

HS \ 年份	2006	2007	2008	2009	2010	2011	2012	2013	2014	2015
01	0.07	0.08	0.42	0.34	0.59	0.61	0.60	0.53	0.64	0.95
02	0.04	0.06	0.07	0.04	0.08	0.14	0.30	0.34	0.53	0.61
03	3.54	3.66	3.66	1.70	3.57	3.25	3.08	2.11	1.97	1.99
04	0.27	0.28	0.25	0.16	0.27	0.27	0.26	0.27	0.27	0.39
05	0.40	0.41	0.29	0.15	0.49	0.50	0.39	0.39	0.49	0.44
06	0.62	0.64	0.59	0.30	0.62	0.55	0.57	0.55	0.54	0.59
07	1.79	1.81	1.52	0.88	1.91	2.11	2.43	2.47	2.79	2.90
08	0.65	0.70	0.64	0.39	0.76	1.16	1.41	1.13	1.31	1.42
09	0.21	0.22	0.16	0.16	0.14	0.10	0.10	0.13	0.15	0.15
10	5.32	4.97	6.08	6.83	6.56	5.77	3.95	3.77	4.81	4.67
11	5.04	4.01	3.52	4.41	6.44	6.19	6.43	6.95	7.46	8.15
12	0.27	0.16	0.12	0.14	0.13	0.15	0.13	0.14	0.15	0.18
13	0.89	0.51	0.52	0.45	0.48	0.30	0.38	0.53	0.40	0.47
14	1.10	1.06	0.90	0.71	0.57	0.73	0.84	0.68	0.67	0.86
15	0.45	0.62	0.72	0.40	0.43	0.67	0.64	0.84	0.58	0.48
16	13.79	13.29	14.74	15.66	16.10	16.23	16.01	14.37	13.21	14.49
17	2.98	4.70	5.12	5.91	5.43	7.39	8.28	6.26	6.54	7.58
18	0.20	0.19	0.20	0.21	0.22	0.20	0.18	0.15	0.19	0.26
19	1.21	1.31	1.35	1.47	1.66	1.68	1.77	1.74	1.72	1.93
20	3.67	3.25	3.40	3.46	3.71	3.74	3.37	3.27	3.48	3.93
21	2.24	2.06	2.23	2.60	2.80	3.00	2.99	3.00	3.15	3.28
22	0.33	0.37	0.47	0.57	0.70	0.85	1.14	1.12	1.22	1.40
23	1.87	1.81	1.50	0.74	1.83	1.74	1.77	1.78	1.87	4.03
24	0.30	0.35	0.32	0.13	0.28	0.27	0.26	0.22	0.22	0.27

资料来源：根据UN Comtrade数据库数据计算。

在农作物的24类商品中，HS03（鱼、甲壳、软体及动物等）、HS10（五谷）、HS11（制粉工业制品等）、HS16（鱼及其他水生动物产品）、HS17（糖类等）、HS20（蔬菜、水果、坚果等其他植物产品）、HS21（杂碎食物）这几种农作物商品的指数值均超过了2。其中，HS10（谷物）的指数值全部高于3；HS03（鱼、硬壳、软体动物等）的指数值在大部分年份中都超过3；HS11（制粉工业产品等）大部分年份指数值在4以上，最高值出现在2015年，达到8.15；HS16（鱼及其他水生动物产品）的指数值均超过13，2011年达到最高值16.23。这说明，以上几种农作物商品在国际市场上均有很强的竞争力和发展潜力。

HS07（食用蔬菜、根及块茎）、HS19（谷物粮食制品、点心）、HS23（食品工业废渣等）这三种农作物商品的指数值在1～2，其中HS07（食用蔬菜等）除2009年外，其他数值均在1以上。这说明，以上三类农作物在国际市场上有中等竞争力和发展潜力。

HS02（肉类杂食等）、HS04（乳类、蛋类、蜂蜜等）、HS05（其他动物产品）、HS06（活树、鳞茎等）、HS09（咖啡、茶及调味香料）、HS12（含油子仁及果实、工业或药用植被等）、HS13（树胶等其他植被液、汁）、HS18（可可及可可产品）、HS24（烟草产品等）这几种农作物的国际市场占有率指数值几乎为0，表示这几种农作物在国际市场上不具有竞争力。

3. 农产品竞争性分析

中国与泰国的农产品贸易一直以来都在不断地增长，在此过程中，双方农产品会不可避免地在第三市场上出现竞争。根据表5－5、表5－6可以看出，2006—2015年，HS05（其他动物商品）、HS13（虫胶等其他植被液等）、HS14（编结用植物原料等）这三种农作物商品是中国具有竞争力而泰国不具备竞争力的商品；HS10（谷物）、HS11（制粉工业制品、麦芽、淀粉等）、HS17（糖及糖食）这三类属于泰国具备竞争力而中国不具备竞争力的农作物商品；HS03（鱼、硬壳、软体动物等）、HS16（鱼和其他水生动物产品）、HS20（蔬菜、鲜果、坚果等）这几类属于中国和泰国都具备竞争力的农产品。因此，中国和泰国在具有竞争力的农作物商品类型上，既具有相对大的差异，也具有相对大的互补性，中国与泰国的农作物产成品成长潜力巨大。

五、中国与泰国农作物产品商贸互补性研究

（一）相关指标测定

本项目主要使用商品输出相似度指数来研究中泰双边在第三方市场（世界）的贸易互补情况。采用的是Finger和Kreinin（1979）提出的产品出口相似度指数（Export Similarity Index）来测定中泰两国世界市场上输出农作物商

品的相同程度。他们将出口相似度定义为

$$S^P(ij,k) = [\sum M_{in}(X^k_{iw}/X^t_{iw}),(X^k_{jw}/X^t_{jw})] \times 100$$

由于国家间领域相差较大，1998 年 Glick 和 Rose 对这个指数进行了改正，本项目采用改正后的输出相似度指数来进行计算，公式为

$$S^P(ij,k) = \sum_k \left[\frac{(X_{ik}/X_i) + (X_{jk}/X_j)}{2}\right] \times \left[1 - \left|\frac{(X_{ik}/X_i) - (X_{jk}/X_j)}{(X_{ik}/X_i) + (X_{jk}/X_j)}\right|\right] \times 100 \quad (1)$$

该指数是用输出产品数据从商品域和市场域分析两个国家在第三方市场的竞争优势。其中，$S^P(ij, k)$ 代表 i 国家和 j 国家 k 类商品的输出产品相似度；X_{ik}代表 i 国家 k 类商品输出到世界的输出产品量；X_i代表 i 国家所有 k 类商品输出到世界的输出总量；X_{jk}代表 j 国家 k 类商品输出到世界的输出量；X_j 表示 j 国家所有 k 类商品的输出总量。

一般认为，$S^P(ij, k)$ 的指数值区间为：$0 \leqslant S^P(ij, k) \leqslant 100$。当指数为 100 时，表示两国的输出产品结构几乎相似；而当指数为 0 时，则表明两国在世界市场上的产品结构完全不相同。区间内，指数值越高，表明两国的输出产品结构越相同；数值越低，表明两国产品结构不相同，即竞争性越低。

根据以上公式，我们分别对中泰两国的商贸互补性进行研究。

（二）中泰两国商贸互补性研究

1. 出口相似度分析

由表 5－7 我们可以观察出，2006—2015 年，中国和泰国在世界市场上的农作物商品相似度指数整体偏高，均值达到了 59. 49，其中 2006 年和 2007 年指数值达到 67. 31 和 67. 28。之后随着时间的推移中泰两国的产品相似度虽有下降趋势，但幅度不大，仍然保持着较高的态势。由此我们可以初步判断，中国与泰国的农作物输出在世界市场上的互补性偏低。

表 5－7　2006—2015 年中国和泰国出口到世界的农产品相似度指数

HS \ 年份	2006	2007	2008	2009	2010	2011	2012	2013	2014	2015
01	0. 07	0. 07	0. 31	0. 51	0. 41	0. 38	0. 40	0. 38	0. 46	0. 62
02	0. 20	0. 27	0. 28	0. 29	0. 31	0. 51	1. 08	1. 36	1. 70	1. 55
03	14. 31	13. 24	10. 80	10. 83	11. 02	9. 32	8. 84	6. 86	6. 59	5. 78
04	0. 85	0. 93	0. 75	0. 79	0. 73	0. 68	0. 65	0. 82	0. 81	0. 89
05	0. 14	0. 13	0. 09	0. 09	0. 13	0. 14	0. 11	0. 13	0. 16	0. 13

续表

HS \ 年份	2006	2007	2008	2009	2010	2011	2012	2013	2014	2015
06	0. 35	0. 37	0. 38	0. 45	0. 43	0. 36	0. 36	0. 40	0. 36	0. 37
07	4. 41	4. 30	3. 04	3. 76	4. 12	3. 90	4. 26	5. 15	5. 54	6. 03
08	2. 24	2. 28	1. 84	2. 43	2. 21	3. 05	3. 82	3. 52	4. 02	4. 45
09	0. 31	0. 32	0. 21	0. 21	0. 19	0. 15	0. 15	0. 19	0. 22	0. 20
10	3. 45	5. 55	1. 73	1. 62	1. 13	1. 04	0. 73	0. 79	0. 64	0. 47
11	0. 78	1. 43	1. 39	1. 22	1. 16	1. 00	0. 99	0. 93	0. 88	0. 87
12	0. 57	0. 37	0. 31	0. 36	0. 35	0. 39	0. 39	0. 46	0. 46	0. 52
13	0. 22	0. 11	0. 11	0. 09	0. 10	0. 07	0. 15	0. 16	0. 10	0. 11
14	0. 04	0. 04	0. 02	0. 02	0. 02	0. 02	0. 02	0. 02	0. 02	0. 02
15	1. 30	0. 92	1. 53	0. 86	0. 78	0. 93	0. 93	0. 93	0. 93	0. 98
16	18. 23	16. 44	15. 55	11. 97	12. 31	13. 41	14. 65	13. 74	12. 80	11. 74
17	1. 53	1. 60	1. 74	2. 02	2. 23	2. 20	2. 07	2. 22	2. 22	2. 29
18	0. 30	0. 28	0. 27	0. 31	0. 32	0. 26	0. 25	0. 21	0. 27	0. 36
19	2. 63	2. 59	2. 56	2. 58	2. 44	2. 56	2. 45	2. 34	2. 27	2. 24
20	8. 65	7. 88	7. 07	6. 80	6. 79	6. 44	5. 90	6. 40	6. 49	7. 29
21	3. 03	3. 11	3. 19	3. 40	3. 27	3. 42	3. 64	3. 77	3. 90	4. 37
22	1. 47	1. 63	1. 77	1. 98	2. 09	2. 02	2. 27	2. 05	2. 38	2. 92
23	1. 71	2. 83	3. 31	3. 39	3. 91	3. 41	3. 96	4. 18	4. 70	3. 90
24	0. 53	0. 57	0. 45	0. 41	0. 38	0. 33	0. 35	0. 32	0. 30	0. 34
合计	67. 31	67. 28	58. 71	56. 39	56. 83	55. 98	58. 40	57. 32	58. 25	58. 43

资料来源：根据 UN Comtrade 数据库数据计算。

从农产品的分类来看，在 24 类农产品中，HS16（鱼及其他水生动物产品）、HS03（鱼、硬壳、软体动物等）、HS20（蔬菜、鲜果、坚果等）、HS07（食用蔬菜等）这四类农产品在 2006—2015 年的相似度指数值较高，均值分别为 14. 09、9. 76、6. 97、4. 45，虽然两国向世界市场出口的农产品大部分都是互补性较高的，如 HS01（活动物）、HS05（其他动物商品）、HS06（活树、鳞茎等）、HS10（五谷）、HS14（编结用植物原料等）、HS15（动植物油、脂及其分解商品）、HS19（谷物粮食产品）、HS24（烟草产品等），由于前面四类农作物商品的输出数量相对大，使中泰两国在农作物输出上的互补程度偏低。

2. 产品结构分析

由表5-7可知，2006—2015年，活动物、动物产品的贸易额所占比重在保持相对稳定的同时呈现小幅度的增长，但在其他类别的农产品中比重仍较低。植物产品的贸易额所占比重整体呈增长趋势，即使中间几年有所下降也很快得到恢复，出现新一轮的增长，这与自贸区成立之后，关税的逐渐取消，泰国向中国大量出口热带作物有很大关系。食物、饮品、酒及醋、烟草等制品的贸易额所占比重波动较小，但仍是所有农作物种类中比重较大的一类。随着中国—东盟这几种类别农作物的商品交易量的增加，使其他类别农作物的商品交易量总数比重出现了下降。

六、FTA建立对中泰两国的经济效应研究

（一）研究方法概述

近年来，中国的经济规模不断扩大，国际化程度日益加深，大大促进了区域经济一体化的发展态势，我国自2002年起，就开始全面参与自由贸易区（FTA，以下简称自贸区）的建设，目前中国的在建自贸区有19个，涉及32个国家和地区。已签署的自贸协定14个，涉及22个国家和地区。自贸区建设的快速发展引发了经济效应的评估问题，究竟自贸区的建立是否会影响成员国的福利水平，能在多大程度上影响成员国福利水平是学者们和政策制定者比较关心的问题。

从Viner发表著作《关税同盟问题》以来，学者们对自贸区贸易效应的认识越来越系统，贸易转移效应和贸易创造效应就变成研究自贸区经济效果的主要评价指标。贸易转移是指自贸区建成后自贸区内外产品之间流动的替代，这一效应会使资源分配效率低下，给成员国带来损失。商贸创造是指自贸区建成后，由于关税水平下降使境内相对高成本的生产消费变为从相对低成本的合作国入口。商贸创造意味着商业交易量的增多，可以有效提升合作国的福利水准。

现有文献中分析自贸区经济效应的方式可分为事前分析和事后分析。包括：经验模型法、CGE模型。事后分析的估计方法比较多样，包括：巴拉萨模型和引力模型、区域内贸易份额法。引力模型作为事后分析中研究自贸区经济效应最为有效的方法之一，目前学者通常会在传统引力模型中加入虚拟变量来预测自贸区经济效应。本项目采用引力模型来测算中国与泰国自贸区建立带来的经济效应，并在模型中加入了人口、GDP、距离等可能影响双边

贸易的变量。

（二）模型的设定

引力模型（Gravity Model）这一概念来自牛顿的万有引力定律，即任何两个不同物体之间的引力与它们的质量成正比，与它们之间的间距的平方成反比。在20世纪30年代，赖利在分析零售市场时，假设两个地区之间的人口转移和其居民人口的乘积为两个变量，这两个变量成正比，与间距平方成反比例，即零售引力的赖利定理（Reilly Law），自此赖利定理在经济社会中获得普遍使用。引力模型的一般形式为

$$X_{ij} = A\left(\frac{Y_i Y_j}{D_{ij}}\right) \tag{1}$$

式中，X_{ij}代表国家i向国家j输出的商品交易量；A为常数项；Y_i和Y_j分别代表国家i和国家j的国内生产总值（GDP）；D_{ij}代表国家i和国家j中间的长度，一般情况下用两国中心城市的直线间距来代表。

由于该模型是非线性的，为了恰当预算，一般情况下对式（1）取其自然对数获得线性形式。

$$\ln X_{ij} = \beta_0 + \beta_1 \ln Y_i + \beta_2 \ln Y_j + \beta_3 \ln D_{ij} + \beta_4 A + \varepsilon_{ij} \tag{2}$$

其中，β_0，…，β_4为回归系数，ε_{ij}为随机误差项。

Tinbergen（1965）将引力模型用以分析国际商贸的范畴，并设定了最初的模型。该模型假定两国间商贸流和产值总量成正比，与间距成反比，并且引入了其他可能会对两国商贸产生影响的其他因素。主要是指三方面的变量：一是反映进出口国家供需能力的变量，如两国的人口、GDP、国土区域等；二是反映贸易阻力的变量，如两国间距离和关税、汇率等；三是代表贸易偏好因素，反映经济一体化、有共同边界、相似历史文化等。引力模型在研究FTA的经济效果时，是在基础引力模型中假如虚拟变量，本项目主要考察贸易创造效应和贸易转移效应，引入虚拟变量（是否已建立FTA）来模拟自贸区的建立给合作国带来的经济效应。具体模型如下：

$$\begin{aligned}\ln(im) = {} & \beta_0 + \beta_1 \ln gdp + \beta_2 \ln Rgdp + \beta_3 \ln pop + \beta_4 \ln CHNpop \\ & + \beta_5 \ln dist + \beta_6 FTA + \beta_7 \ln NFTA + \varepsilon \end{aligned} \tag{3}$$

其中，im表示t时期中国与其他国家间的进口额；gdp表示研究期间内样本国的GDP水平；$Rgdp$表示研究期间内样本国的人均GDP水准；$CHNpop$表示中国的人口数；pop表示研究期间内十个样本国的人口数；$dist$表示中国与其他国家首都间的距离；FTA和$NFTA$分别用于拟合FTA的建立对成员国贸易的影响，当t年后中国与样本国已建立自贸区时，则$FTA=1$。$NFTA$表示反事实

预测中国与样本国建立自贸区的影响，若 t 年后已建立自贸区，则 $NFTA = 0$。ε 为随机误差项。具体的变量解释见表 5 - 8。

表 5 - 8　变量表

im	t 时期中国与其他国家间的入口额（亿美元）
gdp	其他样本国家 GDP 水平（亿美元）
Rgdp	其他样本国家人均 GDP 水平（亿美元）
pop	其他样本国家总人口数（万人）
CHNpop	中国总人口数（万人）
dist	国家首都间的距离（公里）
FTA	中国与样本国家已建立自贸区（“已建立”则取值为 1）
NFTA	模拟中国与样本国家自贸区的建立（“事实为未建立”则取值为 1）

（三）数据来源与说明

本项目选取的样本国或地区包括：泰国、柬埔寨、马来西亚、菲律宾、新加坡、印度尼西亚、新西兰、瑞士、智利、秘鲁共 10 个国家。

之所以把以上 10 个国家或地区作为分析对象是由于：我国与东盟四个新合作伙伴（越南、缅甸、老挝和柬埔寨）的商贸优惠政策与旧伙伴相比有些许的落后，且时间相对不长，所以本分析的对象以东盟六国（泰国、菲律宾、印度尼西亚、马来西亚、新加坡和文莱）和柬埔寨为主（因数据不够和商贸范畴相对小除去了文莱）。其中新加坡在 2008 年 10 月已经与中国签署了自贸区协约，为了保证实证结果的准确性，又加入了已经与中国签订了自贸区协议的部分国家，分别是新西兰（2008 年 10 月）、瑞士（2014 年 7 月）、智利（2005 年 11 月）、秘鲁（2008 年 11 月）。

农作物商品样本选取了中国出口其他国家商业交易量最高的前十类农作物产品：HS03（鱼、硬壳、软体动物等）、HS07（食用蔬菜等）、HS16（肉、鱼等动物产品）、HS20（蔬菜、鲜果、坚果等产品）、HS08（食用水果及坚果）、HS21（杂项食品）、HS12（含油子仁及果实、工业或药用植被等）、HS23（食品废渣、动物饲料制品）、HS09（咖啡、茶等）、HS22（饮品、酒品等）。

中国与样本国进出口农产品商贸数据基本来于源联合国统计署创设的商业交易数据库（UN COMTRADE）。该数据库对产品的分类是以协调编码制度（HS）和国际贸易标准分类（SITC），本项目采用数据库中的 HS 分类标准数据；中国和其他国 GDP 及人均 GDP 数据来自世界银行官方统计数据；人口数据来自每年《中国统计年鉴》和《世界人口状况》；距离数据来自 www. indo. com 网站里的“距离计算器”，以中国首都北京到其他国首都的直线间距表示，已经与中国签订过自贸区协定的国家资料来自“中国自贸区服务网” http://fta. mofcom. gov. cn/。

（四）中国与泰国 FTA 建立的经济效应实证分析

本项目采用 Stata 9. 0 软件对 2006—2015 年的数据进行实证分析，首先依据中国与样本国是否已建立自贸区的实际情况对数据进行回归分析，测算中国与泰国目前的进口水平。再反事实估计“若中国与泰国建立自贸区”会带来怎样的贸易水平，在模型（3）的基础上，假定 $NFTA = 1$ 即可预测 2006—2015 年中国与泰国的模拟进口水平。

表 5 -9　实证检验结果

	Coef.	Std. Err.	t 值	$p > \|t\|$
gdp	. 0009543	. 0000417	22. 89	0. 000
Rgdp	-. 0001974	. 0000208	-9. 51	0. 000
pop	-. 0001435	. 0000419	-3. 42	0. 001
CHNpop	. 0011163	. 0001276	8. 75	0. 000
dist	. 0000779	. 0000987	0. 79	0. 432
FTA	7. 348045	1. 51478	4. 85	0. 000
_ cons	-149. 0407	17. 06243	-8. 74	0. 000
R^2	0. 8956			
Prob > F	0. 0000			

由表 5 -9 中数据可知，F 的检验 p 值为 0. 0000，由此可以判断模型检验的成果很明显。R^2 为 0. 8956，说明拟合度较高，该模型较为合理。根据表 5 -9 中每一个变量的回归系数以及 p 值，可以得到如下结论：

（1）样本国 GDP 变量（*gdp*）0. 000 < 0. 05，在 5% 的显著性水平通过 t 检验，回归系数为正，标志样本国家的 GDP 水平对于双方的入口商业交易呈显著正相关关系，由此可知，贸易流量随着经济规模总量的增大而增大。

（2）样本国人均 GDP 变量（*Rgdp*）0. 000 < 0. 05，通过 t 检验，回归系数为负，人均 GDP 尽管不可以表示住民的经济状况，但却是居民人均消费水准和生活水准提高的重要参照指标，人均 GDP 增强，那么就表明居民对本国的购买力增强。

（3）样本国人口数变量（*pop*）0. 001 < 0. 05，通过 t 检验，且回归系数

为负，说明随着样本国人口数的增长，本国产品需求量也随之增加，中国的进口贸易产生了负面影响。

（4）中国的人口数变量（*CHNpop*）的 t 检验 p 值为 $0.000<0.05$，在 5% 的水平上达到了检验的标准，且回归系数为正，表明中国的人口数会对中国与样本国的进口贸易产生积极作用。

（5）自贸区变量（*FTA*）的 t 检验 p 值为 $0.000<0.05$，通过 t 检验，回归系数为正，表明该变量与中国的进口贸易呈显著正相关关系，自贸区的建立会促进中国的进口贸易。

在模型（3）的基础上，通过假定 $NFTA=1$，可以模拟预测 2006—2015 年中国与泰国建立自贸区会带来怎样的贸易水平。

表 5－10　中国与泰国建立自贸区实际和模拟的进口水平

年份	实际值	模拟值
2006	17.46	10.12
2007	20.75	13.40
2008	23.11	15.77
2009	23.28	15.93
2010	27.48	20.13
2011	29.89	22.54
2012	31.90	24.55
2013	33.99	26.65
2014	33.94	26.59
2015	36.11	28.77

注：表中模拟值为假定“$NFTA=1$”情况下的进口水平。

区域经济一体化产生的贸易效应主要有贸易创造效应与贸易转移效应，在分析中国与泰国建立自贸区出现的贸易创造效应和贸易转移效应时，实际的贸易数据值是可以获得的，需要我们估计中国—泰国自贸区建成之后，双边的农作物商贸水平将发生怎样的变化（见表 5－10）。在中国与泰国未建立 FTA 时，实际的进口水平基本处于持续增加的水平，并且超出了模拟中国与泰国建立自贸区的进口程度，因此没有出现贸易转移效应。自贸区的创设对本国的进口产生了重要作用。2006—2015 年我国与泰国的实际进口水平超过了模拟 FTA 建立的进口水平；FTA 的建立对我国农产品进口商贸具有很大作用，造成了相对大的贸易创造效应，且商业交易范畴的扩大有利于贸易创造而不是贸易转移。在自贸区的建立过程中，2006—2015 年我国的进口水平不断增长，农产品贸易没有以贸易转移为代价实现增长。可能的原因是我国不断增长的经济水平使对农产品的需求不断提高，并且我国的农产品种类多样，从研究范围内的国家并不能全部满足我国增长的消费水平和各方面的需求。同理，表5-10表明中国与泰国未建立自贸区时的实际进口贸易值呈持续增长状态，且模拟建立自贸区的进口商贸值低于实际值，表明中国和泰国也没有出现贸易转移效应。2006—2015年，我国与泰国的进口贸易呈增长趋势，这说明，FTA的建立会对中泰双边的贸易产生积极影响，产生了贸易创造效应。泰国属于东盟四个新伙伴之一，贸易优惠安排较老成员有些许的落后，因此与中国的进口商贸量较低，但总体还是趋于一直增长的态势。

七、对策与建议

（一）发展规模农业，着力保障农业投入和支持补贴的资金来源

劳动生产率的提升依靠农产品产量上的增长。机械化生产水平的提高、农业发展规模的扩大，就可以提高劳动生产率；另外，随着生产规模的扩大，劳动生产率的进步，就必须增强资金和技术投入。规模经济效益的取得，也依靠完成生产方式的改变。该措施不仅增加国内的生产领域，还有利于增加两国农作物商品交易的规模。

其次还要持续加强农业支持保护。国外有许多的经验值得我们借鉴。比如2014年美国新农业法、2013年欧盟共同农业政策的最新改革以及日本的农业新政，都反映出市场化特点更趋明显。从根本上来看，这些发达国家都还在继续支持本国的农业。以美国为例，2014年农业法最终的预算有所削减，但削减主要集中在营养计划。对于产品计划，即使取消了直接支付，反周期支付替代了价格损失补偿计划，平均作物收入选择替代了农业收入风险补救措施，对棉花转为保险政策保护，但对农业本质上的支持水准不仅没降低，甚至还在提高。我国加入WTO后，出台的一些对农业、农村和农民的支持保护政策，"四补贴"由2004年的145.2亿元增至2014年的1680多亿元，但连年来津贴的增加有所放慢。往后还需继续研究制定具有可操作性的农业投入法，促进农业扶持政策制度化、法制化的实施，建立健全补津和农业投入持续发展的长效机制，落实保障支持补津和农业投入资金的有效来源。

根据前文中的分析，我国与东盟各国以及东盟成员国之外的几个国家农产品种类上的数值呈现较大的波动，这与双方的生产模式有很大关系。小规模的家庭生产模式下，生产者往往缺乏有效的市场信息获取渠道，加之其对

信息的分析判断能力有限，极容易造成盲目生产的现象，导致过于集中生产某一类别农产品的情况发生。因此，为了保证中国与泰国的农产品商业交易对双方多类别农产品商贸的拉动作用，还有必要建立健全的农业保障体系，为生产者的生产决策提供有效参考。农业服务体系的建立应当着眼于农资市场、农技市场、农产品销售市场的最新动态，针对中国与东盟国家的市场，保证为农民提供有效信息，同时通过专业人员和设备的调查分析，为农民提供最为科学的参考意见，并在技术、销售等方面进行指导，既能有效应对小规模家庭生产的盲目性，又避免了资源的浪费，对于提升中国与泰国农作物商业交易具有十分重要的作用。

（二）发挥竞争优势，实时调整农业生产结构

中泰两国农产品商贸既有互补性也有竞争性。双边都应全面施展各自的相对优势，操纵好“两种资源，两个市场”。一是从商品互补性上来讲，中泰双方均可向对方国输入竞争力相对强的商品，然后入口竞争力相比较弱的商品。二是从商品竞争性上来讲，中泰为了使两国的农作物商品更加具有互补性，应该增强产成品细化以及专业性的明确分工。

在农作物商品的生产科技和商品质量方面，我国还存在些一直以来竞争力上的难题，然而在泰国市场上的占有率也正在降低。所以，提高农作物商品的生产科技，特别是农作物商品再次加工技术方面的探究，延伸农作物产业链，一直扩大农作物输出的增长空间，才能实现增强中国农作物输出竞争力的目标。

根据前面对中国与泰国农作物商品交易的互补性研究，中国有几种农作物成品的比较优势明显，泰国有优势农产品，因此双方不但需要利用各自比较优势进一步开展农产品贸易，还需要在这些产品的贸易往来中开展分工与合作，扩大贸易往来；中国还应通过产业结构不断升级，形成更大的比较优势，扩大双方贸易互补性，构建更加紧密的贸易关系。

通过研究“一带一路”沿线国家之间商贸关系可以得出，双方商业交易竞争在不断增加，但竞争十分强烈的商业交易合作对象国数呈下降趋势，同时，中国进出口农产品与其他国家有较好的贸易互补性，有很好的贸易发展前景，之后沿线国家对本国农产品的需求会越来越多，“一带一路”沿线国家对增强中国的商贸需求有重大作用，中国应当全面利用本国的相对优势，努力加强与沿线各国的产品商业交易，由过去的仅仅沿海开放转变成全线开放模式。在中国进口方面分析，中国对农产品的进口、资源加工类需求仍会不断增加，准确地讲，中国应当加强在原材料、农业、机械等领域的经贸合作，

加大对基础设施的投资力度。

（三）深化制度改革，为建立高水准自贸区提供制度与政策保障

面临区域经济一体化趋向日益增速、商贸和投资自由化水平逐渐上升的新态势，我国必须从以开放促革新、促发展的策略举措，加快涉外经济体制变革与更新，宏观推进对外开放水平，为促进高水准自贸区策略给予有力的制度和政策保障。我国应当按照国际上开放型市场经济体制的高水平和高要求，筹谋本国政府机能调整、服务业市场开放和投资准入管理等方面的变革方法，全面采用中国（上海）自由贸易试验区的先行先试功能，力图在中泰农产品贸易方面得到巨大突破，为了更高标准地区贸易自由化，完善制度规划和政策落实，国内有关部门应充分了解到提高开放质量和标准对于加强我国国际竞争新优势、推动经济社会长期不断健康发展、增强我国世界影响力的必须性和迫切性，逐步对约束我国多方和区域自由化计划的相关措施、法令进行改善，以更好地用开放的态度面对新的商贸投资自由化挑战。

中国—泰国自由贸易区的建设应秉承互利共赢的理念，加强开放合作软环境建设，让泰国以及其他地区和国家切实感受到自由贸易区带来的实惠，以此有效推进其建设。政府部门应切实强化涉外公共服务，提高为企业服务的意识和能力，积极为外贸公司提供一流的信息、物流、咨询等专业服务。为已落户的外资企业解决其在生产、经营等方面的困难和问题，将外资企业的后续管理落实到实处，努力创造醇厚的商业气氛。我们还可以实施特殊的外贸政策，以积极地推动外贸经济发展。

（四）优化布局设置，着力实现基本设施相互联通

目前，制约中国与周边国家经贸往来的就是基础设施互联互通效果不是很强。交通基础设施建设是双方人员往来和开展货物贸易的基础，中国有句话叫“要致富先修路”，这句话已在国内经济迅速发展的实践中被证实。在“丝绸之路经济带”策略构思下，加快推进中泰自由贸易区建设，最迫切的就是需优化交通布局设置，加强面向东盟成员国的交通网络建设，以口岸建设为突破口，打通与周边国家的公路、铁路、航空、管道立体交通网络和通信网络，实现基础设施的互联互通。同时，着力于畅通对内对外开放通道，按照无缝衔接的理念，实现与各级枢纽与公路运输线路的合理衔接，全面提升综合性交通枢纽功能与辐射能力，为逐渐加强的进出口贸易与对外合作创造方便通畅的物流、人流、信息流大通道，以加重中国在沿线国家中的分量，提升经济版图的地位。

基本设施互联互通建设对我国国内的意义重大，对我国与其他国家的经贸合作也同样重要。加强我国与“一带一路”沿线国家的互联互通已成为《推动共建丝绸之路经济带和21世纪海上丝绸之路的愿景与行动》的重中之重，关系着中国与沿线国家经济走廊建设成功与否，对此应保持高度重视。对于如何确保双方互联互通，需要做好如下几点：一是要畅通“瓶颈”路段，提高道路畅通水平；二是要增加航班和航班班次，促进空中物流发展；三是加强中国与泰国地区的通信基础设施建设，通信基础设施建设是开展双方人员网络交流、现代服务贸易发展和电子商务的基础。具体来说，就是首先建设双方通信光缆主干线网络等，其次完善双方空中信息通道的合作，还应加强能源基础设施建设，确保能源运输通道安全、可靠。

对于中国与泰国地区的农作物商业交易，还应当加强与这两个地域政府间的交流，沟通和协商来解决两国农作物商贸潜在的问题，实时得到有效的方法和途径，再综合全方位的对策建议，签订正式的农业合作协定。另外，推进中国与泰国地区物流体系建设，提高双边贸易便利化水平也是比较有效的方案。一方面，中国应加快推进与两国贸易便利化谈判进程，尽快形成覆盖中泰双边物流全过程的标准体系，建立完善的综合交通运输网络；另一方面，中国需促进与贸易伙伴国的人员交流和学习，加大双边在货物运输便利性、物流服务和海关监管等方面的沟通和协调。中国可以借助“丝绸之路核心区建设”“国际基础设施投资”和“一带一路”战略等契机积极推进与泰国两国的互联互通，创立全面、完善的自贸区网络与开放性多边贸易体系，从而促进中国农作物产品商业交易的发展。

参考文献

［1］李琳．中国与东盟农产品贸易竞争性与互补性研究［D］．首都经济贸易大学，2016.

［2］高国珍，王海龙．中国与中亚国家双边经贸合作潜力分析［J］．国际经济合作，2015（8）：72－77.

［3］孙致陆，李先德．经济全球化背景下中国与印度农产品贸易发展研究——基于贸易互补性、竞争性和增长潜力的实证分析［J］．国际贸易问题，2013（12）：68－78.

［4］张清．中日建立自贸区对两国农产品贸易潜力影响研究［D］．首都经济贸易大学，2016.

［5］李迎旭．“一带一路”战略下中国与南亚贸易的合作基础、推进机

会与实现机制［J］. 甘肃社会科学，2016（2）：128－133.

［6］陈丽霜. 泰国大米出口的比较优势及其影响因素分析［J］. 农业经济，2015（11）：121－123.

［7］武敬云. “金砖国家”的贸易互补性和竞争性分析［J］. 国际商务（对外经济贸易大学学报），2012（2）：21－30.

［8］田园，董晨. 我国大米国际竞争力分析及提升对策——基于与泰国的比较［J］. 经济问题，2013（6）：121－124.

［9］龙海雯，施本植. 中国与中东欧国家贸易竞争性、互补性及贸易潜力研究——以“一带一路”为背景［J］. 广西社会科学，2016（2）：78－84.

［10］杜秀红. 中国与“一带一路”沿线国家的贸易关系及政策建议［J］. 现代管理科学，2016（5）：85－87.

［11］高新才，王一婕. 丝绸之路经济带背景下中国与中亚国家贸易互补性研究［J］. 兰州大学学报（社会科学版），2016（2）：14－20.

［12］刘合光，王静怡，陈珏颖. 金砖国家建立FTA对五国农业的可能影响及中国对策［J］. 农业经济问题，2015（12）：87－95.

［13］谭晶荣，王丝丝，陈生杰. “一带一路”背景下中国与中亚五国主要农产品贸易潜力研究［J］. 商业经济与管理，2016（1）：90－96.

［14］周岩，陈淑梅. 21世纪海上丝绸之路贸易自由化和便利化的经济效应分析［J］. 亚太经济，2016（1）：50－56.

［15］罗洁，庄丽娟. 中泰荔枝龙眼贸易的竞争力分析［J］. 广东农业科学，2013（2）：209－211.

［16］段小梅，张宗益. 两岸水果的贸易特征及竞争力分析［J］. 开发研究，2011（3）：59－63.

［17］汤碧. 中国与金砖国家农产品贸易：比较优势与合作潜力［J］. 农业经济问题，2012（10）：67－76.

［18］邓敏，王娟. 中国与东盟农产品出口为何各异：基于对金融危机影响的分析［J］. 财经科学，2013（11）：109－117.

［19］廖东声，周媛. 中泰两国农产品贸易的比较分析［J］. 学术论坛，2014（3）：76－80.

［20］陈戎杰，吕瑞杰. 中国与东盟三国木薯贸易竞争力及影响因素比较研究——基于双钻石模型的分析［J］. 广东农业科学，2015（24）：194－199.

［21］简爱，樊明方. 中俄共建“丝绸之路经济带”的现实基点和路径研究［J］. 东南学术，2015（4）：80－87.

［22］秦长城．中国农业在未来中韩自贸区的经济效应浅析［J］．中国社会科学院研究生院学报，2013（6）：130－137.

［23］林琳，李怀琪．中国—新加坡自由贸易区的经济效应研究［J］．经济问题探索，2015（11）：133－137.

［24］高鹤，王岩．FTA 框架下中韩货物贸易结构与经济效应分析［J］．对外经贸实务，2014（4）：29－32.

［25］李涛，朱顺和，郭氏云英．中国—东盟经济自由贸易区的贸易效应与经济效应研究——一种政府绩效评估的模式［J］．企业经济，2015（12）：151－156.

［26］郑永娟．中国—东盟自贸区贸易经济效应研究［J］．价格月刊，2015（8）：23－27.

［27］沈铭辉，张中元．中韩 FTA 的经济效应——对双边贸易流的经验分析框架［J］．中国社会科学院研究生院学报，2015（3）：134－144.

［28］杜威剑，李梦洁．中日韩自由贸易区建立的经济影响——基于局部均衡模型的分析［J］．国际经贸探索，2015（3）：31－41.

［29］余振，沈铭辉，王琼．论中国—印度 FTA 的贸易基础与经济效应——基于贸易流的实证分析［J］．南亚研究，2014（2）：12－27.

［30］李慧玲，马海霞，陈军．“一带一路”战略下中印、中巴贸易增长因素研究——基于修正的 CMS 模型分析［J］．经济问题探索，2016（3）：127－135.

［31］周曙东，胡冰川，吴强，崔奇峰．中国—东盟自由贸易区的建立对区域农产品贸易的动态影响分析［J］．管理世界．2006（10）：14－21.

［32］王瑞，王丽萍．我国农产品贸易流量现状与影响因素：基于引力模型的实证研究［J］．国际贸易问题，2012（4）：39－48.

［33］夏善晨．自贸区发展战略和法律规制的借鉴——关于中国自由贸易区发展的思考［J］．国际经济合作，2013（9）：18－22.

［34］刘松竹．推进中国—东盟经贸合作的思路及对策［J］．经济纵横，2014（12）：16－19.

［35］赵晋平．加快推进我国自贸区战略的思考与建议［J］．南开学报（哲学社会科学版），2015（3）：129－137.

［36］秦富，钟钰，贾伟．主动应对农产品贸易挑战的思考和建议［J］．农业经济问题，2015（11）：4－8.

［37］Viner，J.．The customs union issue，Carnegie Endowment for International Peace［J］．NewYork，1950.

[38] Tinbergen J. International Economic Integration [M]. Amsterdam: Elsevier Press, 1965.

[39] Linnemann, H. An Econometric Study of International Trade flows [J]. North – Holl – AndPubli – shing Co:, 1966 (8): 8 –56.

[40] Leamer, E.. The Commodity Composition of International Trade in Manufactures: An Empirical Analysis [J]. Oxford Economic Papers 1974, 26 (3): 89 –95.

[41] Frankel. Continental Blocs: Are they Natural or Super – Natural [M]. The Regionalization of the World Economiy University of Chicago Press, 1998.

[42] Hassan K. M.. Is SAARC a Vable Economic Block? Evidence from Gravity Model [J]. Journal of Asian Economics. 2001 (12).

[43] Jason, H. Grant, Dayton M. Lambert. Regionalism In World Agriculture Trade: Lessons From Gravity Model Estimations [J]. Economic Research Service, 2005 (7): 1 –29.

[44] Ghosh S., Yamarik S.. Are regional trading arrangements trade creating? An application of extreme bounds analysis [J]. Journal of International Economics, 2004 (63): 369 –395.

[45] DE PRABIR Global Economic and Financial Crisis: India's Trade Potential and Prospects, and Implications for Asian Regional Integration [J]. Journal of Economic Integration, 2010, 25 (1): 32 –68.

[46] Zolin M. B., Callaghan B. R.. The Korea – EUFTA: New Prospects for and Patterns of Agricultural and Agrifood Trade? [J]. Journal of Global Policy & Governance, 2013, 1 (2): 129 –142.

[47] B. Hoekman. An Assessment of the General Agreement on Trade in Services [M]. The Uruguay Round and the Developing Economies, The World Ban, CambridgeUniversityPress, Cambridge, UK, 1995.

[48] Yanrui Wu, Zhangyue Zhou. Changing Bilateral Trade between China and India [J]. Journal of Asian Economics, 2006 (85): 509 –518.

[49] Baier, S. L. Bergstrand, J. H. 2007. Do Free Trade Agreements Actually Increase Members' International Trade? [J]. Journal of international Economics, 72 (1): 72 –95.

专题Ⅵ

中国与柬埔寨贸易研究

一、绪论

（一）选题背景与研究意义

1. 选题背景

对大部分国家来说，农业对于经济的增长至关重要。近年来，各国对农产品贸易的关注度与日俱增，在中国与柬埔寨的经济合作中，农产品贸易更是占据着重要位置。由于全球性贸易谈判的难度在不断变大，许多地缘相近的国家为了更好地开拓对外贸易市场、发展经济，以签订双边自贸区协定（FTA）的方式来降低关税，进一步开拓了市场。20世纪90年代，欧洲和北美地区两大自贸区的建立给各自成员国带来了强劲的发展动力，因此世界更大范围在建立FTA这种形式。东盟地区作为发展潜力最大的区域之一，其发展速度之快有目共睹，FTA建设方面成果累累。1998年，韩国向日本提出双边建立FTA；2001年11月，我国和东盟做出了在10年之内签订FTA的计划；2004年，为了加强中国与东盟农产品贸易往来，双方依据“早期收获计划”的相关条款来逐步降低有关农产品方面的关税，这一举动大大促进了双方的农产品贸易，在2004年，双方的贸易额达58.34亿美元，到2014年增加到259.72亿美元，增长幅度高达406.89%。但是随着贸易额的持续增长，中国与东盟在农产品贸易方面的逆差也逐渐加大，同时，降税对于我国的不利之处也凸显出来。因此，对我国与邻国的农产品贸易进行分析十分有必要。

2. 研究意义

近年来，农产品贸易问题的关注度逐渐提高，仅依靠过去的比较优势理论进行国家间农产品方面的贸易研究已经越来越不可行，农产品需要利用其自身的比较优势才能实现更快地发展。中国在与柬埔寨的经济合作中，农产品贸易有着非常重要的地位。只有认识到双边从产品品类或区位方面的优势，才能有效推进农产品贸易的发展，使中国的农产品贸易获得进一步提升。因此，构建贸易引力模型，深入分析中国与柬埔寨的农产品贸易水平十分有必要，这为更好地实施“一带一路”、推进中柬双边农产品贸易的进步，有着非常显著的价值。

本专题着重研究“一带一路”背景下，FTA 的建立对中国与柬埔寨农产品贸易的影响，具有较强的理论和现实意义。本专题在前人研究基础上，收集了近几年中国与柬埔寨的农产品贸易数据，从 FTA 的概念和相关理论分析出发，结合农产品贸易相关指标、贸易引力模型，研究了农产品贸易现状，并预测了 FTA 给中柬农产品贸易带来的经济效应，使得出的结论更具有科学性，也对我国扩大农产品贸易额具有一定的参考价值。同时，中国与柬埔寨 FTA 的建立，也是当前双方经济贸易关系的重要一环，因此本专题研究不仅对双边挖掘处于未开发的市场或未充分开发的市场有重要价值，还对世界其他国家的农产品贸易有重要的参考借鉴意义，研究成果更具有现实借鉴性。

（二）国内外研究现状

1. 国外研究综述

（1）关于贸易引力模型的研究。Viner（1950）通过对自贸区与区域经济一体化进行理论分析，表明关税同盟建立后，会出现贸易创造与贸易转移两种贸易效应。对自贸区的贸易进行效应测算，引力模型是使用最多的分析工具。Tinbergen（1965）率先在国际贸易分析中应用引力模型，并把两国的经济规模和距离设为该模型的变量。Baier、Bergstrand（2007）结合引力模型并以跨国的面板数据为基础，研究自贸区的设立对于贸易流的作用，研究表明自贸区建立 10 年会使双方的贸易增加近 1 倍。Linnemann（1966）首次把贸易政策及人口规模作为内生变量引入模型中，使贸易引力模型不仅能对贸易潜力做出解释，而且进一步解释了在当前的双边贸易中各因素对其的影响。还有学者选择其他的变量来研究贸易效应，如 Leamer（1974）选择关税水平和资源禀赋程度作为影响因素来进行研究。

（2）在引力模型中引入虚拟变量以考察贸易效应。将虚拟变量或虚拟变量组合加入传统引力模型，也是考察贸易效应最常用的方法之一，研究者通常在模型中添加虚拟变量，类似两国是否拥有共同边境、语言是否相同以及是否有殖民地等变量，来研究影响贸易流的因素。例如，Frankel（1998）为证实区域经济一体化是否对伙伴国的贸易流有影响，引入虚拟变量来拟合伙伴国内部的贸易，若该变量的系数为正，证明是贸易创造型的。做了相似研究的还有 Hassan（2001），他将两个虚拟变量引入到引力模型中，分别代表盟内成员的贸易和盟外成员的贸易，同样，若前者的系数为正，则是贸易创造型的，相反，后者的系数为负时，表示出现了贸易转移。Jason、Dayton（2005）基于引力模型，通过分析 1985—2002 年的贸易相关信息，分析了区域贸易的相关组织对农产品贸易的影响。从结果来看，大多数的区域经济组织，对促进双边国家农产品贸易往来有着重要作用，并能有效推进农产品贸易的自由化。

（3）对引力模型的固有缺陷进行修改。国外的学者还发现，贸易引力模型存在一些固有的缺陷，该模型对包含的变量特别敏感，估计结果会因变量的不同而产生差异。因此，模型表现的不是数据所含有的真实信息，而是研究者事先不确知的假设，有较大的主观性（Ghosh、Yamarik，2004）。

DePrabir（2010）运用修改后的引力模型来评估印度的贸易潜力，采用增加变量、扩展的引力模型来证实贸易补救措施的重要性。也有一些研究者通过统计指数的方法来估计国家间的贸易潜力，如 Zolin、Callaghan（2013）利用标准贸易差、出口增长率和出口覆盖率等统计指标，分析了韩国—欧盟自由贸易区将会给双方农业和农产品贸易带来的积极作用。Hoekman（1995）使用 RCA 指数研究了不同国家服务贸易的特征，结论显示发达国家集中于资本密集型服务贸易，而发展中国家集中于劳动密集型服务贸易；Yanrui Wu 等（2006）使用 RCA 指数对中印双边贸易的竞争性做出了比较，认为中印两国在制造业方面的竞争性比较强。

2. 国内研究综述

（1）关于中国与周边国家的贸易现状

高国珍、王海龙（2015）回顾近几年我国与中亚国家之间的贸易发展现状发现，在 1992—2000 年，中国与中亚国家的贸易总额虽有起伏但总体为增长态势；2001—2013 年，随着上海合作组织的不断壮大，双方的贸易总额呈几何式增长。在贸易产品结构上，中国对外输出的产品主要是劳动密集型和资本技术密集型，而买进的产品多为能源与资源相关的产品。孙致陆、李先德（2015）研究了 1995—2014 年有关中国粮食进口的贸易状况，资料表明，中国的小麦、玉米等进口量都稳定在较高水平，中国当前在这几种主要粮食上已发展为世界的主要进口国。李迎旭（2016）在研究时，回顾了中国与南亚的贸易合作现状，他通过分析得出，由于中国目前正处于经济发展方式的转变和产业结构升级时期，贸易结构、市场准入等因素使南亚对中国贸易逆差扩大，但中国在南亚贸易总额当中所占的份额继续呈增长态势。李慧玲、马海霞等（2016），也总结了中国与南亚贸易伙伴的贸易现状：中国与印度、巴基斯坦的贸易量呈增长趋势，尤其在中巴两国 FTA 正式实施以后，双边贸易增长更加明显。余振、沈铭辉（2014）提到，自由贸易协定（FTA）是世界各国都十分重视的一种经济合作方式，截至 2013 年末，中国已经和东盟、新加坡等国家和组织签署了 FTA，并正与韩国、日本等国家开展 FTA 谈判，最终得出中国和印度 FTA 的建立会带来双方贸易增长的结论。

关于我国与“一带一路”沿线国家的贸易状况，简爱、樊明方（2015）将中国和俄罗斯共同构建“丝绸之路经济带”的现实基础进行了分析，除了稳定的政治关系和文化交流外，不断上升的双边贸易总额和多样的双边贸易商品，也为“丝绸之路经济带”的构建提供了条件。杜秀红（2016）在研究时分析了“一带一路”相关国的贸易格局。她发现，中国—东盟自贸区的成立，能有效加强中国与该地区的往来，且“一带一路”沿线国家都依靠自己的优势产业，与我国存在良好的产业优势互补。

（2）关于中国与周边国家贸易竞争性与互补性研究

段小梅、张宗益（2011）采用产业内贸易指数、显性比较优势指数等相关计量方法，对中国和中国台湾地区的水果贸易竞争力进行了评估，得出两岸水果贸易存在不对等现象的结论，大陆水果并不能顺利进入到台湾地区的市场，因此彼此的合作空间还很大。武敬云（2012）通过研究 2001—2009 年中国与金砖国家贸易关系的相关数据，计算了贸易结合度指数、显性比较优势指数等多种指数，他发现，中国与南非的贸易互补度是极强的，而南非和俄罗斯、南非和巴西之间在贸易方面的竞争很激烈。杜秀红（2016）分析了“一带一路”沿线国家的贸易概况，根据对贸易互补指数和贸易竞争指数的计算，来判断中国与贸易往来国家的贸易关系。他发现，“一带一路”相关国家中，大多数国家存在贸易互补关系，有 22.5% 的国家之间存在很强的互补关系。并且近 10 年来，沿线国家的贸易竞争越来越激烈。高新才、王一婕（2016）采用贸易结合度指数、贸易互补性指数的方法，为中国与中亚 5 个国家的贸易互补性做出了深入的判断，发现中国与吉尔吉斯斯坦、塔吉克斯坦这两国之间的贸易结合度明显高于总体水平，而中国与土库曼斯坦、乌兹别克斯坦这两国之间的贸易结合度则不高；对于贸易互补性方面，哈萨克斯坦、吉尔吉斯斯坦与中国在这一方面呈上升趋势，乌兹别克斯坦与中国在这方面则是下降的趋势。龙海雯、施本植（2016）对我国与中东欧国家商品间存在的贸易竞争性与互补性做出了一定的分析，通过计算两地区不同种类商品的贸易紧密度，发现两地区贸易紧密度随时间推移呈现下降趋势。他们还通过引力模型得出，中国在波兰、捷克、立陶宛等国家的竞争力出现下降的情况，而在斯洛伐克、塞尔维亚等国家的竞争力上升。

汤碧（2012）利用产品相似度指数等相关指标测算了中国与巴西、印度等国农产品贸易的竞争性以及互补性，研究发现，中国的鱼及其他水生无脊椎生物、蚕丝、棉花等农产品存在比较优势，俄罗斯在鱼及其他水生无脊椎动物和谷物等农产品方面具有一定的优势，而巴西除了乳、蛋、蜂蜜和食用蔬菜等农产品外，其他大部分农产品都具有较强竞争力。谭晶荣、王丝丝（2016）为哈萨克斯坦等中亚5个国家的农产品贸易的潜力做了研究，使用1995—2013年的农产品贸易的相关有效信息并运用引力模型进行估测，研究得出，果蔬类农产品当中，我国与塔吉克斯坦、土库曼斯坦的贸易往来比较频繁，而与哈萨克斯坦等国在此方面表现出不足。从贸易潜力来看，双方在研究的较重要几种农产品中仍存在贸易缺乏，还有非常大的发展潜力。田园（2013）从不同角度研究中泰两国稻米在国际上的竞争力，研究发现，在大米竞争力上中国低于泰国，具体表现为开始以较快的速度上升、然后又较快下降的情形，同时，泰国大米的显性比较优势也明显强于中国相同的产业。陈丽霜（2015）系统地剖析了泰国大米的贸易格局，利用价格、国际市场占有率、贸易竞争指数等指标，对泰国出口大米的比较优势进行研究得出了相似的结论。邓敏、王娟（2013）通过出口占比、出口增速、比较优势指数等相关指标，考察了中国与泰国、印度尼西亚、马来西亚的农产品出口情况。研究得出，泰国的水稻、橡胶等几类主要农产品出口额正迅速上升，且泰国和印度尼西亚的出口竞争力不断增强，而中国农产品在世界市场上的竞争力表现为减弱的趋势。罗洁、庄丽娟（2013）采用国际占有率指数等指标，为中国与泰国荔枝、龙眼贸易的竞争力做出了研究，研究得出，中国的荔枝、龙眼等产品的贸易竞争力不及泰国，泰国在出口专业化和竞争力方面都占有绝对优势。廖东声、周媛（2014）研究中泰两国农产品贸易却得出不同的结论，他们认为，中泰两国的农产品主要表现出的是互补性，竞争性为辅，两国目前贸易进行态势较好。

周岩、陈淑梅（2016）从关税结构、比较优势等角度，运用GTAP模型测算了贸易自由化和便利化对“海上丝绸之路”沿线国家的影响，得出了中国在纺织服装业和机械机电等行业竞争优势均落后于沿线国家的结论，并认为应当及时抓住贸易自由化的契机。陈戎杰、吕瑞杰（2015）选取了中国、泰国、越南等国家作为研究对象，采用市场占有率、比较优势指数等指标并使用双钻石模型，研究了木薯在贸易方面的竞争力。他们发现，中国的木薯贸易竞争力不强，但在相关和支持性产业方面都处于优势地位，能够为木薯贸易竞争力的提升提供条件。

（3）关于中国与周边国家建立自贸区的经济效应研究

自贸区的影响，包括静态效应和动态效应，静态效应是指对贸易或经济产生的贸易创造效益、贸易转移效应和贸易扩大效应等；动态效应则指自贸区产生的规模经济效应、竞争效应和投资效应等。

周曙东（2006）使用GTAP模型，对贸易状况进行实际模拟，探究中国—东盟自由贸易区内，农产品关税的降低，对贸易区内农产品贸易量、进出口价格和产业结构的长期影响，同时认为自贸区的创立，形成了贸易创造效应，双边的农产品贸易在数量上有较大的增长。秦长城（2013）研究中国农业在中国—韩国自贸区的经济效应后得出，在静态效应方面，中国部分农产品未来在自贸区内的价格增长的可能性很小，这就避免了购买者损失和生产效应为负的情况，从而产生贸易上的创造效应；在动态经济效应方面，竞争使中国的农产品会依据韩国消费需求的变化而调整出口结构，提高产品质量，增强竞争力从而获得竞争效益，但是中国较低的规模化生产水平和机械化水平使中国农产品难以获得规模经济效益。同时，构建中—韩自贸区不仅能增进两国的投资合作和产业结构升级，更有助于两国更好地适应国际市场变化，提升国际竞争力（高鹤、王岩，2014；沈铭辉、张中元，2015）。余振、沈铭辉等（2014）运用SMART模型，测算了我国与印度自贸区的建立给两国在贸易上带来的影响，结果表明，中印自贸区的长期贸易效应会优于短期效应，在进口关税降低的情况下，珍珠宝石的进口增长率最高，食品饮品、植物产品的进口数量也有很大提高。林琳、李怀琪（2015）通过使用扩展的引力模型，对中国—新加坡自贸区的经济效应做出了深入分析，结果表明，在贸易转移效应方面，中国的进口贸易受本国的人均GDP和地理因素的影响，中国—新加坡自贸区的建立尚未形成显著的贸易转移效应，但其产生的贸易创造效应相对来说比较大，对双边都有积极的促进作用。郑永娟（2015）研究了我国与东盟自贸区在贸易上的关系，并从贸易创造效应角度解析了该自贸区的经济效应。她发现，关税壁垒的降低使中国与新加坡、印度尼西亚、泰国等进口国家的贸易幅度增长，产生了贸易创造效应，并且东盟各国在我国的进口也表现为不断增长的状态，因此关税壁垒的降低也创造了贸易转移效应。李涛（2015）也对我国与东盟自贸区的经济效应给出了一定的分析，他发现，该自贸区存在贸易转移效应的现象，我国对东盟国家出口值对我国的GDP有积极影响，而进口值却给 GDP 产生反向的影响。杜威剑、李梦洁（2015）采用局部均衡模型，在模拟各种关税政策的情况下，研究创建中日韩自贸区的经济效应，研究表明，自贸区的建立对中国的贸易状况和福利的改善均有积极作用，关税的降低对中国的制成工业品的促进效应最明显。

（4）关于中国与周边国家贸易发展的对策研究

推进自贸区战略的不断发展，是我国优化外部环境、提升国际贸易竞争力的必经之路。目前我国的自贸区战略取得了一些效果，但是由于国际上政治经济局势不稳定，结构错综复杂，使自贸区还达不到区域一体化的有关要求。于是，有学者从各种角度为促进我国自贸区发展给出了建议。

王瑞、王丽萍（2012）采用 1992—2009 年的数据，研究了我国农产品的状况和相关市场等，从而验证了我国农产品贸易流向的突出原因。他们通过采用引力模型进行实证检验，他们提出，中国不仅要重点关注与亚太各国的农产品贸易，还要积极倡导区域经济一体化，加大执法的强度、加强相关制度法规建设等。夏善晨（2013）通过研究中国自由贸易区的管理体制、发展目标及法律法规等，结合中国与瑞士、韩国等国家签订自由贸易协定的实际，提出了中国可以借鉴的几点建议，如树立全球视野、学会审时度势，坚持自贸区法制、体制的创新，以及树立互利共赢的信念等。刘松竹（2014）从贸易规模、投资金额的视角给出了中国—东盟贸易合作的具体状况，总结出中国—东盟在经贸合作方面面临的困境，提出了扩大投资，共同建立产业园区发展规模经济的对策，同时增强海上力量，使海上贸易通道在安全和畅通上有保障。最后，他从贸易服务体系方面提出建议，如加强信息沟通渠道、建立国际贸易摩擦的应对机制、规范经济秩序等。根据当前全球经济一体化的特点，中国自贸区战略有机遇又面临严峻挑战的现状，赵晋平（2015）认为，推进我国自贸区战略的对策，可以从提供政策保障、提高谈判自由化、增强谈判的针对性、重视“新议题”、制定原产地规则，以及灵活处理敏感产业这 6 个方面提出，以推进我国自贸区战略的发展。秦富、钟钰等人（2015）通过分析谷物、棉花、油料作物等农产品的贸易现状，针对谷物的高库存以及棉花和油料作物的过度储备情况，提出了几点建议：首先要努力坚持发展中国家成员临时征收附加性关税的保障机制，其次是农业投入和农业补贴方面要得到保障，最后借鉴国际经验提高自己的农产品产量。

3. 文献述评

关于农产品贸易的探究，其他国家的学者进行得相对较早，综合国内外关于农产品贸易的分析结果，为我国对外的农产品贸易的向前推进提供了宝贵的经验和指导。总体来说，在有关贸易相关问题的外文文献研究中，引力模型的利用率较高。对于国内文献，学者们在贸易现状、研究方法以及对策方面的研究都十分完整，但大多是研究中国与已签订自由贸易协定的伙伴国之间的贸易，对于中国与柬埔寨两国农产品贸易的文献相对欠缺，更鲜有模拟双边自贸区建立带来的经济效应问题的文献。基于以上研究现状，本研究通过贸易引力模型、模拟中柬 FTA 的建立给双边带来的经济效应、对促进双边经济贸易关系、挖掘我国尚未充分开发的市场有着极为重要的价值。

二、概念界定与理论基础

（一）概念界定

1. 自由贸易区

自由贸易区（Free Trade Zone）是国家指定的在贸易和投资等方面比世贸组织相关规定更加优惠的交易区域。在某国或地区规定的特定区域内，成员国之间的商品可以享受豁免关税的政策，使商品的进出不受限制，因而自由贸易区在根本上是采用自由港政策的关税隔离区。从狭义上来讲，自贸区仅指提供区内加工出口所需原料等货物的进口豁免关税的区域，如同出口加工区。从广义上来讲，自由港和转口贸易区也被划定在自贸区范围内。

总的来看，自由贸易区的特征主要表现在三方面：（1）在自由贸易区内实行原产地原则，该原则主要是将自由化贸易商品限定在该区域范围内生产的；（2）区域内成员国实施零关税或者其他贸易优惠政策；（3）自由贸易区内的各个成员国有权力对成员国以外的国家制定和征收自己的进口商品关税标准。

2. 自由贸易协定

自由贸易协定（FTA），表示两个或两个以上的国家在 WTO 原则的指导下，为达到彼此间贸易自由化而展开的区域性贸易活动。传统的 FTA 主要是消除缔约国之间的贸易壁垒以及非关税壁垒。随着世界经济发展趋势的演变，FTA 的内容也变得更加丰富，除了实现缔约国之间的货物贸易自由化以外，还涉及相互投资以及知识产权保护等多方面内容。

3. 贸易创造效应

所谓贸易创造效应，是指关税同盟签订后，在关税同盟优惠关税及贸易条件下，可促进签约国之间贸易增长。同时，其中的某个伙伴国的产品如果在生产上效率比较高，而成本较低，那么将会被其他伙伴国生产的产品所代替。这种转变包括两个方面的内容：一是本国创造的与非伙伴国生产成本一样的产品变少或不再存在，转变为从伙伴国购进生产成本一样的产品，这对于本国来说，相当于减少了生产成本，也就是产生了生产效应。二是生产需要较高成本的产品会被在生产上所需成本比较低的产品所替代，本国的消费需求呈现不断上升的态势，在此，消费者剩余也相应地增加，也就是产生了消费效应。关税同盟的贸易创造效应也就是在这两种不同效应的结合中形成的。

这种效应的产生能提升成员国间的资源利用效率和生产技术水平，从而增加了关税同盟成员国内部的利益。此外，关税同盟建立以后，会进行专业化的分工，使一些成员国的某种商品消费支出得以减少，从而使资本能有效地利用到其他商品的消费支出上，这种情形在扩大该国社会需求的同时，还会促进同盟国之间贸易量的提升。

4. *贸易转移效应*

在关税同盟建成之前，一国通常不亲自生产某种商品，而是从其他的国家购进，并且所购买的该商品所在国，在世界上生产该商品的成本最低、效率最高。那么，所谓贸易转移效应，就是在关税同盟签订后，在关税同盟优惠关税及贸易条件下，在签约国区域内降低贸易障碍，对签约国区域外的范围则形成贸易障碍。因而，关税同盟签约国在购进商品时，会从生产成本低的原进口国，即其他非关税同盟国，转向生产成本高但在关税同盟内成本最低、生产率最高的关税同盟国，这种转变也包括两个方面的内容：一是原本从成员国外低成本的购进转变成了在成员国内的较高成本的购进，导致了成本的增加。二是对于同样的产品，由原来较低的产品消费变成现在的较高成本的消费，造成消费者剩余的变少，这两种现象的综合就形成了关税同盟的贸易转移效应。但是，这种情况可能导致达不到规模经济以及资源配置得不到优化的现象。

（二）理论基础

1. *贸易效应理论*

关于自贸区贸易效应的探究，始于关税同盟的静态效应。1950 年，美国学者在《关税同盟问题》第一次给出了贸易创造效应和贸易转移效应这两个重要概念，即：贸易创造效应是指关税同盟内部不再存在关税时，同盟内一国的生产成本较高的产品消费，成为对成员国低生产成本的同种产品消费所产生的福利增多；贸易转移效应表示由于关税同盟的成立，同盟内的一国从同盟外部低成本的进口，转变为对同盟成员国的较高成本的同种产品进口所形成的福利减少，这两个概念的提出对传统的观点提出了挑战。

在《关税同盟问题》发表之前，经济学界普遍认为，自由贸易区能够促使稀缺资源得到最有效的配置，从而实现全球经济福利的帕累托改进。这本书则认为，区域经济一体化条件下，整个世界福利的净增加并非常态，区内贸易自由化存在贸易创造和贸易转移两种效应，各成员国最终能否取得福利以及取得福利的效果，取决于贸易创造和贸易转移哪种效应居于主导。当贸易创造效应大于贸易转移效应的同盟国被认为在福利方面有了一定的改善，而贸易转移超过贸易创造的同盟国则被认为是福利趋向恶化。此后的有关贸易效应理论不断得到完善和发展，但自贸区静态福利效应测算的核心还是贸易创造效应和贸易转移效应。

2. 关税同盟理论

关税同盟的概念最早是由维纳（1950）提出的。他在《关税同盟问题》中指出，两个或者更多的国家通过签署缔结协议的方式来形成统一的关境，缔约国之间会在该关境内实行贸易关税的相互取消或者减少，这就是所谓的关税同盟。同盟内的成员国同境外其他国家在关税上统一。

维纳还在该书中指出了关税同盟可能产生静态和动态的两种不同效果。其中，关税同盟的静态效果，一般是指建立同盟所产生的贸易扩大效应、转移效应以及创造效应等几个方面。另外，关税同盟的静态效果还能够起到节省开支、减少走私犯罪以及增强合作和集团谈判力度等作用。所谓动态效果表示关税同盟成立后较长时间的结构性影响，这些影响主要包括：实现经济规模利益、实现资源的合理配置和有效利用、促进投资扩大化以及提升生产技术水平等。

从进出口商品的角度来看，出口商品相似的国家之间是竞争关系，商品不相似的国家是互补关系，原本成员国之间如果是相互竞争的，结为同盟后效益高的国家会占领整个市场，导致资源的再分配。而米德（J. E. Meade）则认为，两国的经济互补性较高，关税同盟能增加的福利也就越多，反之竞争性较高，利益的增加也就较少。

3. 区域一体化理论

国际联系在信息进步和技术创新的推动下变得更加紧密，全球经济一体化进程快速向前推进。经济一体化，是指两个或更多的国家达成消除关税和非关税壁垒的协议，是成员国之间的人、财、物、服务等无障碍流通，然后形成一个经济贸易高度协调的整体状态，从根本上来说是一个减少成员国交易成本，生产要素无障碍流动的过程。理查德·利普塞（Richard Lipsey）根据生产要素的流动程度级别，把经济一体化归纳为六种级别递增的类别：特别关税区、自由贸易区、关税同盟、共同市场、经济同盟和完全经济一体化。

区域经济一体化，表示在地缘上相互靠近的两个或两个以上国家，以成员体的共同利益为目的和动力，通过缔结国际协议来达到体制上的融合和经济贸易的相互联合，其目的在于不断增强本区域的经济竞争优势，使区域内经济增长得到提升，实现比较利益和规模经济，进而推动经济全球化。制度安排和组织形式会对经济合作的程度和范围产生影响，前者存在差异也会导致后者的不同。区域经济一体化的产生，一方面是在经济方面联系密切的国家为加强经济上的合作和政策上的协调管理而产生的，另一方面也是为了适应经济全球化的进步应运而生的。

区域经济一体化的相关理论表明，若要成功施行该战略应当满足以下几个条件，即一体化区域内的经济规模、经济距离、产品结构和贸易限制的大小和程度。区域经济一体化对于成员国所产生的影响，具体包括静态效应和动态效应。静态效应主要分为贸易创造效应和贸易转移效应；动态效应则可以分为规模经济及技术进步效益、资本积累效益与要素流动性提高的效益。

三、中国与柬埔寨贸易现状概况

（一）中柬两国贸易额分析

1. 进口贸易额分析

在20世纪90年代初，柬埔寨的年进出口总额都不大，大约为4亿美元。随着自由市场经济和对外开放政策的实施，柬埔寨的进出口额呈现出上升的趋势。在中国与柬埔寨的进口贸易方面，位于前五位的产品分别是：毛皮制品、仪器设备、针织服装、谷物、电子，这几类产品占中柬两国进口额的70%左右。

在研究期间内，2006—2008年中柬两国的进口贸易总额不足10亿美元，而在2013年已超出30亿美元，并且双边进口贸易额依然处于迅速上升的态势。

2. 出口贸易额分析

在出口方面，柬埔寨以纺织服装业为主要部分的加工业，以较快的速度得到发展，这一类产品占到出口总额的97%。中国向柬埔寨出口的主要产品排在前五位的是：针织物及钩编织物、棉花、机械、陶瓷以及电子，这些产品占中国向柬埔寨出口总额的58%。其中，针织物及钩编织物是中国向柬埔寨输入较多的产品。

在研究期间内，柬埔寨对中国的出口额也呈现增长的趋势，由2010年之前不足1亿美元的出口额，10年之后增长迅速，2015年时两国的贸易额已上升为6.7亿美元。

3. 两国贸易结合度、贸易紧密度分析

按照上文的相关分析内容，同样采取公式（1）的计算方法，中柬两国贸易结合度的具体测算结果见表6-1。

表6-1　中国与柬埔寨贸易结合度指数（TII指数）

年份	中国对柬埔寨TII	柬埔寨对中国TII
2006	3.13	0.19
2007	2.78	0.24
2008	2.86	0.17
2009	1.76	0.13
2010	2.15	0.24
2011	3.40	0.40
2012	3.02	0.39
2013	3.24	0.50
2014	2.82	0.10
2015	2.63	0.82

由表6-1可以看出，中国对柬埔寨的结合度指数很高，基本都在2.1~3.4，平均数值达到了2.78，这表明中国与柬埔寨的贸易联系很紧密；而柬埔寨对中国的结合度指数基本在0.1~0.8，均值只有0.32，这表明柬埔寨对中国的贸易联系较为松散。柬埔寨是一个农业国，制衣业是其工业生产的主要产业，且生产基础较为薄弱，柬埔寨市场所需的工业产品对进口的依赖性较大。1999年欧盟与柬埔寨签署了纺织与服装自由准入协定，柬埔寨出口到欧盟的成衣制品不需要征收关税。由于亚洲的国家和地区未能得到这些优惠条件，因此尚未成为柬埔寨的进口来源地。

中国与柬埔寨的贸易紧密度依然采用上文公式（2）来测算，测算结果见表6-2。

表6－2　中国与柬埔寨贸易紧密度指数

年份	中国与柬埔寨贸易紧密度指数
2006	2.94
2007	2.59
2008	2.67
2009	1.62
2010	1.96
2011	3.08
2012	2.72
2013	2.91
2014	2.55
2015	2.38

由表6－2可知，中国与柬埔寨的贸易紧密度指数基本都在1以上，最高值在2011年达到3.08，这表明中国与柬埔寨的贸易联系较为紧密，但在研究期间内，各年份的数值波动较大。

（二）“一带一路”背景下中国与柬埔寨贸易增长因素

“一带一路”作为我国的一项重大战略举措，不论是对形成我国的全方位对外开放格局，还是进一步融入世界经济体系都有着重要的意义。其中“一路”的主要方向，是从中国沿海到印度洋再到欧洲、中国沿海到南太平洋的战略合作经济带的建设。这条经济带将中国与东盟、南亚、北非、欧洲沿线的经济市场相连，这将大力推动我国与沿线周边国家的经贸合作，形成贸易渠道和经贸合作网络的形成建设。“一带一路”提倡“五通”，在这当中建设的主要方向表现在贸易通畅上。

（1）资源优势

中柬双方都利用资源禀赋的差异性，发挥自己的优势产业。中国大部分气候表现为温带和亚热带，盛产温带水果和棉花作物等，农产品的优势集聚在传统劳动密集型上。柬埔寨南部优越的自然条件，使柬埔寨的种植业发展较好，其耕地面积在国土面积的占比中约达50%，尤其是湄南河附近拥有种植大米的优质肥沃土壤。同时柬埔寨还是世界上大米和木薯的出口国，玉米等农作物产品和热带水果都是比较有名的。柬埔寨以农立国，土地资源十分丰富，柬埔寨的气候属于热带季风气候，雨水充沛，这使其在进行农业生产上有着独特的优势。首先，稻谷是柬埔寨的主要作物，其种植面积占全部耕种面积的80%；其次，是分布于东部高原的玉米作物。柬埔寨的粮食、橡胶等农产品产量、质量都曾位居世界前列。因此中柬两国能够形成紧密的贸易关系。

（2）政策鼓励

农业在柬埔寨占据着基础性的地位，其在国家经济发展中有着非常重要的作用，通过实行农产品加工的方式来增加附加值。其政策主要表现在：重视农业科研、应用与推广；重视农产品的对外输出。虽然当前我国的农业处境不容乐观，特别是在向现代化、工业化、城镇化转变的过程中，由于农业发展受资金、政策等的限制，劳动密集型的农产品竞争优势减弱。但是中国的农业部也明确表示，要在中国农产品的进口数量上进一步增加，将农产品在原来的基础上扩大10%，这就在一定程度上使中柬双方的农产品贸易额有所上升。柬埔寨在政策方面对农业也是持鼓励态度，在吸引外商投资农业产业上，政府对于种植面积大、养殖面积大的项目给予支持和优惠待遇，主要采取一定时期内免征盈利税、亏损被允许免征税、政府只收取纯盈利税等措施。由于政策方面的鼓励，使中柬双边在贸易往来上不断增强。

（3）区域经济合作

为了方便国家和国家之间的贸易，世界上的国家和国家通过地域的远近形成区域联盟，区域联盟的国家之间形成区域经济合作。中国与柬埔寨之间的经济合作，是我国与东盟自贸区在这当中发挥的作用。这个协定同时规定，中国与东盟一些国家在经济方面合作时有一定的优势。比如，中国在从柬埔寨进口未经加工的农产品时，由于该国农产品出口时的关税为零，这就使中柬两国的贸易往来更加频繁。柬埔寨属于东盟成员国的4个新成员国之一，加之农业在国家中的地位，以及农产品的优良品质，在不久的将来，中柬双方在贸易合作上将有更大的发展空间。

四、中国与柬埔寨农产品贸易竞争性分析

（一）相关指标测定

本项目选取世界贸易中最能代表竞争力强与弱的显性比较优势指数（RCA）和国际市场占有率指数（MS）两个指标，分别分析中柬双方在农产品贸易上的竞争性关系。

显性比较优势（Revealed Comparative Advantage，RCA）指数，是在1965年由美国经济学家巴萨（Balassa）提出的。显性比较优势指数，是指一个国

家某类商品出口额占该国出口总额的份额与世界出口总额中该类商品的出口额所占份额的比值。用公式表示为

$$RCA_{ik} = \frac{X_{ik}/X_i}{X_{wk}/X_w} \tag{1}$$

该式中，RCA_{ik}表示i国家k类商品的显性比较优势指数；X_{ik}表示i国家k类商品的出口额；X_i表示i国家所有商品出口总额；X_{wk}表示世界出口k类商品的出口总额；X_w表示世界总出口额。该指标可以表明一国某类产品的竞争力就国际市场而言处于一个什么样的位置。当RCA_{ik}指数值较大时，意指i国k类产品的比较优势越明显，即它在世界出口范围中具有较强的竞争力。

一般认为，判定产品的出口竞争力从以下的几个标准来进行考虑：

如果$RCA \geqslant 2.5$，则反映出i国在k类商品上有着非常强的竞争力；

如果$1.25 \leqslant RCA < 2.5$，则反映出i国在k类商品上有着比较强的竞争力；

如果$0.8 \leqslant RCA < 1.25$，则反映出i国在k类商品上有着中等程度的竞争力；

如果$RCA < 0.8$，则反映出i国在k类商品上有着比较弱的竞争力。

本项目利用这一标准来分别测算柬埔寨、中国在世界市场上的关于农业商品出口显性比较优势指数（RCA）。

国际市场占有率（MS）指数能表现出一国对外出口的整体竞争力。它可以是一国出口额与国际出口额的比值，也可以是一国某类指定商品的出口额与国际指定商品的出口额之比，结合本项目的研究对象，本项目采用后者来表现一国某类固定商品的出口在世界市场上所占的比值。用公式表示为

$$MS_{ik} = \frac{X_{ik}}{X_{wk}} \times 100 \tag{2}$$

该式中，MS_{ik}表示i国家k类商品的世界市场占有率指数；X_{ik}表示i国家k类商品的出口额；X_{wk}表示国际出口k类商品的出口额。国际市场占有率的指数值偏高，则反映出某国k类商品具有较强的世界市场竞争力；指数值偏低，反映出该国k类商品在国际上的竞争力不是很强。

（二）中柬两国贸易竞争性分析

1. 显性比较优势分析

从图6－1中我们可以看出，在2006—2015年，在农业商品的显性比较优势指数上，中国整体略高于柬埔寨，柬埔寨的指数值整体呈上升态势。具体来看，其指数值由2006年的0.32变为2015年的0.56。

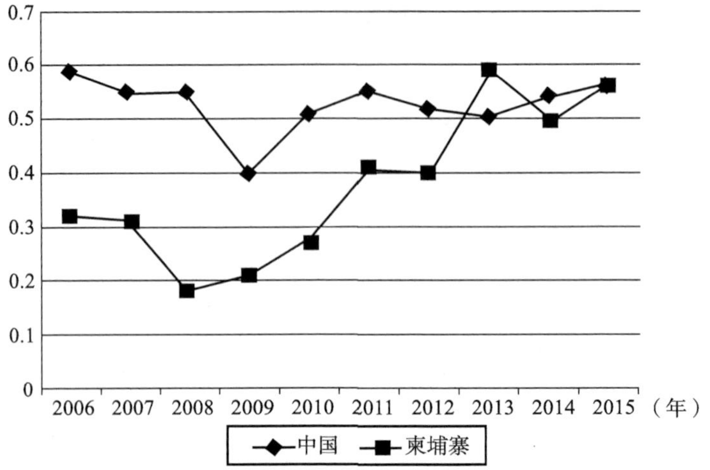

图 6-1　2006—2015 年中柬两国农产品显性比较优势指数

资料来源：根据 UN Comtrade 数据库数据计算。

表 6-3　2006—2015 年柬埔寨出口到世界的 RCA 指数

HS \ 年份	2006	2007	2008	2009	2010	2011	2012	2013	2014	2015
01	0.0228	0.0207	0.0284	0.0155	0.0189	0.0743	0.0399	0.0068	0.0068	0.0418
03	0.3460	0.1995	0.1522	0.0962	0.1236	0.1250	0.0611	0.0313	0.0164	0.0099
05	0.0001	0.0001	0.0013	0.0001	0.0002	0.0001	0.0001	0.0525	0.0534	0.0334
06	0.0004	0.0058	0.0033	0.0085	0.0085	0.000002	0.0006	0.0087	0.0025	0.0001
07	0.0082	0.1201	0.0492	0.0361	0.0520	0.1565	0.4925	0.5526	0.8953	0.6659
08	0.0259	0.0350	0.0850	0.0214	0.0060	0.0256	0.0326	0.0143	0.0268	0.0151
09	0.0339	0.0784	0.1091	0.0533	0.0109	0.1096	0.0685	0.2667	0.3906	0.0879
10	0.2494	0.3364	0.2240	0.5652	1.5528	3.4892	3.8944	5.6069	4.8075	5.3320
11	2.2576	1.5427	0.4687	1.2802	0.6544	0.7071	0.7311	0.1626	0.1736	1.9878
12	0.3508	0.3498	0.0509	0.0698	0.1224	0.1236	0.0414	0.0427	0.0350	0.0185
14	1.5756	1.7925	0.5596	0.3273	0.0312	0.0406	0.1632	0.1608	0.1620	0.1650
15	0.1097	0.1145	0.4830	0.3684	0.4383	0.5917	0.5044	0.4828	0.4013	0.3251
17	0.0044	0.0156	0.0006	0.0089	0.4111	0.8974	0.6836	2.8177	1.8900	1.2775
19	0.0022	0.0126	0.0035	0.0036	0.0069	0.0021	0.0017	0.0118	0.0223	0.0578
20	0.0099	0.0082	0.0037	0.0043	0.0041	0.0013	0.0078	0.0025	0.0020	0.0203
21	0.00002	0.0008	0.0001	0.0050	0.0009	0.0009	0.0003	0.0001	0.0010	0.0128
22	0.0082	0.0041	0.0013	0.6185	0.4984	0.1121	0.3648	0.6978	0.1793	0.0949
23	0.0003	0.0014	0.0001	0.0266	0.3525	0.2820	0.2068	0.4275	0.4591	1.1360
24	1.4506	1.4477	1.3452	0.4899	1.2030	1.8934	1.8020	1.1113	1.0636	1.1778

资料来源：根据 UN Comtrade 数据库数据计算。

表6－3给出了柬埔寨2006—2015年在世界市场的农产品出口比较优势，由于HS02（肉及食用杂碎）、HS04（乳品、蛋品、蜂蜜及其他食用动物产品）、HS13（虫胶、树胶等其他植物液、汁）、HS16（肉、鱼及其他水生动物制品）、HS18（可可及可可制品）这5类农产品的数据缺失，因此本项目在研究柬埔寨农产品贸易时，只研究01～24类农产品中除去以上5类的农产品，即表6－3中的19种。由表中的数据我们可以看出：

在这19种农业商品中，比较优势指数在“$RCA \geqslant 2.5$”区间的产品实际上并不存在。

比较优势指数在“$1.25 \leqslant RCA < 2.5$”区间，农产品比较优势较强的有：HS10（谷物）、HS11（制粉工业制品、麦芽、淀粉等）、HS17（糖及糖食）、HS24（烟草及烟草代用品制品）。其中，HS10（谷物）的指数值在2011年后超过了2.5，2015年达到最高值5.3；HS11（制粉工业制品、麦芽、淀粉等）的指数值在2006年、2007年、2009年和2015年均超过了1.25；HS17（糖及糖食）在2013年以后指数值达到1.25以上，此后略有下降。从这可以看出，这几种商品的竞争力并不弱，相对来说反而较强。

其他几类农产品的指数值均在“$RCA < 0.8$”区间，其中，HS14（编结用植物原料、其他植物相关的制造品）的指数值只有2006年和2007年在0.8以上，随后又开始下降；HS23（食品工业残渣、配制的动物饲料）的指数值虽然呈上升态势，但数值都不高，2015年超过0.8，达到1.13。这说明，剩余的几种农产品的竞争力并不明显。

2. 国际市场占有率分析

表6－4列出了柬埔寨2006—2015年农业商品贸易国际市场占有率的指数值，从中我们可以看出：

表6－4 2006—2015年柬埔寨出口到世界的MS指数

年份 HS	2006	2007	2008	2009	2010	2011	2012	2013	2014	2015
01	0.000535	0.000462	0.000592	0.000447	0.000541	0.00198118	0.001195	0.0002504	0.000277	0.00225
03	0.008124	0.004453	0.003169	0.002768	0.003539	0.00333320	0.001831	0.0011495	0.000667	0.00053
05	0.000001	0.000002	0.000028	0.000001	0.000004	0.00000172	0.000004	0.0019266	0.002170	0.00180
06	0.000010	0.000130	0.000069	0.000211	0.000244	0.00000004	0.000017	0.0003187	0.000100	0.00000
07	0.000193	0.002680	0.001025	0.001039	0.001489	0.00417301	0.014758	0.0202992	0.036320	0.03592
08	0.000607	0.000782	0.001770	0.000617	0.000172	0.00068250	0.000977	0.0005245	0.001087	0.00081
09	0.000795	0.001751	0.002271	0.001533	0.000311	0.00292232	0.002051	0.0097975	0.015845	0.00474
10	0.005857	0.007509	0.004664	0.016256	0.044464	0.09301511	0.116685	0.2059616	0.195017	0.28763
11	0.053007	0.034440	0.009758	0.036823	0.018739	0.01884949	0.021906	0.0059717	0.007041	0.10723

续表

年份 HS	2006	2007	2008	2009	2010	2011	2012	2013	2014	2015
12	0.008237	0.007809	0.001060	0.002007	0.003505	0.00329397	0.001239	0.0015669	0.001420	0.00100
14	0.036992	0.040016	0.011650	0.009415	0.000895	0.00108279	0.004889	0.0059067	0.0059100	0.006300
15	0.002575	0.002555	0.010057	0.010596	0.012551	0.01577256	0.015112	0.0177356	0.016282	0.01754
17	0.000103	0.000347	0.000012	0.000255	0.011771	0.02392516	0.020481	0.1035040	0.076671	0.06891
19	0.000052	0.000281	0.000073	0.000104	0.000197	0.00005742	0.000052	0.0004339	0.000905	0.00312
20	0.000232	0.000184	0.000078	0.000122	0.000118	0.00003399	0.000235	0.0000933	0.000083	0.00110
21	0.000001	0.000017	0.000003	0.000143	0.000026	0.00002390	0.000010	0.0000001	0.000040	0.00069
22	0.000192	0.000092	0.000028	0.017791	0.014272	0.00298703	0.010929	0.0256326	0.007277	0.00512
23	0.000007	0.000031	0.000002	0.000765	0.010094	0.00751844	0.006195	0.0157035	0.018627	0.06128
24	0.034059	0.032319	0.028006	0.014090	0.034449	0.05047561	0.053993	0.0408227	0.043147	0.06353

资料来源：根据 UN Comtrade 数据库数据计算。

在研究的19种农产品中，柬埔寨出口至世界市场的国际市场占有率指数值均不高。根据2006—2015年的整体情况，HS10（谷物）的指数值在2012年后开始超过0.1。剩余农业商品中，HS07（食用蔬菜、根及块茎）、HS11（制粉工业制品、麦芽、淀粉等）、HS15（动植物油、脂及其分解产品）、HS22（饮料、酒及醋）、HS24（烟草及烟草代用品制品）的指数值略高于其他农产品。因此，对于柬埔寨而言，以上几类产品在世界市场上均具有竞争优势和发展潜力。

3. 农产品竞争性分析

结合表6-3和表6-4，柬埔寨的农产品出口额较低，但仍有几类和中国具有竞争力的农产品存在差异，分别是：HS11（制粉工业制品、麦芽、淀粉等）、HS15（动植物油、脂及其分解产品）两类，说明柬埔寨有其较为特色的农产品。HS07（食用蔬菜、根及块茎）、HS22（饮料、酒及醋）、HS24（烟草及烟草代用品制品）这3类与中国存在互补性。由于我国与柬埔寨的农产品贸易额仍旧表现为继续增长态势，因此，中柬两国在农产品贸易上还有非常大的增长空间。

五、中国与柬埔寨农产品贸易互补性分析

（一）相关指标测定

本项目主要使用商品出口相似度指数来研究中柬双方在第三方市场（世界）的贸易互补情况。采用的是Finger和Kreinin（1979）提出的产品出口相似度指数（Export Similarity Index）来测定中柬双方在国际市场上输出农业商

品的近似程度。他们将出口相似度定义为

$$S^P(ij,k) = [\sum M_{in}(X^k_{iw}/W^t_{iw}),(X^k_{jw}/W^t_{jw})]\times 100$$

由于国家间的规模存在差异，1998 年 Glick 和 Rose 对这个指数进行了修改，本项目采用修改后的出口相似度指数来进行计算，公式为

$$S^P(ij,k) = \sum_k\left[\frac{(X_{ik}/X_i)+(X_{jk}/X_j)}{2}\right]\times\left[1-\left|\frac{(X_{ik}/X_i)-(X_{jk}/X_j)}{(X_{ik}/X_i)+(X_{jk}/X_j)}\right|\right]\times 100 \tag{1}$$

该指数是用出口数据从商品域和市场域来评估两个国家在第三方市场的竞争优势状况。其中，$S^P(ij,k)$ 指的是 i 国家和 j 国家 k 类商品的出口相似度；X_{ik}指的是 i 国家 k 类商品出口到世界的出口额；X_i表示 i 国家所有 k 类商品出口到世界的出口总额；X_{jk}指的是 j 国家 k 类商品出口到世界的出口额；X_j指的是 j 国家所有 k 类商品的出口总额。

一般认为，$S^P(ij,k)$ 的指数值区间为：$0\leqslant S^P(ij,k)\leqslant 100$。若指数为100，表示两国的出口商品结构是一样的；若指数为 0，意指两国的出口商品结构不存在相同的情况。在这个区间内，指数值较大时，表示两国的出口商品结构趋向一致，反之，表示两国商品结构不同。

根据以上公式，我们分别将中柬两国的贸易互补性给予深入的研究。

（二）中柬两国贸易互补性分析

1. 出口相似度分析

由表 6－5 我们可以看出，2006—2015 年，中国和柬埔寨在国际市场上的农产品相似度指数整体上不高，平均值只有 22.47，且 2010 年之后指数值均在平均值之下。随着时间的推移，中柬两国的产品相似度呈现较大幅度的下降，由 2006 年的 31.14 下降至 2015 年的 18.82。由此我们可以初步判断，中国与柬埔寨的农产品出口互补性从世界范围来说是比较高的。

表 6－5　2006—2015 年中国和柬埔寨出口到世界的农产品相似度指数

HS \ 年份	2006	2007	2008	2009	2010	2011	2012	2013	2014	2015
01	0.003	0.002	0.003	0.003	0.001	0.002	0.001	0.000	0.000	0.001
03	0.158	0.098	0.074	0.070	0.031	0.017	0.008	0.003	0.002	0.001
05	0.000	0.000	0.000	0.000	0.000	0.000	0.000	0.000	0.001	0.000
06	0.000	0.001	0.000	0.000	0.000	0.000	0.000	0.000	0.000	0.000
07	0.003	0.039	0.016	0.017	0.009	0.014	0.037	0.032	0.065	0.053

续表

HS \ 年份	2006	2007	2008	2009	2010	2011	2012	2013	2014	2015
08	0.012	0.015	0.040	0.015	0.001	0.003	0.004	0.001	0.003	0.002
09	0.007	0.015	0.024	0.008	0.001	0.008	0.004	0.010	0.021	0.004
10	0.034	0.055	0.017	0.016	0.011	0.010	0.007	0.008	0.006	0.005
11	0.008	0.014	0.014	0.012	0.012	0.010	0.010	0.003	0.004	0.009
12	0.044	0.046	0.022	0.020	0.026	0.015	0.005	0.004	0.004	0.002
14	0.002	0.002	0.002	0.001	0.000	0.000	0.000	0.000	0.000	0.000
15	0.013	0.009	0.015	0.009	0.008	0.009	0.009	0.009	0.009	0.010
17	0.001	0.003	0.000	0.002	0.022	0.022	0.021	0.022	0.022	0.023
19	0.001	0.004	0.001	0.001	0.001	0.000	0.000	0.001	0.002	0.005
20	0.003	0.003	0.001	0.001	0.001	0.000	0.001	0.000	0.000	0.001
21	0.000	0.000	0.000	0.001	0.000	0.000	0.000	0.000	0.000	0.001
22	0.005	0.002	0.001	0.022	0.021	0.017	0.023	0.021	0.022	0.012
23	0.000	0.000	0.000	0.014	0.041	0.027	0.020	0.031	0.042	0.039
24	0.019	0.018	0.019	0.023	0.021	0.019	0.021	0.020	0.019	0.020
合计	31.14	32.85	25.05	23.50	20.83	17.56	17.07	16.68	22.21	18.82

资料来源：根据 UN Comtrade 数据库数据计算。

如果对农产品进行仔细地观察，在 19 种不同类别的产品中，HS03（鱼、甲壳动物、软体动物及其他水生无脊椎动物）、HS07（食用蔬菜、根及块茎）、HS23（食品工业残渣、配制的动物饲料）、HS24（烟草及烟草代用品制品）、HS12（含油子仁及果实、工业或药用植物等）这 5 类农产品在 2006—2015 年这段时间的相似度指数值相对较高，均值分别为 4.61、2.86、2.15、1.99、1.88，其他几类农产品的出口相似度均值都较低，这反映出中柬双方在农产品出口上有极强的互补性。

2. 产品结构分析

表 6－5 表明，2006—2015 年，活动物、动物产品的贸易额的比重保持相对稳定，但是略有下降的趋势，只有 HS03（鱼、甲壳动物、软体动物及其他水生无脊椎动物）这类农产品的比重较高，但在其他类别的产品中比重仍较低。植物产品的贸易额所占比重在研究期间的前几年呈增长趋势，2010 年后略有下降，其中 HS09（咖啡、茶及调味香料）、HS10（谷物）两种农产品的比重在此类商品中较高。食品、饮料、酒及醋、烟草及烟草替代品的商品贸易额所占比重波动较小，但仍是所有农产品种类中比重较大的一类。随着中

国—东盟这几种类别农产品贸易额的增加，中国与柬埔寨的整体贸易额仍在上升，因此发展空间仍然很大。

六、FTA 建立对中柬两国的经济效应研究

（一）研究方法概述

近年来，中国的经济规模在不断扩大，国际化水平日益提高，区域经济一体化得到极大地发展，中国自 2002 年起，就逐步开始全面参与自由贸易区（FTA，以下简称自贸区）的建设，当前我国的在建自贸区有 19 个，有 32 个主权国家和地区被包含在内。已签署的自贸协定 14 个，涉及 22 个国家和地区。自贸区建设的快速发展引发了经济效应评估的问题，究竟自贸区的建立是否会影响成员国的福利水平，能在多大程度上影响成员国福利水平，是学者们和政策制定者比较关心的问题。

从 Viner 发表著作《关税同盟问题》以来，学者们对自贸区贸易效应的认识越来越系统，因此相应地出现了贸易创造效应和贸易转移效应这两种研究自贸区经济效果的核心评价指标。贸易创造表示的是自贸区建成后，关税不再成为从成本比较低的成员国进口的障碍。贸易创造意味着贸易量的增多，可以有效改善成员国的收益状况。贸易转移表示的是自贸区建成后自贸区内外产品之间流动的替代，这一效应会使资源分配效率低下，给相关的国家带来损失。

现有文献中通常采用事前和事后两种研究方法来分析自贸区的经济效应。事前研究包括：经验模型法、CGE 模型。事后研究的估计方法比较多样，包括：区域内贸易份额法、巴拉萨模型和引力模型。引力模型作为事后研究分析自贸区经济效应最为有效的方法之一，目前学者通常会在传统引力模型中加入虚拟变量来预测自贸区经济效应。本项目采用引力模型来测算中国与柬埔寨自贸区建立带来的经济效应，并在模型中加入了人口、GDP、距离等可能影响双边贸易的变量。

（二）模型的设定

引力模型（Gravity Model）源自牛顿的万有引力定律，即任何两个物体间的引力与它们的质量呈正比，与它们之间距离的平方呈反比。20 世纪 30 年代，赖利在研究零售市场时，假定两个城市中心之间的人口移动与其居民人数的乘积成正比，与距离平方成反比，即零售引力的赖利定律（Reilly Law）。从此，赖利定律在经济社会中的应用变得越来越普遍。引力模型的一般形式为

$$X_{ij} = A\left(\frac{Y_i Y_j}{D_{ij}}\right) \tag{1}$$

式中，X_{ij}表示国家 i 向国家 j 出口的贸易额；A 为常数项；Y_i和 Y_j分别表示国家 i 和国家 j 的国内生产总值（GDP）；D_{ij}表示国家 i 和国家 j 之间的距离，常常用两国首都的直线距离来代替。

由于该模型是非线性的，为了估算上的便利，一般对式（1）取自然对数来获得线性形式

$$\ln X_{ij} = \beta_0 + \beta_1 \ln Y_i + \beta_2 \ln Y_i + \beta_3 \ln D_{if} + \beta_4 A + \varepsilon \tag{2}$$

其中，β_0，…，β_4为回归系数，ε 为随机误差项。

Tinbergen（1965）将引力模型投放于分析国际贸易的范围中，并进一步设定了最初的模型。该模型假定两国间贸易流和经济的总量为正比，与距离表现为反比的关系，并且引入了其他可能会对两国贸易产生影响的其他因素。主要是指三方面的变量：一是反映进出口国供需能力的变量，如国内的人口、GDP、国土面积等；二是反映贸易阻力的变量，如两国间距离和关税、汇率等；三是代表贸易偏好因素，反映经济一体化、有共同边界、相似历史文化等。引力模型在研究 FTA 的经济效应时，是在基础引力模型中加入虚拟变量，本项目主要对贸易创造效应和贸易转移效应进行了考察，引入虚拟变量（是否已建立 FTA）来模拟自贸区的建立，给相关国家带来的经济效益。具体模型如下：

$$\begin{aligned}\ln(im) &= \beta_0 + \beta_1 \ln gdp + \beta_2 \ln Rgdp + \beta_3 \ln pop + \beta_4 \ln CHNpop \\ &\quad + \beta_5 \ln dist + \beta_6 FTA + \beta_7 \ln NFTA + \varepsilon\end{aligned} \tag{3}$$

其中，im 表示 t 时期中国与其他国家间的进口额；gdp 表示研究期间中国的 GDP 水平；$Rgdp$ 表示研究期间所分析的对象国的人均 GDP 高低状况；$CHNpop$ 表示中国的人口数；pop 表示研究期间 10 个样本国的人口数；$dist$ 表示中国与其他国家首都间的距离；FTA 和 $NFTA$ 分别用于拟合 FTA 的建立对成员国贸易的影响，当 t 年后中国与样本国已建立自贸区时，则 $FTA=1$。$NFTA$ 用于中国与样本国家自贸区建立的情形，若 t 年后，中国与样本国未建立自贸区，则 $NFTA=1$，若 t 年后已建立自贸区，则 $NFTA=0$。ε 为随机误差项。具体的变量解释见表 6-6。

表 6-6　变量表

im	t 时期中国与其他国家间的进口额（亿美元）
gdp	其他样本国家 GDP 水平（亿美元）
Rgdp	其他样本国家人均 GDP 水平（亿美元）

续表

pop	其他样本国家总人口数（万人）
CHNpop	中国总人口数（万人）
dist	国家首都间的距离（公里）
FTA	中国与样本国家已建立自贸区（“已建立”则取值为1）
NFTA	模拟中国与样本国家自贸区的建立（“事实为未建立”则取值为1）

（三）数据来源与说明

本项目选取的样本国包括：柬埔寨、马来西亚、智利、泰国、新加坡、印度尼西亚、秘鲁、菲律宾、新西兰、瑞士共10个国家。

之所以把以上10个国家作为分析的样本，是因为作了以下的一些分析：我国与东盟中4个新成员国（越南、缅甸、老挝和柬埔寨）的贸易优惠政策安排与老成员国相比存在滞后的现象，且时间较为短暂，所以东盟六国（印度尼西亚、泰国、菲律宾、马来西亚、新加坡和文莱）及柬埔寨成为本研究的基础。其中新加坡在2008年10月已经与我国签署了自贸区协定，为了保证实证结果的准确性，又加入了已经与中国签订自贸区协议的部分国家，分别是新西兰（2008年10月）、瑞士（2014年7月）、智利（2005年11月）、秘鲁（2008年11月）。

农产品样本选取了我国出口其他国家时贸易总额比较高的前10类：HS03（鱼、甲壳动物、软体动物及其他水生无脊椎动物）、HS07（食用蔬菜、根及块茎）、HS16（肉、鱼及其他水生动物产品）、HS20（果蔬、坚果等其他植物产品）、HS08（食用水果及坚果）、HS21（杂项食品）、HS12（含油子仁及果实、工业或药用植物等）、HS23（食品工业残渣、配制的动物饲料）、HS09（茶及调味香料）、HS22（饮料、酒及醋）。

中国与样本国进出口农产品贸易的相关信息，大部分源自联合国统计署创立的贸易数据库（UN COMTRADE）。该数据库对产品的分类是以协调编码制度（HS）和国际贸易标准分类（SITC），本项目采用数据库中的HS分类标准数据；我国和其他国家的GDP及人均GDP数据来自世界银行官方统计数据；人口数据来自《中国统计年鉴》和《世界人口状况》；距离数据来自www. indo. com网站当中的“距离计算器”，以中国首都北京到其他各国首都的直线距离表示，已经与中国签订过自贸区协定的国家资料来自“中国自贸区服务网”http：//fta. mofcom. gov. cn/。

（四）中国与柬埔寨 FTA 建立的经济效应实证分析

本项目采用 Stata 9.0 软件，对 2006—2015 年的数据进行实证分析，首先依据中国与样本国是否已建立自贸区的实际情况对数据进行回归分析，测算中国与柬埔寨目前的进口水平。其次反事实估计“若中国与柬埔寨建立自贸区”会带来怎样的贸易水平，在模型（3）的基础上，假定 $NFTA=1$ 即可预测 2006—2015 年中国与柬埔寨的模拟进口水平。

表 6－7　实证检验结果

	Coef.	Std. Err.	*t* 值	$p>\|t\|$
gdp	.0009543	.0000417	22.89	0.000
Rgdp	-.0001974	.0000208	-9.51	0.000
pop	-.0001435	.0000419	-3.42	0.001
CHNpop	.0011163	.0001276	8.75	0.000
dist	.0000779	.0000987	0.79	0.432
FTA	7.348045	1.51478	4.85	0.000
_ *cons*	-149.0407	17.06243	-8.74	0.000
R^2	0.8956			
Prob > *F*	0.0000			

由表 6－7 中所描述的数据可知，*F* 的检验 *p* 值为 0.0000，由此可以判断出该模型检验的结果具有显著性。R^2 为 0.8956，说明拟合度较高，该模型较为合理。根据表中每一个变量的回归系数以及 *p* 值，可以得到如下结论：

（1）样本国 GDP 变量（*gdp*）0.000＜0.05，在 5% 的显著性水平通过 *t* 检验，回归系数为正，这说明样本国家的 GDP 水平对于双方的进口贸易具有显著正相关关系。

（2）样本国人均 GDP 变量（*Rgdp*）0.000＜0.05，通过 *t* 检验，回归系数为负，人均 GDP 虽然不直接相当于居民的平均收入水平和生活状况，但是居民人均收入和生活水平提高通常是以此为参照的，人均 GDP 越高表明人们对本国的购买能力增强。

（3）样本国人口数变量（*pop*）0.001＜0.05，通过 *t* 检验，且回归系数为负，说明样本国人口数的增长，导致对于本国产品的需要增多，而对中国的进口贸易产生负的影响。

（4）中国的人口数变量（*CHNpop*）的 *t* 检验 *p* 值为 0.000＜0.05，在 5% 的显著性水平上进行了检测，且回归系数为正，表明我国的人口数会对我国与研究国的进口贸易起到积极的作用。

（5）自贸区变量（*FTA*）的 t 检验 p 值为 $0.000<0.05$，通过 t 检验，回归系数为正，表明该变量与中国的进口贸易呈显著正相关，自贸区的建立会促进中国的进口贸易。

在模型（3）的基础上，通过假定 $NFTA=1$，接下来模拟预测 2006—2015 年中国与柬埔寨建立自贸区会带来怎样的贸易水平，见表 6－8。

表 6－8　中国与柬埔寨建立自贸区实际和模拟的进口水平

年份	实际值	模拟值
2006	5.073068	－2.27492
2007	5.824787	－1.5232
2008	6.568004	－0.77999
2009	7.289878	－0.05811
2010	8.000626	0.652636
2011	8.712254	1.364264
2012	9.454454	2.106464
2013	10.19241	2.844419
2014	10.98299	3.634996
2015	11.73931	4.391323

注：表中模拟值为假定“NFTA＝1”情况下的进口水平。

通常认为，由区域经济一体化产生的贸易效应，可分为贸易创造效应和贸易转移效应。在对我国与柬埔寨建立自贸区形成的贸易创造效应和贸易转移效应做出分析之时，实际的贸易数据值是可以获得的，需要我们估计中国—柬埔寨自贸区建成之后，双方的农产品贸易水平将有怎样的改变。在中国与柬埔寨未建立 FTA 时，实际的进口水平基本处于持续增加的水平，并且超出模拟中国与柬埔寨建立自贸区的进口水平，因此尚未形成贸易转移效应。自贸区的形成，对我国的进口产生极大的影响。2006—2015 年我国与柬埔寨的实际进口水平超过了模拟 FTA 建立的进口水平，FTA 的建立对我国农产品进口贸易产生了巨大影响，在这当中形成了创造效应，这对贸易规模的扩大有十分重要的作用。在自贸区的建立过程中，2006—2015 年我国的进口水平不断增长，农产品贸易没有以贸易转移为代价实现增长。可能的原因是，我国不断增长的经济水平使对农产品的需求不断提高，并且我国的农产品种类多样，从研究范围内的国家并不能全部实现我国消费的增长和需要的多样化。同理，表 6－8 表明中国与柬埔寨未建立自贸区时的实际进口贸易值呈持续增长状态，且模拟建立自贸区的进口贸易值低于实际值，中国和柬埔寨也没有出现贸易转移效应的状况。2006—2015年间，我国与柬埔寨的进口贸易呈增长趋势，这说明，FTA的建立会对中柬双边的贸易产生积极影响，产生了贸易创造效应。

七、对策与建议

（一）发展规模农业，着力保障农业投入和支持补贴的资金来源

要想农业产量有所增加，就要使劳动生产率保持较高的水平。有很多方法可以用来提高劳动生产率，如进行规模农业生产、增加资本和技术的投放力度等，在生产工具机械化的基础上扩大生产规模，逐步实现生产结构的转型，并取得规模经济效益。该措施无论是对扩大国内的生产规模，还是双边贸易规模都有极为重要的作用。

要持续加强农业支持保护。国外有许多的经验值得我们借鉴。比如，2014年美国实施的新农业法、2013年欧盟对农业政策实行的革新以及日本的农业最新政策，都反映出市场化的特征。从根本上来说，这些发达的国家都采取相关的政策来支持本国的农业发展。以美国为例，2014年农业法在预算上进行了减少，其集中表现在营养计划上。对于商品计划，虽然不再进行直接支付，用价格损失补偿计划替代反周期支付，用农业收入风险补偿计划代替平均作物收入选择，对棉花转为保险政策的扶持，但在实质上并没有减少对农业发展的鼓励和保护，甚至在这方面还有所加强。我国在加入WTO后，实施了一些有益于“三农”的相关政策，“四补贴”也由2004年的145.2亿元增加到2014年的1680多亿元，但近年来在补贴上的投放速度较之前有所减缓。因此，有关农业的相关法律法规，还需进一步健全和完善，确保资金的有效投入并建立农业发展的长效机制。

根据前文中的分析，我国与东盟各国以及东盟成员国之外的几个国家，在农产品种类上的数值呈现出较大的波动，这与双方的生产模式有很大关系。在小规模的家庭生产模式下，生产者往往缺乏有效的市场信息获取渠道，加之其对信息的分析判断能力有限，极容易造成盲目生产的现象，导致过于集中生产某一类别农产品的情况发生。因此，为了保证中国与柬埔寨的农业商品贸易对双方多类别农业商品贸易进行的拉动作用，还有必要建立完善农业服务体系，为生产者的相关决策提供有效参考。农业服务体系的建立应当着眼于农资市场、农技市场、农产品销售市场的最新动态，针对中国与东盟国

家的市场，保证为农民提供有效信息。同时，通过专业人员和设备的调查分析，为农民提供最为科学的参考意见，并在技术、销售等方面进行指导，既能有效应对小规模家庭生产的盲目性，又避免资源的浪费。

（二）发挥竞争优势，及时调整农业产业结构

中柬双方的农产品贸易同时具有互补性与竞争性。双边都应最大限度地使用好自身的比较优势，利用好“两种资源，两个市场”的作用。一是从商品互补性来分析，中柬双方可向对方出口竞争力比较强的产品，进口竞争力相对而言比较弱的产品。二是从产品竞争性来分析，中柬两国都应进行商品细分及专业化分工，以此增加两国之间的互补性。

我国的一些农产品竞争力较传统，同时在产品品质上也存在一些问题，并不能很好地占据柬埔寨市场。因此，可以通过改进农产品生产技术的方式来提高农产品的对外输出力，如对农产品进行深加工延长其产业链。

根据上文对我国与柬埔寨进行的农产品贸易互补性分析，我国有几类农产品存在较为明显的比较优势，柬埔寨也有优势的农产品，因此双方不但需要利用各自比较优势进一步开展农产品贸易，还需要在这些产品的贸易往来中开展分工与合作，扩大贸易往来。中国还应通过产业结构不断升级，形成更大的比较优势，扩大双方贸易互补性，构建更加紧密的贸易关系。

对“一带一路”沿线国家的贸易往来情况进行分析可以发现，我国与“一带一路”沿线国家的贸易竞争正在增加，但竞争非常激烈的贸易往来国家数量在不断变少。同时，中国进出口农产品与其他国家有着贸易互补性，未来发展空间很大，沿线国家未来对中国农产品的需求量将会继续增加，“一带一路”沿线国家就我国而言，在增加贸易需求上有巨大意义，我国应当充分利用好比较优势，来加大与沿线国家的贸易合作往来，扩展对外开放的范围。从进口的方面来进行分析，中国在资源加工类、农产品等方面的需求仍将会呈现增长的趋势。具体来说，中国应当在原材料、机械、农业等方面深化同柬埔寨的合作，在基础设施的投资力度上不断加强。

（三）深化制度改革，为建立高水平自贸区提供制度与政策保障

当前，区域经济一体化趋势正在加快，贸易和投资自由化标准也得到提高。我国从以开放促改革、促发展的战略出发，对涉外经济体制实行改革和创新，继续扩大开放范围，提供相关的制度和政策作为发展这一战略的保障。我国在政府职能调整、服务业市场开放和投资准入管理等方面，按照国际市场经济体制的标准和要求来进行调整，充分利用我国（上海）自由贸易试验

区的先行先试功能，力争在中柬农产品贸易方面获得新进展，为今后参与更高水平区域贸易自由化打下基础，做好制度和政策上的准备。国内相关部门应认识到我国的经济发展、国际影响力以及国际竞争力受对外开放质量的影响，应当制定与完善有关区域贸易自由发展的法律法规和政策，以主动开放的态度迎接新一轮贸易投资自由化挑战。

中国—柬埔寨自由贸易区的建设，应秉承互利互赢的理念，加强开放合作软环境建设，让柬埔寨以及其他地区和国家切实感受到自由贸易区带来的实惠，以此有效推进其建设。政府部门应切实强化涉外公共服务，提高为企业服务的意识和能力，积极为外贸公司提供一流的信息、物流、咨询等专业服务。在生产、经营等方面为外资企业提供切实可行的帮助，制定相关的管理办法，同时营造浓厚的商业氛围。我们还可以实施特殊的涉外政策，以使外贸经济能够较好地发展。

（四）优化布局设置，着力实现基础设施互联互通

目前，基础设施互联互通建设薄弱，成为制约我国与邻国经贸往来的一个重要因素。交通基础设施建设，是双方人员往来和开展货物贸易的基础，中国有句话叫“要致富先修路”，这句话已在国内经济迅速发展的实践中被证实。在实施“丝绸之路经济带”这一战略中，加快推进中柬自由贸易区的构建，最迫切的就是优化交通布局设置，加强面向东盟成员国的交通网络建设，以口岸建设为突破口，打通与周边国家的公路、铁路、航空、管道立体交通网络和通信网络，实现基础设施的互联互通。同时，着力畅通对内对外开放通道，按照无缝衔接的理念，实现与各级枢纽与公路运输线路的合理衔接，全面提高综合交通枢纽功能和辐射能力。做好相关人流、物流、信息流的畅通工作，以增加中国在沿线国家中的分量，提升经济版图的地位。

基础设施互联互通建设，不仅对我国国内有着重大的意义，同时对我国与其他国家的经贸发展也同样至关重要。加强我国与“一带一路”沿线国家的互联互通，已成为《推动共建丝绸之路经济带和21世纪海上丝绸之路的愿景与行动》的重中之重，关系着中国与沿线国家经济走廊建设成功与否，对此应保持高度重视。对于如何确保双方互联互通，需要做好如下几点：一是要畅通“瓶颈”路段，提高道路畅通水平；二是要增加航班和航班班次，促进空中物流发展；三是加强中国与柬埔寨地区的通信基础设施建设。通信基础设施建设是开展双方人员网络交流、现代服务贸易发展和电子商务的基础。具体来说，就是首先建设双方通信光缆主干线网络等，其次完善双方空中信息通道的合作，最后还应加强能源基础设施建设，确保能源运输通道安全、

可靠。

对于中国与柬埔寨地区的农产品贸易，还应当加强政府间的交流，政府之间通过沟通分析双边农产品贸易中存在的问题，经过协商给出解决问题的方法，再综合全方位的对策建议，签订正式的农业合作协定。另外，推进中国与柬埔寨地区物流体系建设，提高双边贸易便利化水平也是比较有效的方案。一方面，中国应加快推进与两国贸易便利化谈判进程，尽快形成覆盖中柬双边物流全过程的标准体系，建立完善的综合交通运输网络；另一方面，中国需促进与贸易伙伴国的人员交流和学习，加大双边在货物运输便利性、物流服务和海关监管等方面的沟通和协调。中国可以借助“丝绸之路核心区建设”“国际基础设施投资”和“一带一路”战略等契机，积极推进与柬埔寨两国的互联互通，形成全面、完善的自贸区网络，构建开放性多边贸易体系，从而促进中国农产品贸易的发展。

参考文献

［1］李琳．中国与东盟农产品贸易竞争性与互补性研究［D］．首都经济贸易大学，2016.

［2］高国珍，王海龙．中国与中亚国家双边经贸合作潜力分析［J］．国际经济合作，2015（8）：72－77.

［3］孙致陆，李先德．经济全球化背景下中国与印度农产品贸易发展研究——基于贸易互补性、竞争性和增长潜力的实证分析［J］．国际贸易问题，2013（12）：68－78.

［4］张清．中日建立自贸区对两国农产品贸易潜力影响研究［D］．首都经济贸易大学，2016.

［5］李迎旭．“一带一路”战略下中国与南亚贸易的合作基础、推进机会与实现机制［J］．甘肃社会科学，2016（2）：128－133.

［6］陈丽霜．泰国大米出口的比较优势及其影响因素分析［J］．农业经济，2015（11）：121－123.

［7］武敬云．“金砖国家”的贸易互补性和竞争性分析［J］．国际商务（对外经济贸易大学学报），2012（2）：21－30.

［8］田园，董晨．我国大米国际竞争力分析及提升对策——基于与泰国的比较［J］．经济问题，2013（6）：121－124.

［9］龙海雯，施本植．中国与中东欧国家贸易竞争性、互补性及贸易潜力研究——以“一带一路”为背景［J］．广西社会科学，2016（2）：78－84.

[10] 杜秀红．中国与"一带一路"沿线国家的贸易关系及政策建议[J]．现代管理科学，2016（5）：85－87.

[11] 高新才，王一婕．丝绸之路经济带背景下中国与中亚国家贸易互补性研究［J］．兰州大学学报（社会科学版），2016（2）：14－20.

[12] 刘合光，王静怡，陈珏颖．金砖国家建立FTA对五国农业的可能影响及中国对策［J］．农业经济问题，2015（12）：87－95.

[13] 谭晶荣，王丝丝，陈生杰．"一带一路"背景下中国与中亚五国主要农产品贸易潜力研究［J］．商业经济与管理，2016（1）：90－96.

[14] 周岩，陈淑梅．21世纪海上丝绸之路贸易自由化和便利化的经济效应分析［J］．亚太经济，2016（1）：50－56.

[15] 罗洁，庄丽娟．中泰荔枝龙眼贸易的竞争力分析［J］．广东农业科学，2013（2）：209－211.

[16] 段小梅，张宗益．两岸水果的贸易特征及竞争力分析［J］．开发研究，2011（3）：59－63.

[17] 汤碧．中国与金砖国家农产品贸易：比较优势与合作潜力［J］．农业经济问题，2012（10）：67－76.

[18] 邓敏，王娟．中国与东盟农产品出口为何各异：基于对金融危机影响的分析［J］．财经科学，2013（11）：109－117.

[19] 廖东声，周媛．中泰两国农产品贸易的比较分析［J］．学术论坛，2014（3）：76－80.

[20] 陈戎杰，吕瑞杰．中国与东盟三国木薯贸易竞争力及影响因素比较研究——基于双钻石模型的分析［J］．广东农业科学，2015（24）：194－199.

[21] 简爱，樊明方．中俄共建"丝绸之路经济带"的现实基点和路径研究［J］．东南学术，2015（4）：80－87.

[22] 秦长城．中国农业在未来中韩自贸区的经济效应浅析［J］．中国社会科学院研究生院学报，2013（6）：130－137.

[23] 林琳，李怀琪．中国—新加坡自由贸易区的经济效应研究［J］．经济问题探索，2015（11）：133－137.

[24] 高鹤，王岩．FTA框架下中韩货物贸易结构与经济效应分析［J］．对外经贸实务，2014（4）：29－32.

[25] 李涛，朱顺和，郭氏云英．中国—东盟经济自由贸易区的贸易效应与经济效应研究——一种政府绩效评估的模式［J］．企业经济，2015（12）：151－156.

［26］郑永娟．中国—东盟自贸区贸易经济效应研究［J］．价格月刊，2015（8）：23－27.

［27］沈铭辉，张中元．中—韩FTA的经济效应——对双边贸易流的经验分析框架［J］．中国社会科学院研究生院学报，2015（3）：134－144.

［28］杜威剑，李梦洁．中日韩自由贸易区建立的经济影响——基于局部均衡模型的分析［J］．国际经贸探索，2015（3）：31－41.

［29］余振，沈铭辉，王琼．论中国—印度FTA的贸易基础与经济效应——基于贸易流的实证分析［J］．南亚研究，2014（2）：12－27.

［30］李慧玲，马海霞，陈军．"一带一路"战略下中印、中巴贸易增长因素研究——基于修正的CMS模型分析［J］．经济问题探索，2016（3）：127－135.

［31］周曙东，胡冰川，吴强，崔奇峰．中国—东盟自由贸易区的建立对区域农产品贸易的动态影响分析［J］．管理世界．2006（10）：14－21.

［32］王瑞，王丽萍．我国农产品贸易流量现状与影响因素：基于引力模型的实证研究［J］．国际贸易问题，2012（4）：39－48.

［33］夏善晨．自贸区发展战略和法律规制的借鉴——关于中国自由贸易区发展的思考［J］．国际经济合作，2013（9）：18－22.

［34］刘松竹．推进中国—东盟经贸合作的思路及对策［J］．经济纵横，2014（12）：16－19.

［35］赵晋平．加快推进我国自贸区战略的思考与建议［J］．南开学报（哲学社会科学版），2015（3）：129－137.

［36］秦富，钟钰，贾伟．主动应对农产品贸易挑战的思考和建议［J］．农业经济问题，2015（11）：4－8.

［37］Viner，J.，The customs union issue，Carnegie Endowment for International Peace［J］．NewYork，1950.

［38］Tinbergen J. International Economic Integration［M］．Amsterdam：Elsevier Press，1965.

［39］H. Linnemann，An Econometric Study of International Trade flows［J］．Canadian Journal of Economics & Political Science/revue Canadienne Do Economques Et Science Politique，1966（8）：8－56.

［40］Leamer，E. The Commodity Composition of International Trade in Manufactures：An EmpiricalAnalysis［J］．Oxford Economic Papers，1974，26（3）：89－95.

[41] Frankel. ContinentalBlocs: Are they Natural or Super – Natural [M]. The Regionalization of the World Economiy University of Chicago Press, 1998.

[42] Hassan K M. Is SAARC a Vable Economic Block? Evidence from Gravity Model [J]. Journal of Asian Economics, 2001 (12).

[43] Jason, H. Grant, DaytonM. Lambert. Regionalism In World Agriculture Trade: Lessons From Gravity Model Estimations [J]. Economic Research Service, 2005 (7): 1 –29.

[44] Ghoshs, Yamariks. Are regional trading arrangements trade creating? An application of extreme bounds analysis [J]. Journal of International Economics, 2004 (63): 369 –395.

[45] DE PRABIR Global Economic and Financial Crisis: India's Trade Potential and Prospects, and Implications for Asian Regional Integration [J]. Journal of Economic Integration, 2010, 25 (1): 32 –68.

[46] Zolin M B, Callaghan B R. The Korea – EUFTA: New Prospects for and Patterns of Agricultural and Agrifood Trade? [J]. Journal of Global Policy & Governance, 2013, 1 (2): 129 –142.

[47] B. Hoekman. An Assessment of the General Agreement on Trade in Services [M]. The Uruguay Round and the Developing Economies, The World Ban, Cambridge University Press, Cambridge, UK, 1995.

[48] Yanrui Wu, Zhangyue Zhou. Changing Bilateral Trade between China and India [J]. Journal of Asian Economics, 2006, 85: 509 –518.

[49] Baier, S. L. Bergstrand, J. H. 2007. Do Free Trade Agreements Actually Increase Members' International Trade? [J]. Journal of international Economics, 72 (1): 72 –95.

专题Ⅶ

中国与新加坡贸易研究

一、绪论

（一）引言

随着“21 世纪海上丝绸之路”战略的提出，如何推进这一战略成为学者们探讨的重点领域。其中，中国与沿线国家的经贸关系也成为研究的重中之重。新加坡作为“21 世纪海上丝绸之路”沿线的重点国家，研究其与中国的贸易关系意义深远。从已有文献的研究来看，关于中国与新加坡贸易关系的文献主要集中在两国贸易比较优势、产业内贸易发展、自由贸易区经济效益等方面，其更多的是宏观层面的研究。本研究的重点则是通过测算双方的贸易潜力，为双方的经贸合作给予理论支持。本研究在使用引力模型的基础上，运用 2006—2015 年双边贸易数据，分析了双方之间的贸易现状、贸易互补性和贸易潜力。研究结果表明：中国—新加坡双边贸易规模 10 年间增长了两倍；双方的贸易结合度在不断增强；中国与新加坡之间不仅有产业间的贸易，并且还有产业内贸易；中国与新加坡的贸易潜力在逐渐增长；中国与新加坡之间的进口潜力要大于出口潜力，双方之间的贸易潜力还具有开拓空间。本研究为优化中国与新加坡的贸易政策与实践提供了经验证据。

（二）文献回顾

近几年，关于中国与新加坡贸易的研究主要集中在中国—新加坡两国贸易比较优势、产业内贸易发展、自贸区经济效益分析等领域。在两国贸易比较优势方面，钱耀军和李娴（2015）认为中国在按原料分类的制成品、机械及运输设备、杂项制品等方面具有比较优势；鲍峰和曾宇龙（2016）的研究也表明，在与新加坡的贸易往来中，中国在机械及运输设备方面具有比较优势。在产业内贸易发展方面，徐康宁和韩剑（2005）的研究表明产业内垂直贸易成为中国—新加坡贸易的重要特征。周丽和黄原（2010）研究了中国与新加坡、马来西亚等国的产业内贸易，研究结果同样表明了中国与这些国家之间存在产业内贸易。刘思嘉和王宾容（2013）也认为中国与新加坡双边贸易中存在明显的产业内贸易，尤其是机械及运输设备产品在产业内贸易中占有突出位置。上述学者的研究表明，双方贸易关系中的产业内贸易特征明显。在自贸区经济效应方面，李应振（2008）认为自贸区的建立，将进一步推动两国经贸发展，具有重要的里程碑意义；林琳和李怀琪（2015）对中国—新加坡自贸区经济效应的研究表明，自贸区的建立给新加坡带来了更大的出口创造效应，并且有助于拉动双方贸易流量的增长。

贸易引力模型最早由 Tinbergen（1962）和 Poyhonen（1963）引入到国际贸易的研究当中。他们使用该模型进行了双边贸易关系的研究，结果表明：贸易国双方的经济总量会对双方之间的贸易规模产生正向效应，两国之间的距离则会阻碍双边贸易往来。Linnemann 在该模型中增加了人口这一变量，认为人口多少与贸易流量呈正相关关系。之后有大量的学者对该模型进行了补充研究。经过补充的引力模型通常加入两类变量：一类是虚拟变量，如共同语言、共同边界等；另一类是制度质量指标变量，如是否属于同一个贸易协定或经济组织、政府质量管理等。张海森和谢杰（2011）基于这一模型测算了中非农产品贸易潜力，研究表明双方农产品之间的贸易潜力巨大；吕宏芬和郑亚莉（2013）运用贸易引力模型对中国与智利的贸易现状进行了分析，并认为区域一体化在双方的贸易往来中具有十分重要的作用；邵桂兰和胡新（2013）研究了中国—东盟水产品贸易潜力，研究表明，中国与新加坡、越南、马来西亚之间的水产品贸易潜力属于潜力再造型；汪文卿和刘晓锋（2014）研究了中国与挪威的双边贸易潜力，认为中国与挪威的贸易处于贸易严重不足的状态，两国经贸发展的空间十分广阔；廖泽芳和宁凌（2015）基于引力模型对“21 世纪海上丝绸之路”背景下中国与东盟贸易畅通进行了研究，结果表明，经济发展、人口总量、优惠贸易安排等因素促进了中国与东盟的贸易畅通，而距离、人民币升值则在一定程度上制约了中国与东盟的贸易畅通；金缀桥、杨逢珉（2015）对中韩两国之间的贸易潜力进行了测算，认为两国之间贸易潜力呈现逐渐上升的趋势，双边贸易还有进一步拓展的空间；张燕和高志刚（2015）对中国与巴基斯坦贸易潜力的研究表明，双方之间的贸易潜力较大，但出口潜力相对较小。

目前对于中国—新加坡双边贸易关系更多的是宏观层面的研究，鲜有学者对中国—新加坡双方的贸易潜力进行测算。本研究的重点在于对中国—新加坡双方的贸易潜力进行计算，用以估算双方之间的贸易发展空间。本研究将基于引力模型测算中国与新加坡的双边贸易潜力，为中国与新加坡贸易政策的制定提供经验证据与理论依据。

二、中国与新加坡双边贸易现状分析

随着中国—新加坡双方之间交流的不断深入，两国之间的经济交往也在不断强化。根据 UN comtrade 数据库相关数据统计，中国与新加坡双边贸易额在 1992—2015 年增长了 24.8 倍。本研究收集了 2006—2015 年中国与新加坡的双边贸易数据进行分析。研究表明：中国与新加坡的贸易规模不断增加；贸易紧密度也不断增强；双方贸易产品结构单一，主要表现为产业内贸易。

1. 中国—新加坡双边贸易规模

2006—2015 年贸易数据表明，中国—新加坡双边的贸易总额、进口额、出口额均存在平稳增长的趋势。2015 年，双方的贸易总额、进口额、出口额分别达到 809 亿美元、277 亿美元、531 亿美元；与 2006 年相比，增长率分别达到 98%、57%、129%。中国在双方的贸易关系中处于顺差国的地位，并且从 2010 年之后，这种趋势在不断扩大。2015 年，中国对新加坡贸易差额达到 254 亿美元，占到双边贸易额的 31.4%（如图 7－1 所示）。

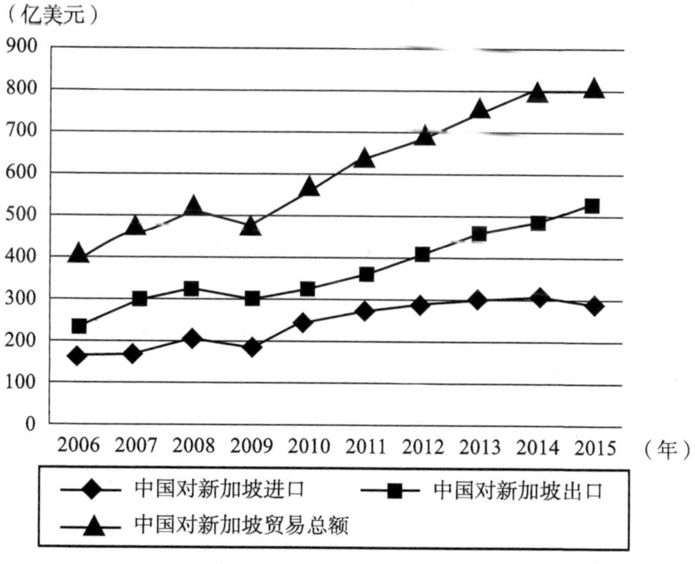

图 7－1 2006—2015 年中国与新加坡贸易规模

资料来源：根据联合国商品贸易数据库（UN comtrade）数据计算所得。

中国是新加坡重要的贸易伙伴，如图7－2所示，中国—新加坡贸易额占新加坡贸易总额的比重处于逐渐上升的趋势，由2006年的8%上升到了2015年的12.5%，增长了1.5倍。这说明中国是新加坡非常重要的贸易伙伴，在其对外贸易中处于比较重要的位置。而中国—新加坡双方贸易额占中国贸易总额的比重则比较平稳，维持在2%左右。

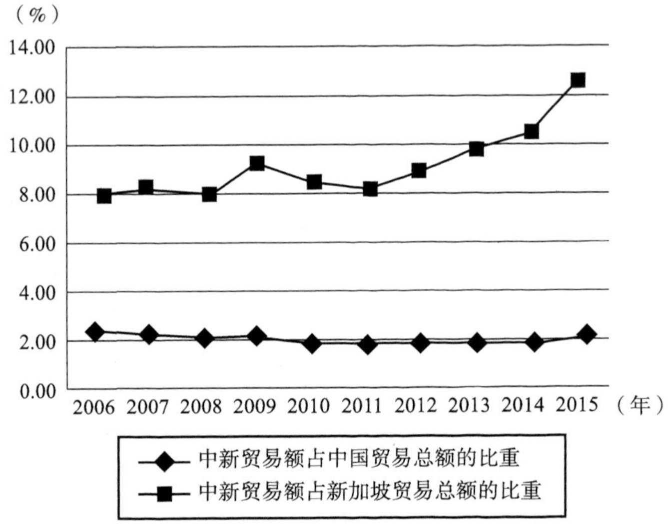

图7－2　2006—2015年中国—新加坡双边贸易额占各自贸易总额的比重

资料来源：根据联合国商品贸易数据库（UN comtrade）数据计算所得。

2. 中国—新加坡双边贸易结合度

贸易结合度指数是由经济学家布朗提出，经过小岛清等人的研究得到了完善，并赋予其经济学上的意义。该指数主要是用来分析两国在贸易方面的相互依存度。该数值越大，说明贸易双方的关系越紧密。本研究采用成利沙（2012）计算贸易结合度的公式

$$TCD_{ij}=(X_{ij}/X_i)/(M_j/M_w) \quad (1)$$

式中，TCD_{ij}表示i国（地区）对j国（地区）的贸易结合度，X_{ij}表示i国对j国的贸易出口额，X_i表示i国（地区）的出口总额，M_j表示j国（地区）的进口总额，M_w表示世界进口总额。如果TCD_{ij}大于1，则表示i、j两国（地区）的贸易联系相对紧密；如果TCD_{ij}小于1，则表示i、j两国（地区）的贸易联系相对疏离。以下所使用的数据均来自UN comtrade数据库。

利用公式（1）与UN comtrade数据库计算双方的TCD_{ij}如图7－3所示。

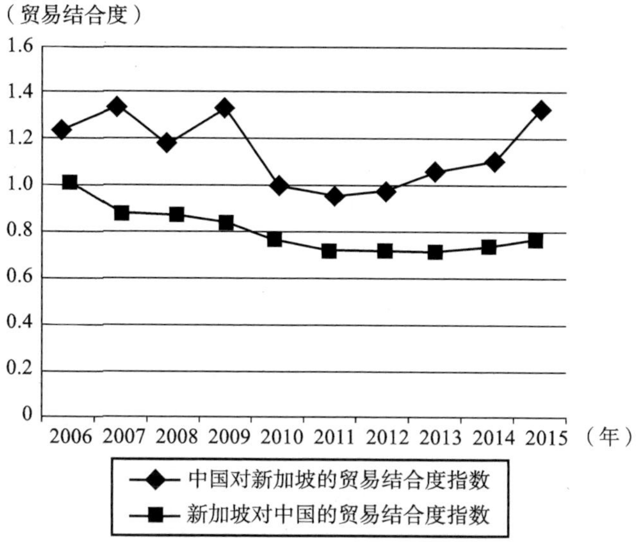

图 7－3　2006—2015 年中国—新加坡贸易结合度指数

资料来源：根据联合国商品贸易数据库（UN comtrade）数据计算所得。

从图 7－3 中可以看出：2006—2015 年，中国对新加坡的贸易结合度指数除 2011 年外都大于 1。2008 年，受金融危机的影响，中国对新加坡的贸易结合度指数下降；2010 年，受全球债务危机的影响，中国对新加坡的贸易结合度指数有所下降；2011 年开始，这一指数始终处于上涨的状态，并且始终大于 1，这说明双方的贸易关系比较紧密。新加坡对中国的贸易结合度指数从 2006—2011 年整体上处于下滑的状态，2011 年之后呈上涨趋势，这说明新加坡对中国的贸易紧密程度在逐步提高。

从总体上来说，中国对新加坡的结合度指数远远高于新加坡对中国的结合度指数，表明中国对新加坡的贸易依存度超出新加坡对中国的贸易依存度。新加坡对中国的贸易结合度指数自 2011 年来在不断增长，双方贸易关系的紧密程度在不断增强。

3. 中国—新加坡双边贸易产品结构

本研究按照联合国商品贸易数据库 SITC Rev. 3 分类标准，把贸易商品分为四大类：SITC0—SITC4 为资源密集型产品；SITC5 和 SITC7 为资本或技术密集型产品；SITC6 和 SITC8 为劳动密集型产品；SITC9 是未分类的产品。具体的分类标准见表 7－1：

表7-1 标准国际贸易分类（SITC）

SITC0	食品和活动物	SITC5	未另列明的化学品和有关产品
SITC1	饮料和烟类	SITC6	按原料分类的制成品
SITC2	非食用原料	SITC7	机械及运输设备
SITC3	矿物燃料、润滑油及有关原料	SITC8	杂项制品
SITC4	动植物油、脂及醋	SITC9	其他商品

本研究对中国—新加坡双边贸易的产品结构进行分析，如图7-4、图7-5所示：（1）中国对新加坡进口的主要是资本或技术密集型产业、初级产品或资源密集型产业。尤其是资本或技术密集型产品，10年间贸易额增加了63%。从总体上来讲，SITC7和SITC5所占的比重要明显高于其他行业。与SITC5不同，SITC7的进口额在进口总额中的比重在逐渐下降，由2006年的52%下降为2015年的43%，这说明中国在机械及运输设备产业方面对新加坡的进口需求有所下降，这与中国的机械及运输设备制造能力不断增强有关。在资源密集型产业和初级产品的进口中，主要以进口SITC3为主；在劳动密集型产品中，则以进口SITC8为主。（2）中国对新加坡出口的商品主要是资本或技术密集型产业、劳动密集型产业。尤其是资本或技术密集型产业，10

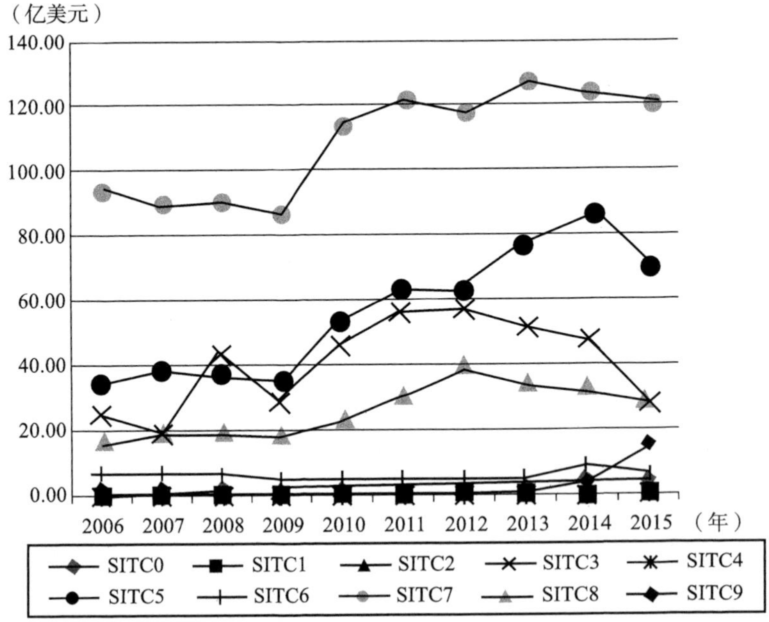

图7-4 2006—2015年中国对新加坡进口的商品结构

资料来源：根据联合国商品贸易数据库（UN comtrade）数据计算所得。

年间中国—新加坡出口额增加了107%。资本或技术密集型产业主要以SITC7产业为主，远远超过了其他产品的对外出口贸易流量。在2006—2015年，该类产业贸易额占中国—新加坡出口总额的比重有逐渐下滑的趋势，从64%下降到了55%。在劳动密集型产业主要以出口SITC6产品为主；资源密集型产品中则主要以出口SITC3为主。

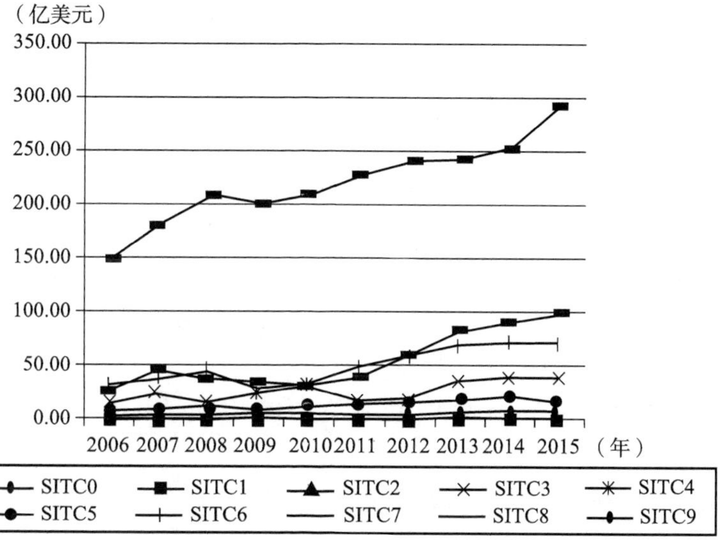

图7-5 2006—2015年中国对新加坡出口的商品结构

资料来源：根据联合国商品贸易数据库（UN comtrade）数据计算所得。

通过以上的分析可知，中国与新加坡的贸易从产品类型上看是以产业间贸易为主，但是从贸易额上来看，中国—新加坡的贸易以产业内贸易为主，尤其是集中在机械及运输设备产品上。产业内贸易的不断发展会有助于推动双方的经贸发展，但同时也说明双方的经贸合作比较单一。产品结构单一、产业内贸易明显已经成为中国—新加坡贸易结构的主要特点。

三、中国与新加坡的双边贸易潜力分析

参照刘志雄和陈旭（2014）的做法，本研究测算中国—新加坡贸易潜力的思路如下：首先，基于引力模型，运用STATA 13.0统计分析软件测算贸易总额、贸易出口、贸易进口模型的各项参数的估计结果；其次，根据得到的方程计算出中国与新加坡的贸易模拟值；最后，根据实际贸易额与模拟贸易额的比值对中国与新加坡的贸易总额潜力、贸易出口潜力、贸易进口潜力进行测算。

1. 引力模型的构建及变量定义

引力模型是用来分析双边或多边贸易关系的常用方法。常用的引力模型如下式所示：

$$\ln TL_{ij} = \beta_0 + \beta_1 \ln \mathrm{GDP}_i + \beta_2 \ln \mathrm{GDP}_j + \beta_3 \ln D_{ij} + \mu_{ij} \quad (2)$$

在（2）式中，TL_{ij}表示 i 国与 j 国的贸易总额，GDP_i和 GDP_j分别表示两个国家的经济总量，D_{ij}表示两个国家首都或主要港口之间的直线距离，μ_{ij}为随机误差项。β_0、β_1、β_2、β_3分别表示回归系数。

本研究在式（2）的基础上，参考王瑞和王丽萍（2012）的做法，引入两国是否同为 APEC 组织成员、中国与贸易国之间的经济差距 DPGDP 两个变量。当双方贸易国属于同一贸易组织时，受各种优惠政策的影响，双方的贸易量会增加。贸易国双方之间的经济差距 DPGDP 表示的是双方人均 GDP 差额的绝对值。根据“林德定理”，贸易双方的人均 GDP 差额越小，消费结构越相似，贸易流量越大。因此，本研究引入这两个变量来构建双边贸易流量引力模型

$$\ln TL_{ij} = \beta_0 + \beta_1 \ln \mathrm{GDP}_i + \beta_2 \ln \mathrm{GDP}_j + \beta_3 \ln D_{ij} + \beta_4 \ln DPGDP + \beta_5 APEC + \mu_{ij} \quad (3)$$

式（3）中的被解释变量、解释变量的变量定义及数据来源见表 7－2。

表 7－2　变量描述、理论说明及数据来源

变量名	变量定义	数据来源
GDP_i	中国的国内生产总值（单位：亿美元），代表中国的经济规模及供给能力	世界银行 WDI
GDP_j	贸易国的国内生产总值（单位：亿美元），代表贸易国的经济规模和需求能力	世界银行 WDI
D_{ij}	两国之间的绝对距离（单位：千米），代表运输成本的高低。距离越大，贸易成本越高	http：//www. timeanddata. com
DPGDP	两国之间的经济差距（单位：美元），双方人均 GDP 差额的绝对值	世界银行 WDI
APEC	虚拟变量，表示贸易国是否属于 APEC 成员国，贸易双方均为 APEC 成员国取 1，反之取 0。当双方属于同一贸易集团时，贸易量会增加	亚太经合组织网站

参见孙金彦（2014）研究中国与澳大利亚贸易潜力的做法，本研究选择 2006—2015 年新加坡、加拿大、巴西、智利、哥伦比亚、英国、法国、德国、日本、韩国、澳大利亚、马来西亚、印度、印度尼西亚、泰国、土耳其、尼

日利亚、南非、俄罗斯、美国20个国家的样本数据。之所以选择这些国家的样本基于以下两点考虑：第一，这些国家为中国、新加坡的主要贸易国，有利于中国的国别贸易潜力测算；第二，这些国家位于世界各大洲，与中国具有很大的差异性，这些样本更具有代表性。

2. 中国—新加坡双边贸易回归结果及分析

首先，使用计量经济学软件 STATA 13.0 对上述模型进行混合回归模型（Pooled OLS）估计。lnTL、lnM、lnX 分别表示贸易总额、贸易进口额、贸易出口额的对数。具体的回归模型结果见表7－3。

表7－3　2006—2015年中国与20个样本国双边贸易引力模型回归结果汇总

	ln*TL*	ln*M*	ln*X*
C	−2.397** (−2.43)	−3.580** (−2.17)	−2.810*** (−3.71)
$\ln GDP_j$	0.536*** (14.42)	0.581*** (11.60)	0.590*** (20.64)
$\ln GDP_i$	0.600*** (7.79)	0.640*** (4.98)	0.536*** (9.06)
$\ln D_{ij}$	−0.453*** (−8.67)	−0.472*** (−5.36)	−0.432*** (−10.76)
APEC	0.796*** (10.28)	1.230*** (9.78)	0.500*** (8.41)
ln*DPGDP*	0.0697** (2.34)		0.0652** (2.86)
R－squared	0.817	0.662	0.875
Obeservations	200	200	200

资料来源：根据 STATA 13.0 软件输出结果整理得到。

注：括号中为 *t* 值，*、**、***分别表示在0.01、0.05、0.1的水平下显著。

上述回归结果表明：中国与贸易国双方的经济规模 $\ln GDP_i$ 和 $\ln GDP_j$ 是促进双边贸易的核心因素之一，贸易流量增长 lnTL（lnX，lnM）都与其呈正相关关系，并通过1%的显著性检验；两国之间的距离也是影响双方贸易的核心变量，对贸易额产生显著的负相关关系；双方成员国是否同时属于 APEC 成员国这一虚拟变量也对中国与贸易国的双边贸易流量产生了显著的正相关影响，尤其是对进口流量的影响更加显著。两国之间的经济差距 DPGDP 对贸易总额、贸易出口额产生显著的影响。贸易国之间的经济差距越大，双方之间的贸易总额、贸易出口额越大。

根据表7-3的贸易引力模型回归结果，我们可以得到如下3个回归方程(4)、(5)、(6)，分别表示中国与贸易国的贸易总额、进口总额、出口总额的引力模型回归方程

$$\ln TL_{ij} = -2.397 + 0.600\ln GDP_i + 0.536\ln GDP_j - 0.453\ln D_{ij} + 0.0697\ln DPGDP + 0.796APEC \quad (4)$$

$$\ln M_{ij} = -3.58 + 0.64\ln GDP_i + 0.581\ln GDP_j - 0.472\ln D_{ij} + 1.23APEC \quad (5)$$

$$\ln X_{ij} = -2.81 + 0.536\ln GDP_i + 0.59\ln GDP_j - 0.432\ln D_{ij} + 0.0652\ln DPGDP + 0.5APEC \quad (6)$$

3. 中国—新加坡双边贸易潜力的测算及分析

运用引力模型来估算国家之间双边贸易潜力是国际贸易领域的常用做法。因此，我们在方程（4）、方程（5）、方程（6）的基础上，用双方之间的实际贸易总额、实际贸易进口额、实际贸易出口额与测算出来的模拟贸易总额、模拟进口总额、模拟出口总额的比值来测算中国—新加坡两国之间的贸易潜力。具体的计算公式如（7）式

$$TP_t = TV_t / SV_t \quad (7)$$

式（7）中，TP_t 表示第 t 期的双边贸易潜力；TV_t 代表第 t 期双边贸易总额（进口额、出口额）的实际值；SV_t 代表第 t 期双边贸易总额（进口额、出口额）的模拟值。根据刘青峰和姜书竹（2002）关于贸易潜力的分类，若 TP_t 的值大于1.2，被称为潜力再造型，说明贸易伙伴之间的潜力比较有限，要积极开拓新的市场来挖掘双方的贸易潜力；若 TP_t 的值介于0.8~1.2之间，这种贸易潜力被称为“潜力开拓型”，双方之间的潜力具有较大的开拓空间；若 TP_t 的值小于0.8，被称为“潜力巨大型”，说明双方之间存在贸易不足的状况，双方经贸合作的提升空间巨大。

使用上文中的方程（4）、方程（5）、方程（6）分别对贸易总额潜力、贸易进口潜力、贸易出口潜力进行测算，具体结果见表7-4。从表7-4中我们可以看出：整体上看，中国对新加坡的进口潜力要大于中国对新加坡的出口潜力，这意味着与出口潜力相比，中国更多的会成为新加坡的市场提供者。2010年之后，进出口潜力、进口潜力由“潜力再造型”转为“潜力开拓型”。其原因是由于2008年、2010年中国—新加坡自贸区、中国—东盟自贸区相继建成，越来越多的商品被取消了关税，在这样的有利条件下，双方的贸易潜力在2010年发生了质的转变。但是在2015年，进出口总额潜力、进口潜力有下降的趋势。

表7－4　2006—2015年中国与新加坡贸易潜力汇总

年份	2006	2007	2008	2009	2010	2011	2012	2013	2014	2015
总额潜力	1.95	1.72	1.57	1.35	1.28	1.14	1.12	1.13	1.11	1.25
进口潜力	2.04	1.54	1.44	1.19	1.31	1.19	1.08	1.04	0.99	1.35
出口潜力	2.56	2.52	2.28	2.01	1.72	1.53	1.59	1.64	1.66	1.62

资料来源：根据回归结果整理并计算得到。

通过图7－6可以看出：中国—新加坡的进出口潜力、出口潜力、进口潜力都呈现出比较大的上升趋势。与2006年相比，2015年中国对新加坡的贸易进出口潜力值、进口潜力值和出口潜力值分别下降了56%、51%和58%。

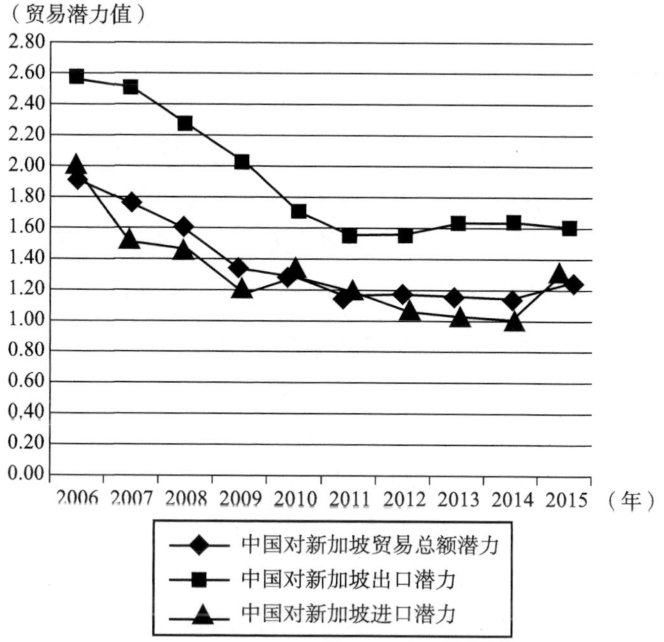

图7－6　中国与新加坡贸易潜力趋势

资料来源：根据回归结果整理并计算得到。

四、提升中国与新加坡双边贸易的对策建议

基于以上分析，中国与新加坡之间的贸易规模、贸易紧密程度、贸易潜力都在不断扩大。从贸易规模来看，双方贸易规模始终是稳中有升的趋势，中国在双方的贸易关系中始终处于顺差国的地位，并且这种趋势在逐步扩大；从贸易的紧密程度来看，双方的贸易结合度指数整体上都处于上升的趋势，

双方的贸易关系比较紧密；从商品的进出口结构来看，双方产品结构单一，主要表现为产业内贸易；从贸易潜力的分析结果来看，双方之间的贸易潜力还具有开发空间，中国对新加坡的进口贸易潜力要大于出口潜力。根据以上研究结论，为促进双方经贸合作的良性发展，提供以下五点对策：

1. 调整双方产业结构，提高双边贸易互补性

要继续保持中国在机械及运输设备、未另列明的化学产品和有关产品等方面进口优势，就要通过推动企业实施科技创新驱动，扩大这些产品的优势，促进整个行业的科技创新，刺激这些行业的进口潜力。在对外贸易中，与大多数发达国家相比我国仍处于产业链的中下游；而新加坡作为一个经济发展成熟的国家，在国际贸易中位于产业的中上游。因此，我国应该充分利用对外贸易的互动效应，积极推动我国经济发展方式和产品结构的优化，进而提高产品的生产能力与竞争优势。在与新加坡的对外贸易中，应充分利用两国的比较优势与产业内贸易的特点，带动我国产业结构的优化升级。要增加双方在食品及活动物、饮料烟酒等行业的互补性，增加这些方面的合作，寻找双方合作新的契合点，弥补双方经贸合作的短板，不断扩大贸易流量。

2. 积极开拓新市场，刺激出口潜力

通过上面的研究结果，我们发现，相对于进口潜力，双方之间的出口潜力比较小。在这种情况下，就需要中国与新加坡双方开拓新的市场与领域，逐渐拓展中国与新加坡的出口潜力。中国对新加坡的出口在食品及活物类、饮料胶烟类、非食品原料等方面的贸易流量比较小，互补性较低，要加强这几类产业的合作，弥补经贸合作中的短板。同时，还要不断开拓新的合作领域与市场，如促进双方之间金融、旅游、港口等方面的合作，寻找新的出口增长点，释放出口潜力，进行更为全面的贸易合作。

3. 优化双边贸易进出口结构

中国与新加坡长期以来的进出口结构是中国处于贸易顺差、新加坡处于贸易逆差。从长远来看，双方之间的这种贸易格局并不利于双方经贸的良性、健康发展，反而会引起双方之间的摩擦，恶化双方之间的贸易环境。减少贸易纠纷的有效手段是尽可能调整双方的进出口结构。要基于双方的互补性优势，从贸易流量和贸易结构两个方向来优化贸易格局。上文中的贸易潜力测算结果表明，双方之间的进口潜力要大于出口潜力。尽可能扩大中国对新加坡的进口流量，不断调整对新加坡出口的商品结构，避免双方之间的贸易摩擦，保证双方贸易关系的良性发展。

4. 积极发挥中国—新加坡自贸区的作用

通过本研究，我们发现 APEC 的建立在中国与贸易国的贸易关系中发挥着十分重要的作用。对贸易总额、进口额、出口额都有显著的影响。这说明建立共同的自贸区有助于双方之间贸易流量的增长。因此，为促进中国与新加坡的两国贸易关系的长久发展，中新两国应积极推进中国—新加坡自由贸易区与中国—东盟自由贸易区的完善及有效实施，为双方的贸易合作建立双重的稳健环境。双方应该在现有政策的基础上，继续探索新的贸易合作政策、关税优惠政策等，进一步降低双方之间的贸易壁垒、促进贸易便利化。

5. 加强双方之间的港口建设

前面的研究发现，贸易双方之间的距离对于贸易流量会产生显著的负向效应。因此，中国与新加坡应该通过加强港口基础设施建设、开拓更多航线等方式减少距离对于双方贸易产生的负向效应。新加坡的经济结构属于海岛型的外向型经济，拥有世界一流的港口物流中心，物流业本身十分发达，而中国也有香港、广州等世界一流的物流港口，双方应该在当前有利条件的基础上，加强双方之间港口的合作。并且要抓住中国正在实行“21 世纪海上丝绸之路”战略这一有利时机，加强双方之间的互联互通，减小距离对于贸易流量的影响。

五、中国—新加坡自由贸易区经济效应分析

当前世界经济政治格局发生着复杂深刻的变化，我国已处于全面深化改革的深水期，“21 世纪海上丝绸之路”作为我国在新常态经济环境下提出的战略构想，目的在于冲破我国现阶段所面临的政治经济安全威胁，创造全面深化改革良好机遇，制造相对安全和谐的外部环境。自战略合作伙伴关系建立以来，中国与东盟已形成友好交流与合作的良好局面，新丝绸之路的建设将进一步提升双方贸易政治关系。尽管中新建交较晚，两国在 20 世纪 80 年代初就开始了经贸往来，且双边经贸关系得到了迅速发展，尤其是在 2008 年《中国—新加坡自由贸易协定》签署之后，双边经贸合作的深度与广度进一步拓展，两国逐渐步入了双边贸易的快车道。本研究利用 2004—2014 年中新两国经济贸易相关数据，对自由贸易区建立所产生的静态经济效应和动态经济效应进行了分析研究，研究表明，《中国—新加坡自由贸易协定》的签署确实促进了两国双边经贸合作的发展，双边经贸合作促进了两国经济和双边贸易额的增长，同时产生的投资创造效应和规模经济效应也相当显著。最后，我

们给出在新的经济形势下进一步促进和深化中新两国自由贸易区发展的建议。本研究进一步丰富和完善了关于中新自贸区静态和动态经济效应的研究，提出的对策建议为深化自贸区的发展提供了借鉴意义和政策支持。

（一）中新自贸区经济效应相关文献研究

1. 自贸区经济效应的理论研究

美国经济学家维纳（J. Viner）在其1950年出版的《关税同盟问题》中指出，关税同盟建立后会带来贸易创造和贸易转移两种效应。随后，众多经济学家对关税同盟理论进行不断研究和完善。1960年之后，经济学家Cooper和Balassa对关税同盟所带来的动态效应展开了研究，动态效应主要包括刺激竞争和规模经济。经过几十年的发展，我们现在对关税同盟或自贸区经济效应进行研究，一般都从动态效应和静态效应两方面展开。

在自贸区经济效应的实证研究中，巴拉萨模型是西方学者广泛采用的研究方法。巴拉萨模型通过对比进口需求收入弹性在区域经贸合作前后的变化来说明自贸区是否产生了贸易创造和贸易转移效应。姬艳洁和董秘刚（2012）通过巴拉萨模型实证分析了中国—新西兰FTA建立对两国双边贸易产生的影响，研究表明两国经贸合作产生了净贸易创造效应，而没有产生显著的净贸易转移效应。杨欢（2012）采用修正后的巴拉萨模型研究了中国—东盟自由贸易区下中国进口贸易的贸易效应。万佑锋（2013）采用巴拉萨模型实证研究了中国—智利自贸协定的签署所产生的贸易效应，研究表明，自贸协定签署对中国产生了净贸易转移效应而没有贸易创造效应，智利情况则正好相反。宋海英（2015）通过运用扩展的巴拉萨模型来模拟测算了中国—智利自由贸易区的农产品贸易效应，结果表明，中国农产品进口总体上不存在贸易创造效应，而智利农产品进口总体上存在贸易创造效应而不存在贸易转移效应。

2. 中新自贸区经济效应研究

国内对于自贸区经济效应的研究已比较丰富，而针对中国—新加坡自由贸易区经济效应方面的研究还是相当有限的。杨红强（2005）首先对CAFTA体制外中国与新加坡双边贸易状况进行了分析，分析得出中新经济结构各有优势，具备较强的贸易互补性。接着运用引力模型关于经济规模、空间距离、国民收入水平、制度安排等因素对自贸区建设的影响进行了实证分析，他认为，中新自由贸易区的建设经验可用于指导发展建设与韩国、日本、泰国及印度等不同发展程度国家之间的双边自由贸易机制。陈启龙（2007）首先对比了中国和新加坡两国的外贸市场结构与商品结构，接着深入分析了中新两国双边贸易发展状况，然后运用一般均衡和局部均衡模型研究自贸区的贸易效应和福利效应，最后深入分析了两国投资现状，并立足于国际直接投资效应理论，探究建立中新自贸区对两国投资方式的选择可能产生的影响。他认为自贸区的建立将促进中新相互投资，促进区内国际分工进一步细化，增强新加坡区外直接投资的吸引力。李应振（2009）对中新双边贸易状况、投资和服务贸易发展状况进行深入探究后，指出 FTA 能推动两国双边投资、货物贸易和服务贸易的发展。焦朝霞（2011）对中新自贸协定对双边贸易、投资、工程承包和劳务合作产生的影响展开深入探究，认为实施自贸协定的正面影响正逐渐凸显。成利沙（2012）先是对中新贸易发展状况进行了分析，然后从理论和实证两方面对推进两国贸易发展的因素进行分析，最后通过引力模型研究中国—东盟自贸区和中新自贸区的贸易效应，研究发现，贸易创造效应大于贸易转移效应。吴向阳（2013）在对中新两国贸易效应进行分析后发现，自由贸易区的建立进一步增强了两国的贸易依存度，双边贸易同时存在贸易创造效应和贸易转移效应，贸易创造效应在长远上占优势。俞雷（2013）运用引力模型研究中国—新加坡自贸区建立对两国进出口贸易的影响，研究发现，自贸区促进了中国对新加坡的进口，但对新加坡进口中国的促进作用在减弱，新加坡在进出口贸易中受益。项义军和厉佳佳（2014）研究认为，中国—新加坡自由贸易区给两国带来了贸易创造效应，实现了两国投资创造，促进了两国经济增长，同时也不可避免地产生了贸易转移效应。林琳和李怀琪（2015）运用 R 型因子分析法构建模型测度了中国—新加坡区域经济一体化发展进程，并采用引力模型深入研究中新自贸区的贸易效应。研究结果表明，中新自贸区的建立促进了双边贸易结构的调整与升级，自贸区建立主要产生了贸易创造效应，而没有明显的贸易转移效应，于翱翔（2015）首先对中国和新加坡双边贸易竞争性与互补性展开实证研究，接着采用巴拉萨模型对自贸区的静态贸易效应展开研究，然后从经济增长、刺激投资、促进竞争及规模经济四个方面对自贸区的动态经济效应展开分析，最后从国家层面提出深化中新自贸区发展的政策建议。

综上所述，国内学者的研究集中于中新两国双边贸易状况的分析，以及指出自贸区的建立能够产生正面效应，对于具体效应的研究是分散的，将自贸区所产生的静态和动态经济效应整合起来进行研究几乎还是空白。

本研究在对中新自贸区静态经济效应的分析中采用中新两国最新的贸易数据，引入巴拉萨模型，研究中首先运用 ADF 方法检验时间序列变量的平稳性，接着对模型进行最小二乘回归，得到回归方程，其次检验残差平稳性，最后根据回归结果分析中新自贸区给两国双边贸易带来的经济效应。

（二）中国—新加坡自由贸易区概述

新加坡是东盟中最晚与中国建交的国家，20 世纪 90 年代伊始，两国正式建交，更早是在 20 世纪 80 年代初，两国就已经开始了经贸往来，先后签订经贸协定，互设商务代表处，彼此之间的商贸合作逐渐加强。2006 年 8 月 26 日，两国正式启动自由贸易区谈判进程，并于 2008 年 9 月 3 日取得圆满结束。随后，两国《中华人民共和国政府和新加坡共和国政府自由贸易协定》于 2008 年 10 月底签署完成。至此，中新双边贸易自由化进程进一步加快，经贸合作关系进一步增强，合作深度与广度也进一步拓展。

中新两国经济的强互补性使双方今后的合作前景十分广阔，因此，推进建设“21 世纪海上丝绸之路”，抓住历史时代机遇，应对新形势新常态新环境，研究成立中国—新加坡自由贸易区所产生的经济效应，对进一步深化中新自由贸易区的发展意义更显突出。

（三）中国—新加坡自由贸易区静态经济效应分析

1. 数据来源

本研究选取 2001—2014 年数据，由于《中国—新加坡自由贸易协定》于 2008 年 10 月 23 日签署，于 2009 年 1 月 1 日正式生效实施，因此研究中以 2009 年数据作为节点，将数据分为两组进行对比参照研究，即 2001—2008 年数据作为一组，2009—2014 年数据作为另外一组。对中国—新加坡自贸区静态经济效应的分析所要用到的数据包括中新两国总进口额、区域内贸易进口额、区域外贸易进口额及国内生产总值（GDP），其中，两国总进口额数据来源于联合国商品贸易数据库，区域内贸易进口额数据来源于《中国统计年鉴》，国内生产总值（GDP）数据来源于世界银行，两国区域外贸易进口额可由总进口额减去区域内贸易进口额得到。

2. 分析方法

巴拉萨模型被普遍用于自贸区静态经济效应研究，其核心思想是通过对比自贸区建立前后进口需求收入弹性的变化来分析自贸区是否产生了贸易效应。巴拉萨模型的基本假设是，进口需求收入弹性在区域贸易合作之前保持不变；区域贸易合作之后，进口需求收入弹性会随之发生相应变化。若自由贸易区成立之后进口需求收入弹性较之前大，则表明自由贸易区存在贸易创造效应；若自由贸易区成立之后进口需求收入弹性较之前小，则表明自由贸易区存在贸易转移效应。

巴拉萨模型的表达式为

$$M = \alpha Y^{\beta}\mu \quad (8)$$

式中，M 表示一国进口额，Y 表示一国国内生产总值，α 为常数，β 表示进口需求收入弹性，μ 是模型误差。为了便于接下来进行的分析，我们将模型（8）两边取对数，得到如下三个方程：

$$\ln MT = \alpha_1 + \beta_1 \ln Y + \mu_1 \quad (9)$$

$$\ln MI = \alpha_2 + \beta_2 \ln Y + \mu_2 + m \quad (10)$$

$$\ln ME = \alpha_3 + \beta_3 \ln Y + \mu_3 \quad (11)$$

式（9）表示总进口额方程，式（10）表示区域内进口额方程，式（11）表示区域外进口额方程。MT 表示某国或地区的贸易进口总额；MI 表示某国或地区的区域内贸易进口额，这里，对中国来说指的是从新加坡进口的贸易额，对新加坡来说指的是从中国进口的贸易额；ME 表示区域外贸易进口额，这里，对中国而言即指对新加坡以外国家或地区的贸易进口额，对新加坡而言则指对中国以外国家或地区的贸易进口额。

为了对比《中国—新加坡自由贸易协定》签署前后的贸易情况变化，我们需要引入时间虚拟变量 T，对 T 值具体赋值情况如下：在中国和新加坡签订自贸区协定之前，T 取 0；在两国签订自贸区协定之后，T 取 1。于是，扩展后的模型表示如下：

$$\ln M = \alpha + (\beta + \gamma T)\ln Y + \mu \quad (12)$$

式（12）可进一步转化如下：

$$\ln MT = \alpha_1 + (\beta_1 + \gamma_1 T)\ln Y + \mu_1 \quad (13)$$

$$\ln MI = \alpha_2 + (\beta_2 + \gamma_2 T)\ln Y + \mu_2 \quad (14)$$

$$\ln ME = \alpha_3 + (\beta_3 + \gamma_3 T)\ln Y + \mu_3 \quad (15)$$

式中，β_1、β_2、β_3 分别表示中新自由贸易协定签署之前的总进口需求收入弹性、区域内进口需求收入弹性、区域外进口需求收入弹性，$\beta_1 + \gamma_1$、$\beta_2 + \gamma_2$、$\beta_3 + \gamma_3$ 分别表示协定签署之后的总进口需求收入弹性、区域内进口需求收入弹性、区域外进口需求收入弹性，γ_1、γ_2、γ_3 则分别表示协定签署之后总进口需求收入弹性、区域内进口需求收入弹性、区域外进口需求收入弹性的变化。

在对该模型的研究过程中，始终是围绕着一国国内生产总值对一国总贸易进口值、区域内贸易进口值、区域外贸易进口值所产生的影响这一线索来进行的，我们的研究通过测算对比进口需求收入弹性在贸易协定签署前后的变化，来判断自由贸易区的建立所产生的贸易效应。如果总进口需求收入弹性和区域内进口需求收入弹性较协定签署之前的水平高，就说明区域贸易合作存在净贸易创造效应；如果总进口需求收入弹性比协定签署之前的水平高而区域外进口需求收入弹性比协定签署之前的水平低，那么就说明区域贸易合作存在净贸易转移效应。

若将式（12）展开，我们可以得到：$\ln M = \alpha + \beta \ln Y + \gamma T \ln Y + \mu$，这是 lnM 关于 lnY 和 TlnY 的一个二元方程，我们需要做的就是对这个方程进行二元回归，从而得到参数 α 值、系数 β 和 γ 值，残差 μ 值。具体的，由式（13）：$\ln MT = \alpha_1 + (\beta_1 + \gamma_1 T)\ln Y + \mu_1$、式（14）：$\ln MI = \alpha_2 + (\beta_2 + \gamma_2 T)\ln Y + \mu_2$ 和式（15）：$\ln ME = \alpha_3 + (\beta_3 + \gamma_3 T)\ln Y + \mu_3$ 分别回归得到相应的进口需求收入弹性系数。

3. 方程检验和估计

因时间序列数据在大多数情况下都非平稳，为避免出现伪回归现象，我们首先需要对各时间序列变量进行平稳性检验，再进行回归。在这里，我们利用 Stata 13.0 数据处理软件，采用 ADF 方法对各变量水平序列单位根进行检验，具体来说，就是对 *lnMT*、*lnMI*、*lnME*、*lnY*、*lnMT*1、*lnMI*1、*lnME*1、*lnY*1 等变量进行单位根检验，*lnMT*、*lnMI*、*lnME*、*lnY* 表示中国相关数据变量，*lnMT*1、*lnMI*1、*lnME*1、*lnY*1 表示新加坡相关数据变量，若检验结果表明变量非平稳，那么需要对变量作差分处理，然后检验其平稳性，直到平稳。

其次对中国和新加坡两国数据，利用最小二乘法分别对式（13）、式（14）、式（15）进行回归，具体来说，就是将中新两国数据分成两组，分别对变量 *lnMT*、*lnY*、*TlnY*，*lnMI*、*lnY*、*TlnY*，*lnME*、*lnY*、*TlnY*；*lnMT*1、*lnY*1、*TlnY*1，*lnMI*1、*lnY*1、*TlnY*1，*lnME*1、*lnY*1、*TlnY*1 进行最小二乘回归，最终得到中新两国在自贸区建立前后相应的进口需求收入弹性观测值及其他检验值。

最后在确保以上模型整体显著以及回归结果可信的基础上，根据回归结果，写出回归方程。

4. 检验估计结果

首先，我们来分析时间序列数据的平稳性。

各时间序列变量水平序列单位根 ADF 检验结果见表 7－5。

表 7－5　各变量水平序列单位根 ADF 检验结果

变量	ADF 检验统计量	1% 临界值	5% 临界值	10% 临界值	P 值
lnMT	－1.279	－4.38	－3.6	－3.24	0.8931
lnMI	－2.564	－4.38	－3.6	－3.24	0.2966

续表

变量	ADF 检验统计量	1% 临界值	5% 临界值	10% 临界值	P 值
lnME	-1.256	-4.38	-3.6	-3.24	0.8984
lnY	-1.354	-4.38	-3.6	-3.24	0.8739
lnMT1	-1.867	-4.38	-3.6	-3.24	0.6716
lnMI1	-0.87	-4.38	-3.6	-3.24	0.9592
lnME1	-2.147	-4.38	-3.6	-3.24	0.5198
lnY1	-1.614	-4.38	-3.6	-3.24	0.7871

由表 7－5 可知，各变量水平序列单位根 ADF 检验统计值在 1%、5%、10% 三个显著性水平下都大于相应的临界值，无法拒绝数据存在单位根的原假设，即各变量都是非平稳时间序列。因此，我们需要对各变量作一阶差分处理再继续检验。各变量一阶差分序列单位根 ADF 检验结果见表 7－6。

表 7－6　各变量一阶差分序列单位根 ADF 检验结果

变量	ADF 检验统计量	1% 临界值	5% 临界值	10% 临界值	P 值
lnMT	-2.788	-3.75	-3	-2.63	0.06
lnMI	-2.564	-3.75	-3	-2.63	0.1008
lnME	-2.794	-3.75	-3	-2.63	0.0591
lnY	-2.233	-3.75	-3	-2.63	0.1945
lnMT1	-4.259	-3.75	-3	-2.63	0.0005
lnMI1	-1.268	-3.75	-3	-2.63	0.6435
lnME1	-4.544	-3.75	-3	-2.63	0.0002
lnY1	-2.771	-3.75	-3	-2.63	0.0626

从表 7－6 我们可以看到，变量 lnMT1、lnME1 是一阶单整的时间序列。变量 lnMT、lnME、lnY1 在 10% 的显著性水平下达到了一阶单整。变量 lnMI、lnY、lnMI1 的一阶差分序列单位根 ADF 检验统计值在 1%、5%、10% 三个显著性水平下都无法拒绝原假设，因此需对这三个变量作二阶差分处理继续进行检验。变量 lnMT、lnMI、lnME、lnY、lnMI1、lnY1 的二阶差分序列单位根 ADF 检验结果见表 7－7。

表 7－7　各变量二阶差分序列单位根 ADF 检验结果

变量	ADF 检验统计量	1% 临界值	5% 临界值	10% 临界值	P 值
lnMT	-5.067	-3.75	-3	-2.63	0
lnMI	-5.953	-3.75	-3	-2.63	0

续表

变量	ADF 检验统计量	1% 临界值	5% 临界值	10% 临界值	P 值
lnME	-5.042	-3.75	-3	-2.63	0
lnY	-3.626	-3.75	-3	-2.63	0.0053
lnMI1	-2.93	-3.75	-3	-2.63	0.0419
lnY1	-3.659	-3.75	-3	-2.63	0.0047

从表 7-7 我们可以看到，变量 lnMT、lnMI、lnME 的二阶差分序列单位根 ADF 检验值在 1% 显著性水平下拒绝原假设，这三个变量二阶单整。变量 lnY、lnY1 的二阶差分序列在 5% 显著性水平下达到平稳，而变量 lnMI1 在 1%、5%、10% 三个显著性水平下仍非平稳，我们需对其作三阶差分处理再继续进行检验。变量 lnY、lnMI1、lnY1 的三阶差分序列单位根 ADF 检验结果见表 7-8。

表 7-8　各变量三阶差分序列单位根 ADF 检验结果

变量	ADF 检验统计量	1% 临界值	5% 临界值	10% 临界值	P 值
lnY	-4.373	-3.75	-3	-2.63	0.0003
lnMI1	-4.79	-3.75	-3	-2.63	0.0001
lnY1	-4.31	-3.75	-3	-2.63	0.0004

从表 7-8 我们可以看到，变量 lnY、lnMI1、lnY1 的三阶差分序列单位根 ADF 检验统计值在 1%、5%、10% 三个显著性水平下都拒绝了原假设，因此，变量三阶单整。

然后，我们利用最小二乘法，根据中国和新加坡两个国家的时间序列数据，对方程（13）、方程（14）、方程（15）分别进行回归，得出了各方程的回归结果，见表 7-9。

表 7-9　各方程的最小二乘检验结果

方程	参数值 α	参数值 β	参数值 γ	F 值	P 值（$Prob > F$）	R^2	修正的 R^2
①	-4.480092	1.160955	-0.0178761	162.18	0	0.9672	0.9612
②	-3.941789	0.9347963	-0.0191495	41.43	0	0.8828	0.8615
③	-4.591558	1.165577	-0.0178559	166.82	0	0.9681	0.9623
④	-3.140814	1.215762	-0.0166832	368.7	0	0.9853	0.9826
⑤	-17.36815	1.93002	-0.0266918	115.34	0	0.9545	0.9462
⑥	-2.231205	1.154957	-0.0160684	331.17	0	0.9837	0.9807

从表 7－9 中我们可以看到，模型的 P 检验统计量（Prob > F）均为 0，F 检验统计量也达到了理想的水平，表明模型整体上具有明显的显著性。可决系数 R^2 统计量及修正的 R^2 统计量的值都接近 1，表明所建立的模型对所选取的样本数据整体上拟合度较高，解释能力较强。各变量参数估计的 P 值所达到的理想水平表明系数是非常显著的。这些结果都表明两国国内生产总值和两国自贸区的建立对两国进口额均表现出显著影响。并且，国内生产总值系数为正，表明进口额与国内生产总值之间是正相关关系，与理论预期相符。

最后，我们需要对残差项进行平稳性检验以确保回归结果的可信度。残差水平序列平稳性检验结果见表 7－10。

表 7－10 残差水平序列平稳性 ADF 检验结果

变量	ADF 检验统计量	1% 临界值	5% 临界值	10% 临界值	P 值
e_1	-1.865	-4.38	-3.6	-3.24	0.6728
e_2	-2.633	-4.38	-3.6	-3.24	0.2648
e_3	-1.84	-4.38	-3.6	-3.24	0.6854
e_4	-2.652	-4.38	-3.6	-3.24	0.2567
e_5	-2.648	-4.38	-3.6	-3.24	0.2583
e_6	-2.93	-4.38	-3.6	-3.24	0.1527

由表 7－10 中检验结果可知，各残差水平序列单位根 ADF 检验统计值在 1%、5%、10% 三个显著性水平下都无法拒绝原假设，即各残差序列都非平稳。因此我们需要对各残差作一阶差分处理再进行检验。各残差一阶差分序列单位根 ADF 检验结果见表 7－11。

表 7－11 残差一阶差分序列 ADF 检验结果

变量	ADF 检验统计量	1% 临界值	5% 临界值	10% 临界值	P 值
e_1	-1.775	-3.75	-3	-2.63	0.3929
e_2	-1.859	-3.75	-3	-2.63	0.3516
e_3	-1.783	-3.75	-3	-2.63	0.3888
e_4	-4.126	-3.75	-3	-2.63	0.0009
e_5	-3.737	-3.75	-3	-2.63	0.0036
e_6	-4.628	-3.75	-3	-2.63	0.0001

由表 7－11 中检验结果可知，残差序列 e_4 和 e_6 在 1% 显著性水平下达到一阶单整。残差序列 e_5 在显著性水平为 5% 条件下一阶平稳。残差序列 e_1、e_2、

e_3的一阶差分在 1%、5%、10% 三个显著性水平下都仍非平稳，因此需对残差序列作二阶差分处理再进行检验。残差 e_1、e_2、e_3、e_5的二阶差分序列单位根 ADF 检验结果见表 7-12。

表 7-12　残差序列二阶差分 ADF 检验结果

变量	ADF 检验统计量	1%临界值	5%临界值	10%临界值	P 值
e_1	-3.1	-3.75	-3	-2.63	0.0266
e_2	-2.332	-3.75	-3	-2.63	0.1619
e_3	-3.132	-3.75	-3	-2.63	0.0243
e_5	-4.673	-3.75	-3	-2.63	0.0001

由表 7-12 中检验结果可知，残差序列 e_5在 1%显著性水平下达到二阶单整。残差序列 e_1和 e_3在 5%的显著性水平下达到二阶平稳，而残差序列 e_2的二阶差分 ADF 检验值在 1%、5%、10% 三个显著性水平下仍无法拒绝原假设，因此，需对残差序列做三阶差分处理再检验其平稳性。残差序列 e_1、e_2、e_3的三阶差分序列单位根 ADF 检验结果见表 7-13。

表 7-13　残差序列三阶差分 ADF 检验结果

变量	ADF 检验统计量	1%临界值	5%临界值	10%临界值	P 值
e_1	-3.481	-3.75	-3	-2.63	0.0085
e_2	-2.866	-3.75	-3	-2.63	0.0494
e_3	-3.51	-3.75	-3	-2.63	0.0077

由表 7-13 中检验结果可知，残差序列 e_1和 e_3在 5%显著性水平下达到三阶平稳。残差序列 e_2的三阶差分也在 10%的显著性水平下达到了平稳。

残差序列平稳性检验的结果表明，这些方程回归残差项的平稳性、显著性水平达到了 10%以下，也就是说，这些回归方程有 90%的概率是平稳的、显著的，因此以上的回归结果有较高的可信度。

根据以上各方程的最小二乘回归结果，我们得到如下回归方程。

对于中国，得到如下回归方程：

$$\ln MT = -4.480092 + 1.160955\ln Y - 0.0178761\ln Y \times FTA + e_1$$

$$\ln MI = -3.941789 + 0.9347963\ln Y - 0.0191495\ln Y \times FTA + e_2$$

$$\ln ME = -4.591558 + 1.165577\ln Y - 0.0178559\ln Y \times FTA + e_3$$

对于新加坡，得到如下回归方程：

$$\ln MT1 = -3.140814 + 1.215762\ln Y1 - 0.0166832\ln Y1 \times FTA + e_4$$

$$\ln MI1 = -17.36815 + 1.93002\ln Y1 - 0.0266918\ln Y1 \times FTA + e_5$$

$$\ln ME1 = -2.231205 + 1.154957 \ln Y1 - 0.0160684 \ln Y1 \times FTA + e_6$$

5. 根据回归结果进行静态经济效应分析

根据以上回归结果，我们将相关系数进行整理，以便于我们对两国进口需求收入弹性变化情况进行分析，从而测算自贸区建立对两国产生的贸易效应。整理结果7－14。

表7－14　中国—新加坡自贸区建立前后进口需求收入弹性变化情况

		自贸区建立前的进口需求收入弹性	自贸区建立后的进口需求收入弹性	自贸区建立前后进口需求收入弹性的变化
		β	β＋γ	γ
中国	总进口	1.160955	1.1430789	－0.0178761
	区域内进口	0.9347963	0.9156468	－0.0191495
	区域外进口	1.165577	1.1477211	－0.0178559
新加坡	总进口	1.215762	1.1990788	－0.0166832
	区域内进口	1.93002	1.9033282	－0.0266918
	区域外进口	1.154957	1.1388886	－0.0160684

由表7－14中数据可知，在中国和新加坡签署《中国—新加坡自由贸易协定》之前两国各项进口需求收入弹性均较大，接近或是大于1，表明一国国内生产总值对进口所产生的积极正效应是比较显著的，并且在两国签署《中国—新加坡自由贸易协定》之后，这种显著效应依然存在。仔细观察各项进口需求收入弹性数据可以发现，两国区域内进口需求收入弹性与区域外进口需求收入弹性占总进口需求收入弹性比重在自贸区建立前后有所变化，中国区域外进口需求收入弹性大于区域内进口需求收入弹性，而新加坡正好相反，这可能由两国贸易进口来源地排名差异造成，因除对新加坡进口外，中国更多地需要从其他国家或地区进口商品，而对新加坡而言，中国是其重要的商品进口来源地，其需要从中国大量进口商品。此外，中国对新加坡进口需求收入弹性低于总进口需求收入弹性，新加坡情况则相反，由此可以看出两国在彼此贸易中的地位差异。

从表7－14中数据我们可以看到，两国在签署《中国—新加坡自由贸易协定》之后，各项进口需求收入弹性都有所下降。中国总进口需求收入弹性、区域内进口需求收入弹性以及区域外进口需求收入弹性分别由协定签署前的1.160955、0.9347963以及1.165577下降到协定签署后的1.1430789、0.9156468以及1.1477211，分别下降了0.0178761、0.0191495以及0.0178559；新加坡各项进口需求收入弹性相应地由协定签署前的 1.215762、1.93002 以及 1.154957 下降到协定签署后的 1.1990788、1.9033282 以及 1.1388886，分别下降了 0.0166832、0.0266918 以及 0.0160684。由模型理论分析可知，中国—新加坡自由贸易区建立没有给两国带来明显的贸易创造效应和贸易转移效应。

这一结论的产生原因存在于诸多方面。

第一，将巴拉萨模型引用于拟合一国国内生产总值与进口额之间的关系不是十分贴切。其原因在于，巴拉萨模型只能反映出一国或地区整体上的贸易效应，不能反映某类具体商品的贸易效应，因此，用巴拉萨模型进行回归分析并不是十分合理。

第二，巴拉萨模型的基本假设是：进口需求收入弹性在区域贸易合作之前保持不变而在区域贸易合作之后，会随之发生相应的变化。这一假设是不符合实际的，在现实商品贸易中这种情况几乎是不存在的。引入巴拉萨模型分析贸易效应存在不足。

第三，巴拉萨模型只考虑国内生产总值对双边贸易的影响，忽视了可能影响两国双边贸易的其他因素，如价格、关税、国民消费偏好、国内外市场供给、国际市场环境等。此外，从中国—新加坡自由贸易区建立到现在还不到 10 年，有限的时间序列数据无法真实、准确地反映一国收入与贸易之间的长期关系趋势。

第四，逐渐恶化的全球经济形势使中新两国的双边贸易发展深受其害。2008 年国际金融危机蔓延，直接对世界各国的进出口贸易造成巨大冲击，中新两国的进出口贸易必然深受其害。在世界经济尚未复苏之际，2011 年欧洲主权债务危机又一次冲击了中新两国的出口加工和制造业，直接对两国的双边贸易造成了不利影响。

第五，经济全球化和区域经济一体化的迅猛发展使世界各国与地区间的联系日益紧密，它们之间的合作已经不再局限于区域经济组织内部，而是将经济合作向外延伸和扩展，除了与区域经济组织内部成员进行合作，更多的是向区域外开拓市场，发展区域外经贸合作关系。

（四）中国—新加坡自由贸易区动态经济效应分析

1. 经济增长效应分析

（1）GDP 增长效应

自中国—新加坡自由贸易区建成以来，中新两国国内生产总值每年都有所增长（见表7-15）。中国2008年国内生产总值4.56万亿美元，同比增长29.39%。因受国际金融危机影响，2009年国内生产总值同比增长率出现明显下降，是连续几年中最低的一年，但国内生产总值依然是增长的，达到5.06万亿美元。金融危机之后，国内生产总值逐年增长。2010年国内生产总值达6.04万亿美元，2011年达7.49万亿美元，同比增长24.5%，至此，同比增长率又回到了20%以上的水平，2012年，GDP达到8.46万亿美元，同比增长率为12.94%，2012年之后，GDP呈现出不断增长态势。

由表7-16可知，伴随中国—新加坡自由贸易区的建成，新加坡国内生产总值也在逐年增长。国际金融危机使新加坡2009年国内生产总值同比增长率与之前年份相比出现明显下降。自2010年起，新加坡国内生产总值保持着平稳增长，2010年同比增长率突破了20%，达到22.8%，是所有这些年份中最高的，其国内生产总值达到0.24万亿美元，是国际金融危机之后出现的一大跳跃。2011年GDP实现了0.28万亿美元，2012年GDP达0.29万亿美元，增长5.29%，2013年总值达到0.3万亿美元，增长4.25%，2014年增长率1.86%，总值达0.31万亿美元，简言之，其国内生产总值是在逐年增长的。

中国—新加坡自由贸易区的建立增进了两国的交流与合作，促进了两国经济的快速发展。两国国内生产总值实现了飞跃增长，中国GDP从2004年到2014年十年间增长了433.5个百分点；新加坡GDP从2004年到2014年上升了181.82个百分点。中新自贸区的建立顺应了区域经济一体化和世界经济全球化发展潮流。

表7-15 中国国内生产总值 单位：万亿美元，%

年份	2004	2005	2006	2007	2008	2009	2010	2011	2012	2013	2014
国内生产总值	1.94	2.27	2.73	3.52	4.56	5.06	6.04	7.49	8.46	9.49	10.35
同比增长	17.69	16.83	20.33	29.06	29.39	10.99	19.37	24.05	12.94	12.16	9.11

资料来源：联合国商品贸易数据库。

表7-16 新加坡国内生产总值 单位：万亿美元，%

年份	2004	2005	2006	2007	2008	2009	2010	2011	2012	2013	2014
国内生产总值	0.11	0.13	0.15	0.18	0.19	0.19	0.24	0.28	0.29	0.30	0.31
同比增长	17.72	11.59	15.99	21.78	6.80	0.09	22.88	16.47	5.29	4.25	1.86

资料来源：联合国商品贸易数据库。

（2）双边贸易额增长效应

由表7-17可知，自中新自贸协定签署以来，中新双边贸易额逐年增加。2009年双边贸易额由于国际金融危机影响出现了明显下滑，由2008年的

524.77 亿美元直降到 478.56 亿美元。2010 年双边贸易额回升到之前水平，达 570.76 亿美元，同比增长 19.27%。自 2011 年之后，双边贸易额均以较快速度平稳上升。可见，中国—新加坡自由贸易区的建立使双方市场开放的深度和广度进一步提升，随着双方经贸合作关系的进一步加强，双边贸易规模将持续扩大。

表 7-17　中新双边贸易额　　单位：亿美元，%

年份	2004	2005	2006	2007	2008	2009	2010	2011	2012	2013	2014
双边贸易额（IE）	266.82	331.47	408.58	471.44	524.77	478.56	570.76	637.10	692.73	758.96	797.40
同比增长	37.90	24.23	23.26	15.38	11.31	-8.81	19.27	11.62	8.73	9.56	5.06

资料来源：《中国统计年鉴》。

2. 投资增长效应分析

在中新自由贸易区建立以前，中国对新加坡直接投资净额最高达到 3.9773 亿美元，随着中国—新加坡自由贸易区的建立，中国对新加坡直接投资净额增加，增加了 289.95%，达到 15.5095 亿美元。受国际金融危机影响，直接投资净额在 2009 年和 2010 年出现下降，分别下降了 8.81% 和 20.91%。到了 2011 年，直接投资净额出现增长，增长了 192.26%，达 32.6896 亿美元。2012 年，直接投资净额出现了急剧下降，直降 53.54%。2013 年之后，直接投资净额又开始出现增长，2013 年和 2014 年同比增长率分别为 33.84% 和 38.44%。简言之，中国—新加坡自贸区建成后，中国对新加坡的直接投资净额总体上是增长的。具体数据见表 7-18。

表 7-18　中国对新加坡直接投资净额　　单位：亿美元，%

年份	2004	2005	2006	2007	2008	2009	2010	2011	2012	2013	2014
直接投资净额	0.4798	0.2033	1.3215	3.9773	15.5095	14.1425	11.185	32.6896	15.1875	20.3267	28.14
同比增长	-1599.38	-57.63	550.02	200.97	289.95	-8.81	-20.91	192.26	-53.54	33.84	38.44

资料来源：《中国统计年鉴》、商务部统计公报。

在中新自由贸易协定签署之前，2007 年和 2008 年新加坡对中国直接投资净额分别为 31.8457 亿美元和 44.3529 亿美元。2009 年直接投资因金融危机有所减少，与 2008 年相比直接减少了 18.72%。自 2010 年开始，直接投资净额逐年增长。2010 年达 54.282 亿美元，2011 年比 2010 年同比增长 12.32%，达 60.9681 亿美元，2012 年和 2013 年投资净额分别同比增长 3.42% 和 14.65%，2014 年直接投资净额有所下降。总体来说，中国—新加坡自由贸易区的建立，对新加坡对中国直接投资起到了促进作用。具体数据见表7-19。

表7-19 新加坡对中国直接投资净额 单位：亿美元，%

年份	2004	2005	2006	2007	2008	2009	2010	2011	2012	2013	2014
直接投资净额	20.0814	22.0432	22.6046	31.8457	44.3529	36.0484	54.282	60.9681	63.0508	72.2872	58.2668
同比增长	-2.44	9.77	2.55	40.88	39.27	-18.72	50.58	12.32	3.42	14.65	-19.40

资料来源：《中国统计年鉴》、商务部统计公报。

3. 规模经济效应分析

自中新两国建立自由贸易区以来，两国市场进一步开放，统一的大市场逐步形成，促进了商品流通的不断增加和市场规模的不断扩大。两国生产商可以在自己占有比较优势的商品行业里扩大生产规模，由于商品需求的增加，生产商生产商品的产量也将会有所增加，平均生产成本随之不断下降，从而获得规模经济效应。

如果按照罗布森对自由贸易区规模经济效应的分析方法来分析研究中国—新加坡自贸区所产生的规模经济效应，那么，我们应该将自贸区建立之前两个国家的产品生产情况分为以下三种情形：（1）两个国家都不生产某类商品；（2）两个国家中只有一个国家生产某类商品；（3）两个国家都同时生产某类商品。然而，在两个国家现实的双边贸易之中，两个国家都不生产某类商品以及两国中只有一国生产某类商品这两种情形几乎是不存在的，所以，在这里，我们只对两个国家都生产某类商品这种情形进行研究分析，我们不妨把这类商品定义为中国在生产上具有比较优势的纺织产品（SITC3）。

在对中新自贸区所产生的规模经济效应进行分析之前，我们需要进行一些假设：新加坡和中国所面临的市场处在完全竞争的市场状态，并且两个国家的生产函数和生产成本曲线相同；在纺织产品（SITC3）市场中，中国纺织产品生产成本要低于新加坡，而产量要高于新加坡；在自由贸易协定签署之前，两国都分别实施了关税保护政策，两国彼此之间的贸易收取不变关税，两国从世界市场进口纺织产品（SITC3）的价格就等于两国生产该类产品的平均生产成本，不存在超额利润。如图7-7所示，ACs表示新加坡国内生产纺织产品（SITC3）的平均成本曲线，Ds表示新加坡对该纺织产品（SITC3）的国内需求曲线，ACc表示中国国内生产纺织产品（SITC3）的平均成本曲线，Dc表示中国对纺织产品（SITC3）的国内需求曲线，Ds+c表示两国建成中新自由贸易区之后两国对纺织产品（SITC3）的共同需求，PFTA表示中国—新加坡自由贸易区建成后自贸区内的纺织产品（SITC3）交易价格，Pw 表示两国从世界市场进口纺织产品（SITC3）需要付出的价格。

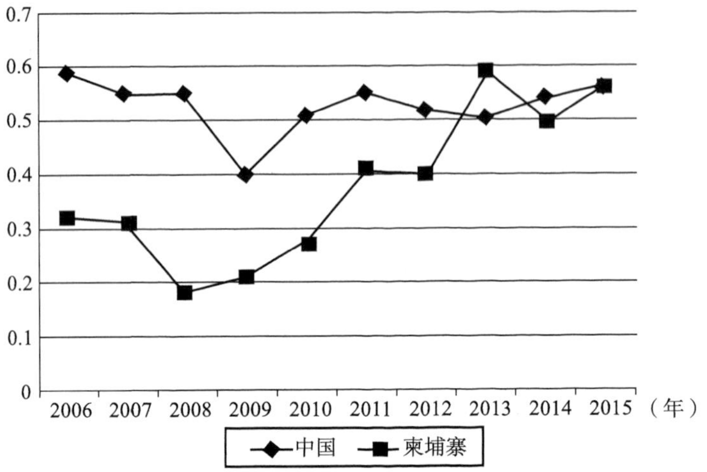

图 7-7　中新自由贸易区规模经济效应分析

在中国—新加坡自由贸易区建立之前，新加坡纺织产品（SITC3）的生产量（也即国内消费量）为 Qs，国内纺织产品（SITC3）市场价格为 Ps，此时进口关税为 PsPw；中国纺织产品（SITC3）的生产量（也即国内消费量）为 Qc，国内纺织产品（SITC3）市场上价格为 Pc，此时进口关税为 PcPw，由于中国在纺织产品的生产上拥有比较优势，在生产方式和生产成本上相对于新加坡而言都占优势，生产效率高于新加坡，生产成本也相对低于新加坡，因此，中国国内纺织产品（SITC3）的市场价格 Pc 要低于新加坡国内市场价格 Ps，中国进口纺织产品关税 PcPw 也相对低于新加坡进口关税 PsPw。

在中国—新加坡自由贸易区建立之后，两国之间交易市场得到扩大，商品需求量也随之增长，中国由于在纺织产品（SITC3）市场上存在相对比较优势，自贸区内两国的纺织品市场需求交由中国负责供给满足，这时，两国总需求为 Ds+c。从图 7-7 中，我们可以看到，随着产量的不断增加，平均生产成本逐渐下降。自由贸易区建成后，中国在两国总需求曲线 Ds+c 和中国生产纺织产品（SITC3）的平均成本曲线交点 E 处进行生产，这时的产量为 Qs+c，价格为 PFTA，同时，中国和新加坡在对纺织产品的消费量上也随之发生了变化，新加坡的消费量由 Qs 增加到 Qs′，中国的消费量由 Qc 增加到 Qc′，由此，中国—新加坡自由贸易区的建成能给两个国家带来规模经济效益，使两国从中受益。

4. 竞争效应分析

贸易竞争压力指数（CSI）是用来衡量一个国家和地区对另一国家和地区竞争压力的重要指数，贸易竞争压力指数表达式为

$$CSI_{ab} = \sum \min(E_a^k, E_b^k) / \sum (E_b^k) \quad (16)$$

式中，CSI_{ab}表示 a 国对 b 国的贸易竞争压力指数，E_a^k表示 a 国 k 类商品出口额，E_b^k表示 b 国 k 类商品出口额。贸易竞争压力指数 CSI 取值范围在 0～1 之间，CSI_{ab}越趋向于 1，表明 a 国对 b 国产生的贸易竞争压力越大；CSI_{ab}越趋向于 0，表明 a 国对 b 国产生的贸易竞争压力越小。

按照贸易竞争压力指数表达式（16），利用 2004—2014 年中国和新加坡两国商品出口贸易数据，计算得到 2004—2014 年中新两国之间的贸易竞争压力指数（见表 7－20）。其中，CSIcs 表示中国对新加坡的贸易竞争压力指数，CSIsc 表示新加坡对中国的贸易竞争压力指数。

表 7－20　2004—2014 年中新两国贸易竞争压力指数　　单位：%

年份	2004	2005	2006	2007	2008	2009
CSIcs	0. 988958437	0. 979519993	0. 978019622	1	1	0. 997885709
CSIsc	0. 116785359	0. 102274585	0. 096883178	0. 095685389	0. 107520093	0. 100499698
年份	2010	2011	2012	2013	2014	
CSIcs	0. 982954794	0. 993074833	1	0. 983354114	0. 988496998	
CSIsc	0. 096515288	0. 105283396	0. 09665398	0. 100430486	0. 109923192	

资料来源：联合国商品贸易数据库。

由表 7－20 中数据我们发现，从 2004—2014 年每年中国对新加坡贸易竞争压力指数都要远远大于新加坡对中国的贸易竞争压力指数，这意味着，在国际贸易中，中国对新加坡的贸易竞争压力要远大于新加坡对中国的贸易竞争压力，新加坡在商品出口竞争力上的弱势使其在两国双边贸易中处于非常不利的地位。甚至在 2007 年、2008 年及 2012 年，中国对新加坡贸易竞争压力指数高达 1%，也就是说，中国在这些年份中对新加坡具有完全的贸易竞争优势，这意味着，在全球性经济形势恶化的环境下，尽管中国出口贸易遭受巨大冲击，也能在区域经济贸易甚至在世界经济贸易中占有一席之地。究其原因，这与中国劳动力资源丰富及改革开放后不断提升的科技创新能力密不可分，劳动力资源丰富使中国在劳动密集型出口产品上一直处于竞争优势地位，科技创新能力的不断增强使中国技术和资本密集型产品的国际竞争能力不断提升，当中国的出口贸易在某些行业和领域上的竞争优势显著到一定程

度时，新加坡的竞争优势就会相对弱化。《中国—新加坡自由贸易协定》的签署，进一步扩大了双方贸易市场，为两国比较优势商品进入对方国内市场提供更大的便利，加速和促进了两国之间的商品贸易流通，使贸易竞争效应变得更加显著。

（五）促进中国—新加坡自贸区发展的对策建议

中国—新加坡自由贸易区的建立拓宽了两国经贸合作的深度和广度，给两国带来了显著的经济增长、投资创造效应以及规模经济效应。因此，进一步深化中新自贸区发展的意义更为凸显。

1. 积极推动我国企业“走出去”

尽管优惠的引资政策在一定程度上能够吸引新加坡跨国公司对中国的投资，过分地倚靠海外资本却会造成我国产业对外资严重的依赖性，并且跨国公司牢牢掌握核心技术，将我国推向“技术空心化”的边缘。因此，在被动地“引进来”的同时，我国政府应鼓励国内企业积极地走出去，助力新加坡丰富的人才资源和技术优势，才能真正摆脱对海外资本的依赖。

资本运作和金融机构相对缺位已经成为我国企业“走出去”的严重阻碍。中国银行和工商银行的推力主要集中在贸易结算业务，尽管终端服务到位，但在推动我国企业“走出去”上所发挥的作用仍然十分有限，我国银行在扶持企业“走出去”的道路上尚不成熟。我国专业金融人才相对匮乏，金融风险控制体系尚欠完善，而新加坡金融业非常发达，具备丰富的金融风险管理和控制经验及高素质的专业金融背景人才，是我国学习借鉴的榜样。

服务贸易逆差逐渐增大的趋势，调整升级我国服务贸易结构已势在必行。我国服务贸易仍处在初级发展阶段，目前，我国服务贸易产业类型依然仅限于传统的运输和旅游，新兴服务业占比仍然较低，且国际竞争能力较弱，而世界服务贸易正由传统服务贸易类型向现代新兴服务贸易类型转变。我国企业只有积极“走出去”，学习和借鉴新加坡先进的技术经验，扩大现代新兴服务业出口，才能不断优化服务贸易的出口结构，从而增强我国服务贸易的综合国际竞争力。

2. 优化投资环境

中新自贸区的建立可为两国带来明显的投资创造效应，优化区内投资环境就显得十分必要。我国应该鼓励和支持两国互相进行跨国投资，增进跨国企业之间的交流，以此推动两国产业内贸易的发展，同时充分发掘和利用新加坡人才、资金和技术优势，提高我国行业竞争力。

首先，各种指导和支持我国企业境外投资工作，以及保证企业海外经营权合法权益的优惠政策和经营管理制度必不可少。实施各项有利于保障我国跨国企业海外经营权益的优惠政策，不断加强和完善跨国企业经营立法相关工作，建立和完善跨国企业海外经营管理制度，规范市场秩序，有利于保证我国海外跨国公司平等地享有合法的经营权益，是保证我国企业海外投资经营顺利进行的基本保障。

其次，中新自贸协定可针对消除投资壁垒做出具体规定，并重点加强原产地规则的有关规定，同时为相互投资设立强制性的争端解决机制。削减和消除关税壁垒，有利于促进中新两国实现自由贸易和统一市场的形成；强制性争端解决机制的设立有助于减少和规避投资环境的不确定性；“原产品”享受区域内互惠性贸易待遇需要制定原产地规则才能得以保障。此外，建立健全的知识产权体系能有效保护跨国公司的知识产权，进而增强新加坡公司跨国投资的信心。

3. 深入开展政府间合作

中新两国政府应增强合作意识，深入开展政府间项目合作。新加坡可充分利用其技术、研发、人才和管理优势，结合中国丰富的生产要素资源，可开拓中国市场；而中国在与新加坡的项目合作中可获得资金和技术支持，同时能借鉴先进的经营管理方法和科学发展模式，实现产业结构的优化升级。

首先，中新双边 FTA 谈判小组应为加强两国工商界之间的相互了解做出应有的贡献，充分发挥咨询、协调与谈判职能，促使双方工商界在相互了解的基础上加深合作层次，从而推进扩展双边经贸合作发展的深度和广度。相互了解不应只局限于工商界，而应向政府、协会、企业等多层面延伸展开。可以考虑成立专门从事双边贸易发展的特别小组进行市场开发研究和贸易未来规划。

其次，进一步加强政治外交和对话，从而增进两国之间的友好和信任，可为彼此之间的经济贸易合作发展创造良好环境。同时，加强中新两国政府的合作，建立起双边经贸合作机制，多渠道搭建经贸合作平台，能有效推动经贸合作的展开。除此之外，需要充分借鉴学习中国—东盟自由贸易区以及世界其他自由贸易区发展的经验和做法，为探索中新经贸合作的新形式做出努力。

4. 优化贸易出口结构，提升综合竞争力

我国贸易输出以制造业为主，且附加值低，服务贸易也仅局限于传统的旅游业、运输业和建筑业，金融、医疗、教育等新兴服务贸易行业类型输出较少，我国仍然处于世界分工体系和价值链的低端环节，在国际市场竞争中处于弱势。我国应抓住“21世纪海上丝绸之路”和“中新经济走廊”建设时代机遇，优化出口结构，提升贸易品质，培育新兴贸易行业类型体系，提升我国出口贸易国际竞争力。

首先，中新双方应积极实施市场多元化和产品差异化战略。积极促进发展市场多元化，鼓励和支持国内有竞争力的厂商积极参与和开拓国际市场，同时加大新加坡市场开发力度，积极促进区内贸易的进一步发展。同时，发挥两国比较优势，实现贸易产品多样化，逐步改善贸易市场结构，进而在扩大贸易规模的同时实现两国贸易产品的良性竞争。新加坡在知识技术型产品上存在优势，我国应借力跨国公司，加强经验交流，加大投入研究高新技术，通过技术创新开发新产品，提升产品技术含量，逐步推动我国产业链向上游发展。

其次，我国应注重产业结构的调整升级。在国际贸易中，我国依然处在产业链的中下游，处于世界分工体系和价值链的低端环节，而作为新型工业国的新加坡处于产业链的中上游。我国应加快产业结构的调整升级，逐步提高行业生产效能，提升出口产品品质，进而提升我国贸易综合竞争力，推动我国对外贸易的发展。我国企业应该吸收借鉴新加坡先进的技术、先进的管理经验和发展模式，吸纳新加坡相对成熟的产品和产业，发展自己的比较优势产业，并带动其他产业部门的发展；同时，加强国际合作研究与开发，加大投入高新技术产业，逐步推动我国出口产品由劳动和资源密集型向知识和技术密集型转变，提升产品贸易竞争力。

参考文献

[1] Viner J., Oslington P.. The Customs Union Issue [M]. Oxford University Press, 2014: 51-103.

[2] Kemp M. and Wan H.. An Elementary Proposition Concerning the Formation of Custom Union [J]. Journal of International Economics. Vol. 47. 1976.

[3] Balassa B.. Trade Creation and Diversion in the European Common Market: An Appraisal of the Evidence [J]. European Economic Integration, 1975: 79-118.

[4] 姬艳洁，董秘刚．基于巴拉萨模型的中国新西兰FTA贸易效应研究[J]．亚太经济，2012 (6): 42-46.

[5] 杨欢．中国—东盟自由贸易区中国进口的贸易效应研究——基于巴

拉萨模型［J］. 对外经贸，2012（9）：10－11.

［6］万佑锋．中国智利FTA贸易效应研究——基于巴拉萨模型的实证研究［J］. 广西财经学院学报，2013，26（6）：122－127.

［7］宋海英．中国—智利自贸区的农产品贸易效应——基于巴拉萨模型的实证分析［J］. 浙江外国语学院学报，2015（4）：73－79.

［8］杨红强．基于贸易引力模型的SCFTA实证研究［J］. 世界经济研究，2005（6）：42－47.

［9］陈启龙．中国—新加坡自由贸易区建立可行性分析［D］. 上海：上海外国语大学，2008.

［10］李应振．建立中国—新加坡双边FTA的经济效应［J］. 对外经贸实务，2008（4）：29－32.

［11］焦朝霞．小议中国—新加坡自由贸易协定对双方经贸合作的影响［J］. 黑龙江对外经贸，2011（2）：24－25.

［12］成利沙．中国与新加坡双边贸易的发展及推进因素分析［D］. 大连：东北财经大学，2012.

［13］吴向阳．中国与新加坡自由贸易区现状和前景探讨［J］. 现代商贸工业，2013（19）：68－71.

［14］俞雷．对中国—新加坡自由贸易区贸易效应的探析［J］. 国际商务财会，2013（10）：88－92.

［15］项义军，厉佳佳．中国—新加坡自由贸易区经济效应分析［J］. 北方经贸，2014（7）：5－7.

［16］林琳，李怀琪．中国—新加坡自由贸易区的经济效应研究［J］. 经济问题探索，2015（11）：133－137.

［17］于翱翔．中国—新加坡自由贸易区的经济效应研究［D］. 黑龙江：哈尔滨工业大学，2015.

［18］樊纲，关志雄，姚枝仲．国际贸易结构分析：贸易品的技术分布［J］. 经济研究，2006（8）：70－80.

［19］钱耀军，李娴．中国与新加坡双边贸易的实证分析［J］. 东南亚纵横，2015（3）：39－42.

［20］鲍峰，曾宇龙．中国与新加坡贸易互补性分析［J］. 商，2016（24）：117＋19.

［21］徐康宁，韩剑．中国和新加坡产业内贸易的实证研究［J］. 国际经贸探索，2005（4）：21－25.

[22] 周丽，黄原．中国与东盟五国产业内贸易实证研究 [J]．经济问题探索，2010 (3)：143 - 148.

[23] 刘思嘉，王宾容．中国与新加坡产业内贸易研究 [J]．现代商贸工业，2013 (14)：13 - 14.

[24] Poyhonen P.. A Tentative Model of the Volume of Trade between Countries [J]. Economics and Finance Archive，1963，90 (1)：35 - 53.

[25] Linnemann H.. An Econometric Study of International Trade Flows [M]. Amsterdam：North Holland Publishing Company，1966.

[26] 张海森，谢杰．中国—非洲农产品贸易的决定因素与潜力——基于引力模型的实证研究 [J]．国际贸易问题，2011 (03)：45 - 51.

[27] 吕宏芬，郑亚莉．对中国—智利自由贸易区贸易效应的引力模型分析 [J]．国际贸易问题，2013 (2)：49 - 57.

[28] 邵桂兰，胡新．基于引力模型的中国—东盟水产品贸易流量与潜力研究 [J]．中国海洋大学学报（社会科学版），2013 (5)：34 - 39.

[29] 汪文卿，刘晓锋．中国与挪威双边经贸关系发展潜力分析 [J]．国际经贸探索，2014 (11)：66 - 80.

[30] 廖泽芳，宁凌．21 世纪海上丝绸之路之中国与东盟贸易畅通——基于引力模型的实证考察 [J]．经济问题，2015 (12)：1 - 7.

[31] 金缀桥，杨逢珉．中韩双边贸易现状及潜力的实证研究 [J]．世界经济研究，2015 (1)：81 - 90.

[32] 高志刚，张燕．中巴经济走廊建设中双边贸易潜力及效率研究——基于随机前沿引力模型分析 [J]．财经科学，2015 (11)：101 - 110.

[33] 丁秀飞，仲鑫．中国与欧盟发展服务业产业内贸易的影响因素研究 [J]．宏观经济研究，2016 (2)：127 - 136.

[34] 刘志雄，陈旭．中国与马来西亚双边贸易流量及贸易潜力研究 [J]．东南亚纵横，2014 (7)：36 - 41.

[35] 王瑞，王丽萍．我国农产品贸易流量现状与影响因素：基于引力模型的实证研究 [J]．国际贸易问题，2012 (4)：39 - 48.

[36] 孙金彦．基于引力模型的中澳双边贸易互补性及贸易潜力的实证研究 [J]．亚太经济，2015 (6)：85 - 90.

[37] 刘青峰，姜书竹．从贸易引力模型看中国双边贸易安排 [J]．浙江社会科学，2002 (6)：16 - 19.

专题Ⅷ

中国与老挝贸易研究

一、绪论

关于中国与老挝双边贸易发展研究。国内有相关学者对中老双边贸易关系展开研究，揭示双边贸易合作的特点和存在的问题，并提出推进双边贸易关系发展的对策建议（郑国富，2012；张建中，2012；唐志华，2013；苏燕，2014；韩爱玲，2014；黄莎莎，2014），也有学者采用贸易指数对中老贸易关系进行分析（王明德 2014；王怀豫 2014;），国外相关学者对中老经易关系研究大多按这样的思路展开：先从两国经贸关系发展现状和发展特点出发，分析经贸关系发展过程中出现的问题，最终提出增进双边经贸关系的对策建议（宋达拉，2013；迈满，2014；DOUANGKHAM，2014；潘塔公，2014，苏岚，2016）。

综上所述，前人在对中国与老挝经贸关系问题的研究上已经取得了一定的成果，但研究大多停留在两国经贸关系发展现状和特以及存在的问题，研究视角和层次较为单一，对两国全面贸易关系研究不够完善，相关文献资料较少，特别是运用相关贸易指数对两国经贸关系进行的定量分析，需要进一步深化和完善。

二、中国与老挝双边贸易现状分析

随着中国与老挝友好关系的深入发展，以及两国经济的快速增长，中老两国经贸往来也取得了快速发展。

1. 中国和老挝双边贸易呈波动发展态势

表 8－1　2006—2015 年中国与老挝双边贸易状况 单位：百万美元，%

年份	2006	2007	2008	2009	2010	2011	2012	2013	2014	2015
贸易总额	218.36	263.86	402.37	743.97	1085.11	1303.84	1724.85	2732.66	3613.50	2528.34
同比增长	69.38	20.83	52.50	84.90	45.85	20.16	32.29	58.43	32.23	－30.03

从表8-1可知，2006—2015年，中国与老挝双边贸易总额从218.36百万美元增长到2528.34百万美元，增长了10.58倍，年平均增长率达31.28%。具体可分为两个阶段：第一阶段是快速上升阶段，即从2006年的218.36百万美元增长到2014年的3613.50百万美元，年平均增长42.02%，这主要是由于《中国—东盟全面经济合作框架协议》促使中国同东盟国家的合作层次逐步提高的促进作用，此外，中国与老挝之间的贸易几乎没有受到世界金融危机和欧洲债务主权危机的影响，一直保持着增长趋势。第二阶段是急剧下降阶段，两国双边贸易额从2014年的3613.50百万美元直接减少到2015年的2528.34百万美元，这可能跟中国发展战略的制定和政策的转变有关。

表8-2 2006—2015年中国与老挝进出口状况 单位：百万美元，%

年份	2006	2007	2008	2009	2010	2011	2012	2013	2014	2015
中对老出口	168.72	177.94	268.11	376.65	483.62	476.25	937.09	1722.58	1838.93	1212.29
同比增长	63.21	5.46	50.68	40.48	28.40	-1.52	96.76	83.82	6.75	-34.08
中对老进口	49.65	85.92	134.26	367.32	601.49	827.59	787.76	1010.08	1774.56	1316.05
同比增长	94.35	73.06	56.26	173.59	63.75	37.59	-4.81	28.22	75.69	-25.84

从表8-2看两国进出口贸易额，2006—2015年，中国对老挝出口贸易额从168.72百万美元增长到1212.29百万美元，具体分为四个阶段：第一阶段为缓慢上升阶段，从2006年的168.72百万美元增加到2010年的483.62百万美元，年平均增长30.12%；第二阶段为下降阶段，从2010年的483.62百万美元降低到2011年的476.25百万美元；第三阶段为快速增长阶段，从2011年的476.25百万美元增加到2014年的1838.93百万美元，年平均增长56.88%；第四阶段为急剧下降阶段，从2014年的1838.93百万美元降低到2015年的1212.29百万美元。2006—2015年中国对老挝进口贸易额从49.65百万美元增长到1316.05百万美元，具体分为四个阶段：第一阶段为快速增长阶段，从2006年的49.65百万美元增加到2011年的827.59百万美元，年平均增长75.54%；第二阶段为下降阶段，从2011年的827.59百万美元降低到2012年的787.76百万美元；第三阶段为快速增长阶段，从2012年的787.76百万美元增加到2014年的1774.56百万美元，年平均增长50.09%；第四阶段为急剧下降阶段，从2014年的1774.56百万美元降低到2015年的1316.05百万美元。

2. 中国与老挝双边贸易额增长率呈波动降低趋势

由图8-1可知，中国与老挝双边贸易总额增长率从2006年的69.38%降低到

2015年的-30.03%，降低了99.41个百分点，2015年出现了负增长(-30.03%)；中国对老挝出口增长率从2006年的63.21%降低到2015年的-34.08%，降低了97.29个百分点，2011年、2015年出现负增长（-1.52%、-34.08%）；中国对老挝进口增长率从2006年的94.35%降低到2015年的-25.84%，降低了120.19个百分点，2012年、2015年出现负增长（-4.81%、-25.84%）。

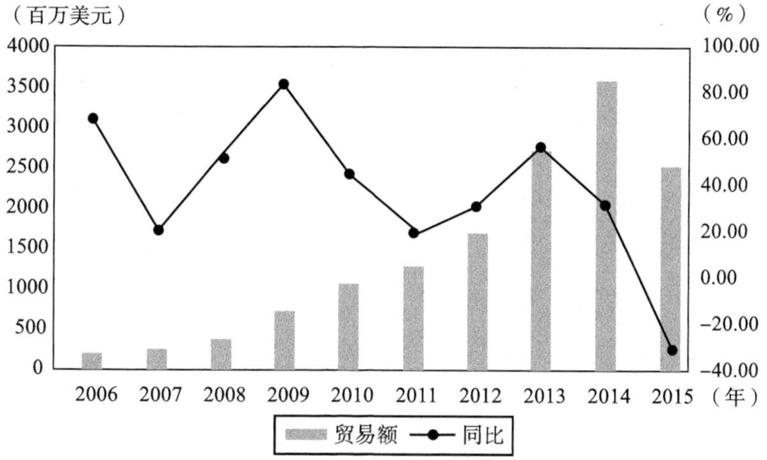

图8-1 中国与老挝双边贸易状况

资料来源：UN comtrade 数据库。

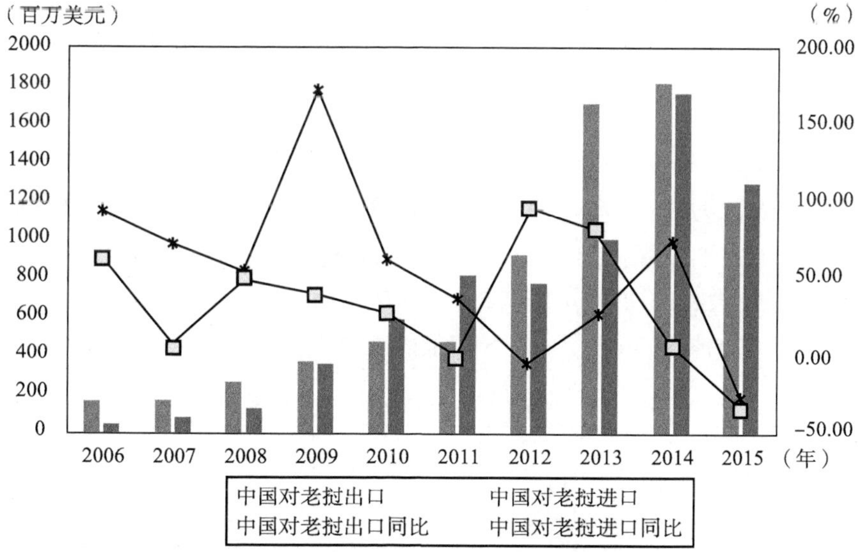

图8-2 中国与老挝进出口贸易状况

资料来源：UN comtrade 数据库。

3. 中国对老挝的出口高于进口

2006—2015 年，仅在 2010 年、2011 年、2015 年，中国对老挝贸易出现贸易逆差，贸易逆差额分别为 117.87 百万美元、351.33 百万美元、103.77 百万美元，总体上看，中国对老挝的出口要高于进口。

三、中国与老挝的双边贸易潜力分析

参照刘志雄和陈旭（2014）的做法，本研究测算中国—老挝贸易潜力的思路如下：首先，基于引力模型，运用 STATA13.0 统计分析软件测算贸易总额、贸易出口、贸易进口模型的各项参数的估计结果；其次，根据得到的方程计算出中国—老挝的贸易模拟值；最后，根据实际贸易额与模拟贸易额的比值对中国与老挝的贸易总额潜力、贸易出口潜力、贸易进口潜力进行测算。

1. 引力模型的构建及变量定义

引力模型是用来分析双边或多边贸易关系的常用方法。常用的引力模型如式（1）所示

$$\ln TL_{ij} = \beta_0 + \beta_1 \ln GDP_i + \beta_2 \ln GDP_j + \beta_3 \ln D_{ij} + \mu_{ij} \qquad (1)$$

在式（1）中，TL_{ij}表示 i 国与 j 国的贸易总额，GDP_i和 GDP_j分别表示两个国家的经济总量，D_{ij}表示两个国家首都或主要港口之间的直线距离，μ_{ij}为随机误差项。β_0、β_1、β_2、β_3分别表示回归系数。

本研究在式（1）的基础上，参考王瑞和王丽萍（2012）的做法，引入两国是否同为 APEC 组织成员、中国与贸易国之间的经济差距 DPGDP 两个变量。当双方贸易国属于同一贸易组织时，受各种优惠政策的影响，双方的贸易量会增加。贸易国双方之间的经济差距 DPGDP 表示的是双方人均 GDP 差额的绝对值。根据“林德定理”，贸易双方的人均 GDP 差额越小，消费结构越相似，贸易流量越大。因此，本研究引入这两个变量来构建双边贸易流量引力模型

$$\ln TL_{ij} = \beta_0 + \beta_1 \ln GDP_i + \beta_2 \ln GDP_j + \beta_3 \ln D_{ij} + \beta_4 \ln DPGDP + \beta_5 APEC + \mu_{ij} \qquad (2)$$

式（2）中的被解释变量、解释变量的变量定义及数据来源见表 8－3。

表 8－3　变量描述、理论说明与数据来源

变量名	变量定义	数据来源
$\ln GDP_i$	中国的国内生产总值（单位：亿美元），代表中国的经济规模及供给能力	世界银行 WDI
$\ln GDP_j$	贸易国的国内生产总值（单位：亿美元），代表贸易国的经济规模和需求能力	世界银行 WDI

续表

变量名	变量定义	数据来源
$\ln D_{ij}$	两国之间的绝对距离（单位：千米），代表运输成本的高低。距离越大，贸易成本越高	http：//www. timeanddata. com
ln*DPGDP*	两国之间的经济差距（单位：美元），双方人均 GDP 差额的绝对值	世界银行 WDI
APEC	虚拟变量，表示贸易国是否属于 APEC 成员国，贸易双方均为 APEC 成员国取 1，反之取 0。当双方属于同一贸易集团时，贸易量会增加	亚太经合组织网站

本研究参考孙金彦（2014）研究中国与澳大利亚贸易潜力时的做法，选择 2006—2015 年新加坡、加拿大、巴西、智利、哥伦比亚、英国、法国、德国、日本、韩国、澳大利亚、马来西亚、印度、印度尼西亚、泰国、土耳其、尼日利亚、南非、俄罗斯、美国 20 个国家的样本数据，并加入老挝、越南、柬埔寨、缅甸、菲律宾等东盟国家一共 25 个国家的样本数据。之所以选择这些国家的样本基于以下考虑：囊括了中国的主要贸易国和东盟的主要国家，有利于国别贸易潜力的测算。

2. 中国—老挝双边贸易回归结果及分析

首先，使用计量经济学软件 STATA 13. 0 对上述模型进行混合回归模型（Pooled OLS）估计。lnTL、lnM、lnX 分别表示贸易总额、贸易进口额、贸易出口额的对数。具体的回归模型结果见表 8 - 4。

表 8 - 4　2006—2015 年中国与 20 个样本国双边贸易引力模型回归结果汇总

	lnTL	lnM	lnX
C	-7. 274 *** (-5. 53)	-10. 09 *** (-5. 48)	-7. 170 *** (-5. 75)
$\ln GDP_j$	0. 515 *** (16. 57)	0. 579 *** (13. 31)	0. 530 *** (18. 00)
$\ln GDP_i$	0. 651 *** (6. 18)	0. 759 *** (5. 14)	0. 577 *** (5. 78)
$\ln D_{ij}$	-0. 0567 (-0. 81)	-0. 0190 (-0. 19)	-0. 0638 (-0. 97)
APEC	1. 243 *** (12. 51)	1. 837 *** (13. 21)	0. 824 *** (8. 76)
ln*DPGDP*	0. 136 ** (3. 48)	0. 0773 *** (1. 42)	0. 159 *** (4. 29)

续表

	lnTL	lnM	lnX
R^2	0.759	0.693	0.757
样本量	250	250	250

资料来源：根据 STATA 13.0 软件输出结果整理得到。

注：括号中为 t 值，*、**、*** 分别表示在 0.01、0.05、0.1 的水平下显著。

上述回归结果表明：中国与贸易国双方的经济规模 $\ln GDP_i$ 和 $\ln GDP_j$ 是促进双边贸易的核心因素之一，贸易额增长 lnTL（lnX，lnM）都与其呈正相关关系；双方成员国是否同属于 APEC 成员国对中国与贸易国的贸易规模产生了非常显著的正相关影响；两国之间的经济差距 DPGDP 也对双方的贸易流量产生了显著影响。而两国之间距离 ldis 对中国与贸易国的贸易规模影响并不显著，这说明在国际贸易中随着交通设施的逐步完善，两国之间的地理距离对贸易流量的影响开始减弱。

根据表 8-3 的引力模型回归结果，我们可以得到如下 3 个回归方程

$$\ln TL_{ij} = -7.274 + 0.651\ln GDP_i + 0.515\ln GDP_j + 0.136\ln DPGDP + 0.796APEC \tag{3}$$

$$\ln M_{ij} = -10.09 + 0.759\ln GDP_i + 0.579\ln GDP_j + 0.0773\ln DPGDP + 1.837APEC \tag{4}$$

$$\ln X_{ij} = -7.17 + 0.577\ln GDP_i + 0.53\ln GDP_j + 0.0638\ln DPGDP + 0.824APEC \tag{5}$$

3. 中国—老挝双边贸易潜力的测算及分析

本研究在方程（3）、方程（4）、方程（5）的基础上，用中国与贸易国的实际贸易总额、贸易出口额、贸易进口额与根据方程测算出来的模拟贸易总额、贸易出口额、贸易进口额来测算中国与老挝之间的双边贸易潜力。贸易潜力的计算公式如式（6）：

$$TP_t = TV_t / SV_t \tag{6}$$

在式（6）中，TP_t 表示第 t 期双边贸易潜力；TV_t 表示第 t 期双边总额、进口额、出口的实际值；SV_t 表示第 t 期双边贸易总额、进口额、出口额的模拟值。刘青峰和姜书竹（2002）将贸易潜力分为三类：若贸易潜力值小于 0.8，说明双方之间的贸易潜力具有很大的开拓空间，双方贸易合作的空间巨大；若贸易潜力值介于 0.8 和 1.2 之间说明双方之间的贸易潜力还有较大的开拓空间；若贸易潜力值大于 1.2 说明双方之间的贸易潜力较小，要积极开拓新的合作来挖掘双方的贸易潜力。

表8－5　2006—2015年中国与老挝贸易潜力汇总

年份	2006	2007	2008	2009	2010	2011	2012	2013	2014	2015
总额潜力	0.24	0.22	0.24	0.40	0.45	0.42	0.47	1.13	1.11	1.25
进口潜力	0.29	0.23	0.25	0.32	0.32	0.25	0.41	0.64	0.62	0.38
出口潜力	0.37	0.47	0.52	1.25	1.57	1.64	1.29	1.39	2.17	1.49

资料来源：根据回归结果整理并计算得到。

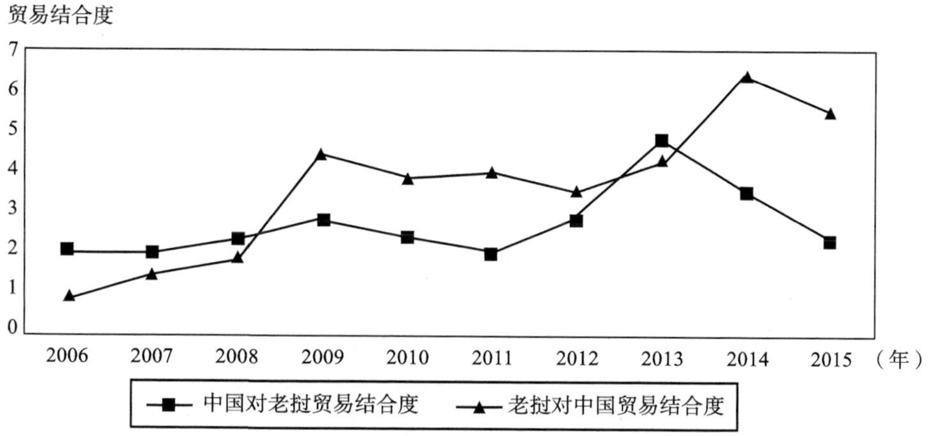

图8－3　中国与老挝贸易潜力趋势图

资料来源：根据回归结果整理并计算得到。

根据上文中的方程（3）、方程（4）、方程（5）我们得到了2006—2015年中国对老挝的贸易总额潜力、贸易出口潜力以及贸易进口潜力。从表8－5及图8－3中我们可以看出：整体上看，中国与老挝的贸易潜力从2006—2015年始终小于1，说明双方贸易潜力巨大，中国—老挝双边贸易有很大的合作空间。中国—老挝的进口潜力小于出口潜力。具体来看，中国对老挝的进口潜力在2008年之后大于1.2，并在2014年达到极值，在2015年有所回落。这说明中国—老挝双边进口贸易潜力较小。而中国—老挝双边出口潜力在2006—2015年始终小于0.8，说明中国—老挝双边出口潜力巨大。

4. 中国与老挝双边贸易实证分析

（1）数据来源及商品分类

本研究采用中国和老挝2006—2015年数据作为研究数据，数据主要来源于联合国商品贸易数据库和Wind资讯，商品分类方法以联合国国际贸易标准分类第三次修订标准为基础，以1位数为标准的国际贸易商品共分为10大类，具体分类见表8－6：

表 8－6　国际商品贸易标准分类

类别	对应名称
SITC0	食品和活动物
SITC1	饮料及烟草
SITC2	除燃料外非食用原料
SITC3	矿物燃料、润滑油及有关原料
SITC4	动植物油、脂和蜡
SITC5	化学成品和有关产品
SITC6	按原料分类的制成品
SITC7	机械及运输设备
SITC8	杂项制品
SITC9	未分类的其他商品和交易

（2）中国与老挝双边贸易结合度分析

贸易结合度指数被用来衡量两国之间贸易的结合程度，由经济学家布朗于 1947 年首先提出，后来由经济学家小岛清（Kojima，1964）、德斯代尔和格朗特（Drysdale and Garnaut，1982）、安德森（Anderson，1983）以及弗兰克（Frankel，1997）等经济学家进行发展和完善。贸易结合度指数计算公式为

$$TCD_{ij} = (X_{ij}/X_i)/(M_j/M_w) \quad (1)$$

式中，TCDij 表示 i 国对 j 国的贸易结合度，Xij 表示 i 国对 j 国的出口额，Xi 表示 i 国出口总额；Mj 表示 j 国进口总额；Mw 表示世界进口总额。如果TCDij >1，表明两国贸易关系紧密；如果 TCDij <1，表明两国贸易关系松散；如果 TCDij =1，则表明两国之间的贸易关系处于平均水平。

表 8－7　2006—2015 年中国与老挝贸易结合度指数

年份	2006	2007	2008	2009	2010	2011	2012	2013	2014	2015
中对老	1.99	1.90	2.15	2.66	2.25	1.88	2.70	4.66	3.39	2.21
老对中	0.86	1.36	1.75	4.30	3.74	3.91	3.44	4.22	6.27	5.37

根据联合国商品贸易数据库数据整理计算得出 2006—2015 年中国与老挝之间贸易结合度，图 8－4 为两国之间贸易结合度走势图，由图 8－4 可知，2006—2015 年，中国对老挝的贸易结合度呈波动发展趋势，2006 年该指数为 1.99，2013 年达到峰值 4.66，2015 年回落到 2.21。此 10 年间贸易结合度都大于 1，表明老挝在世界进口市场中的份额低于同期中国对老挝的出口水平；

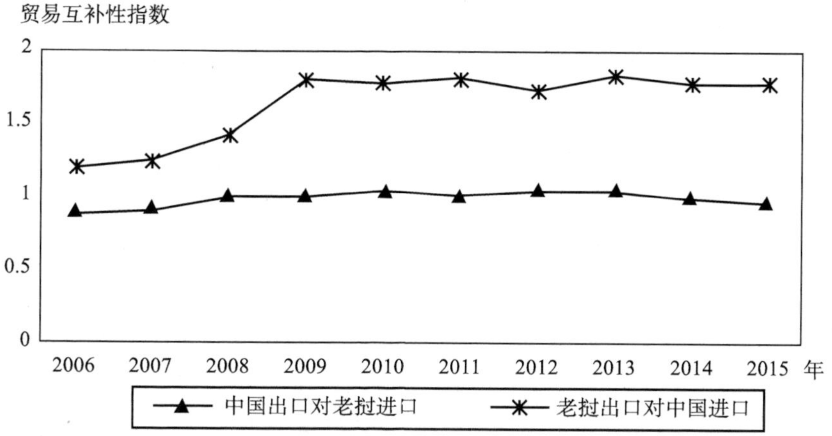

图 8－4 中国与老挝之间贸易结合度走势

资料来源：UN comtrade 数据库以联合国国际贸易标准分类第三次修订标准为基础的商品贸易数据、Wind 资讯。

2006—2015 年，老挝对中国的贸易结合度呈波动上升趋势，2006 年该指数为 0.86，2014 年达到峰值 6.27，2015 年回落到 5.37。在此 10 年间，除 2006 年贸易结合度指数小于 1，其余年份指数均大于 1，表明 2006 年老挝对中国的出口水平低于同期中国在世界进口市场中的份额；2007—2015 年老挝对中国的出口水平高于同期中国在世界进口市场中的份额。总体上看，老挝对中国的贸易结合度要大于中国对老挝的贸易结合度，这与中国是老挝最大贸易伙伴的地位相吻合。可见，中国与老挝之间的相互依赖关系随着两国之间贸易绝对额的增加而变得更加紧密。

（3）中国与老挝双边贸易竞争性分析

显性比较优势系数由美国经济学家贝拉·巴拉萨于 1965 年首次提出，常用来测算一国某产业产品在国际贸易中的比较优势。表示一国某产业在该国出口中所占份额与世界贸易中该产业占世界出口总额的份额之比，可较好地反映一个国家某产业的出口与世界出口平均水平相比较而言的相对优势或劣势。计算公式为

$$RCA_{xi} = (Xk_i/X_i)/(XK_w/X_w) \tag{7}$$

式中，Xk_i 表示 i 国 k 产品的出口额，Xi 表示 i 国的总出口额，XK_w 表示世界市场 k 产品的出口额，X_w 表示世界市场总出口额。若 $RCA > 2.5$，则表明该产品具有极强比较优势；若 $1.25 < RCA \leqslant 2.5$，则表明该产品具有较强的竞争优势；若 $0.80 \leqslant RCA \leqslant 1.25$，则表明该产品具有中等比较优势；若 $RCA < 0.8$，则表明该产品处于比较劣势。由公式（7）计算得出 2006—2015 中国和

老挝各类产品比较优势指数（分别见表8－8和表8－9）：

表8－8　2006—2015年中国各类产品比较优势指数

年份	食品和活动物	饮料及烟草	除燃料外非食用原料	矿物燃料、润滑油及有关原料	动植物油、脂和蜡	化学成品和有关产品	按原料分类的制成品	机械及运输设备	杂项制品	未分类的其他商品和交易
2006	0.55	0.16	0.24	0.13	0.10	0.45	1.28	1.25	2.22	0.06
2007	0.50	0.15	0.21	0.13	0.06	0.47	1.25	1.28	2.21	0.04
2008	0.44	0.14	0.23	0.13	0.07	0.53	1.33	1.37	2.26	0.03
2009	0.44	0.16	0.20	0.13	0.05	0.45	1.22	1.44	2.14	0.02
2010	0.46	0.16	0.18	0.11	0.05	0.50	1.23	1.45	2.19	0.02
2011	0.47	0.16	0.18	0.10	0.05	0.56	1.30	1.47	2.29	0.02
2012	0.44	0.16	0.17	0.09	0.05	0.52	1.32	1.44	2.39	0.01
2013	0.43	0.15	0.17	0.09	0.05	0.51	1.35	1.44	2.38	0.01
2014	0.41	0.15	0.18	0.10	0.06	0.54	1.38	1.35	2.26	0.02
2015	0.41	0.17	0.18	0.12	0.06	0.51	1.37	1.28	2.04	0.02

资料来源：UN comtrade数据库以联合国国际贸易标准分类第三次修订标准为基础的商品贸易数据。

2006—2015年，中国10大类出口产品中，按原料分类的制成品、机械及运输设备、杂项制品显性比较优势指数均大于1，表明这三类产品具有中等比较优势，其中，杂项制品在2012年和2013年的显性比较优势指数接近2.5，表明这类产品在这些年中具有极强比较优势；食品和活动物、饮料及烟草、除燃料外非食用原料、矿物燃料、润滑油及有关原料、动植物油、脂和蜡、化学成品和有关产品，以及未分类的其他商品和交易等产品的显性比较优势指数均小于0.8，表明这些产品在世界出口市场中处于比较劣势地位。

表8－9　2006—2015年老挝各类产品比较优势指数

年份	食品和活动物	饮料及烟草	除燃料外非食用原料	矿物燃料、润滑油及有关原料	动植物油、脂和蜡	化学成品和有关产品	按原料分类的制成品	机械及运输设备	杂项制品	未分类的其他商品和交易
2006	0.80	0.44	6.19	1.08	0.00	0.06	2.57	0.03	1.78	0.72
2007	1.03	0.35	5.78	0.55	0.03	0.06	3.08	0.07	1.68	0.24
2008	1.26	0.31	6.87	0.52	0.03	0.10	2.76	0.09	1.72	0.11
2009	1.59	0.32	10.26	0.54	0.01	0.15	2.15	0.07	1.40	0.02

续表

年份	食品和活动物	饮料及烟草	除燃料外非食用原料	矿物燃料、润滑油及有关原料	动植物油、脂和蜡	化学成品和有关产品	按原料分类的制成品	机械及运输设备	杂项制品	未分类的其他商品和交易
2010	1. 20	0. 50	9. 57	0. 92	0. 00	0. 11	1. 83	0. 06	1. 23	0. 01
2011	1. 29	0. 40	9. 37	0. 90	0. 01	0. 16	1. 77	0. 03	1. 04	0. 01
2012	1. 28	1. 36	9. 36	0. 94	0. 00	0. 32	1. 77	0. 04	0. 88	0. 33
2013	1. 13	0. 61	10. 64	1. 05	0. 00	0. 29	1. 61	0. 04	0. 74	0. 23
2014	1. 14	0. 96	10. 65	1. 10	0. 00	0. 30	1. 66	0. 04	0. 76	0. 32
2015	1. 09	0. 76	11. 79	1. 68	0. 00	0. 28	1. 60	0. 04	0. 68	0. 25

资料来源：UN comtrade 数据库以联合国国际贸易标准分类第三次修订标准为基础的商品贸易数据、Wind 资讯。

2006—2015 年，老挝 10 大类出口产品中，除燃料外非食用原料的显性比较优势指数均在 2. 5 以上，表明该类产品具有极强的比较优势；食品和活动物、按原料分类的制成品显性比较优势指数均在 0. 8 以上，表明这些产品具有中等比较优势，其中按原料分类的制成品在 2006—2008 年的显性比较优势指数大于 2. 5，表明这类产品在 2006—2008 年具有极强的比较优势；2006—2015 年，动植物油、脂和蜡、化学成品和有关产品、机械及运输设备和未分类的其他商品和交易的显性比较优势指数均在 0. 8 以下，表明这些产品在世界出口市场中处于比较劣势；另外，2006—2015 年，饮料及烟草除在 2012 年和 2014 年处于中等比较优势外，其余年份均处于比较劣势，矿物燃料、润滑油及有关原料除在 2007—2009 年处于比较劣势，其余年份均处于中等比较优势，杂项制品在 2006—2012 年处于中等比较优势，2013—2015 年处于比较劣势。

通过对中国和老挝出口产品的优劣势进行分析可知，两国在按原料分类的制成品上均具有比较优势，因此，两国在该类产品上存在竞争关系。另外，相对于老挝，中国在机械及运输设备和杂项制品方面处于相对优势地位，也就是在资本和技术密集型产品生产上，中国占有优势。相对于中国而言，老挝在除燃料外非食用原料、食品和活动物、按原料分类的制成品方面处于相对优势，这些产品属于初级产品或资源密集型产品、劳动密集型产品。因此，两国应发挥各自的资源优势或比较优势，同时，在存在竞争优势的产品贸易上应避免过度竞争。

(4) 中国与老挝双边贸易互补性分析

贸易互补性指数常用于测算两个国家在同类产品贸易上的吻合程度。该指数在比较优劣势指数基础上计算而得，计算公式为

$$TCIK_{ij} = RCAK_{xi} \times RCAK_{mj} \tag{8}$$

其表示出口国 i 显性比较优势指数与进口国 j 显性比较劣势指数的乘积，其中，$RCAK_x i$ 表示出口国 i 在 k 类产品上的显性比较优势指数，$RCAK_{mj}$ 表示进口国 j 在 k 类产品上的显性比较劣势指数。显性比较劣势指数计算式为：$RCAK_{mj} = (MK_j/M_j) \div (MK_w/M_w)$，其中，$MK_j$ 表示 j 国 k 类产品的进口额，M_j 表示 j 国总进口额，MK_w 表示世界 k 类产品的进口额，M_w 表示世界总进口额。$RCAK_{xi}$ 指数越大，表明 i 国在 k 类产品上的相对优势越明显；$RCAK_{mj}$ 指数越大，表明 j 国在 k 类产品上的相对劣势越明显。由此得出，当一个国家某种出口产品与另一国家进口产品的重叠程度越高，那么这两个国家之间的贸易互补性指数越大，其贸易互补性越强，反之，贸易互补性指数越小，贸易互补性越弱。一般情况下，当 TCIK >1 时，可判定两国贸易互补性较强；当 TCIK ≤1 时，可判定两国贸易互补性较弱或不存在互补性。

根据公式（8）计算得出中国为出口国、老挝为进口国和老挝为出口国、中国为进口国时各类产品的贸易互补性指数（分别见表 8 - 10、表 8 - 11）。

表 8 - 10　中国为出口国、老挝为进口国的各类产品贸易互补性指数

年份	食品和活动物	饮料及烟草	除燃料外非食用原料	矿物燃料、润滑油及有关原料	动植物油、脂和蜡	化学成品和有关产品	按原料分类的制成品	机械及运输设备	杂项制品	未分类的其他商品和交易
2006	0.86	0.94	0.04	0.19	0.05	0.26	1.87	1.13	0.84	0.06
2007	0.64	0.77	0.02	0.19	0.03	0.27	1.87	1.23	0.78	0.03
2008	0.57	0.55	0.03	0.16	0.04	0.31	2.26	1.43	0.87	0.01
2009	0.59	0.61	0.03	0.16	0.02	0.26	2.01	1.60	0.88	0.00
2010	0.71	0.45	0.02	0.14	0.02	0.28	1.97	1.42	1.63	0.00
2011	0.82	0.49	0.02	0.12	0.02	0.31	1.84	1.66	1.09	0.01
2012	0.72	0.49	0.03	0.09	0.01	0.27	1.99	1.78	1.15	0.00
2013	0.65	0.30	0.02	0.09	0.01	0.26	1.85	1.96	0.84	0.00
2014	0.61	0.38	0.03	0.11	0.02	0.27	1.92	1.70	0.90	0.00
2015	0.58	0.37	0.03	0.19	0.02	0.24	1.87	1.51	0.70	0.00

资料来源：UN comtrade 数据库以联合国国际贸易标准分类第三次修订标准为基础的商品贸易数据、Wind 资讯。

表8－11　老挝为出口国、中国为进口国的各类产品贸易互补性指数

年份	食品和活动物	饮料及烟草	除燃料外非食用原料	矿物燃料、润滑油及有关原料	动植物油、脂和蜡	化学成品和有关产品	按原料分类的制成品	机械及运输设备	杂项制品	未分类的其他商品和交易
2006	0.20	0.07	17.55	0.83	0.00	0.06	2.06	0.03	1.43	0.05
2007	0.24	0.07	17.86	0.43	0.05	0.06	2.37	0.08	1.39	0.02
2008	0.30	0.07	24.15	0.44	0.05	0.10	1.95	0.11	1.43	0.01
2009	0.38	0.07	37.66	0.47	0.02	0.14	1.88	0.08	1.03	0.00
2010	0.33	0.11	32.38	0.82	0.00	0.11	1.36	0.07	0.93	0.00
2011	0.37	0.11	31.56	0.82	0.01	0.14	1.21	0.04	0.75	0.01
2012	0.44	0.43	31.02	0.89	0.01	0.29	1.21	0.05	0.65	0.27
2013	0.42	0.18	35.58	0.97	0.00	0.25	1.05	0.05	0.51	0.26
2014	0.46	0.29	34.35	1.10	0.00	0.26	1.21	0.04	0.50	0.35
2015	0.53	0.32	37.52	1.77	0.00	0.24	1.06	0.04	0.46	0.26

资料来源：UN comtrade数据库以联合国国际贸易标准分类第三次修订标准为基础的商品贸易数据、Wind资讯。

2006—2015年，中国出口对老挝进口在按原料分类的制成品、机械及运输设备方面存在较强的互补性，且较为稳定；在其余产品类别上互补性较弱，尤其在除燃料外非食用原料、动植物油、脂和蜡以及未分类的其他商品和交易方面互补性最弱。2006—2015年，老挝出口对中国进口在除燃料外非食用原料和按原料分类的制成品上互补性较强，且比较稳定；在动植物油、脂和蜡、机械及运输设备方面，相对于其他产品互补性最弱；另外，在矿物燃料、润滑油及有关原料方面，2006—2013年，互补性较弱，2014—2015年，互补性较强；在杂项制品方面，互补性由强变弱，2006—2009年，表现出较强的互补性，2010—2015年，表现出较弱的互补性。可见，中老两国分别在机械及运输设备、除燃料外非食用原料方面存在较强的互补性，在按原料分类的制成品方面存在互补性的同时也存在竞争性，因此，两国应注意发挥各自优势，避免竞争。

为从整体上直观地反映两国之间的贸易互补性状况，这里引进综合贸易互补性指数，其计算公式为

$$TCI_{ij} = \sum TCIK_{ij} \times (XK_w / X_w) \qquad (9)$$

根据公式（9）计算出中国和老挝之间综合贸易互补性指数。

表 8－12　中国与老挝综合贸易互补性指数对比

年份	2006	2007	2008	2009	2010	2011	2012	2013	2014	2015
中国出口老挝进口	0.89	0.90	0.99	1.00	1.02	1.00	1.04	1.04	1.00	0.96
老挝出口中国进口	1.18	1.23	1.40	1.78	1.76	1.78	1.71	1.82	1.75	1.76

资料来源：UN comtrade 数据库以联合国国际贸易标准分类第三次修订标准为基础的商品贸易数据、Wind 资讯。

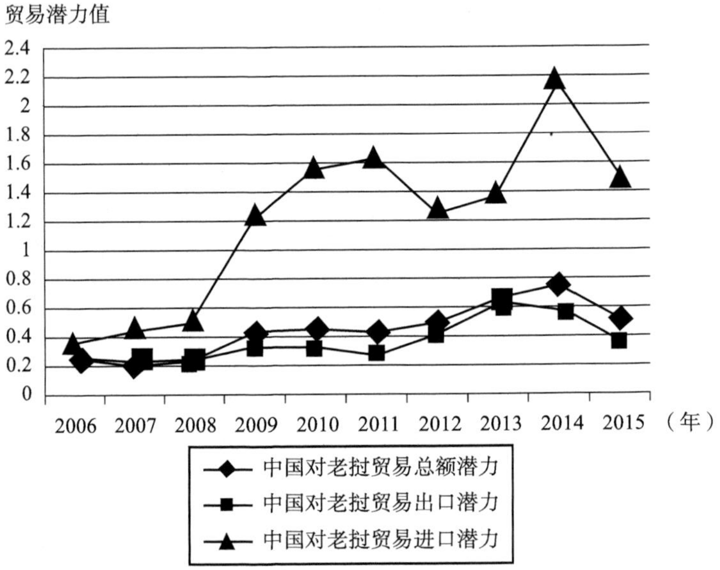

图 8－5　中国与老挝综合贸易互补性指数走势

资料来源：UN comtrade 数据库以联合国国际贸易标准分类第三次修订标准为基础的商品贸易数据、Wind 资讯。

由表 8－12 和图 8－5 可知，2006—2015 年，中国出口对老挝进口贸易互补性指数在 2009—2014 年均大于 1，表明这六年间中国与老挝双边贸易互补性较强，其余年份均小于 1，表明在这些年份里中国与老挝双边贸易互补性较弱，十年间贸易互补性指数呈先上升后下降趋势；老挝出口对中国进口贸易互补性指数在 2006—2015 年均大于 1，表明这十年里老挝与中国双边贸易互补性较强，十年里贸易互补性指数呈上升发展态势。

四、提升中国与老挝双边贸易的对策建议

基于以上分析，中国与老挝之间的贸易规模、贸易紧密程度以及贸易潜

力在不断扩大。从贸易规模来看，中国—老挝双方贸易规模始终处于不断上升的趋势；从贸易紧密程度来看，双方的贸易结合度在不断提高；从双方的贸易结构来看，双方的进出口贸易结构不尽合理，在自然资源方面具有较强的互补性；从贸易潜力的测算结果来看，双方之间的贸易潜力巨大，尤其是中国对老挝的出口潜力巨大。根据以上的研究结论，为促进中国—老挝双边贸易的长期发展，拓展中国—老挝双方贸易合作空间，提供以下几条对策：

1. 挖掘中国对老挝的出口潜力

上文的研究结果表明：中国对老挝的出口潜力很大，出口贸易有很大的上升空间。中国要想开发对老挝的出口潜力，一是要扩展出口商品的多样性，尽可能按照老挝国内的市场需求有针对性地拓展老挝的出口市场。二是要提高出口商品的质量、提高商品的服务，尽可能地在价格方面符合老挝的消费市场，赢得老挝消费者的青睐。

2. 促进中国—老挝贸易通道顺畅

通过对中国—老挝贸易影响因素的分析，发现距离对于双边贸易的影响在减弱。这说明交通设施的完善对中国与贸易国的贸易规模有十分显著的影响。因此，要打造中国与老挝铁路、公路、航空“三位一体”的复合型交通网络，全面打开两国的交通通道。这有利于解决双边贸易中基础设施落后、海关通关等制约因素，也有利于中国与老挝贸易通道的顺畅。

3. 调整进出口商品结构

通过对中国—老挝进出口商品结构分析可以得出：中国对老挝出口的商品主要以资本或技术密集型产品为主，从老挝进口的商品则主要以资源密集型产品为主。这就导致了双方进出口商品结构的不合理。从上文的研究结果来看，中国对老挝的出口潜力要大于中国对老挝的进口潜力，所以双方应基于贸易互补性优势，扩大中国对老挝的出口，同时还要调整中国对老挝的进口结构，释放进口潜力，尽量实现产业的合理分配和优势互补。老挝自然资源丰富，中国在结合自身发展的前提下可以扩大对老挝的直接投资，优化双方的贸易结构。

4. 加快经济发展步伐

以上实证研究的结果表明：贸易国双方的经济发展水平对双方的贸易规模具有非常显著的影响。所以，提高自身的经济发展水平是扩大中国—老挝双边贸易规模的前提。中国要在目前经济发展势态良好的情况下，进一步优化经济结构和产业结构，把握经济发展的新常态，实施创新驱动发展，保证国民经济的健康发展。而老挝的经济发展水平比较落后，进出口商品结构比较单一。老挝应当注重自身经济发展水平的提高，尽快为中国—老挝双边贸易的发展奠定一个良好的基础。

5. 加强双方经济一体化进程

通过以上的研究可知，贸易国双方是否属于同一经济组织对双方贸易规模具有非常显著的影响。因此，中国应当根据老挝经济发展的具体特点来制定相应的贸易优惠政策，提高双方贸易合作的便利化程度，降低双方的贸易壁垒，增强双方货币的贸易结算功能，规范双边贸易秩序；同时，老挝也应当密切与东盟国家贸易的相互合作，合理调整自身的产业结构与进出口结构，通过提高经济发展的一体化水平来实现中国与老挝双边贸易的快速协调发展。

参考文献

[1] 郑国富．老挝与中国双边贸易合作关系（1990—2012年）[D]．南宁：广西大学，2012.

[2] 张建中．新形势下中国与老挝双边贸易关系研究[J]．东南亚纵横，2012（1）：29－33.

[3] 唐志华．老挝与中国双边贸易合作的比较分析[J]．国际商贸，2013（8）：133－134.

[4] 苏燕．老挝与中国双边经贸关系研究[D]．昆明：云南师范大学，2014.

[5] 韩爱玲．CAFTA背景下中国与老挝双边贸易发展研究[J]．合作经济与科技，2014（6）：47－48.

[6] 黄莎莎．中国与老挝双边贸易的特征及其发展趋势探讨[J]．国际贸易，2014（11）：39.

[7] 王明德．对中国老挝双边贸易经济技术合作问题研究[D]．贵阳：贵州大学，2014.

[8] 王怀豫．中国与老挝经贸关系的可持续性研究[D]．上海：复旦大学，2014.

[9] 宋达拉．老中经济关系发展研究[D]．北京：北京师范大学，2013.

[10] 迈满．试析中国—东盟自贸区背景下的老挝与中国经贸发展[D]．上海：上海大学，2014.

[11] DOUANGKHAM. 对老挝与中国双边贸易发展研究[D]．昆明：云

南师范大学，2014.

［12］潘塔公．经济全球化背景下的老—中贸易现状及对策分析［D］．济南：山东大学，2014.

［13］苏岚．中国与老挝双边贸易发展的比较分析［J］．国际经贸，2016（18）：31－32.

［14］余振，沈铭辉，吴莹．非对称依赖与中国参与亚太区域经济一体化路径选择［J］．亚太经济，2010（3）：15－19.

［15］陈倩颖，班天艺．新形势下中俄双边经贸关系研究［J］．山东社会科学，2016，S1：247－248.

［16］Bela Balassa，"Trade Liberalisation and 'Revealed' Comparative Advantage"，The Manchester School，Vol. 33，No. 2，May 1965，p. 99－123.

［17］熊彬，严海霞．云南省与缅甸贸易竞争性与互补性分析［J］．东南亚纵横，2011（4）：52－56.

［18］张俊娟．中韩贸易结合度及互补性分析［J］．商业时代，2007（20）：37－38.

专题Ⅸ

中国与文莱贸易研究

一、中国与文莱贸易关系的回顾

（一）中国与文莱的政治经济联系

中国与文莱是传统友好邻邦，两国人民的交往源远流长。中国与文莱两国政府先后签署了一系列文件，有力地促进了两国政治互信和稳定的经济联系。如《民用航空运输协定》（1993）、《卫生合作谅解备忘录》（1996）、《文化合作谅解备忘录》（1999）、《中国公民自费赴文旅游实施方案的谅解备忘录》（2000）、《鼓励和相互保护投资协定》（2000）、《中华人民共和国最高人民检察院和文莱达鲁萨兰国总检察署合作协议》（2002）和《最高法院合作谅解备忘录》（2004）、《避免双重征税和防止偷漏税的协定》（2004）、《高等教育合作谅解备忘录》（2004）、《促进贸易、投资和经济合作谅解备忘录》（2004）、《旅游合作谅解备忘录》（2006）、《农业合作谅解备忘录》（2009）。2010年3月，文莱皇家航空公司重开斯里巴加湾至上海航线。2013年10月，两国政府签署《关于海上合作的谅解备忘录》。这些政府间文件的签署，有力地推动了两国在民航、卫生、文化、旅游、体育、教育、司法等领域的交流与合作。

中国和文莱双方经贸合作潜力巨大。进入21世纪，中国与文莱双边贸易额大幅增长。2008年4月、2011年4月、2013年3月和2016年4月，两国共举行了四次经贸磋商。2015年中国与文莱贸易额15.1亿美元，同比下降22.2%，中方从文莱进口的商品主要是原油，向文莱出口的商品主要为纺织品、建材和塑料制品等。两国在投资、承包劳务、旅游等方面合作成效显著。截至2016年5月底，文莱累计在我国实际投资27.3亿美元，中国累计在文莱非金融类直接投资 1.65 亿美元。[①]

（二）中国与文莱贸易关系的回顾

历史上，中国与文莱经贸关系较为密切，特别在唐宋时期双方经贸往来较为频繁，一直持续到明清时期，文莱成为英国的保护国后，两国关系中断但依然保持一定规模的民间贸易往来。中华人民共和国成立后，中国与文莱以通过第三方的间接贸易为主。中国向文莱出口纺织品、建材、通信产品和食品，文莱向中国出口石油，贸易规模始终不大。两国贸易额直到 2001 年才首次突破 1 亿美元，创历史新高，此后，每年双边贸易额均增长 1 亿元左右，2002 年贸易额是 2.63 亿美元，2003 年中国和文莱的双边贸易额为 3.46 亿美元。中国政府鼓励中国企业参与文莱的通信、路桥、港口、石油天然气开发等方面的投资。

1. CAFTA 建成前中国与文莱贸易关系的发展

中国与文莱是毗邻南海的邻居。直到 1984 年，文莱才独立成为一个主权国家，收回国防和外交权力。1991 年文莱与中国建立大使级外交关系，文莱是最后一个与中国建交的东盟国家。文莱政府意识到石油和天然气资源的不可再生性，另外石油价格剧烈波动，经济运行的不确定性加大，必须实施经济的多元化，减少对石油和天然气的依赖。在此背景下中国与文莱双边经贸关系稳步发展。

CAFTA 建成前中国与文莱贸易关系可以分为两个阶段。第一阶段是文莱独立后至 1999 年。这一阶段的主要特点是中国与文莱双边贸易规模较小，双边贸易总额基本在几百万美元规模。主要原因是双方贸易起步较晚，并且文莱经济规模较小。在这 17 年中双边贸易主要是中国对文莱出口（1988 年、1989 年除外），文莱对中国的出口很少。第二阶段是 2000 年至 2009 年。这 10 年中国与文莱双边贸易发展迅速，贸易额快速增加，双边贸易额都在 1 亿美元以上，2003 年达到 3.46 亿美元。这一阶段的主要特点是双边贸易主要是文莱向中国出口为主。中国向文莱出口增长稳定，而文莱向中国出口增长迅速，基本每年出口额在 2 亿美元以上。

总体上，CAFTA 建成前中文两国贸易规模较小，2000 年前主要是中国对文莱以出口为主，2000 年后是文莱向中国以出口为主。

---

① http：//wcm. fmprc. gov. cn/pub/chn/pds/gjhdq/gj/yz/1206_ 33/sbgx/t5997. htm.

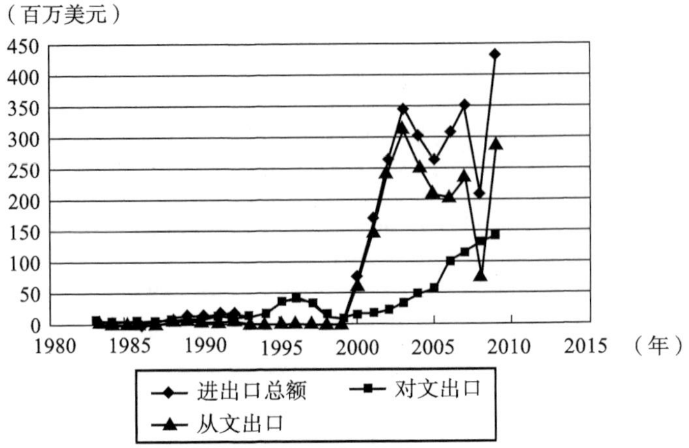

图 9－1　1983—2009 年中国与文莱贸易变化情况

表 9－1　1983—2009 年中国与文莱贸易统计　　单位：百万美元

年份	进出口总额	同比增长	对文出口	从文进口
1983	3. 81		3. 81	0
1984	3. 36	－11. 81	3. 36	0
1985	2. 95	－12. 20	2. 94	0. 008
1986	2. 77	－6. 10	2. 76	0. 012
1987	2. 01	－27. 44	2. 01	0
1988	9. 01	348. 26	3. 13	5. 88
1989	11. 91	32. 19	3. 54	8. 37
1990	11. 84	－0. 59	8. 13	3. 71
1991	13. 11	10. 73	10. 77	2. 34
1992	15. 4	17. 47	10. 27	5. 13
1993	10. 64	－30. 91	10. 64	0
1994	16. 26	52. 82	16. 26	0
1995	34. 51	112. 24	34. 48	0. 025
1996	38. 88	12. 66	38. 86	0. 016
1997	33. 31	－14. 33	33. 31	0. 001
1998	9. 15	－72. 53	9. 14	0. 014
1999	8. 1	－11. 48	8. 1	0
2000	74. 37	818. 15	13. 02	61. 35
2001	165. 4	122. 40	17. 16	148. 24
2002	262. 87	58. 93	21. 06	241. 81
2003	346	31. 62	34	312

续表

年份	进出口总额	同比增长	对文出口	从文进口
2004	299	-13.58	48	250
2005	260.87	-12.75	53.14	207.73
2006	302.81	16.08	99.63	203.18
2007	349.57	15.44	113.15	236.42
2008	206.86	-40.82	130.54	76.32
2009	428.51	107.15	140.45	288.06

资料来源：UN comtrade 数据库，增长率根据总额计算而来。

2. CAFTA 建成后中国与文莱的贸易进展

2010 年 1 月 1 日，拥有 19 亿人口、GDP 接近 6 万亿美元、发展中国家间最大的自由贸易区即中国—东盟自由贸易区（CAFTA）正式建立。中国与文莱的贸易有了新的发展，双边贸易总量实现了跨越式增长：2010 年达 9.98 亿美元，2011 年突破 10 亿美元，到 2014 年达到 19.1 亿美元，2015 年回落至 15.1 亿美元。CAFTA 建成后中国与文莱双边贸易有巨大的发展，双边贸易中，中国对文莱的出口数量有明显的增长，从 2009 年的 1.4 亿美元到 2014 年已经达到 17.46 亿美元，增长非常迅速，而同期文莱对中国的出口由 2009 年的 2.88 亿美元到 2014 年回落至 1.65 亿美元，CAFTA 建成后中国对文莱出口增长明显，文莱对中国的出口提振作用有限。

表 9-2　2010—2015 年中国与文莱贸易统计　　单位：百万美元

年份	进出口总额	同比增长	对文出口	从文进口
2010	998.51	133.02	367.61	630.9
2011	1301.21	30.32	744.39	556.82
2012	1608.03	23.58	1252.44	355.59
2013	1810.6	12.60	1703.78	106.82
2014	1912.45	5.63	1746.81	165.64
2015	1510	-21.04	1411	97

资料来源：UN comtrade 数据库，增长率根据总额计算而来。

二、中国与文莱贸易结构变动及趋势

（一）中国对文莱贸易的结构变动

中国与文莱贸易源远流长，体现了双方的自然资源禀赋和比较优势。中

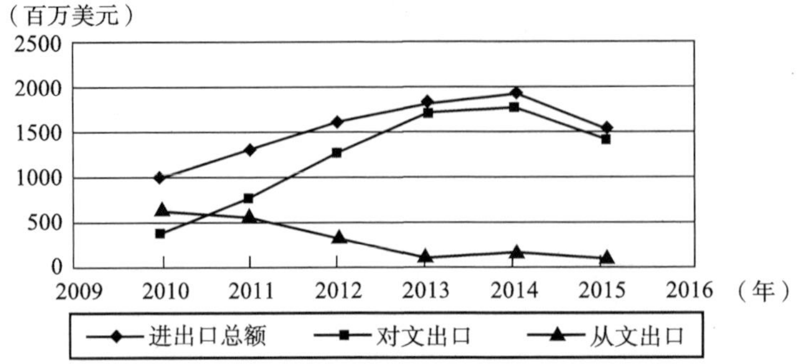

图 9-2　2010—2015 年中国与文莱贸易变化情况

文贸易统计从 1983 年开始。1983 年至 2000 年，双方贸易金额较小，并且基本上是中国向文莱出口，文莱向中国出口较少，有 6 年金额为 0。中国向文莱出口商品种类较多，主要是工业产品，包括矿产品、纺织服装、钢铁、通用机械和零部件、电信设备、家具、食品等，文莱向中国出口商品单一，主要是原油和天然气。在这期间，双方贸易在 1998 年前都是以初级产品为主，如原油、矿产品等，1999 年后中国向文莱出口产品逐步向深加工转变，如纺织服装、机械和电器设备、电信设备等。

从 2001 年开始，双边贸易额迅速增长，主要是中国开始加大对文原油采购，2000 年中国石化与文莱壳牌石油公司签订协议，文莱向中国每日提供 1 万桶原油，至 2001 年又提高到每日 2 万桶，中国成为文莱原油出口的主要市场。同时，中国向文莱出口的产品种类开始增加，并且逐步向高加工度、高附加值转变。2007—2009 年，中国出口至文莱的商品主要是制成品、机械运输设备、食品、化工产品和非食用初级产品，产品出口结构得到改善。

表 9-3　2007—2008 年文莱对华主要商品进出口情况　单位：百万美元

	从中国进口主要商品	进口金额		进口金额
2007 年	制成品	71.37	2008 年	70.66
	机械和运输设备	44.16		53.21
	食品类	12.39		13.61
	化工产品	5.37		5.97
	非食用初级产品	2.34		1.58
	向中国出口主要商品	出口金额		出口金额
	矿物燃料（原油、天然气）	70.45		38.71
	制成品	0.31		0.36

资料来源：文莱经济计划发展局，转引自中国驻文莱大使馆商务参赞处。

2010 年 1 月 1 日贸易区正式全面启动。自贸区建成后，东盟和中国的贸易占到世界贸易的 13%，成为一个涵盖 11 个国家、19 亿人口、GDP 达 6 万亿美元的巨大经济体，是目前世界人口最多的自贸区，也是发展中国家间最大的自贸区。2010 年中文贸易达 9. 98 亿美元，实现了一个大的跨越，当年文莱向中国出口达 6. 3 亿美元，主要产品是原油和天然气。

2012 年，中文贸易达 16. 07 亿美元，中国对文贸易首度实现大额顺差，贸易顺差已达 8. 97 亿美元。中国商品进入文莱市场步伐加快，家具、鞋靴、电子产品和针织服装是中国对文主要出口产品，这五项产品共出口 7. 8 亿美元，占全部对文出口的 78. 4%，这五项产品都是消费类轻工业产品。2012 年文莱向中国出口的主要产品是矿物燃料、有机化学品、木浆、软体动物和木制品，共计出口 1. 45 亿美元，占全部向中国出口额的 62. 1%，文莱最主要的出口产品是矿物燃料，包括原油和天然气。

2013 年中文贸易达 18. 1 亿美元，中国贸易顺差进一步扩大。家具、鞋靴、电子产品和针织服装是中国对文主要出口产品，这五项产品共出口 10. 21 亿美元，占全部向文出口的 60. 3%。2013 年文莱向中国出口的主要产品是矿物燃料、有机化学品、木浆、软体动物和木制品，共计出口 0. 89 亿美元，占全部向中国出口额的 86. 1%，因石油价格波动，原油的出口额大幅度下降。

2014 年中文贸易为 19. 1 亿美元，较 2013 年小幅增加。家具、鞋靴、电子产品和针织服装、船舶是中国对文主要出口产品，这五项产品共出口 10. 16 亿美元，占全部向文出口的 62. 3%。2014 年文莱向中国出口的主要产品是矿物燃料、有机化学品、木浆、软体动物和石料，共计出口 1. 89 亿美元，占全部向中国出口额的 99. 1%，最主要的出口品还是原油。

2015 年中文贸易额为 15. 1 亿美元，较 2014 年大幅度下降了 21%。双边贸易中中国向文莱出口占有绝对主导地位。中国对文莱出口的前五位产品是家具、船舶及浮动结构体、陶瓷产品、钢铁制品、机械，出口总额达 8. 08 亿美元，占中国对文莱出口产品总额的 57. 6%。2015 年中国向文莱出口钢铁、机械等重工业产品和深加工度产品比重提高。中国自文莱进口的前五位产品有矿物燃料、有机化学品、木浆及其他纤维、仪器设备、石料及类似制品，其中原油进口额进一步减少。

表 9-4　2012—2015 年中国向文莱进出口主要产品及金额　单位：百万美元

中国向文莱出口主要产品及金额								
序号	2012 年		2013 年		2014 年		2015 年	
1	家具	528.5	家具	446	家具	516	家具	291
2	鞋靴	99.9	鞋靴	206	针织服装	145	船舶	270
3	电子产品	65.26	针织服装	137	鞋靴	140	陶瓷产品	94
4	针织服装	51.01	电子产品	133	电子产品	132	钢铁制品	91
5	塑料及其制品	35.47	塑料及其制品	99	船舶	83.06	机械	62
中国从文莱进口主要产品及金额								
1	矿物燃料	125.03	矿物燃料	69.77	矿物燃料	141	矿物燃料	53
2	有机化学品	17.38	有机化学品	16.71	有机化学品	43.61	有机化学品	40.84
3	木浆及其他纤维	2.88	木浆及其他纤维	3.06	木浆及其他纤维	2.30	木浆及其他纤维	2.06
4	软体动物	0.17	软体动物	0.19	石料及类似制品	1.87	仪器设备	1.07
5	木制品	0.03	木制品	0.07	软体动物	0.23	石料及类似制品	0.36

资料来源：历年中国海关统计年鉴。

（二）文莱对中国贸易的结构变动

中文贸易由 1983 年 381 万美元发展到 2015 年的 15 亿美元，双边贸易发展速度较快，特别在 CAFTA 建成后中国与文莱的贸易有巨大的发展。从中国整体进出口贸易来看，中文贸易总量相对较小，2000 年前只占整体全国的 0.01%，2000 年至 2009 年只占 0.03%，自贸区建成后，占比 0.04% ~ 0.05%。从中国与东盟贸易来看，2011 年至 2014 年，中国与文莱双边贸易只占中国—东盟贸易的 0.35%、0.4%、0.4% 和 0.39%，在 10 个东盟国家中处于最后；中国对东盟各国出口中，1983 年至 2012 年，中国对文莱出口处于第 9 位（第 10 位为老挝），2013 年后处于第 10 位；中国对东盟各国进口中，中国对文莱进口处于第 9 位（第 10 位为柬埔寨）。总体上看，中国对文莱贸易总量较小，在与中国贸易往来的国家和东盟国家中相比比重较小。

从中文进出口数量和金额上分析，中文贸易总量在 2014 年达 19.4 亿美元，2015 年出现下降。从中国—东盟自贸区建成后，2011 年至今，中文贸易中中国对文莱出口快速增长，中国对文莱出口占中文贸易总量的 57.2%、77.9%、94.1%、91.3%、93.4%，在双边贸易中具有主导地位。同时文莱对中国出口在急剧下降，导致中国顺差额增长迅速。这对未来中文贸易发展不利。

从进出口商品结构变化来看，2010 年前食品是中国对文莱出口的主要商品，2012 年开始家具成为主要商品，2012 年至 2015 年，家具类商品占出口额的比重分别是 42.2%、26.2%、29.6%、20.6%，可以看出家具的重要性和比重存在降低趋势；鞋靴和针织服装是对文莱出口另一重要商品，2012 年至 2014 年分别占第二位和第三位；2015 年后中国对文莱出口商品结构出现显著变化，船舶出口增加显著，出口额与家具持平，钢铁制品、陶瓷品和机械产品首次出现在前五位中，同时鞋靴和针织服装出口在急剧下降。中国对文莱出口商品总体变化是：以轻工业产品为主逐步向以重工业产品为主转变，低加工度向高加工度转变，低附加值向高附加值转变，这符合中国整体出口结构改善的趋势，符合国内产业结构转型的趋势。文莱对中国出口商品主要是矿物产品，包括原油和天然气，一直是对中国出口排名第一的商品，但比重在下降，同时初级产品的有机化学品在增加，总体看文莱对中国出口以初级产品为主，多年以来产品结构变化不大。

三、中国与文莱双边贸易关系的影响因素

（一）中国与文莱政治互信问题分析

文莱于 1984 年从英国殖民地完全独立出来正式建国，以“马来伊斯兰君主制”作为其基本政治制度，马来、伊斯兰、君主这三个因素是文莱政治中最为核心的基本要素。

文莱于 1991 年与中国建立外交关系，1993 年中国和文莱两国先后在对方首都设立使馆，各自派任对方国常驻大使，自此两国政治经济关系发展较为顺利。中国与文莱两国每年都有高级别官员实现互访，文莱多数内阁大臣都已访华。随着两国政治经济互信的积累，2000 年，中国与文莱经贸关系发展看似是进入快车道，两国外交部在文莱举行第八次外交磋商，并签署了《互相鼓励和保护投资协议》《中国公民自费赴文莱旅游实施方案的谅解备忘录》和《钱皮恩原油长期合同》。2001 年，在建立良好政治互信的基础上，两国政府高度重视推动双方在经贸、高等教育及法律等方面的广泛合作，取得了大量的成果。2004 年，中国政府与文莱政府签署了《促进贸易投资和经济合作谅解备忘录》《避免双重征税和防止偷漏税的协定》《高等教育合作谅解备忘录》和《最高法院合作谅解备忘录》。各项协议的签署，频繁的高层互访，加深了两国政治互信，有力推动了中国与文莱政府广泛的双边合作。

中国与文莱两国自建立正式外交关系以来，政治互信水平不断提高和全方位互利共赢的合作是双边关系的主基调，但也不能否认影响政治互信的因素依然存在，其中最为关键的还是南海问题。目前，中国与文莱在南沙海域存在部分岛礁主权争议，与此相应的海域管辖权也存在一些争端。1984 年独立后，文莱以国内法的形式宣布文莱实行 200 海里专属经济区制度，以此为基础向外划定了约 3000 平方公里的海洋管辖范围，其中有 5 万平方公里的海域侵入了中国"九段线"内，更严重的是在此区域内开发出两个高产油田，这就意味着文莱政府已经对中国的岛礁主权及其管辖权进行了实质侵犯。至于南海其他区域的主权及管辖权争议，文莱政府态度温和，与菲律宾、越南两国不同，文莱没有派兵占领南海诸礁，而且主张维护南海地区的和平稳定。事实上，不可否认中国与文莱两国之间围绕部分南海岛礁主权及管辖权争议可能导致未来双方关系恶化的可能性。其原因有三个方面。其一，双方围绕南海岛礁归属问题确实存在主权争端，但如何解决两国之间存在的争议到目前为止还没有取得突破性进展；其二，文莱在南海的石油开采仍然是一个很大的隐患，不排除未来双方在南海石油开采问题成为引发争端的导火索；其三，不排除菲律宾与越南鼓噪东盟对南海争端采取统一行动的可能性，或者通过东盟将南海问题国际化，东盟如果集体对华政策发生改变，自然文莱的外交政策也会受到影响（骆永昆，2012）。

（二）中国与文莱经济增长对双边贸易的影响

文莱于 1927 年在白拉奕区块发现石油，前期开采规模尚小，在壳牌石油公司进入后开采规模迅速增加，通过原油销售，文莱经济状况才逐步实现好转，在 20 世纪六七十年代，文莱石油开采量继续扩大，而其他产业几乎没有什么发展，文莱逐渐演变成为一个殖民地性质的单一经济结构，石油和天然气成为国民经济的唯一支柱产业。文莱建国以后，政府意识到这种单一产业结构所面临的风险，鉴于石油和天然气资源的不可再生性，长期的开采必然导致资源的枯竭，加上国际市场石油价格波动较大，石油业收益极不稳定，致使文莱经济运行中的不确定因素加大。鉴于此，文莱政府开始大力推进经济的多元化，尽可能减少石油和天然气产业在国民经济体系中的重要程度。为实现经济多元化目标，文莱政府正在实行一项历时 20 年的改革计划，以期改变出口结构单一的外贸格局。这项改革计划主要包括这样四个方面：（1）以农业开发为重点，大力发展农林牧和渔业等产业，不断提高食品的自给率；（2）充分利用本国高级硅砂资源，发展微型集成电路芯片制造业和光学工业，努力提高非石油和天然气产品的出口率；（3）创造条件，鼓励本国和外国投资者投资文莱电子工业、食品加工业、家具制造业、藤器制造业、纺织业、水泥业和化工业等，不断丰富文莱产业结构；（4）继续大力发展橡胶生产及加工工业，在现有良好的产业基础上，促进橡胶业的快速发展。在20年经济改革计划框架内，文莱政府制订了第六个五年国民经济发展计划，旨在完成阶段性既定目标，致力于四个方面的快速发展：（1）继续进一步发展石油天然气下游产业及能源工业，重点是大力推动炼油、天然气液化、化肥、塑料、化工原料等产业的发展；（2）在发展第一产业方面，在农林渔业中进一步扩充包括扩大粮食和蔬菜种植面积，增加牛、羊、鸡、鱼、虾的养殖及蛋、奶的生产等方面的内容和要求，以不断提高食品自给率，减少进口规模；（3）在吸引和鼓励外国投资者在文莱投资的同时，出台相关政策促进中小型私人企业尤其是商业部门中小型企业的发展；（4）开展私有化改革，逐步将政府管理的电信、邮政、水电、交通等公共服务部门私有化，将政府工作重心转为提高服务质量和办事效率，也能减少政府财政负担，实现文莱经济发展由政府主导逐步转向以私营为主的方向过渡。

经过持续的经济改革，文莱经济多元化战略成果显著。非油气部门对国民经济增长的贡献不断增加，制造业在国民经济中的比重也在不断提高，文莱国民经济单纯依赖油气产业的状况有所改变。文莱基础设施明显改观，银行、保险、餐饮、旅馆、交通、通信、批发、零售等服务行业也有较大的发展，医疗卫生、环境保护、社会福利等方面有所改善，人民的生活质量不断提高（魏达志，2010）。

文莱经济多元化战略的实施与中国产能优势形成一个较好的互补。一方面，文莱在经济多元化战略实施过程中，存在产能不足、技术基础薄弱、制造业基础差等困难；另一方面，中国产能过剩、制造业软硬技术发展较为成熟等，由此也可以形成合作潜力十分巨大的空间。具体来说，合作内容可以从以下三个方面开展：（1）两国的合作可以由当前集中在油气产业和基础设施建设领域扩展到农业、旅游业、文化产业及通信技术方面的合作，特别加强旅游业合作可以成为双边关系重要的发展机会；（2）提高双边投资合作水平，鼓励和增加双边投资，提升制造业产品贸易水平，实施以贸易促进投资战略；（3）拓展双方在农业生产科技、食品科技方面的合作，充分利用中国在这些方面的优势，提升科技合作水平。总体来看，文莱的经济多元化是提高中文贸易水平的重大机遇。

（三）“21 世纪海上丝绸之路”对中国—文莱贸易的影响

2008 年，文莱苏丹提出“2035 宏愿”，设立三大奋斗目标：到 2035 年，拥有受过良好教育和技术熟练的劳动力资源；人民生活质量进入全球前十列；实现充满活力的可持续经济发展，人均收入进入世界前十列。“2035 宏愿”根本目的在于推动经济多元化战略和维持国内政治稳定，推动经济多元化发展战略，在延伸油气产业链的同时，努力发展进口替代型和出口加工型工业以及农业、渔业、旅游、金融、信息服务等产业。

中国政府提出“一带一路”倡议与文莱“2035 宏愿”蓝图彼此有很高的契合度。因此，文莱政府积极回应“一带一路”倡议，积极加入亚洲基础设施投资银行（亚投行）并成为创始成员国，希望借此机会搭上“一带一路”建设的顺风车，以此促进文莱经济多元化目标的实现。2016 年文莱苏丹哈桑纳尔在会见外交部部长王毅时明确表示，愿意推动“一带一路”倡议同文莱“2035 宏愿”更好对接，在提升能源开采、基础设施建设等重点领域合作，并且共同推进“广西—文莱经济走廊”建设。李克强总理在 2013 年也表示希望中国与文莱两国促进双边贸易快速增长，推动基础设施建设合作，扩大农业和渔业合作，推进能源合作，拓展油气开发、炼化、油田服务等领域合作，并且支持两国企业共同勘探和开采海上油气资源，实现互利共赢。

总体而言，中国与文莱开展“一带一路”与“2035 宏愿”蓝图的对接与合作，不仅可以极大地改善双边政治互信，从而可以从深度和广度上提升两国全面经贸关系的合作水平，还能够促进双边贸易的快速健康发展，改善双边贸易结构，更好地实现双边贸易平衡发展，为两国各自的经济发展找到有利的外部条件。

（四）中国与文莱贸易争端机制

中国与文莱之间没有直接的贸易争端解决机制，两国之间的贸易问题都是在中国—东盟自贸区贸易争端解决机制框架下来处理。

中国与东盟于 2004 年 11 月 29 日签署了《中国—东盟国家全面经济合作框架协议争端解决机制的协议》。该协议由 18 个条文和 1 个“仲裁规则和程序”附录构成。在 CAFTA 争端解决机制生效后，中国与东盟各国的贸易争端要么通过各国商务部门进行反倾销立案及裁决，要么通过双方协商达成共识。

从 CAFTA 争端解决机制解决贸易争端的实践效果来看，还存在不少缺陷。第一，《中国—东盟国家全面经济合作框架协议争端解决机制的协议》没有规定设立常设争端解决机构，而是需要成立临时仲裁庭。目前，CAFTA 没有设立专职法律审查机构，争端解决程序可操作性很差（徐莉，2013）。实践中没有相应机构对临时仲裁庭的工作及仲裁裁决的执行情况进行监督，也没有规定如果贸易争端久拖不决的法律后果（张攀攀，2011）。第二，关于仲裁员的规定不清晰。CAFTA 争端解决机制第 7 条规定，仲裁庭主席必须是非当事国国民，并与当事国没有利益关联。同时，规定仲裁庭成员应有专门知识或经验，并且只能在客观、可靠、公正和独立的基础上严格选任。协议规定争端双方各指定一名仲裁员，但没有设立各成员国认可的专家名册，以供指定仲裁员时选用，仲裁员指定的随意性会影响裁决的权威性和公信力。第三，仲裁庭成员组成存在缺陷。协议第 7 条规定，如果争端各方对仲裁庭主席人选不能达成一致，则应向 WTO 总干事请求指定仲裁庭主席，或请求国际法院院长指定。这样的规定因为没有国际法依据而成为无效规定。协议第 10 条规定了“第三方”制度，至于谁是第三方，第三方如何界定，其资格应如何去定义，是通过“实质利益”的界定还是基于权威的确定也没有做出清晰界定（杨波，2011）。第四，仲裁庭表决方式存在的不足。根据争端解决协议第 8 条，仲裁庭应基于一致做出裁决。如果仲裁庭不能取得一致，则应依照多数意见做出裁决。但在“合并仲裁”和“第三方”制度下，可能无法做出基于一致的裁决。第五，没有设立复审制度。协议第 5 条规定，仲裁庭裁决是有法律拘束力的最终裁决。但在裁决过程中，极有可能出现仲裁严重违背基本程序规则，仲裁庭组成不当或越权仲裁，裁决运用法律不恰当，仲裁员有明显的渎职、偏见或有利益冲突等现象。如果没有复审制度可能引发新的贸易争端甚至政治纠纷。第六，对仲裁结果的执行程序规定不清晰，协议中惩罚机制不完善。协议中执行程序存在明显不足，缺少类似于 WTO“跟随执行监督制度”的机制设计。该协议只是规定争端方履行专家组报告或裁决全凭基于报复惩罚机制的威胁而形成的自愿，这与 CAFTA 争端解决机制价值取向相违背（张攀攀，2011）。协议虽然设有暂停减让或其他义务条款，却没有明确规定要求惩罚水平与利益损害或丧失水平之间的量化关系。

鉴于协议中存在的问题，建议从五个方面完善 CAFTA 争端解决机制。第一，在适用范围方面，在个人权利和国家主权之间达成平衡的基础上，建议个人和非政府组织都可以参与争端解决，维护争端解决更公正、透明和合理，维护个人正当利益（费赫夫，2004）。第二，创建常设争端解决机构和秘书处，执行对整个的争端解决过程进行监督，负责对 CAFTA 协议的进一步阐释，以保证及时、有效、公正地解决争端，也可以预防仲裁庭做出不公正裁决的可能性。第三，完善仲裁庭组成，仲裁员回避原则是保证裁决公正性的前提。适用于仲裁庭主席的规则也应适用于其他仲裁员，当事方选任的仲裁员应严格执行回避制度，只能以个人身份而不是以政府代表或其他任何组织的身份参与仲裁。同时，应当设立一份由各缔约方都认可的专家库，争端方只能在专家库中选任仲裁员。对于仲裁庭主席的选定仍应由争端当事方协商确定，或者由 CAFTA 秘书处在规定时间内从专家库中抽签确定。第四，设立仲裁裁决复核制度。如果出现仲裁庭组成不当或显然超越其权限范围，仲裁有严重背离基本的程序规则的情况，裁决所依据的法律有错误，仲裁员有明显的受贿或利益冲突，争端任何一方都可以向常设争端解决机构提出书面复核申请。第五，完善并强化惩罚机制。这并不意味着胜诉方可以不受约束任意利用惩罚机制，为保证争端解决的公平性，还必须规定胜诉方利用报复措施时的惩罚水平与自身的利益丧失或损害的水平相当，同时还应赋予败诉方针对胜诉方在滥用惩罚机制时的申诉权利。在不同领域进行交叉惩罚时，如果败诉方认为这种交叉惩罚不合理或没有必要时，败诉方也有权提请仲裁，防止惩罚权的滥用。

四、中国与文莱双边贸易发展策略

（一）中国与文莱贸易中存在的主要问题

1. 贸易总量较小

从中国进出口贸易总量规模来看，与文莱的双边贸易总额所占比重还太小。2000 年前只占进出口贸易总额的 0.01%，2000—2009 年，也只是微弱增长到 0.03%。在中国—东盟自贸区建成后的 2010 年，中国与文莱贸易总额也还是较低水平的 0.04% ~0.05%。从中国与东盟贸易来看，2011—2014 年，中国与文莱之间的贸易额只占中国—东盟贸易总额的 0.35%、0.4%、0.4%和 0.39%。在十个东盟国家中处于第十位。1983—2012 年，中国对东盟各国的出口中，中国对文莱出口处于第 9 位（第 10 位为老挝），2013 年后处于第 10 位。中国对东盟各国进口中，中国对文莱进口处于第 9 位（第 10 位为柬埔寨）。

总体上看，中国与文莱双边贸易总量还处于微小的状态。在与中国贸易往来的国家和东盟国家中位置也很靠后。

2. 贸易格局不合理

从中国与文莱各自进出口规模和贸易额来看，双边贸易总量在 2014 年达 19.4 亿美元，2015 年稍有下降。在中国—东盟自贸区建成后，2011—2015 年，在双边贸易中，中国对文莱出口快速增长，中国对文莱出口占两国贸易总额的 57.2%、77.9%、94.1%、91.3%、93.4%。中国在双边贸易中具有主导地位。2011—2015 年，文莱对中国出口规模和贸易额都在急剧下降，而中国获得贸易顺差增长迅速。双边贸易的不平衡对未来中国与文莱贸易发展会产生不利的影响。

3. 商品结构层次较低

中国与文莱双边贸易处于增长通道上，但是进出口商品多为初级产品。文莱出口中国的商品绝大多数都是原油和天然气，其他种类商品很少，中国对文莱的出口商品大多是劳动密集型商品，技术含量较低，竞争激烈，并且容易被模仿，出口企业利润较低，随着中国劳动力成本和其他要素成本上升，竞争优势削弱，未来贸易量可能面临下降。

（二）改善中国与文莱贸易关系的策略

1. 进一步提升两国政治互信水平

中国和文莱于1991年9月30日建立外交关系，在签定一系列政府间文件后，双边关系发展顺利，各领域交流合作逐步展开。1999年，两国签署联合公报，进一步提升了基于政治互信和合作共赢基础上的睦邻友好合作关系。2013年，两国建立战略合作关系。政治互信是经济合作和贸易往来的基础，文莱是南海问题中较为温和的国家，与中国互信基础较好，中国应加强与文莱的政府间往来，为双方贸易合作奠定基础。

2. 挖掘两国产能合作潜力

石油和天然气是文莱的支柱产业，也是文莱外贸出口的主打产品，文莱依靠石油出口成为世界富裕国家之一。文莱政府意识到石油的不可再生性和价格的波动对经济的负面影响，提出了经济多元化战略，后又提出"2035宏愿"进一步推动经济多元化，这与中国"一带一路"框架有高度契合，两国产能合作潜力巨大。

在国际产能合作方面，中国和文莱正在两大领域展开合作。一是以恒逸石化项目为代表的石化产业。中国希望以恒逸石化项目为抓手，与文莱建立跨境经贸合作区。二是以"文莱—广西经济走廊"为代表的清真种植养殖业产能合作。虽然文莱清真食品、药品产业标准比较严格，得到全球穆斯林的认可，但是文莱缺乏发展清真产业的原材料、技术和产能。文莱到中国广西设立农业产业园和中医药健康产业园，就是为了满足文莱清真产业发展所需的原材料需求。同时，大力推动中国企业到文莱进行水稻种植、大蚝养殖、水产养殖等项目。这是将中国的资金、技术、产能带到文莱，为文莱、中国乃至更广泛的地区提供种植养殖产品。文莱自然环境优越，中国的种植养殖业产能能够在文莱得到充分释放，并可能由此辐射马来西亚、菲律宾、印度尼西亚等国组成的东盟东部增长区。与中国的产能合作不仅能推动文莱自身发展，还将把文莱打造成东盟东部增长区生产、贸易、加工及物流的一个中心，建立和带动东盟东部增长区次区域的合作，实现双赢和共赢。①

3. 培育新的合作途径

2014 年文莱与广西签署了《文莱—广西经济走廊经贸合作谅解备忘录》，探索经济合作新途径。2015 年又签署了与北部湾国际港务集团合作意向书，探讨潜在合作领域，计划将文莱打造为东盟及东盟东部增长区航运中心，2016 年文莱与广西壮族自治区政府又签订了关键性条款协议，随后在文莱政府的大力支持下，北部湾港务集团与文方合作伙伴在半年的时间里，共同对摩拉港全面调研，完成发展计划书、合资合同和公司注册等准备工作，双方的高效合作被称为“北部湾速度”。② 按照这一思路，双边可以在更为广泛区域和产业领域进行合作，可以开展新的区域合作模式，也可通过具体产业对接方式进行合作。

参考文献

［1］骆永昆．文莱的南海政策［J］．《国际研究参考》，2012（9）：13 －15.

［2］魏达志．东盟十国经济发展史［M］．深圳：海天出版社，2010：361 －362.

［3］徐莉．中国—东盟自由贸易区争端解决机制研究［D］．华东政法大学，2013，4.

［4］杨波．中国—东盟自由贸易区争端解决机制的研究［D］．重庆大学，2011，4.

［5］张攀攀．中国—东盟自由贸易区争端解决机制研究［D］．云南财经大学，2011. 6.

［6］费赫夫．北美自由贸易区争端解决机制研究——兼论中国—东盟自由贸易区争端解决机制的构建［D］．广西师范大学，2004. 6.

① http：//finance. china. com. cn/roll/20160526/3740735. shtml.

② http：//news. xinhuanet. com/world/2017 －02/22/c_ 129489075. htm.

专题X

中国与印度尼西亚贸易研究

一、中国与印度尼西亚双边贸易关系的发展演变

（一）中国与印度尼西亚政治经济关系

1950年4月13日，印度尼西亚与中国正式建立外交关系。至1965年，两国政治经济关系发展正常。1953年11月，双方签订第一个贸易协定《印度尼西亚与中国贸易协定》。1954年9月，双方约定“以记账方式”每年各自向对方出口300万英镑（约840万美元）商品的支付协定。1956年11月，双方签订第二个贸易协定，将双方年度贸易额扩大到1200万英镑（约3360万美元）。1965年9月，双方签订第三个贸易协定。受1965年印度尼西亚“9·30”事件的影响，第三个贸易协定没能执行。1967年10月，双边贸易直接中断（周中坚，1988）。

从1967年断交到1985年，两国间直接贸易虽然中断，但双方通过香港和新加坡等地仍有一定规模的间接贸易。20世纪80年代，两国关系开始解冻，印度尼西亚工商会与中国贸易促进会于1985年7月在新加坡签署直接贸易谅解备忘录。1990年8月，双方签署《关于恢复外交关系的谅解备忘录》，随后签订相互给予最惠国待遇的贸易协定。双方在政治、经济、投资以及能源等方面的合作进展顺利（彭泳，2016）。先后签订《海运协定》《投资保护协定》《避免双重征税协定》，还就交通、农林渔业、金融等方面的合作签署谅解备忘录。两国外交关系的恢复以及双方上述协定和备忘录的签署促进了双方经贸合作。

1994年11月，江泽民对印度尼西亚进行国事访问。1998年亚洲金融危机爆发时，中国通过世界银行先后给印度尼西亚贷款13亿美元，先后无偿援助300万美元和4000万元人民币。2002年3月，梅加瓦蒂访华期间，双方同

意成立两国能源论坛，中国同意提供4亿美元信贷用于爪哇岛双轨铁路和北苏门答腊火力发电项目建设，并赠款5000万元人民币用于印度尼西亚社会福利和难民重返家园（温北炎，2002）。1999年12月，瓦希德对中国进行国事访问，就建立长期稳定的睦邻互信全面合作关系达成共识。2000年5月，中国与印度尼西亚在北京正式签署《中华人民共和国和印度尼西亚共和国关于未来双边合作方向的联合声明》。2001年年底，双方将农业、能源和资源开发以及基础设施建设确定为经贸合作重点领域。2003年4月，中国银行雅加达分行和泗水分行恢复运营。

2005年4月，胡锦涛对印度尼西亚进行国事访问，并出席2005年亚非峰会和万隆会议50周年纪念活动，签订双方关于建立战略伙伴关系的联合宣言。2005年7月，苏西洛总统回访中国，两国发表联合声明。2006年10月，双方召开经贸技术联委会第二次会议，2007年9月，召开第九次经贸技术联委会。2007年11月，中国工商银行进入印度尼西亚金融市场，2008年3月，中国银行雅加达分行和泗水分行分别复行。2011年4月，温家宝总理访问印度尼西亚。

2013年两国关系升级为全面战略伙伴关系。国家主席习近平2013年10月对印度尼西亚进行国事访问期间提出“21世纪海上丝绸之路”倡议。印度尼西亚总统佐科在2014年10月就职演说中首次提出“全球海洋支点战略”（郭仁蒸，2016）。2015年3月佐科维访华，双方发表《关于加强两国全面战略合作伙伴关系的联合声明》。2015年11月，佐科维与习近平共同主持召开双边会议，中方愿意将双边货币互换规模从150亿美元提高至200亿美元，佐科维表示希望亚投行在雅加达设立分行办事处。2015年双边贸易进出口总值542.4亿美元，中国向印度尼西亚出口343.5亿美元，中国自印度尼西亚进口198.9亿美元。同年，中国企业在印度尼西亚市场承包工程新签合同额74亿美元，同比增长42.6%；完成营业额48.2亿美元。

双方致力于加强政治战略互信，完善双边合作机制，为两国经贸关系创造条件（李皖南，王亚琴，2016）。两国在政治安全、经贸投资、人文交流等领域的合作成果丰硕。印度尼西亚以其自然地理、人口、自然资源、市场潜力等优势，成为中国建设“21世纪海上丝绸之路”倡议的关键伙伴；而中国凭借技术、经验、资金等优势，成为印度尼西亚推进“全球海洋支点战略”的强大助力。未来双方还可以就“五通”建设，加强政策沟通，积极开展基础设施、互联互通、产能与投资、财金合作，拓展人文交流，实现互惠互利的经济贸易合作（郭仁蒸，2016）。印度尼西亚共和国目前的政治经济基本情况（见表10－1）。

表10－1　印度尼西亚共和国政治经济发展情况简表

领土面积	190.4万平方公里	人口	2.6亿
政体	总统制	语言	印度尼西亚语
主要宗教	伊斯兰教87%，基督教新教6.1%，天主教3.6%，印度教、佛教和原始拜物教等		
重要工业行业	采矿、纺织、轻工		
重要资源矿产	石油、天然气、锡、铝、镍、铁、铜、锡、金、银、煤		
经济指标（EIU2016年估计值）			
名义GDP	9759亿美元	GDP增长率	5.1%
人均GDP	3780美元	通胀率	3.8%
对外贸易总额	2550.8亿美元	失业率	5.6%
出口	1338.4亿美元	外债总额	3278.4亿美元
进口	1212.4亿美元	外汇储备	1134.6亿美元
吸引外资	192.1亿美元	主要投资国	新加坡、日本、马来西亚、荷兰、英国
汇率（IDR/USD）	13358.9：1		

资料来源：中国国别投资经营便利化状况报告（2016），中国出口信用保险公司资信评估中心，2016.12

（二）2010年前中国与印度尼西亚贸易关系

总体上看，2010年前的双边贸易大致分为三个阶段，其一是1950年至1966年的正常发展时期，其二是两国断绝外交关系期间通过第三方的转口贸易及后来的直接贸易阶段，其三是1990年至2010年快速发展时期。

1.1950年至1965年双边贸易往来

公元前1世纪时就有中国人到印度尼西亚群岛定居和开展贸易活动。郑和七次下西洋，从中国带去大批丝绸、药材、金银钱币、瓷器等，换取象牙、燕窝、香料等土特产品（彭泳，2016）。近代双边贸易往来同样发展很快。

1953年8月印度尼西亚阿里内阁上台后，与中国签订《印度尼西亚与中国贸易协定》。1950年至1955年，双边贸易额仅有3431万美元。1955年亚非会议后，贸易额增长较快。1959年印度尼西亚发生排华事件后，两国贸易额有所下降，因双方及时修补友好关系，1963—1965年贸易额有所回升。1965年中国成为印度尼西亚第二大贸易伙伴，在印度尼西亚对外贸易总额中的比重达到11%。

总体而言，20世纪50年代前半期，中国与印度尼西亚贸易刚开始起步。50年代后半期，贸易额增长较快，1959年达12906万美元，此后稳定在1亿美元上下。在此期间，双方进出口基本上保持平衡。在东盟国家同中国的贸易中，印度尼西亚占有绝对优势。1959年，东盟各国对华贸易额为：新加坡6999万美元、马来西亚674万美元、泰国20万美元、菲律宾3万美元，印度尼西亚占东盟国家贸易总额的62%（周中坚，1988）。中国与印度尼西亚贸易情况（见表10－2）。

表10－2　1950年至1968年中国对印度尼西亚的进出口贸易额

（单位：万美元）

年份	进出口总额	出口总额	进口总额	年份	进出口总额	出口总额	进口总额
1950	426	0.1	426	1959	12906	6909	5997
1951	45	2	43	1960	7402	3430	3971
1952	1	0.1	1	1961	8346	4680	3666
1953	1	1	—	1962	6883	2900	3983
1954	738	277	461	1963	9148	4891	4257
1955	2220	895	1325	1964	10957	4718	6239
1956	5530	2933	2597	1965	10885	6510	4375
1957	4875	2118	2757	1966	1672	33	1639
1958	9114	5238	3876				

资料来源：周中坚. 青山遮不住，毕竟东流去——中国印度尼西亚经贸关系的曲折历程［J］. 印度支那，1988（2）：34－39.

2. 1967年至1990年双边贸易往来

1967年至1990年，双边贸易往来可分为两个阶段。第一阶段是两国之间1967年至1984年的间接贸易阶段；第二阶段是1985年以后直接贸易阶段。

1965年印度尼西亚发生“9·30”事件，军人政权毫无根据地指责中国与之有牵连，单方面切断与中国外交关系（彭泳，2016）。1966年双方贸易额急剧跌落，从1965年的10885万美元下降到1672万美元。1967年10月30日两国使馆同时关闭，直接贸易中断。双边直接贸易虽然中断，但两国间接贸易仍然持续，主要通过中国香港、新加坡等进行转口贸易。20世纪70年代，印度尼西亚从中国香港的进口中大约有30%的商品原产于中国，而印度尼西亚对中国香港的出口中大约有14%转口到中国。中国通过中国香港对印度尼西亚的转口贸易情况（见表10－3）。

表 10-3　中国经中国香港对印度尼西亚的转口贸易（单位：百万美元）

年份	1978	1979	1980	1981	1982	1983	1984	1985
进口	8	28	45	37	42	34	—	—
出口	94	134	203	228	251	224	195	165
进出口额	102	162	248	265	296	258	196	165

资料来源：彭泳.2000 年以来中国与印度尼西亚经贸合作研究［D］. 广西师范大学，2016：6.

20 世纪 80 年代前半期，双边贸易额骤然增加，从 1979 年的 2 万美元飙升到 1980 年的 3485 万美元。第二次急剧增长是从 1983 年的 2583 万美元升到 2.99 亿美元，创造了双边贸易额新高（周中坚，1988）。中国的大米、食品、纺织品、轻工业品、机械和化工原材料等转口进入印度尼西亚市场，印度尼西亚向中国出口木材、胶合板等商品。1984 年，印度尼西亚在对华贸易中取得巨大的顺差（见表 10-4）。

表 10-4　1977 年至 1984 年中国对印度尼西亚的间接贸易情况

（单位：万美元）

年份	进出口总额	出口总额	进口总额	年份	进出口总额	出口总额	进口总额
1977	2	0.1	2	1981	4732	2638	2094
1978	64	22	42	1982	3312	1078	2234
1979	2	2	—	1983	2583	1390	1193
1980	3485	2065	1420	1984	29900	6900	23000

资料来源：周中坚．青山遮不住，毕竟东流去——中国印度尼西亚经贸关系的曲折历程［J］．印度支那，1988（2）：34-39.

中国与印度尼西亚之间的直接贸易关系于 1985 年 1 月恢复。1985 年 7 月 5 日，中国与印度尼西亚正式签署《关于中国和印度尼西亚两国开展直接贸易的谅解备忘录》，解决了直接贸易有关的银行结汇、双方船只停靠和双方商务人员互访等问题。印度尼西亚可以向中国开展几乎所有货物的进出口，所有进出口商均获准同中国进行直接贸易。1985 年 8 月，中国同意向印度尼西亚购买 3.5 亿美元的胶合板、咖啡、纺织品、水泥、肥料、锯木、橡胶与藤；印度尼西亚将向中国购买棉花、煤、化学品、机械与其他产品。

双边贸易额从 1984 年的 0.56 亿美元增加到 1988 年的 5.22 亿美元。与东盟国家比较，印度尼西亚对华贸易额 1984 年还排在泰国、马来西亚和菲律宾之后，1985 年就超过其他东盟国家而仅次于新加坡。印度尼西亚对华贸易顺差年均接近 2 亿美元（周中坚，1988）。1985 年，中国与印度尼西亚之间直接贸易恢复后，间接贸易渠道仍然起着非常重要的补充作用。据资料统计，

1988年双边直接贸易额为9亿美元，间接贸易额仍有5亿美元。中国与印度尼西亚恢复外交后的1991年，间接贸易还有5.85亿美元（黄丁兰，1993）。双边贸易额虽增长较快，但在双方各自的外贸总额中所占比重均很小。1988年双边贸易额52274万美元，仅占印度尼西亚外贸总额的1.59%，占中国外贸总额的0.65%（王素贞，1992）。

3.1990年至2010年双边贸易往来

1990年8月中国与印度尼西亚恢复外交关系，双边贸易额快速发展。从1989年的10.9亿美元增加到1990年的11.82亿美元，1991年快速增加到18.84亿美元，1993年由21.4亿美元上升到1994年的26.4亿美元（刘国健，1995）。1990年至1993年，双边贸易年均增长20.3%。印度尼西亚虽然是中国在东盟的第二大贸易伙伴，但双边贸易额在印度尼西亚进出口贸易所占比重只在3%~4%（吴荣伯，1995）。1985年至1993年中国与印度尼西亚双边贸易情况（见表10-5）。

表10-5　1985年至1993年中国与印度尼西亚双边贸易情况

（单位：百万美元）

年份	印度尼西亚对中国出口	印度尼西亚从中国进口	中国与印度尼西亚贸易额	中国与印度尼西亚贸易差额
1985	84	249	555	-165
1986	139	337	476	-189
1987	343	408	751	-65
1988	492	410	902	+82
1989	569	527	1096	+42
1990	834	652	1496	+182
1991	1191	835	2025	+356
1992	1396.4	751.5	2147.9	+644.9
1993	1250.0	864.0	2114.0	+386.0

资料来源：黄丁兰．中印（尼）复交后经贸关系稳步发展，南洋问题研究［J］．1993（2）：81-85.

1998年，两国进出口总额因亚洲金融危机而有所下降。1998年，两国进出口总额同比下降19.6%，其中印度尼西亚从我国进口减少35.38%（彭泳，2016）。随后开始恢复增长态势，从1999年的48亿美元增至2000年的74.3亿美元，2001年又增至80亿美元（温北炎，2002）。1991年至2000年双边贸易年均增长率达14.7%。2000年至2009年，两国双边贸易总额增长了五倍（涂庄，2012）。从双边贸易差额变化来看，2000年中国对印度尼西亚的贸易逆差为13.4亿美元，之后逆差逐步缩小，2006年开始出现贸易顺差，并保持到2010年。联合国商品贸易统计数据库数据显示，2011年，中国对印度尼西亚的贸易逆差再次出现，达到21.1亿美元（涂庄，2012）。分析1990年至1999年的双边贸易数据可以发现，两国进出口贸易相对比较平缓，进入2000年特别是2002年我国与东盟签署《中国—东盟全面经济合作框架协议》后，中国和印度尼西亚的贸易额总体上呈快速稳定增长态势。2000年，我国和印度尼西亚双边贸易额还只有74.64亿美元，我国逆差13.40亿美元。2004年，两国双边贸易总额突破100亿美元，同比增长31.8%。2005年，两国贸易额同比增加24.5%，中方贸易逆差缩小至0.86亿美元（彭泳，2016）。

2005年4月，中国与印度尼西亚两国签署《中华人民共和国与印度尼西亚共和国关于建立战略伙伴关系的联合宣言》。2005年7月开始全面减税。自此中国与印度尼西亚之间在经贸、政治、安全等方面合作飞速发展（许利平，2011）。2005年双边贸易额150亿美元，2006年为190.6亿美元，中国上升为印度尼西亚第二大进口贸易伙伴。2007年达250.1亿美元，我国从贸易逆差方逐步转换为贸易顺差方。2008年达315.2亿美元，提前两年实现两国元首确定的“5年目标”，贸易顺差从2.01亿美元增到28.62亿美元。2009年受全球金融危机影响，两国贸易降为283.8亿美元，同比下降10%。此时中国已成为印度尼西亚第二大贸易伙伴和第二大出口市场，同时继续保持印度尼西亚第二大进口来源国地位。印度尼西亚中央统计局统计数据显示，2009年中国与印度尼西亚双边贸易额为255亿美元，减少5.1%。其中，印度尼西亚对中国出口115亿美元，减少1.2%；印度尼西亚自中国进口140亿美元，减少8.2%；印方逆差25亿美元，减少30.7%。2010年，中国—东盟自由贸易区开始启动，双边贸易额达427.5亿美元，中国对印度尼西亚实现顺差11.9亿美元，基本实现贸易平衡。2000年至2009年中国与印度尼西亚双边贸易情况（见表10－6）。

表10－6 2000年至2009年中国对印度尼西亚贸易情况（单位：亿美元）

	进出口		出口		进口		贸易差额
	同比	金额	同比	金额	同比	金额	
2000	74.64		30.62		44.02		－13.40
2001	67.25	－9.9	28.37	－7.4	38.88	－11.7	－10.52
2002	79.28	17.90	34.27	20.80	45.01	15.80	－10.74
2003	102.29	29.02	44.82	30.78	57.47	27.68	－12.65
2004	134.81	31.80	62.57	39.6	72.24	25.75	－9.67

续表

	进出口		出口		进口		贸易差额
	同比	金额	同比	金额	同比	金额	
2005	167.89	24.50	83.51	33.50	84.38	16.8	-0.86
2006	190.57	13.51	94.50	13.16	96.07	13.86	-1.56
2007	249.97	31.2	125.99	33.3	123.98	29.0	2.01
2008	315.21	25.7	171.92	35.6	143.30	15.6	28.62
2009	283.84	-10.0	147.21	-14.4	136.64	-4.6	10.57

资料来源：彭泳.2000年以来中国与印度尼西亚经贸合作研究［D］. 广西师范大学，2016：6.

（三）2010年后中国与印度尼西亚贸易进展

印度尼西亚中央统计局统计数据显示，2010年，印度尼西亚与中国双边贸易额为361.2亿美元，增长41.6%。其中，印度尼西亚对中国出口156.9亿美元，增长36.5%；印度尼西亚自中国进口204.2亿美元，增长45.9%；印度尼西亚贸易逆差为47.3亿美元，增长89.1%。中国继续保持印度尼西亚第一大进口来源地和第二大贸易伙伴，成为印度尼西亚第二大出口市场。2010年，中国成为印度尼西亚非油气产品第一大进口来源地、第二大出口市场和最大的贸易伙伴。2011年，双边贸易额为491.5亿美元，增长36.1%。其中，印度尼西亚对中国出口229.4亿美元，增长46.2%；印度尼西亚自中国进口262.1亿美元，增长28.3%；印度尼西亚逆差32.7亿美元，减少30.9%。至2011年底，中国超过新加坡成为印度尼西亚第一大进口来源地，继续保持印度尼西亚第二大出口市场和第二大贸易伙伴地位。2012年双边货物贸易额为510.5亿美元。其中，印度尼西亚对中国出口216.6亿美元，下降5.6%，占印度尼西亚出口总额的11.4%；印度尼西亚自中国进口293.9亿美元，增长12.1%，占印度尼西亚进口总额的15.3%。印度尼西亚逆差77.3亿美元，增长136.4%。2013年，双边货物贸易额为524.5亿美元，增长2.7%。其中，印度尼西亚对中国出口226亿美元，占印度尼西亚出口总额的12.4%；印度尼西亚自中国进口298.5亿美元，占印度尼西亚进口总额的16%。印度尼西亚逆差72.5亿美元，下降6.2%。2014年，双边货物贸易额为482.3亿美元，下降8.7%。其中，印度尼西亚对中国出口176.1亿美元，下降22.1%，占印度尼西亚出口总额的10%，下降2.4个百分点；印度尼西亚自中国进口306.2亿美元，增长2.6%，占印度尼西亚进口总额的17.2%，增长1.6个百分点。印度尼西亚逆差为130.1亿美元，增长77.5%。2015年，印度尼西亚对中国双边货物贸易额为444.6亿美元，下降7.1%。其中，印度尼西亚对中国出口150.5亿美元，下降14.6%，占印度尼西亚出口总额的10%；印度尼西亚自中国进口294.1亿美元，下降4%，占印度尼西亚进口总额的20.6%，增长3.4个百分点。印度尼西亚逆差为143.6亿美元，增长13.5%。2016年，双边货物贸易额为475.9亿美元，增长7%。其中，印度尼西亚对中国出口167.9亿美元，增长11.6%，占印度尼西亚出口总额的11.6%；印度尼西亚自中国进口308亿美元，增长4.7%，占印度尼西亚进口总额的22.7%。印度尼西亚逆差为140.1亿美元，下降2.4%。2010年至2016年中国与印度尼西亚双边贸易情况（见表10－7）。

表10－7　2010年至2016年中国对印度尼西亚贸易基本情况

（单位：亿美元）

	进出口		出口		进口		贸易差额
	同比	金额	同比	金额	同比	金额	
2010	427.50	50.6	219.73	49.3	207.77	52.0	11.95
2011	605.22	41.6	292.22	33.10	313.00	50.5	－20.78
2012	662.19	9.4	342.89	17.4	319.30	1.9	23.59
2013	683.55	3.23	369.32	7.71	314.22	－1.59	55.10
2014	635.86	－6.98	390.62	5.77	245.25	－21.95	145.37
2015	542.3	－14.7	343.42	－12.08	198.88	－18.91	144.54
2016	475.9	7.0	308.0	4.7	167.9	11.6	140.1

资料来源：中国商务部国别贸易报告2010年至2016年数据整理。

总体而言，2010年后，中国与印度尼西亚双方贸易发展趋势良好，虽然偶有波动但仍然呈现快速发展趋势。这主要得益于中国与印度尼西亚在中国—东盟自由贸易区框架下的经贸合作不断深入发展，双方对于对方商品需求程度的不断加强也促进了双边贸易的增长。中国由于资源缺乏仍需从印度尼西亚进口初级产品，印度尼西亚中产阶级的扩大和投资的强势增长也带动对来自中国的消费品、生产原材料等商品的需求。2010年两国双边贸易额突破400亿美元，同比增长50.6%，中国因此上升为印度尼西亚第一大进口来源地。双边贸易的快速发展得益于中国—东盟自由贸易区的如期建成。中国与印度尼西亚90%以上的商品实现零关税，同时全面提高了双边贸易投资便利化程度。2013年中国上升为印度尼西亚第一大贸易伙伴。2014年和2015年，中国与印度尼西亚进出口总额有所下降，而中国从印度尼西亚进口额下降幅度相对较大。2014年印度尼西亚原矿禁令开始实施，中国从印度尼西亚进口的矿产品从2013年的119.3亿美元下降到65.1亿美元，同比下降45.5%。

同期印度尼西亚对华贸易逆差从2013年的55.10亿美元上升到145亿美元（彭泳，2016）。

二、中国与印度尼西亚贸易结构变动及趋势

（一）中国与印度尼西亚双边贸易结构基本情况

1.2010年前的双边贸易机构

中国与印度尼西亚之间的贸易结构是双方各自基于资源比较优势和经济发展需要而开展的。从贸易量上看，1955年至1999年，印度尼西亚出口中国的商品有石油、木材、三合板、棕榈油、橡胶等，中国出口印度尼西亚的主要商品是机械、化工原料、纺织品、五金、家用电器等（彭泳，2016）。2000年以后，印度尼西亚从我国进口商品中，机电产品占比最高且占比不断增加，中国从印度尼西亚进口商品结构变化不大。

20世纪80年代，印度尼西亚主要以初级产品出口为主。1983年通过中国香港转口到中国大陆市场的胶合板比出口到美国和日本的总和还要多。1984年印度尼西亚向中国出口胶合板达67万立方米。中国出口印度尼西亚的主要商品有棉花、煤炭、机械类等，中国是印度尼西亚棉花的主要供应国之一。1988年，印度尼西亚大豆进口量从1987年的35万吨增加到74万吨，中国是主要进口国之一。1989年中国自印度尼西亚进口原油134万吨（王素贞，1992）。总体上看，1990年以前，中国出口印度尼西亚的产品主要有各类机械、仪器仪表及电子产品等工业制品及部分农副产品，印度尼西亚出口中国的产品主要是木材、橡胶及香料等农副产品以及胶合板、钢材和化肥等产品（黄卫光，1991）。从贸易结构上看，这种互通有无的双边贸易，正好符合各自的市场需求。

进入20世纪90年代后，中国出口印度尼西亚的主要有发电机、纺织机械、五金工具、化学原料等工业制品和部分棉花、水果、玉米等农副产品。中国从印度尼西亚进口的主要是原材料及其制品，如原油、胶合板、木材制品等（吴荣伯，1995）。其中，中国从印度尼西亚进口的原油约占年均进口总额的40%左右，胶合板和木材制品在20%～30%。中国出口印度尼西亚的主要商品结构没有大的变化，仍然是机电产品占据首位，且出口额逐年增加。1994年有3.43亿美元，占对印度尼西亚出口的32.7%，但只占印度尼西亚机电产品进口总额的2.4%（刘国健，1995）。印度尼西亚海关统计局多年统计数据显示，机电产品一直是印度尼西亚最大的进口商品，日本、美国及德国

等是印度尼西亚的主要进口国和地区，我国所占份额还很小。

进入21世纪后，双边贸易额在快速增加的同时，贸易结构也发生较大的变化。印度尼西亚从中国进口各类电器、电子设备、机械设备和摩托车工业制品，中国从印度尼西亚进口原油、天然气、棕榈油与少量木材及其制品。2005年印度尼西亚从我国进口机电产品占印度尼西亚从我国进口额的24%。2005年和2006年，印度尼西亚从我国进口的矿产品还排在第二位，2007年后，贱金属及制品开始取代矿产品占据第二位，化工产品始终是印度尼西亚从我国进口商品中的第三大类。印度尼西亚从我国进口的第四大类商品变化很大，2005年和2006年是化工产品，2007年是矿产品，2008年开始纺织品及原料一直排在第四位。同期，我国从印度尼西亚进口的商品中，矿产品一直是第一大类商品且占比相对较高。2005年占41%，2011年达到51.3%，2013年占比虽下降到10.3%，但进口值同比增长13%。我国从印度尼西亚进口的第二大类商品除了2006年是化工产品外，其他时期都是动植物油脂。我国从印度尼西亚进口的第三大类商品，2006年是动植物油脂，2005年及2007年是塑料和橡胶。至于第四大类产品，2005年和2006年是纤维素浆和纸张，2007年是化工产品，2008年是纤维素浆和纸张。2009年，印度尼西亚出口中国的前三大类商品是矿产品、动植物油脂和塑料、橡胶。其中，矿产品出口额为53.7亿美元，占印度尼西亚对中国出口总额的46.7%；动植物油脂和塑料、橡胶对中国出口额分别为20亿美元和10亿美元，占印度尼西亚对中国出口总额的17.4%和8.7%。2009年，中国出口到印度尼西亚的主要商品为机电产品、贱金属及其制品和化工产品，三类合计进口额为94.5亿美元，占印度尼西亚自中国进口总额的67.5%。中国在机电产品、贱金属及其制品、化工产品、纺织品及其原料、植物产品和家具等产品的出口上具有优势，上述各类产品分别列印度尼西亚自中国进口大类商品（HS类）的前四位、第六位，占印度尼西亚进口市场的25.4%、15.5%、15.2%、24.9%、16.9%和47.3%。

2. 2010年后的双边贸易结构

随着中国—东盟自贸区的建成，中印（尼）双方贸易发展迅速。2010年双边贸易额达427.5亿美元，同比增长50.6%。中国海关统计数据显示，2010年中国向印度尼西亚出口机电产品额为105亿美元，同比增长39.4%，占对印度尼西亚出口总额的51.5%，主要包括通信设备产品、液晶显示板、手机、摩托车及零部件等；中国从印度尼西亚进口机电产品20.9亿美元，同比增长17.1%。从贸易商品结构上看，矿产品、动植物油脂和塑料、橡胶是印度尼西亚对中国出口的前三大类商品。对中国出口分别为74.3亿美元、24.5亿美元和16.3亿美元，分别增长38.4%、22.3%和64%，分别占印度尼西亚对中国出口总额的47.4%、15.6%和10.4%。印度尼西亚自中国进口的主要商品为机电产品、贱金属及其制品和化工产品，合计进口额135.4亿美元，占印度尼西亚自中国进口总额的66.3%。在对华出口商品大类中，除运输设备下降78%外，其他各类主要商品对中国出口均不同幅度增长，化工产品、木材及制品和食品、饮料、烟草对中国出口增幅均超过80%。中国在机电产品、贱金属及其制品、化工产品、纺织品及其原料等产品的出口上具有明显优势，分别列印度尼西亚自中国进口大类商品（HS类）的前四位、第六位、第九位和第十位，分别占印度尼西亚进口市场的26.7%、15.7%、14.8%、27.3%。

2011年，印度尼西亚自中国进口的主要商品为机电产品、贱金属及其制品和化工产品，合计进口额173.4亿美元，占印度尼西亚自中国进口总额的66.1%。其余各类主要商品自中国进口均不同幅度增长，尤其是纤维素浆，纸张进口增幅达80.9%。中国在机电产品、贱金属及其制品、化工产品等产品出口具有明显优势，占印度尼西亚进口市场的27.6%、16.2%。矿产品、动植物油脂和塑料、橡胶是印度尼西亚对中国出口的前三大类商品，对中国出口额分别为117.8亿美元、31亿美元和23亿美元，增长58.4%、26.8%和40.7%，占印度尼西亚对中国出口总额的51.3%、13.5%和10%。

2012年，印度尼西亚自中国进口的商品主要有机械设备、机电产品、钢材、贱金属及制品、有机化学品，五类商品贸易额合计172.6亿美元，占印度尼西亚自中国进口总额的58.7%。印度尼西亚自中国进口的其他商品还有塑料制品、肥料、干鲜水果等。2012年底，中国成为印度尼西亚第二大出口市场和第一大进口来源地。在印度尼西亚进口的十大类商品中，中国机电产品、金属制品、纺织品、家具和瓷器优势明显，而中国化工品、塑料制品、光学仪器和运输设备等仍面临着来自日本、美国、法国、德国、韩国等国家的激烈竞争。印度尼西亚出口中国前五大类商品为矿物燃料、动植物油、矿砂、橡胶及制品、木浆及纸浆，出口额依次为81.2亿美元、36.0亿美元、24.2亿美元、17.4亿美元和8.5亿美元，贸易总额合计占印度尼西亚对中国出口总额的77.3%。其他类商品如有机化学品、木材、机电产品等数量相对较少。

2013年，印度尼西亚自中国进口前五大类商品为机械设备、机电产品、钢材、贱金属及制品、有机化学品，贸易总额为176.7亿美元，占印度尼西亚自中国进口总额的59.2%。其他进口商品还有塑料制品、肥料、干鲜水果、无机化学品等。2013年底，中国仍是印度尼西亚第二大出口市场和第一大进口来源地。在印度尼西亚十大类进口商品中，中国机电产品、金属制品、纺织品、家具和瓷器优势仍然明显，中国化工品、塑料制品、光学仪器和运输设备等产品在印度尼西亚市场却仍面临着来自日本、美国、法国等国家的竞争，地位不稳定。印度尼西亚出口中国五大类商品为矿物燃料、矿砂、动植物油、橡胶及制品、木浆及纸浆，贸易额依次为82.5亿美元、36.6亿美元、24.8亿美元、15.5亿美元和11.0亿美元，贸易总额合计占印度尼西亚对中国出口总额的75.4%。其他出口到中国的商品还有有机化学品、木材、机电产品等。

2014年，印度尼西亚从中国进口的商品主要集中在机械设备、机电产品、钢铁制品、钢材、有机化学品等五大类，贸易额合计为181.6亿美元，占印度尼西亚自中国进口总额的59.3%。其他主要商品还有有机化学品、塑料及其制品、无机化学品等。2014年底，中国仍保持在印度尼西亚第二大出口市场和第一大进口来源地位置。在其十大类进口商品中，中国机电产品、金属制品、纺织品、家具和瓷器优势明显。但中国化工产品、塑料制品、光学仪器和运输设备等在印度尼西亚市场竞争激烈。2014年，印度尼西亚对中国出口前五大类商品分别为矿物燃料、动植物油、杂项化学制品、木浆及纸浆、木材及制品，出口额依次为58.8亿美元、27.0亿美元、13.9亿美元、10.9亿美元、8.8亿美元，贸易总额合计占其对中国出口总额的67.8%。其他对华出口商品还有矿砂、橡胶及制品等。

2015年，印度尼西亚自中国进口前五大类商品主要是机械设备、机电产品、钢材、贱金属及制品、有机化学品，合计贸易总额为176.2亿美元，约占印度尼西亚自中国进口总额的60%。印度尼西亚自中国进口的其他商品还有塑料制品、肥料、干鲜水果等。2015年底，中国仍是印度尼西亚的第一大进口国，但下降为印度尼西亚的第三大出口国。在印度尼西亚十大类进口商品中，中国机电产品、纺织品、金属制品、家具和瓷器仍保持较明显的优势，但中国化工品、光学仪器、塑料制品和运输设备等始终面临来自欧美发达国家的竞争。2015年，印度尼西亚对中国出口的前五类商品为矿物燃料、动植物油、木浆等纤维状纤维素浆、木及木制品、杂项化学产品，出口额分别为45.1亿美元、29.4亿美元、10.9亿美元、8.6亿美元和5.7亿美元，贸易总额合计占对中国出口总额的66.2%。其他少量的对华出口商品还有矿砂、橡胶等。

2016年，印度尼西亚自中国进口商品前五大类与2015年相比发生了较大的变化，分别是机械设备、机电产品、钢材、塑料制品、有机化学品，五类商品贸易总额合计180.5亿美元，占自中国进口总额的58.6%。其他还有金属及制品、肥料、干鲜水果、无机化学品等。印度尼西亚出口中国的商品前五大类为矿物燃料、动植物油、木浆及纤维状纤维素浆、钢铁及制品、木材及木制品，出口额依次为54.0亿美元、27.4亿美元、9.7亿美元、9.3亿美元和8.3亿美元，贸易总额合计占对中国出口总额的64.7%。其他对华出口商品还有矿砂、橡胶及其制品、机电产品等。2016年底，印度尼西亚出口中国的商品超过美国和日本，中国上升为印度尼西亚第一大出口市场，保持第一大商品进口来源地地位。在印度尼西亚十大类进口商品中，中国机电产品、金属制品、纺织品、家具和瓷器的优势地位得以保持，但中国化工品、塑料制品、光学仪器和运输设备等仍然面临着欧美日等国家的竞争。

2017年1月至5月，中印度尼西亚双边非油气产品贸易额214.4亿美元，同比增长25.1%，其中印度尼西亚出口中国77.7亿美元，同比增长59.5%，是印度尼西亚第一出口目的地。同期，印度尼西亚自中国进口136.7亿美元，同比增长11.4%，占印度尼西亚进口总额的26.1%，中国成为印度尼西亚进口第一来源地。

总体而言，中印度尼西亚双边贸易商品结构不尽合理（温北炎，2007）。中国出口到印度尼西亚的商品主要以工业制成品和半成品为主，而印度尼西亚对中国的出口以资源和原材料为主。按照出口货值来分，中国出口印度尼西亚的商品有机械设备、电子产品、家电、纺织品、成衣、鞋类、化工原料等。中国从印度尼西亚进口的主要商品有石油与天然气、煤炭、矿砂、纸与纸板及纸浆、木材及木制品、橡胶、棕榈油等。

（二）中国与印度尼西亚贸易结构的变动趋势

分析两国之间的贸易结构是为更好地发现其变化的影响因素及其内在的规律性，为推动两国之间贸易的良性发展提供政策建议。虽然中国与印度尼西亚之间的贸易往来历史悠久，贸易结构的变化也可能体现这种变化的历史趋势，但基于近期的贸易数据可能会有更好的趋势把握。鉴于以上考虑，下面的分析数据主要集中于2010年后中国与印度尼西亚之间的贸易数据，以此为基础，分析两国之间的贸易结构变化，并预测其变化的趋势。

1. 印度尼西亚自中国进口的商品结构变化

2010 年，印度尼西亚自中国进口的主要商品为机电产品、贱金属及其制品和化工产品等大类，合计进口额 135.4 亿美元，占印度尼西亚自中国进口总额的 66.3%。其余各类商品均不同幅度增长，尤其是鞋靴、伞等轻工产品进口增幅达到 94.4%。与 2009 年相比，2010 年印度尼西亚自中国进口的前十类商品普遍出现了正增长，前四大类商品的位置没有发生变化，但矿产品类从第七位上升到了第五位，运输设备类则从第五位下降至第七位，其他大类商品位置没有发生变化。

2011 年，印度尼西亚主要进口中国的机电产品、贱金属及其制品和化工产品，合计进口额 173.4 亿美元，占印度尼西亚自中国进口总额的 66.1%。其余各类主要商品均有不同程度的增幅，纤维素浆、纸张进口增幅甚至高达 80.9%。在前十大类商品中，化工产品实现 44% 的增长，其他如塑料及橡胶类增长 40.2%，纺织品及原料、运输设备分别增长 36.7% 和 37.7%。与 2010 年相比，前四大类商品位置没有变化，运输设备从去年的第七回到第五的位置，其他大类商品位置没有大的变化。

2012 年，印度尼西亚进口中国的前五类商品为机械设备、机电产品、钢材、贱金属及制品、有机化学品，贸易额合计为 172.6 亿美元，占印度尼西亚自中国进口总额的 58.7%。自中国进口的其他商品还有塑料制品、肥料、音响器材制品等。与 2011 年相比，前十大类商品进口值增速有所回落，只有贱金属及制品增长 23.5%，其他如机电产品、化工产品、塑料及橡胶等分别增长 14.9%、16.8% 和 19.8%。在前十大类商品中，前四的位置没有变化，塑料及橡胶类产品上升了一位，矿石类产品从第六位下降至第十位，家具、玩具及杂项制品从第十位上升到第八位，其他大类基本保持不变。

2013 年，印度尼西亚进口中国的前五大类商品为机械设备、机电产品、钢材、贱金属及制品、有机化学品，贸易总额合计 176.7 亿美元，占印度尼西亚自中国进口总额的 59.2%。其他进口中国的商品还有塑料制品、肥料、铝制品和音响器材制品等。与 2012 年相比，前十大类商品都出现明显下降，机电产品只增长 2.3%，只有塑料及橡胶类商品增长 15.8%。从前十类商品的位置来看，前四类的位置保持不变，塑料及橡胶类商品从 2012 年的第六位上升为第五位，运输设备下降到第六位，2012 年第十位的矿产品类退出前十的位置，陶瓷及玻璃制品取代矿产品上升到第十的位置。

2014 年，印度尼西亚进口中国的前五大类商品为机械设备、机电产品、钢铁制品、钢材、有机化学品，贸易总额为 181.6 亿美元，占印度尼西亚自中国进口总额的59.3%。进口中国的其他商品还有有机化学品、塑料及其制品、铝制品和音响器材制品等。与2013年相比，前十大类产品增速有升有降，排在第一位的机电产品没有增长，而贱金属及制品增长19.7%，食品、饮料及烟草类也增长16.9%，其他大类商品增长速度很低甚至为负增长。前十大类商品的位置没有发生变化。

2015年，印度尼西亚进口中国的前五大类商品为机械设备、机电产品、钢材、贱金属及制品、有机化学品，贸易额合计为176.2亿美元，占印度尼西亚自中国进口总额的59.9%。进口中国的其他商品还有塑料制品、肥料、音响器材制品等。从前十大类商品的增长情况来看，七大类商品都出现负增长，余下三大类也只是微弱增长。从各自的位置来看，运输产品与植物类产品互换位置，运输设备上升一位，植物产品下降一位，家具、玩具及杂项制品与食品、饮料及烟草业互换位置。

2016年，印度尼西亚进口中国的前五大类商品为机械设备、机电产品、钢材、塑料制品、有机化学品，贸易额合计为180.5亿美元，占印度尼西亚自中国进口总额的58.6%。印度尼西亚进口中国的其他商品还有金属及制品、肥料、音响器材制品等。从前十大类商品增速来看，还处于恢复性增长阶段，食品饮料烟草类、家具玩具及杂项制品增长较快，分别增长32.4%、26.5%，其他大类商品增长较慢。从前十大类商品位置的变化来看，食品饮料烟草类、家具玩具及杂项制品分别上移一位，运输设备从第七位下移至第九位，其他大类商品的位置没发生变化。

2009年至2016年印度尼西亚自中国进口的前十大类商品中，从第一到第四的位置始终没有发生变化，分别是机电产品、贱金属及制品、化工产品及纺织品及原料，从第五到第十的位置各年度均有所变化（见表10-8）。

2. 印度尼西亚对中国出口的商品结构变化

2010年，印度尼西亚出口中国的前三大类商品分别是矿产品、动植物油脂和塑料、橡胶，出口值分别为74.3亿美元、24.5亿美元和16.3亿美元，增长率分别为38.4%、22.3%和64%，分别占印度尼西亚对中国出口总额的47.4%、15.6%和10.4%。在出口商品大类中，除贱金属及制品和运输设备分别下降4.7%和78%外，其他各类主要商品对中国出口均不同幅度增长，化工产品、木材及制品和食品、饮料、烟草对中国出口增幅均超过80%。与2009年相比，前十大类出口商品中有七大类的位置没有变化，第八位的运输设备退出前十的位置，纺织品及原料、木及制品分别上移一位，植物产品从2009年的第十一位上升至第十位。

表10－8 2009年至2016年印度尼西亚自中国进口的前十大类产品位序变化情况

序号	2009	2010	2011	2012	2013	2014	2015	2016
1	机电产品	机电产品	机电产品	机电产品	机电产品	机电产品	机电产品	机电产品
2	贱金属及制品	贱金属及制品	贱金属及制品	贱金属及制品	贱金属及制品	贱金属及制品	贱金属及制品	贱金属及制品
3	化工产品	化工产品	化工产品	化工产品	化工产品	化工产品	化工产品	化工产品
4	纺织品及原料	纺织品及原料	纺织品及原料	纺织品及原料	纺织品及原料	纺织品及原料	纺织品及原料	纺织品及原料
5	运输设备	矿产品	运输设备	运输设备	塑料、橡胶	塑料、橡胶	塑料、橡胶	塑料、橡胶
6	植物产品	植物产品	矿产品	塑料、橡胶	运输设备	运输设备	植物产品	植物产品
7	矿产品	运输设备	塑料、橡胶	植物产品	植物产品	植物产品	运输设备	家具/玩具/杂项制品
8	塑料、橡胶	塑料、橡胶	植物产品	家具/玩具/杂项制品	家具/玩具/杂项制品	食品/饮料/烟草	家具/玩具/杂项制品	食品/饮料/烟草
9	食品/饮料/烟草	食品/饮料/烟草	食品/饮料/烟草	食品/饮料/烟草	食品/饮料/烟草	家具/玩具/杂项制品	食品/饮料/烟草	运输设备
10	家具/玩具/杂项制品	家具/玩具/杂项制品	家具/玩具/杂项制品	矿产品	陶瓷、玻璃	陶瓷、玻璃	陶瓷、玻璃	陶瓷、玻璃

资料来源：根据商务部国别贸易报告2009年至2016年相关表格数据资料整理。

2011 年，印度尼西亚出口中国的前三大类商品为矿产品、动植物油脂和塑料、橡胶，出口值分别为 117.8 亿美元、31 亿美元和 23 亿美元，增长率分别为 58.4%、26.8% 和 40.7%，分别占印度尼西亚对中国出口总额的 51.3%、13.5% 和 10%。与 2010 年相比，前十大类商品中有九大类商品均呈两位数以上的增长，矿产品增长 58.4%，木材及制品增长 58.2%，塑料及橡胶也增长 40.7%。从前十大类商品的位置变化来看，与 2009 年相比，纺织品及原料与木材及制品互换位置。其他大类商品没有发生变化。

2012 年，印度尼西亚出口中国的前五大类商品为矿物燃料、动植物油、矿砂、橡胶及制品、木浆及纸浆，出口额依次为 81.2 亿美元、36.0 亿美元、24.2 亿美元、17.4 亿美元和 8.5 亿美元，贸易额占印度尼西亚对中国出口总额的 77.3%。其他对华出口商品还有有机化学品、木材、机电产品等。印度尼西亚出口中国的前十大类商品都出现负增长，矿产品下降 10.3%，化工产品则下降 25%。前十大类以后的木材及制品、活动物及动物产品却分别增长 31.2%、33.0%。从十大类商品位置变化来看，前五类商品位置没有变化，除木材及制品、纺织品及原料上升外，其余大类下降明显。

2013 年，印度尼西亚出口中国前五大类商品为矿物燃料、矿砂、动植物油、橡胶及制品、木浆及纸浆，出口额依次为 82.5 亿美元、36.6 亿美元、24.8 亿美元、15.5 亿美元和 11.0 亿美元，贸易额合计占对中国出口总额的 75.4%。其他出口商品还有有机化学品、木材、机电产品、塑料制品等。印度尼西亚出口中国的前十大类商品中，动植物油脂下降 31.1%，活动物增长 44.5%，木材及制品、纺织品及原料分别增长 28.5% 和 27.9%，其他大类商品均有小幅度增长。从前十大类商品的位序变化来看，与 2012 年相比，机电产品与纺织品及原料相互交换位置，其他大类商品没有变化。

2014 年，印度尼西亚出口中国前五大类商品为矿物燃料、动植物油、杂项化学制品、木浆及纸浆、木材及制品，出口额依次为 58.8 亿美元、27.0 亿美元、13.9 亿美元、10.9 亿美元、8.8 亿美元，贸易额合计占其对中国出口总额的 67.8%。其他出口商品还有矿砂、橡胶及制品、有机化学品等。与 2013 年相比，矿产品增速下降 45.5%，塑料及橡胶类产品也下降 42.4%，但化工产品增长 39.9%，木材及制品也增长 23.6%。从前十大类商品位序变化来看，化工产品上升至第三位，机电产品从第八位下降至第九位。其他几大类商品变化相对较小。

2015 年，印度尼西亚出口中国前五大类商品为矿物燃料、动植物油、木浆等纤维状纤维素浆、木及木制品、杂项化学产品，出口额依次为 45.1 亿美元、29.4亿美元、10.9亿美元、8.6亿美元和5.7亿美元，贸易额合计占对中国出口总额的66.2%。其他出口商品还有矿砂、机电产品、铜及制品、橡胶及其制品、可可及制品、水产品等。与2014年相比，矿产品下降23.5%，化工产品下降49.1%，塑料及橡胶类产品下降34.3%，其他几类虽然有所增长，但增长微弱。从前十位商品的位序来看，纤维素浆及纸张类产品与化工产品相互交换位置，纤维素浆及纸张类产品从第三位上升到第二位，化工产品则下降到第三位，其他大类商品的位序没有变化。

2016年，印度尼西亚出口中国前五大类商品为矿物燃料、动植物油、木浆等纤维状纤维素浆、钢铁及制品，木材及木制品，出口额依次为54.0亿美元、27.4亿美元、9.7亿美元、9.3亿美元和8.3亿美元，贸易额合计占对中国出口总额的64.7%。其他出口商品还有矿砂、橡胶及其制品、机电产品、塑料制品、铜及制品、水产品等。与2015年相比，前十大类商品中，矿产品增长20.9%，贱金属及制品增长96.8%，化工产品增长22.5%，其他大类产品都呈现出负增长态势。前十大类商品位序的变化方面，贱金属及制品从2015年的第八位上升至第四位，化工产品从第四位上升至第三位。其他各类大类商品的位序变化情况见表10-9。

三、中国与印度尼西亚贸易关系的影响因素

（一）中国与印度尼西亚政治互信问题分析[①]

中国与印度尼西亚于1950年4月13日建交。1965年印度尼西亚发生“9·30”事件后，1967年10月30日两国中断外交关系。20世纪80年代，两国关系开始松动。1989年，钱其琛外长在日本分别与印度尼西亚总统苏哈托和国务部长穆迪约诺就复交问题交流意见。同年12月，两国就关系正常化的技术性问题进行会谈。1990年7月，印度尼西亚外长阿拉塔斯应邀访华，两国发表《关于恢复两国外交关系的公报》。1990年8月8日，两国外长分别代表本国政府签署《关于恢复外交关系的谅解备忘录》，正式恢复外交关系。1991年1月，两国签署航运协定。1992年1月，签署新闻合作谅解备忘录，在雅加达开设新华社分社，人民日报向印度尼西亚派驻记者。1994年，签署卫生、旅游、体育合作谅解备忘录，启动互派留学生项目。1997年，两国成立科技合作联委会。1999年底，两国就建立和发展长期稳定的睦邻互信全面合作关

① 文中有关材料主要来自中华人民共和国外交部网站中关于中国与印度尼西亚外交关系正式文件。

表 10-9　印度尼西亚对中国出口商品的前十大类商品位序变化情况

序号	2009	2010	2011	2012	2013	2014	2015	2016
1	矿产品	矿产品	矿产品	矿产品	矿产品	矿产品	矿产品	矿产品
2	动植物油脂	动植物油脂	动植物油脂	动植物油脂	动植物油脂	动植物油脂	动植物油脂	动植物油脂
3	塑料、橡胶	塑料、橡胶	塑料、橡胶	塑料、橡胶	塑料、橡胶	化工产品	纤维素浆/纸张	化工产品
4	化工产品	化工产品	化工产品	化工产品	化工产品	纤维素浆/纸张	化工产品	贱金属及制品
5	纤维素浆/纸张	纤维素浆/纸张	纤维素浆/纸张	纤维素浆/纸张	纤维素浆/纸张	塑料、橡胶	木材及制品	纤维素浆/纸张
6	机电产品	机电产品	机电产品	木材及制品	木材及制品	木材及制品	塑料、橡胶	木材及制品
7	贱金属及制品	贱金属及制品	贱金属及制品	机电产品	纺织品及原料	纺织品及原料	纺织品及原料	塑料、橡胶
8	运输设备	纺织品及原料	木材及制品	纺织品及原料	机电产品	贱金属及制品	贱金属及制品	纺织品及原料
9	纺织品及原料	木材及制品	纺织品及原料	贱金属及制品	贱金属及制品	机电产品	机电产品	机电产品
10	木材及制品	植物产品	植物产品	活动物/动物产品	活动物/动物产品	植物产品	鞋靴/伞等轻工品	鞋靴/伞等轻工品

资料来源：根据商务部国别贸易报告 2009 年至 2016 年相关表格数据资料整理。

系达成共识。2000 年 5 月，两国签署《关于未来双边合作方向的联合声明》，成立政府间双边合作联委会，签订《关于在印度尼西亚举办汉语水平考试的协议书》，同年 7 月签署《刑事司法互助条约》。2001 年，印度尼西亚正式成为中国公民自费出境旅游目的地国。2004 年 12 月，两国民航部门就扩大航权安排达成协议。2005 年，印度尼西亚政府宣布给予中国公民落地签证待遇。2005 年 4 月，两国元首签署中印度尼西亚战略伙伴关系联合宣言。2006 年两国启动副总理级对话机制。

21 世纪后，双方高层互访频繁，为两国政治互信建立良好基础。中国先后访问印度尼西亚的政府高层有胡锦涛副主席（2000），朱镕基总理（2001），李鹏委员长（2002），国务委员唐家璇（2004），胡锦涛主席（2005），全国政协主席贾庆林（2006），外长杨洁篪（2007），中央军委副主席、国务委员兼国防部长曹刚川（2008），中共中央政治局常委、中央政法委书记周永康（2008），国务院副总理李克强（2008）。印度尼西亚访问中国的高层官员有梅加瓦蒂总统（2002），人民协商会议主席阿敏（2002），外交部部长哈桑（2004、2006），苏希洛总统（2005、2006、2008），国会议长阿贡（2005、2008），政治法律安全统筹部长维多多（2006），副总统卡拉（2007、2008），人民协商会议主席希达亚特（2007），国防部长尤沃诺（2007），地方代表理事会主席吉南加尔（2008）。2009 年 3 月，印度尼西亚经济统筹部长斯莉、央行行长布迪约诺先后访华，7 月印度尼西亚外长哈桑对华进行正式访问，11 月胡锦涛主席与苏希洛总统在新加坡 APEC 会议期间举行会晤，杨洁篪外长在 APEC 会议期间会见印度尼西亚外长马尔迪，中共中央政治局委员、北京市委书记刘淇访问印度尼西亚。2009 年 12 月，印度尼西亚人民协商会议主席陶菲克访华。

2010 年 1 月，国务委员戴秉国对印度尼西亚进行正式访问并主持两国副总理级对话机制第二次会议。4 月，印度尼西亚经济统筹部部长哈达和贸易部部长冯慧兰来华出席上海世博会开幕式。5 月，印度尼西亚社会部部长沙里姆·塞加特访华，中央军委副主席郭伯雄访问印度尼西亚。印度尼西亚政治法律安全统筹部部长苏延多、人民福利统筹部部长阿贡以及印度尼西亚总统苏希洛先后于 7 月、8 月和 10 月来华参观世博会。2010 年 10 月，印度尼西亚副总统布迪约诺出席第七届中国—东盟博览会并进行工作访问。2010 年 11 月，吴邦国委员长访问印度尼西亚。2011 年 4 月，温家宝总理对印度尼西亚进行正式访问。2012 年 3 月，印度尼西亚总统苏希洛访问中国。8 月，中国外长杨洁篪访问印度尼西亚并与印度尼西亚外长马尔迪共同主持召开中印

（尼）政府间双边合作联委会第二次会议。2013 年 4 月，外交部部长王毅对印度尼西亚等东盟四国进行正式访问。2013 年 10 月，应印度尼西亚总统苏希洛邀请，国家主席习近平对印度尼西亚进行访问并出席亚太经合组织第二十一次领导人非正式会议。2013 年 10 月，习近平主席在印度尼西亚进行国事访问期间，商务部部长高虎城与印度尼西亚工业部部长希达亚代表两国政府签署《中华人民共和国政府和印度尼西亚共和国政府关于印度尼西亚—中国综合产业园区的协定》。2014 年 11 月 2 日至 3 日，外交部长王毅访问印度尼西亚。2015 年 5 月，刘延东访问印度尼西亚并主持中国—印度尼西亚副总理级人文交流机制首次会议。2016 年 1 月，王勇赴印度尼西亚出席雅万高铁项目动工仪式。

2016 年，印度尼西亚与中国高层互动频繁，政治互信程度不断提高。5 月，印度尼西亚国防部部长里亚米扎尔德和中国国防部部长常万全在老挝万象会晤，双方拟加强海上防务合作。8 月，中印（尼）副总理级人文交流机制第二次会议举行，14 项合作协议的签订标志着“民心相通”工程将迈出更大步伐。9 月，佐科到中国杭州出席 G20 峰会期间与中国国家主席习近平会晤，经贸合作是会谈重点。两国同意继续推进能源、基础设施等投资及制造业合作。

中国与印度尼西亚自恢复外交关系以来，双边关系得到了健康稳定地发展，签署了多项双边重要外交文件（见表 10－10）。

表 10－10　中国与印度尼西亚签署的重要双边文件一览表

序号	时间	文件名称
1	1990. 7	中华人民共和国政府和印度尼西亚共和国政府关于恢复两国外交关系的公报
2	2000. 5	中华人民共和国和印度尼西亚共和国关于未来双边合作方向的联合声明、关于成立中华人民共和国政府与印度尼西亚共和国政府双边合作联合委员会的谅解备忘录
3	2000. 7	刑事司法互助条约
4	2001. 6	中华人民共和国政府和印度尼西亚共和国政府海运协定
5	2004. 4	中华人民共和国政府和印度尼西亚共和国政府关于经济技术合作无偿援助谅解备忘录、中华人民共和国政府和印度尼西亚共和国政府科学技术合作谅解备忘录、中华人民共和国政府和印度尼西亚共和国政府关于在新闻领域合作的谅解备忘录、中华人民共和国政府和印度尼西亚共和国政府关于解决印度尼西亚所欠中华人民共和国债务协定
6	2005. 4	中华人民共和国与印度尼西亚共和国关于建立战略伙伴关系的联合宣言

续表

序号	时间	文件名称
7	2005. 7	中华人民共和国与印度尼西亚共和国联合声明
8	2007. 11	中华人民共和国与印度尼西亚共和国海洋领域合作谅解备忘录
9	2007. 11	中华人民共和国与印度尼西亚共和国关于防务领域合作的协议
10	2008. 12	中华人民共和国中华全国青年联合会和印度尼西亚共和国青年事务和体育部就青年事务合作的谅解备忘录、中华人民共和国政府和印度尼西亚共和国政府体育合作谅解备忘录
11	2009. 7	中华人民共和国和印度尼西亚共和国引渡条约
12	2010. 1	中华人民共和国政府和印度尼西亚共和国政府关于落实战略伙伴关系联合宣言的行动计划
13	2010. 8	教育领域合作谅解备忘录
14	2010. 9	通信信息领域双边长期合作协议
15	2010. 11	海洋科技合作备忘录
16	2011. 4	中华人民共和国政府和印度尼西亚共和国政府关于进一步加强战略伙伴关系的联合公报
17	2012. 3	中华人民共和国和印度尼西亚共和国联合声明
18	2015. 3	避免双重征税协定

资料来源：根据中华人民共和国外交部文件资料整理。

中国与印度尼西亚之间的高层互访以及两国政府间文件的签署和执行，为两国间经贸关系的健康快速发展创造条件。需要指出的是，两国之间仍然存在的不确定因素，也将对两国经贸关系产生负面的影响。这些影响因素大致可以分为内外两个方面，其一是印度尼西亚国内不确定因素，其二是美国、日本等国的干扰。

从印度尼西亚自身来看，不确定性主要存在以下方面：（1）“中国威胁论”在印度尼西亚还有一定的影响。印度尼西亚一些学者和传媒，受西方的“中国威胁论”影响较深，甚至有印度尼西亚学者在中国—印度尼西亚研讨会上公开质疑中国与印度尼西亚建立战略伙伴关系的动机是什么？想达到什么目的？在国际与地区合作上，中国为什么不对缅甸镇压民主运动施加压力？中国经济和军事越来越强大，将来在全球的作用是什么？（2）强烈的民族主义倾向。民族主义是印度尼西亚建国五项基本原则“潘查希拉”中的第一原则。佐科政府上台后外交政策中民族主义立场日益明显。以强硬的手段炸沉外来非法捕鱼船只，明确宣布“同那些能够为印度尼西亚带来利益的国家交朋友”，这个世界需要适应印度尼西亚新的外交政策（韦红，2016）。印度尼西亚民族主义者对中国依然怀有很强的戒心，排华因素依然存在，对中国和华人的偏见根深蒂固。（3）人治大于法治。在政治军事领域，推动某些议程的决策和执行的关键仍然是基于私人关系建立起来的一种信任，甚至在外交领域，个人之间的联系支撑着正式的协商和对话进程。腐败是印度尼西亚政治生活的一种常态。佐科政府要想打破长期形成的庞大旧官僚体系和利益集团并非易事。（4）军方对政治的强势影响。印度尼西亚民主转型后，军队地位有所下降，但仍然对政治产生一定的影响。由于国会被具有军方背景的反对党把持，佐科的外交和安全政策面临军方的压力。

从域外大国干扰来看，（1）美国的干扰，印度尼西亚对美国在该地区的利益具有重要战略价值，连接太平洋和印度洋的几条枢纽性航道对美国的商业和军事利益至关重要。印度尼西亚的重要性还体现在印度尼西亚对地区与国际事务的理解及其采取的行动，会对东亚地区力量平衡产生某种影响（单琴琴，2008）。“9·11”事件后，两国政治关系进一步加强；在投资和贸易方面双方互为重要的合作伙伴，2004年5月双方签订“贸易及投资框架协议”，两国军事合作不断升级。其根本目的是扭转美国在该地区军事存在的下降趋势，捍卫美国的经济和战略利益。（2）日本出于维护在东南亚的政治、经济利益，同时出于与中国竞争的需要。冷战结束后，中国经济突飞猛进的发展，政治地位不断提高，并与东盟国家相继建立和恢复正常的外交关系。面对中国国力的提高以及地区影响力的增强，日本企图通过扩大与东盟的合作以达到共同遏制中国的目的。日本对印度尼西亚有巨大的经济需求。印度尼西亚人口众多，物产丰富，是一个很大的商品市场、原料产地和投资场所，印度尼西亚扼守马六甲海峡等众多海上要冲，控制着日本海上交通运输的命脉，日本在军事上将印度尼西亚作为推进遏制中国战略的一环，为此积极发展与印度尼西亚的政治、经济、军事合作，企图遏制中国的发展（单琴琴，2008）。

中国与印度尼西亚两国之间在政治、经济、社会互动方面，虽然取得很大的进展，有力地推动双边贸易的快速发展，但如果要进一步提升双边贸易质量，为双方经济发展创造条件，还需要在现有基础上，进一步推动双边政治互信。

（二）中国与印度尼西亚经济增长对双边贸易的影响

中国与印度尼西亚两国各自的经济增长，无疑会有力推动双边贸易快速健康发展。在改善双边贸易结构和贸易逆差，推进双边贸易朝向平衡方向发展，都会起到非常大的作用。

1. 中国经济增长对双边贸易的影响

经济增长对进出口贸易的影响涉及数量和结构两个方面，第一方面是经济总量增加对进出口总量产生影响，第二方面是经济增长会导致该国产业结构发生变化，从而对进出口产品结构产生影响。与此同时，预测两国之间贸易结构的影响还需要考虑双方经济发展战略。

从宏观层面来看，国内生产总值从2009年的335353亿元增加到2016年的744127亿元。从国内生产总值增长速度来看，2009年为8.7%，2010年提高到10.3%，从2011年开始，增长速度逐渐下降，直到2016年的6.7%。从三大产业增长情况来看，第一产业增长速度平均在4.0%左右，也呈现出逐年下降的趋势。第二产业增长速度在2012年达到12.2%之后开始逐年下降，到2016年时也下降到6.1%。与第一产业和第二产业不同，第三产业始终保持相对平稳的增长速度（如图10－1所示）。

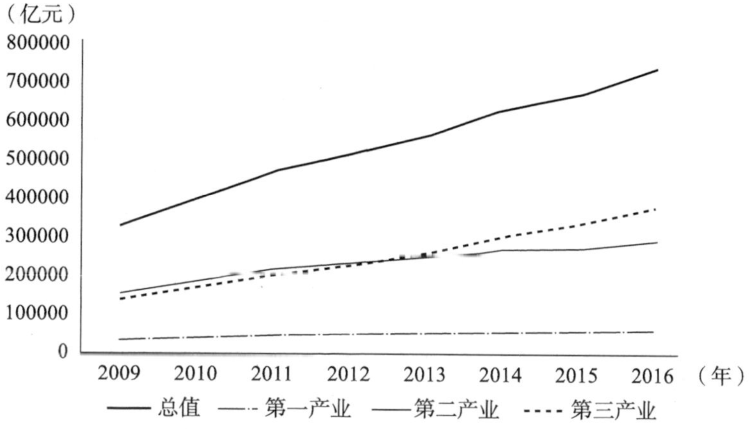

图10－1　2009年至2016年国民经济发展及三大产业变化

资料来源：根据中国国民经济与社会发展统计公报2009年至2016年资料整理。

工业制成品是中国出口印度尼西亚的主要产品大类，下面侧重分析工业产品中与出口印度尼西亚市场有关的行业增长情况。① 2010年工业增加值160,030亿元，增长12.1%。其中农副食品加工业增长15.0%，纺织业增长11.6%，通用设备制造业增长21.7%，交通运输设备制造业增长22.4%，通信设备、计算机及其他电子设备制造业增长16.9%，电气机械及器材制造业增长18.7%，化学原料及化学制品制造业增长15.5%，有色金属冶炼及压延

① 文中数据引自中国国家统计局发布的2010年至2016年国民经济和社会发展统计公报中的部分数据。

加工业增长13.2%，黑色金属冶炼及压延加工业增长11.6%。2011年工业增加值188572亿元，增长10.7%。其中农副食品加工业增加值增长14.1%，纺织业增长8.3%，通用设备制造业增长17.4%，交通运输设备制造业增长12.0%，通信设备、计算机及其他电子设备制造业增长15.9%，电气机械及器材制造业增长14.5%，化学原料及化学制品制造业增长14.7%，有色金属冶炼及压延加工业增长13.6%。2012年工业增加值199860亿元，增长7.9%，其中农副食品加工业增加值增长13.6%，纺织业增长12.2%，通用设备制造业增长8.4%，计算机、通信和其他电子设备制造业增长12.1%，电气机械和器材制造业增长9.7%。化学原料和化学制品制造业增长11.7%，有色金属冶炼和压延加工业增长13.2%。2013年工业增加值210689亿元，增长7.6%。其中农副食品加工业增加值增长9.4%，纺织业增长8.7%，通用设备制造业增长9.2%，计算机、通信和其他电子设备制造业增长11.3%，电气机械和器材制造业增长10.9%，化学原料和化学制品制造业增长12.1%，有色金属冶炼和压延加工业增长14.6%。2014年工业增加值227,991亿元，增长7%。其中农副食品加工业增加值增长7.7%，纺织业增长6.7%，通用设备制造业增长9.1%，计算机、通信和其他电子设备制造业增长12.2%，电气机械和器材制造业增长9.4%，化学原料和化学制品制造业增长10.3%，有色金属冶炼和压延加工业增长12.4%。2015年工业增加值228974亿元，增长5.9%。其中农副食品加工业增加值增长5.5%，纺织业增长7%，化学原料和化学制品制造业增长9.5%，通用设备制造业增长2.9%，电气机械和器材制造业增长7.3%，计算机、通信和其他电子设备制造业增长10.5%。2016年工业增加值247860亿元，比上年增长6%。其中农副食品加工业增加值增长6.1%，纺织业增长5.5%，化学原料和化学制品制造业增长7.7%，通用设备制造业增长5.9%，电气机械和器材制造业增长8.5%，计算机、通信和其他电子设备制造业增长10%。2010年至2016年中国出口到印度尼西亚市场的主要工业产品增长率变化情况见表10－11。

表10－11　2010年至2016年中国出口印度尼西亚主要工业品增长率

项目 年度	A	B	C	D	E	F
2010	15.0%	11.6%	15.5%	21.7%	18.7%	16.9%
2011	14.1%	8.3%	14.7%	17.4%	14.5%	15.9%
2012	13.6%	12.2%	11.7%	8.4%	9.7%	12.1%
2013	9.4%	8.7%	12.1%	9.2%	10.9%	11.3%

续表

年度＼项目	A	B	C	D	E	F
2014	7.7%	6.7%	10.3%	9.1%	9.4%	12.2%
2015	5.5%	7.0%	9.5%	2.9%	7.3%	10.5%
2016	6.1%	5.5%	7.7%	5.9%	8.5%	10.0%

注：

A～农副食品加工业增长率　　D～通用设备制造业增长率

B～纺织业增长率　　E～电气机械及器材制造业增长率

C～化学原料及化学制品制造业增长率　　F～计算机、通信及其他电子设备制造业增长率

①表中数据根据2010年至2016年中国国家统计局发布的国民经济与社会发展统计公报。

从我国宏观经济发展及工业部门相关行业发展趋势来看，随着我国经济规模逐渐扩大，可用于出口的工业制成品及半成品数量可以不断增加。随着《中国制造2025》的实施，向印度尼西亚出口的工业产品的种类所具有的相对优势也将日益明显。我国宏观经济中第三产业的增加值已经超出工业制造部门，服务贸易的出口将成为下一阶段向印度尼西亚出口的主要方向。

2. 印度尼西亚经济增长对双边贸易的影响

印度尼西亚是经济资源丰富的发展中大国，土地肥沃，自然条件优越，大米、白糖、黄豆、玉米等粮食作物生产潜力巨大，具有充足的潜力和能力实现粮食主权。近年来，经济发展较为顺利。但印度尼西亚国内旺盛的需求主要通过进口满足。印度尼西亚总统佐科执政后制定未来5年宏大的经济发展和建设计划，聚焦于国内生产、刺激经济增长和改善财政平衡等方面的政策目标。具体要求：宏观经济指标到2019年将实现显著改善，经济增长速度从2015年的5%提高到6.7%～8.3%，通胀率控制在2.5%～4.5%，预算赤字降至1%。2019年要实现大米、玉米、大豆、蔗糖、牛肉、鱼类产量比2015年分别增长17%、25%、14%、21%、16%和60%。在基础设施建设方面，计划兴建大型水坝49座，开发现代化港口24个，新建机场15个，新增电力装机总量3500万千瓦。5年计划期内新建高速公路1000公里，铁路增至8692公里。年工业增长率从2015年的4.7%提高至8.8%，工业的经济增长贡献率由2015年的20.7%提高至21.6%。吸引外国游客从每年900万人次增加至2000万人次，对经济增长贡献率由4.2%提高至8%。为顺利实现5年计划目标，印度尼西亚政府采取：①削减政府开支、减少燃油补贴，将结余资金投入到能促进经济增长的生产部门的基础设施建设；②大力吸引外国投资，切实解决征地困难问题，提高政府办事效率；③提高政府部门和相关项目规

划能力，提高预算执行率；④注重制造业和旅游业发展，通过吸引外国游客和提升出口竞争力增加外汇收入，改善国家国际收支账户平衡等四个方面的措施。印度尼西亚政府自实施5年经济发展和建设计划以来，取得初步的成效，下面将以2016年为例，介绍印度尼西亚经济发展情况及其对印度尼西亚出口中市场的影响。

2016年印度尼西亚经济开始恢复增长。全年GDP增长5.02%，扭转经济增速继续下滑趋势，家庭消费增长强劲，通货膨胀率控制在3.02%。进出口总值1443亿美元，贸易顺差87.8亿美元。完成投资600万亿盾（约450亿美元），同比增长15%，新增投资直接创造125万个就业机会（杨晓强，王翁哲，2017）。具体来看，三大产业发展也较为顺利。农业方面，稻米产量7910万吨，同比增长4.96%；玉米2320万吨，增长18.11%。全年大米进口量几乎为零，玉米进口量也减少60%。工业方面，由食品和饮料加工业、计算机和电子电器工业、纺织业等11个部门组成的非油气类工业对GDP的贡献率一直徘徊在17%~19%之间，2016年也不例外。食品和饮料加工业总产值为540万亿盾（约合406亿美元），相比增长8%，金属、计算机和电子电器工业总产值为334万亿盾（约合250亿美元）。橡胶制品业、化工制药业、皮革制品与制鞋业增长缓慢。服务业方面，印度尼西亚服务业是国民经济增长的主要动力之一，已占据印度尼西亚国民经济半壁江山。交通运输业年增长率7%，对GDP贡献率达5.5%；航空运输业同比增长了17%，远高于5.5%的全球平均增速；海洋运输业增速也有12.4%；金融市场运行稳健，年末广义货币供应量（M2）余额和狭义货币供应量（M1）余额分别同比增长12%和8.4%。全年银行向中小微企业贷款同比增加11.4%，达804万亿盾（约合605亿美元），占银行总贷款额的18.6%。

从2016年印度尼西亚经济发展和建设计划执行情况来看，已实现计划预期目标，但存在的一些制约因素也不可忽视。全国1.3亿劳动人口中60%教育程度在初中以下，拥有大学学历的失业人数却同比增加20%；2016年全国登记失业人口702万，失业率5.61%。中上层阶级分享经济增长的大部分成果，社会结构金字塔顶端的1%最富有家庭拥有全社会50.3%的财富，10%的高收入人群占有财富总量的77%。行业、地区之间经济发展及收入分配不均衡现象仍然存在，爪哇岛和苏门答腊岛贡献的增加值占全国GDP的81%，而马鲁古和巴布亚有22%的居民属于贫困人群。印度尼西亚全国贫困人口2800万，贫困人口比例10.7%。北苏门答腊、西苏门答腊、东努沙登加拉等多省贫困人口降幅较小甚至不降反升。印度尼西亚要实现经济发展成果的公平共享还有很长一段距离。

有研究表明，印度尼西亚基础设施短缺、技能短缺、金融改革滞后等因素造成实际增长水平长期低于潜在增长率（Steven R. Tabor，2015）。食品和饮料加工业是印度尼西亚工业体系中毋庸置疑的龙头产业，也是吸引国内投资最多的工业部门，却面临主要原料只能依赖进口的制约。印度尼西亚政府对这些问题的存在十分清楚，不断出台相关政策完善工业部门发展条件，特别是在开放投资领域、建设物流基础设施、简化规章制度、培养职业人才等方面采取强有力的行动。工业开发与扶持政策向中小企业以及出口导向型、劳动密集型企业倾斜，同时考虑经济空间的均衡布局，在爪哇岛之外已建起14个工业园区。

从印度尼西亚经济的发展趋势来看，第一产业涉及粮食主权问题，仍然是经济发展的重点。第二产业中，非油气类工业无论是年度绝对值还是占GDP的比例，仍然处于工业化前期的水平。第三产业的发展虽然速度很快，但对印度尼西亚出口的贡献不会很大。总体而言，在可预见的时期内，印度尼西亚经济发展还无法摆脱向中国出口原材料及半成品的惯性。

（三）“21世纪海上丝绸之路”与中国—印度尼西亚贸易

中国“21世纪海上丝绸之路”战略与印度尼西亚“世界海洋轴心”战略的对接，将会极大地推动中国与印度尼西亚双边经济贸易关系的快速发展。

2013年，中国提出与包括印度尼西亚在内的东南亚国家建设“21世纪海上丝绸之路”战略。该战略构想有两条线路，其中一条从中国沿海港口经南海到印度洋，再延伸到欧洲，另一条从中国沿海港口经南海到南太平洋（李皖南，王亚琴，2016）。2014年，佐科总统为印度尼西亚绘制“全球海洋支点”的海洋强国梦，涵盖重建印度尼西亚海洋文化，维护和管理海洋资源，构建“海上高速公路”，发展海洋外交，加强海上防卫力量五个方面，同样是佐科政府内外政策的焦点。中国与印度尼西亚两国领导人都强调“21世纪海上丝绸之路”与“海洋强国”战略高度契合。印度尼西亚政府可以通过合作，获得资金和技术支持，改善其境内的“海洋高速公路”，推动“全球海洋支点”战略（许培源，陈乘风，2015）。正如佐科所言，这两个战略能够形成协同效应，对双方海洋经济的发展是非常有益的推动。

印度尼西亚政府对自身联通印度洋—太平洋的地缘优势和海洋特色的认识日益深刻，“全球海洋支点”战略提出要将印度尼西亚建设成“世界海洋轴心”、全球文明节点、实现“海洋荣耀”。但以印度尼西亚自身的经济、政治和外交实力，无法单独推动这一战略构想。中国提出的“21世纪海上丝绸之路”战略没有地缘政治战略意图，而是以经济合作为导向，以共商、共建、共享为原则，以互联互通为合作重点，与印度尼西亚“全球海洋支点”的发展内容有很强的互补性。印度尼西亚海洋强国战略中非常关键的互联互通计划，涉及岛内、岛屿间互联互通和国际互联互通，预计需要投入4500亿美元，印度尼西亚政府只能满足30%的需求。相应资金缺口可以由亚洲基础设施投资银行（AIIB）和丝路基金来弥补。总体而言，印度尼西亚政府认为参与“21世纪海上丝绸之路”建设是实现其“全球海洋支点”战略的重要途径。同时，通过参与“21世纪海上丝绸之路”的建设，还可以提升印度尼西亚的区域和国际地位。但遗憾的是，印度尼西亚国内对参与“21世纪海上丝绸之路”还有不同的声音。印度尼西亚日惹特区省长苏丹哈孟古·布沃诺十世指出，如果印度尼西亚在“21世纪海上丝绸之路”建设方面与中国合作，那么印度尼西亚将永远成为中国产品的消费者。印度尼西亚还担心参与“21世纪海上丝绸之路”建设，可能会损害与其他国家的关系。印度尼西亚国内存在这样的认识也毫不奇怪，“21世纪海上丝绸之路”战略是外向型国家发展战略，而印度尼西亚“全球海洋支点”战略属于内向型国家发展战略，两者的差异显而易见。事实上，正如印度尼西亚战略与国际问题研究所高级研究员Shafiah Fifi Muhibat指出的那样，“全球海洋支点”是印度尼西亚政府的内向型战略，无论是基础设施建设还是海洋资源开发，其宗旨是发展本国经济，提升印度尼西亚国际竞争力。

从中国政府角度看，中国经济和世界经济高度关联，基于共商、共建、共享的“21世纪海上丝绸之路”，是顺应经济全球化、社会信息化潮流，构建全方位开放新格局的必然要求，是深度融入世界经济体系的必然趋势。秉持开放的区域合作精神，旨在促进经济要素区域内的有序自由流动、资源高效配置和市场深度融合，以此推动沿线各国实现经济政策的相互协调，开展更大范围、更高水平、更深层次的区域合作，共同打造开放、包容、均衡、普惠的区域经济合作架构，是对国际合作以及全球治理新模式的积极探索，将为世界和平发展增添新的动力。中国与印度尼西亚政府进行“21世纪海上丝绸之路”与“全球海洋支点”的对接，能够为双方的战略实现提供支持帮助。双方可以根据《中印度尼西亚全面战略伙伴关系未来规划》《中印度尼西亚经贸合作五年发展规划》，从互联互通、产业对接及海洋合作等方面开展对接。就目前中国与印度尼西亚两国各自的发展战略及其阶段性目标来看，双方可以首先在三个方面开展紧密的合作：（1）中印（尼）互联互通合作。海上基础设施互联互通是“21世纪海上丝绸之路”建设的优先领域，也是印度尼西亚“全球海洋支点”战略的重要内容。中国在基础设施建设能力、技术和资金方面都能够给印度尼西亚岛内、岛间及国际互联互通提供支持；（2）中印度尼西亚产业合作。在出口型制造业合作方面可以考虑在爪哇岛和苏门答腊岛之外的地方，将国内轻工业剩余产能进行转移，既能促进印度尼西亚出口型工业的发展，也能充分利用印度尼西亚相对低廉的劳动力和资源；（3）中印度尼西亚海洋产业合作。印度尼西亚海洋渔业资源丰富，佐科政府非常重视渔业。两国可以通过协商谈判签署渔业合作协议，合作开展远洋捕捞、水产品加工和进出口。中国造船业具有技术、资金、成本优势，印度尼西亚丰富的海洋油气资源，都可以开展深入合作（杨程玲，2015）。

总体而言，中国与印度尼西亚开展“21世纪海上丝绸之路”与“全球海洋支点”战略的合作，不仅可以极大地改善双边政治互信，从而在深度和广度上提升两国全面战略伙伴关系，还能够促进双边贸易的快速健康发展，改善双边贸易结构，更好地实现双边贸易平衡发展，为双方经济发展创造条件。

四、中国与印度尼西亚贸易关系发展策略

（一）中国与印度尼西亚贸易关系存在的主要问题

中国与印度尼西亚之间政府高层的频繁互访，建立起了良好的政治互信基础，有力推动了双边贸易的健康快速发展。中国与印度尼西亚于2000年时双边贸易额还只有74.64亿美元，到2010年时已增加至427.9亿美元，到2016年年底，增加到475.9亿美元。需要指出的是，双边贸易额在快速发展的同时，也必然存在一些亟须解决的问题。总体而言，中国与印度尼西亚两国之间的政治互信程度并不高，印度尼西亚国内的民族主义思想还较为强势，致使两国在国家战略层面存在明显的竞争；中国与印度尼西亚双边贸易很容易受到第三方的消极影响；中国政府与印度尼西亚政府在南海问题上的立场原则差异，可能会阻碍两国之间的政治互信与经济发展战略对接，从而影响双边贸易发展。在双边贸易方面，中国与印度尼西亚之间经济发展水平的差异导致贸易不平衡问题比较突出，在双边贸易结构方面，印度尼西亚向中国出口的主要是初级产品和原材料，而中国向印度尼西亚出口的主要产品都是工业制品或半成品，贸易不平衡的问题比较严重。如果印度尼西亚工业化进程不能取得快速进展的话，这种贸易结构及贸易逆差问题可能不会在短期内得到有效地解决。

1. 两国贸易非均衡发展比较严重

分析自1950年以来的双边贸易变化情况可以发现，2007年以前都是印度尼西亚获得贸易顺差，中国一直处于逆差状态，但无论是印度尼西亚的顺差

还是中国的逆差，规模并不大。2006年印度尼西亚获得的贸易顺差达历史高峰的17亿美元，2007年的贸易顺差已下降到11亿美元。2008年以后情况开始出现逆转，中国从双边贸易中获得的贸易顺差越来越大。统计数据显示，1985年至2006年，我国在与印度尼西亚双边贸易中一直处于逆差状态，2008年，印度尼西亚首次在两国贸易中出现逆差，逆差达28.62亿美元，2009年为10.57亿美元，2010年为11.95亿美元，2011年印度尼西亚是顺差状态，2012年和2013年我国分别顺差23.59亿美元、55.10亿美元，2014年达130.18亿美元，2015年为143.65亿美元。随着贸易逆差的逐渐扩大，印度尼西亚开始重新审视两国间的贸易关系，甚至质疑自由贸易协定的作用，担心与中国的贸易逆差扩大会影响国家经济安全。中国商品大量进入印度尼西亚市场后，也引起印度尼西亚国内很多人特别是一些商业团体的焦虑。印度尼西亚国内学者认为，导致中国与印度尼西亚之间贸易逆差的根源在于印度尼西亚本土中产阶级壮大，推动社会的消费能力增强，而增强之后的消费能力国内市场却无法满足，只能通过进口来实现。正是印度尼西亚国内市场需求超出国民经济发展能力而导致的结果。印度尼西亚贸易部长托马斯·伦邦认为，从贸易角度看，印度尼西亚没有因与中国开展双边贸易而获得经济上的收益。印度尼西亚必须吸引越来越多的中国企业来投资，否则无法缓解贸易不平衡问题（彭泳，2016）。

2. 贸易摩擦问题

据世界贸易组织统计，中国是贸易保护主义最大受害国，已连续21年成为遭遇反倾销调查最多的国家，连续10年成为遭遇反补贴调查最多的国家，全球约有三分之一的贸易调查针对中国。仅在2016年，中国产品遭遇贸易救济调查就有119起，涉案金额143亿美元，案件数量和金额分别增长36.8%和76%。一些国家频繁对中国钢铁、纺织服装等重点产品发起贸易救济调查，涉及面广、涉案金额大，对相关产业出口形成严峻挑战。中国与印度尼西亚双边贸易中也存在类似的情况。

随着两国贸易的快速发展，同时贸易摩擦也在增加。2004年10月22日，印度尼西亚对进口陶瓷餐具进行保障措施调查，涉及中国约1700万美元的相关产品。2005年7月28日，印度尼西亚对打火机发起全球保障措施调查，涉及中国产品约1064万美元的相关产品。2007年6月29日，印度尼西亚反倾销委员会决定对原产于中国的三磷酸钠进行反倾销调查。2008年，印度尼西亚对中国出口产品发起1起反倾销调查，4起保障措施调查。2009年，印度尼西亚对中国出口产品聚酯纤维原料、H型和I型钢发起反倾销调查。2010

年，印度尼西亚对中国出口产品中厚钢板发起反倾销调查。至2010年底，印度尼西亚对中国进口产品共发起25起贸易救济调查，其中反倾销调查12起，保障措施调查13起，主要涉及纺织品、轻工、化工和五矿等产品。2011年，印度尼西亚对中国出口产品冷轧板卷和陶瓷餐具发起反倾销调查，涉及中国出口产品宽度大于20厘米的金属强化硫化橡胶制传送带及带料、钢铁丝和遮阳帘、雨篷、雨布的保障措施调查3起。2012年，印度尼西亚对中国产品聚对苯二甲酸乙醇醋和马口铁的反倾销调查，涉案产品为油井套管的保障措施调查。2013年，印度尼西亚针对中国发起的反倾销调查案件就有3起，涉案产品分别为拉伸丝、预取向丝、拉伸变形丝。值得注意的是，以往中国大多是与发达国家出现贸易摩擦，近年来我国与印度尼西亚等发展中国家贸易摩擦不断增加，需要我们重点加以关注（彭泳，2016）。

到目前为止，中国还没有发起针对印度尼西亚的反倾销调查和贸易救济调查。从印度尼西亚发起的反倾销和贸易救济调查的时间来看，大致与中印度尼西亚之间贸易差额的变动一致。在贸易差额不断扩大的同时，印度尼西亚针对中国的反倾销和贸易救济调查次数也在同步增加，涉及金额都在千万美元以上。这种反常情况的出现，严重制约双方政府规划的两国贸易额达到800亿美元的目标。

3. 其他因素的干扰

其他因素对双边贸易发展的影响大致分为两个方面，其一是中国与印度尼西亚之间的政治互信问题，其二是印度尼西亚对“中国威胁论”的态度及对南中国海主权纷争的态度。

中国与印度尼西亚在1990年正式恢复外交关系后，双边睦邻互信关系得到恢复。两国外交部自1991年起建立磋商机制，两国互设使馆，双方高层频繁互访。特别是领导人互访，加深双方的睦邻互信，促进两国政治关系的发展。1999年底，两国就建立和发展长期稳定的睦邻互信全面合作关系达成共识。2000年5月，双方外长签署关于未来双边合作方向的联合声明，指明新世纪中印（尼）两国合作的方向和领域。双方还成立了双边合作联合委员会，以应对双方各领域的合作，进行宏观政策指导和协调解决双方合作中存在的问题。此后，两国议会、政党、军队、文化、旅游、青年、妇女等各层次、各领域的交往合作也更加活跃，使两国关系迅速升温。2005年，中印（尼）战略伙伴关系的建立水到渠成。印度尼西亚高度认同中国和平崛起在亚洲稳定和繁荣中的积极作用，双方在国家统一和主权完整上立场一致，对华人华侨问题双方达成共识，两国经贸互补促进政治互信，中国对印度尼西亚的友好援助加深两国友谊。虽然两国之间正式建立了全面战略伙伴关系，但由于受到印度尼西亚国内政治因素的影响，这种关系没有得到有效落实。印度尼西亚国内民族主义思潮日益强势，仍然存在反华排华的潜在威胁，尤其是印度尼西亚佐科政府提出“全球海洋支点”战略后，出于与中国倡导的“21世纪海上丝绸之路”的竞争，印度尼西亚国内出现了一些消极的声音，反对与中国在海洋经济发展方面进行战略对接。印度尼西亚国内的这些思潮对中印（尼）双边贸易的合作发展十分不利。

中印（尼）双边贸易的发展还受到“中国威胁论”以及南海问题的影响。受“中国威胁论”影响，加上印度尼西亚在双边贸易中的逆差越来越大，印度尼西亚国内很多人担心会对印度尼西亚国内外市场竞争造成巨大的威胁，甚至会影响印度尼西亚经济安全。在南海问题上，印度尼西亚并没有站在两国全面战略伙伴关系的高度支持中国领土主权完整，而是出于一己私利，寄希望于参与大国博弈而获得利益。2015年印度尼西亚总统佐科首次访美，就将“南海问题”纳入联合声明中。在2016年美国国防授权法中，首次出现“南海倡议”，美国将出资5000万美元，帮助印度尼西亚等东南亚国家提高海上安保能力。印度尼西亚与日本的首次外交与防务部长级(2+2）磋商中，就应对“中国扩建岛礁导致南海紧张升级”加强合作达成一致。中国与印度尼西亚并没有南海主权之争，但在纳土纳群岛附近的油气资源与中国九段线的部分重叠，导致印度尼西亚政府的一些反常行为。1990年，印度尼西亚在东盟内部发起“处理南中国海潜在冲突研讨会”，试图将南中国海争端热点化、焦点化和国际化。2015年，印度尼西亚海洋渔业部部长苏西甚至呼吁中国变更地图上“九段线”的标记；印度尼西亚安全部长威胁就南海“领土主权问题”有可能将中国告上国际刑事法庭。印度尼西亚自身的担忧加上美日两国在南海问题上的拉拢，使得印度尼西亚在南海的立场面临着更多的不确定因素。但无论外部国家如何影响，如果印度尼西亚政府不能控制自己在南海问题上的言行，将极大地制约双边贸易关系的健康发展。

（二）改善中国与印度尼西亚贸易关系的策略

1. 提高产品在印度尼西亚市场的竞争能力

我国可供出口的产品种类丰富，大部分产品具有质优价廉的竞争优势，受到印度尼西亚市场的欢迎，占有较高的市场份额，但是也存在一些产品质量问题。企业要摆脱依靠低成本占领市场的思路，要加大资金及技术力量的投入，提高生产效率和技术含量，生产出质优价廉的产品，以优良的品质以及相对便宜的价格获得印度尼西亚的市场，开发新产品，坚持以质取胜，结合自身产品特点和市场竞争对手情况，制定符合印度尼西亚商业及法律环境的市场战略。同时要考虑印度尼西亚对中国越来越大的贸易逆差问题，积极主动采取措施拓宽进口印度尼西亚产品的渠道。可以通过贸易投资的方式，结合“21世纪海上丝绸之路”战略的实施，在印度尼西亚境内加大资金项目投入力度，减少双边贸易逆差。中国与印度尼西亚还可加强金融领域的合作，为双边贸易活动提供即时高效的金融服务，良好的金融合作有利于促进两国在贸易以及投资等方面的深入合作。平等互利的经贸合作是中印（尼）双方遵循的基本原则，总体上要求实现双赢，促进双方国家经济的健康发展。

2. 提高贸易便利化程度，加深双边经贸关系

中印度尼西亚双方应在平等协商的基础上达成共识，积极推动贸易便利化，降低双边贸易成本。联合国经济及社会理事会亚洲及太平洋经济社会委员会（2015）的研究表明，亚太区域经济体实施贸易便利化的水平的高低，与其国际贸易成本之间有十分密切的联系。研究结果显示，贸易便利化的水平可以解释贸易成本的变数约为45%，贸易便利化实施水平每增长1%，贸易成本可降低2.3%，意味着贸易便利化措施是提升竞争力和增加贸易机会十分关键的因素。中国出口信用保险公司资信评估中心（2016）编制的《中国国别投资经营便利化状况报告》（2016）表明，目前印度尼西亚国内关税水平较高，且经常变动。印度尼西亚多数商品约束关税水平是40%，但汽车、钢铁和一些化学品的关税水平不受此约束。2015年平均关税税率为37.1%，平均最惠国（MFN）税率水平为6.9%。2009—2011年，对所有可能与本地制成品构成竞争威胁的产品，如电子产品、化学品、化妆品、药品及奶制品、动植物油、包含果汁的大量农产品等，印度尼西亚政府大范围提高进口税率，目前印度尼西亚政府已开始对铜精矿出口征收出口税，以鼓励该行业进行国内加工。在农业部门，超过1300种产品的关税水平处于或超过40%。较高的关税水平，加上不确定的变动，对那些想要进入印度尼西亚市场的外国企业构成很大的不确定性。在非关税壁垒方面，印度尼西亚政府对于多种产品要求其必须符合印度尼西亚强制性国家标准。基于现实情况，中国政府应通过平等协商，逐步降低印度尼西亚关税水平，为双方贸易活动创造更好的便利化条件。

3. 改善双边贸易结构

自2007年开始，中国在与印度尼西亚双边贸易中一直保持贸易顺差，且差额呈扩大趋势。中国政府多次强调，不谋求与印度尼西亚双边贸易的顺差，

愿意增加来自印度尼西亚的进口，推动双方贸易健康、平衡、持续发展。印度尼西亚拥有丰富的矿产和森林资源，可增加原油和油类制品、木材及木制品、矿产品等产品出口。中国与印度尼西亚都是人口大国，随着双方经济发展，市场潜力巨大，双方贸易还有很大的潜力和增长空间。从现阶段中国与印度尼西亚经济发展水平来看，两国在产业和产品结构上互补性较强，是双边贸易增长的现实基础。为此需要协商谈判不断提高双边贸易的便利化水平，优化两国进出口商品结构，稳定和扩大两国大宗商品、大型机电产品和高附加值产品贸易。印度尼西亚企业要充分利用中国—东盟博览会、广交会等平台，加强自身产品的宣传与推广，以便在中国市场上赢得更大份额。我国政府可适当提供政策支持，鼓励企业扩大进口印度尼西亚有优势的食品、机械电子、天然橡胶、棕榈油、热带水果、矿产和轻工产品，改善贸易结构。深入挖掘中国与印度尼西亚双边贸易的互补性，扩大双边贸易规模，推动两国贸易规模和贸易结构的良性健康发展。

4. 积极主动应对双边贸易纠纷

妥善处理贸易磨擦。首先，完善反倾销、反补贴以及技术性贸易壁垒等方面的法律法规，建立符合国际惯例的中国贸易摩擦救济体系。实时监控印度尼西亚重点行业以及对印度尼西亚重点出口商品，在政府层面进行适当自我控制。其次，企业在陷入双边贸易纠纷时要积极应诉，依法维权，做好充分调研准备，同时有关部门之间要互相协作。印度尼西亚政府 2008 年 11 月就中国出口市场的热轧钢板进行反倾销立案调查，上海宝钢集团成为唯一的应诉方，经过将近一年的努力取得了胜利，惠及国内多家钢铁企业。2009 年 9 月，印度尼西亚政府对包括莱钢在内的四家中国 H 型钢企业提出反倾销诉讼，莱钢积极应诉，最终印度尼西亚对莱钢的反倾销税率从初裁的 12.48% 降到 6.58%，较国内其他出口商的 12.85% 低了 6 个百分点，既维护了山东莱芜钢铁集团公司的出口利益，也为冶金行业应对国际贸易纠纷积累成功经验。

5. 增强两国政治互信

中国与印度尼西亚之间的政治互信在逐步提高，人文交流与合作也在同步展开，但印度尼西亚国内仍有很多人视中国的发展为一种威胁。认为中国从印度尼西亚进口资源和原材料是对印度尼西亚资源的一种掠夺。为此，加强与印度尼西亚的经贸合作，不仅要改善贸易结构，实现双边贸易均衡发展，同时还需要通过投资促进印度尼西亚产业经济结构调整，利用我国技术、资金、设备和管理经验，助力印度尼西亚经济结构转型。投资活动要尽可能综合平衡项目的经济效益和社会效益，投资项目选择更多惠及当地就业拉动、居民收入水平提高以及交通基础设施等，加大新闻宣传，努力使当地居民认同中国经济发展对印度尼西亚经济社会发展的作用，降低“中国威胁论”对中国与印度尼西亚经贸合作的影响。同时，积极协调解决两国南海争议问题。印度尼西亚自视为东盟领导者，可能会成为南中国海权益争端的一方。佐科政府外交的民族主义特征会强化印度尼西亚对领土与边界的关注，意味着佐科政府的南海政策可能会微调。根据“双轨思路”，我国与印度尼西亚在纳土纳群岛的具体争议需要两国共同协商解决，南海和平稳定由中国和东盟国家共同加以维护。中国与印度尼西亚要加强两国的政治互信、经贸合作以及人文交流，从而促进两国经贸合作发展。

参考文献

［1］李皖南，王亚琴．从雅万高铁看中国印度尼西亚战略对接［J］．亚太经济，2016（4）：17－22.

［2］温北炎．中国—印度尼西亚战略伙伴关系的现状与展望［J］．东南亚研究，2007（1）：35－38，50.

［3］郭仁燕．中国“海上丝绸之路”倡议与印度尼西亚“全球海洋支点”战略对接的基础与挑战［D］．外交学院，2016：6.

［4］王素贞．印度尼西亚市场特点及中国与印度尼西亚经贸技术合作前景［N］．对外经济贸易大学学报，1992（3）：14－19.

［5］温北炎．中国—印度尼西亚经贸关系的现状与前景［J］．东南亚纵横，2002（7）：31－35.

［6］黄丁兰．中印（尼）复交后经贸关系稳步发展［J］．南洋问题研究，1993（2）：81－85.

［7］刘国健．中国与印度尼西亚经贸合作现状与前景［J］．国际贸易，1995（9）：15－17.

［8］吴荣伯．中国与印度尼西亚经贸关系的发展及其对策建议［J］．亚太经济，1995（5）：59－62.

［9］周中坚．青山遮不住，毕竟东流去——中国印度尼西亚经贸关系的曲折历程，印度支那［J］．1988（2）：34－39.

［10］黄卫光．印度尼西亚经济贸易状况以及同我国经贸关系发展的前景［J］．国际贸易问题，1991（07）：32－35.

［11］彭泳．2000年以来中国与印度尼西亚经贸合作研究［D］．广西师范大学，2016.6.

[12] 涂庄．中国与印度尼西亚贸易互补性和竞争性研究——基于显示性比较优势指数分析 [J]．北方经济，2012（8）：89－91.

[13] 许利平．战略伙伴关系框架下的中国—印度尼西亚合作：基础、现状与趋势，东南亚研究 [J]．2011（3）：55－60.

[14] 温北炎．进一步深化中国—印度尼西亚战略伙伴关系：机遇与挑战 [J]．东南亚研究，2008（2）：43－47.

[15] 单琴琴．后苏哈托时代中国与印度尼西亚关系研究 [D]．湘潭大学，2008：6. [30]

[16] 韦红．印度尼西亚国内政治对中国印度尼西亚共建海上丝绸之路的影响及对策 [J]．社会主义研究，2016（3）：145－150.

[17] 杨晓强，王翁哲．印度尼西亚：2016 年回顾与 2017 年展望 [J]．东南亚纵横，2017（1）：23－28.

[18] Steven R. Tabor，Constrainsts To Indonesia's Economic Growth，ADB Papers On Indonesia，No. 10，December 2015.

[19] 许培源，陈乘风．印度尼西亚与“海上丝绸之路”建设 [J]．亚太经济，2015（5）：20－24. [34]

[20] 杨程玲．印度尼西亚海洋经济的发展及其与中国的合作 [J]．亚太经济，2015（2）：69－72. [35]